全国二级建造师执业资格考试

创/新/教/程

建设工程法规及相关知识

全国二级建造师执业资格考试用书编写组　组编

编写组成员

主　编　王永仁　冯建海

主　审　程智韬　宋　宁　高晓蕾　赵　丽

参　编　杜　镀　王慧灵　李欢欢　董正方

李　辉　张美香　张　谦　李

陈柳剑　李　雅　吴琼玉　潘

孙庆伟　王　欢　李珊珊　贾小

哈爾濱工程大學出版社
Harbin Engineering University Press

内容简介

本书主要根据考试大纲要求，针对建设工程领域常用的法规及相关知识，从工程管理实践出发，在紧扣法规、标准及规范的基础上，重点加强考生对理论知识的掌握，提高解决实际问题的能力。全书通过图文并茂的形式，对考试内容进行解读，并精心编写了具有代表性的"专家解读"和"典型例题"模块，对重点、难点和延伸的知识点进行多层次的专项解读。旨在帮助考生更好地理解和掌握知识点，使考生能在有限的时间内科学、有效地备考。

图书在版编目(CIP)数据

建设工程法规及相关知识 / 全国二级建造师执业资格考试用书编写组组编. — 哈尔滨 : 哈尔滨工程大学出版社, 2021.8(2023.7 重印)

全国二级建造师执业资格考试创新教程

ISBN 978-7-5661-3200-0

Ⅰ. ①建… Ⅱ. ①全… Ⅲ. ①建筑法－中国－资格考试－自学参考资料 Ⅳ. ①D922.297

中国版本图书馆 CIP 数据核字(2021)第 153512 号

建设工程法规及相关知识

JIANSHE GONGCHENG FAGUI JI XIANGGUAN ZHISHI

选题策划 李惊宇
责任编辑 张 彦
封面设计 天 一

出版发行 哈尔滨工程大学出版社
社　　址 哈尔滨市南岗区南通大街 145 号
邮政编码 150001
发行电话 0451-82519328
传　　真 0451-82519699
经　　销 新华书店
印　　刷 河南承创印务有限公司
开　　本 787 mm×1 092 mm　1/16
印　　张 20
字　　数 512 千字
版　　次 2021 年 8 月第 1 版
印　　次 2023 年 7 月第 5 次印刷
定　　价 58.00 元

http://www.hrbeupress.com
E-mail:heupress@hrbeu.edu.cn

前言

Preface

为提高工程建设从业人员的专业素养和管理能力，我国建立和完善了建造师执业制度。虽然国务院近年相继取消了许多执业资格许可和认定事项，但是基于建设工程领域的特殊性以及专业人才不可替代的重要性，建造师执业资格考试不仅不会取消，而且越来越引起政府机关和社会各界的重视。

为了满足广大考生的应试复习要求，便于考生明晰现行考试考情，并能在较短的时间内科学、有效地掌握知识要点，更好地备战全国二级建造师执业资格考试，我们汇集国家建工类高校专业学科的博士们，通力合作编写了本系列图书。

本系列图书所包含的科目（共七个）

《建设工程施工管理》

《建设工程法规及相关知识》

《建筑工程管理与实务》

《市政公用工程管理与实务》

《机电工程管理与实务》

《公路工程管理与实务》

《水利水电工程管理与实务》

前两个科目为全国二级建造师执业资格考试的公共科目，后五个科目为专业科目。

图书特色

全国二级建造师执业资格考试用书编写组的成员认真研究现行考试要求，结合现行法律法规、国家标准及行业规范，准确把控和解读历年考试命题点，以创新性的形式整合知识体系，编写了本系列图书。

另外，全书采用双色印刷，并结合“组织结构图＋表格总结对比＋专家解读＋典型例题”等多种形式，有针对性而又不失详尽地解读考点，给考生提供多层次、新视角的全新解读，帮助考生备考。同时，对本系列图书中的难点、重点、易考点进行解读，使之易懂、易学、易掌握。

增值服务

为全面地帮助考生复习备考，我们特向购买本系列图书的考生提供两大特色服务，让考生在进行本系列图书学习的同时可以通过观看视频、线上做题（天一网校 APP）等方式，实现线上线下有效备考。

增值服务一 视频课程。本系列图书编写组诚邀多名具有丰富实践和教学经验的老师，精心录制备考视频，帮助考生全面、系统地学习。

增值服务二 电子题库。本系列图书结合历年真题考查形式及风格，精心挑选了一些常考点、易错点、重难点习题组成电子题库，以方便考生在学习内容的同时进行习题练习与巩固，提升学习效果。

您可以通过扫描图书封面处的二维码（刮开获得激活码），根据提示输入激活码，获取视频课程和电子题库。

本系列图书尚有不足之处，恳请广大读者予以指正。

如有与本书相关的问题及建议，欢迎您致电 4006597013 或者通过 QQ：1400594158 与我们联系，我们将以更加优质、便捷的方式为您提供多层次的服务。

全国二级建造师执业资格考试用书编写组

目 录

Contents

第一章　建设工程基本法律知识

第一节　建设工程法律体系

一、法律体系和法律部门

（一）法律体系概述

法律体系也称为法的体系，还称为部门法体系，是指一个国家的全部现行法律规范根据调整对象和调整方法的不同，划分为不同的法律部门，从而形成的在内容上和谐一致、在形式上完整统一的有机整体。

法律规范是指反映统治阶级意志的、由国家制定或者认可并依靠国家强制力保证实施的行为规范。法律部门是根据调整对象和调整方法的不同，对法律规范所作的分类。凡是具有相同调整对象和调整方法的法律规范，就构成一个法的部门。法律体系是由不同的法律部门组成的有机统一整体，法律部门是构成法律体系的基本单位。

（二）当代中国的法律部门

当代中国法律体系通常包括宪法及其相关法、行政法、民商法、经济法、社会法、刑法、诉讼与非诉讼程序法等法律部门。

1. 宪法及其相关法

宪法是确认民主制度的、集中体现社会各政治力量实际对比关系的根本大法。宪法部门最基本的规范，主要体现在《中华人民共和国宪法》（以下简称为《宪法》）中。

2018 年 3 月通过《中华人民共和国宪法修正案》修改了《宪法》序言和《宪法》第一条、第三条、第四条、第二十四条、第一百零三条、第一百零四条、第一百零七条等条款的内容，并在第三章"国家机构"中增加一节，作为第七节"监察委员会"。

宪法相关法是指与宪法相配套、直接保障宪法实施的法律规范，主要包括《中华人民共和国中央人民政府组织法》《中华人民共和国民族区域自治法》《中华人民共和国国籍法》《中华人民共和国立法法》（以下分别简称为《中央人民政府组织法》《民族区域自治法》《国籍法》《立法法》）等法律。

2. 行政法

行政法是调整在国家行政管理活动中所发生的各种社会关系的法律规范的总称，包括行政主体、行政行为、行政程序、行政监督以及国家公务员制度等方面的法律规范。

我国行政法方面的规范性文件主要有《中华人民共和国行政许可法》《中华人民共和国行政处罚法》《中华人民共和国行政复议法》《中华人民共和国公务员法》《中华人民共和国城乡规划法》《中华人民共和国建筑法》(以下分别简称为《行政许可法》《行政处罚法》《行政复议法》《公务员法》《城乡规划法》《建筑法》)等法律。

3. 民商法

我国采取的是民商合一的立法模式。民商法是规范民事、商事行为的法律规范的总称。民法是调整平等主体的自然人、法人、非法人组织之间的人身关系和财产关系的法律规范的总称;商法是调整平等主体之间的商事关系的法律规范的总称。民法为一般法,商法为特别法。

我国民法方面的规范性文件主要有《中华人民共和国民法典》(以下简称为《民法典》);商法方面的规范性文件主要有《中华人民共和国公司法》《中华人民共和国票据法》《中华人民共和国保险法》《中华人民共和国破产法》(以下分别简称为《公司法》《票据法》《保险法》《破产法》)等法律。

4. 经济法

经济法是调整在国家干预和协调市场经济运行过程中发生的经济关系的法律规范的总称。经济法调整的对象是特定的经济关系,而不是所有的经济关系,经济法只调整在国家干预和协调市场经济运行过程中所发生的经济关系。

我国经济法方面的规范性文件主要有《中华人民共和国标准化法》《中华人民共和国产品质量法》《中华人民共和国反不正当竞争法》《中华人民共和国政府采购法》《中华人民共和国企业所得税法》《中华人民共和国土地管理法》《中华人民共和国节约能源法》(以下分别简称为《标准化法》《产品质量法》《反不正当竞争法》《政府采购法》《企业所得税法》《土地管理法》《节约能源法》)等法律。

5. 社会法

社会法是在国家干预社会生活过程中发展起来的一个法律部门。社会法,也称为劳动与社会保障法,是调整劳动关系、社会保障关系的法律规范的总称。

我国社会法方面的规范性文件主要有《中华人民共和国劳动法》《中华人民共和国劳动合同法》《中华人民共和国工会法》《中华人民共和国安全生产法》《中华人民共和国职业病防治法》《中华人民共和国残疾人保障法》《中华人民共和国未成年人保护法》《中华人民共和国妇女权益保障法》(以下分别简称为《劳动法》《劳动合同法》《工会法》《安全生产法》《职业病防治法》《残疾人保障法》《未成年人保护法》《妇女权益保障法》)等法律。

6. 刑法

刑法是规定犯罪和刑罚的法律规范的总称。刑法部门最基本的法律规范,主要体现在《中华人民共和国刑法》(以下简称为《刑法》)这一法律中。

7. 诉讼与非诉讼程序法

诉讼与非诉讼程序法是规范解决社会纠纷的诉讼活动与非诉讼活动的法律规范的总称。

我国诉讼程序法方面的规范性文件主要有《中华人民共和国民事诉讼法》《中华人民共和国行政诉讼法》《中华人民共和国刑事诉讼法》(以下分别简称为《民事诉讼法》《行政诉讼法》《刑事诉讼法》)等法律。非诉讼程序法方面的规范性文件主要有《中华人民共和国仲裁法》《中华人民共和国人民调解法》《中华人民共和国劳动争议调解仲裁法》(以下分别简称为《仲裁法》《人民调解法》《劳动争议调解仲裁法》)等法律。

专家解读

在七个法律部门中,宪法及其相关法、民商法是以往考过的考点。法律体系和法律部门的基础知识对构建本学科的知识体系至关重要,需理解此知识点。

二、法的制定形式与适用效力

(一)法的制定形式

法的制定形式,也称为法的形式、法的渊源,是指法律规范的各种表现方式。法的形式包括的含义有法律规范的外部表现形式、效力等级、地域效力以及创制机关的性质与级别。在我国,法的形式主要为制定法,判例法、习惯法、法理等不是我国法的形式。

根据法的制定主体、表现形式、效力高低以及适用地域不同,我国法的形式主要有以下几类。

1. 宪法

宪法由全国人民代表大会依照特别程序制定和修改,规定国家的根本制度和根本任务,在全国范围内适用,是国家的根本大法,具有最高法律效力,一切法律、行政法规和地方性法规都不得与宪法相抵触。宪法形式主要是指《宪法》这一规范性文件。

2. 法律

法律有广义和狭义的划分。广义上的法律是泛指一切规范性文件。这里的法律是狭义上的法律,专指全国人民代表大会及全国人民代表大会常务委员会制定和颁布的规范性文件,其法律地位和效力仅次于宪法,高于行政法规、地方性法规、规章。

根据制定机关的不同,法律分为基本法律和非基本法律两类。其中,由全国人民代表大会制定和颁布的规范性文件称为基本法律,如《民法典》《刑事诉讼法》等;由全国人民代表大会常务委员会制定和颁布的规范性文件称为非基本法律,如《城乡规划法》《建筑法》等。

3. 行政法规

《立法法》规定,国务院根据宪法和法律,制定行政法规。行政法规是国务院为领导和管理国家各项行政工作,根据宪法和法律,按照法定程序制定的有关行使行政权力、履行行政职责的规范性文件的总称。行政法规一般以条例、办法、实施细则、规定等形式出现。发布行政法规需要国务院总理签署国务院令,它的效力次于宪法和法律,高于部门规章和地方性法规。《安全生产许可证条例》《建设工程安全生产管理条例》《建设工程质量管理条例》《生产安全事故报告和调查处理条例》等均属于行政法规。

4. 地方性法规

地方性法规是具有地方立法权的地方权力机关根据本行政区域的具体情况和实际需要依法制定的在本行政区域内具有法律效力的规范性文件。《立法法》规定,省、自治区、直辖市的人民代表大会及其常务委员会根据本行政区域的具体情况和实际需要,在不同宪法、法律、行政法规相抵触的前提下,可以制定地方性法规。设区的市的人民代表大会及其常务委员会根据本市的具体情况和实际需要,在不同宪法、法律、行政法规和本省、自治区的地方性法规相抵触的前提下,可以对城乡建设与管理、生态文明建设、历史文化保护、基层治理等方面的事项制定地方性法规。自治州的人民代表大会及其常务委员会可以依法行使设区的市制定地方性法规的职权。

5. 自治条例和单行条例

民族自治地方的人民代表大会有权依照当地民族的政治、经济和文化的特点，制定自治条例和单行条例。自治区的自治条例和单行条例报全国人民代表大会常务委员会批准后生效。自治州、自治县的自治条例和单行条例报省、自治区、直辖市的人民代表大会常务委员会批准后生效。

6. 规章

根据制定机关不同，规章可分为部门规章和地方政府规章两类。

部门规章是指国务院各部、委员会、中国人民银行、审计署和具有行政管理职能的直属机构，根据法律和国务院的行政法规、决定、命令，在本部门的权限范围内所制定的规范性文件，如《招标公告发布暂行办法》《建筑施工企业安全生产许可证管理规定》等。

地方政府规章是指省、自治区、直辖市和设区的市、自治州的人民政府，根据法律、行政法规和本省、自治区、直辖市的地方性法规所制定的规范性文件，如《河南省生产安全事故隐患排查治理办法》《宁波市建设工程造价管理办法》等。

7. 国际条约

国际条约是指我国作为国际法主体同其他国家或者地区缔结的双边、多边协议以及其他具有条约、协定性质的文件，如《1988 年建筑业安全卫生公约》（编号为 167 号公约）。1996 年，原建设部开始申办在我国执行第 167 号公约，于 2001 年 10 月 27 日由我国人大常委会通过，我国成为国际上实施 167 号公约的第 15 个国家。

专家解读

该知识点比较容易从法律法规的制定、颁布机构，判断某一规范性文件属于何种法规，判断法的效力等级等这些方面来考查，而且，法律、行政法规、部门规章是最常涉及的考点。

（二）法的适用效力

法的适用效力是指不同的规范性法律文件在法律体系中的效力等级关系问题。根据《立法法》的规定，我国法的效力层级可以概括为以下几个方面。

1. 宪法效力至上

宪法具有最高的法律效力，一切法律、行政法规、地方性法规、自治条例和单行条例、规章都不得同宪法相抵触。

2. 上位法优于下位法

法律的效力高于行政法规、地方性法规、规章。行政法规的效力高于地方性法规、规章。地方性法规的效力高于本级和下级地方政府规章。省、自治区的人民政府制定的规章的效力高于本行政区域内的设区的市、自治州的人民政府制定的规章。自治条例和单行条例依法对法律、行政法规、地方性法规作变通规定的，在本自治地方适用自治条例和单行条例的规定。经济特区法规根据授权对法律、行政法规、地方性法规作变通规定的，在本经济特区适用经济特区法规的规定。部门规章之间、部门规章与地方政府规章之间具有同等效力，在各自的权限范围内施行。

3. 特别法优于一般法、新法优于旧法

同一机关制定的法律、行政法规、地方性法规、自治条例和单行条例、规章，特别规定与一般规定不一致的，适用特别规定；新的规定与旧的规定不一致的，适用新的规定。

4. 需由有关机关裁决确定的情形

法律之间对同一事项的新的一般规定与旧的特别规定不一致，不能确定如何适用时，由全国人民代表大会常务委员会裁决。行政法规之间对同一事项的新的一般规定与旧的特别规定不一致，不能确定如何适用时，由国务院裁决。

地方性法规、规章之间不一致时，由有关机关依照下列规定的权限作出裁决。

(1)同一机关制定的新的一般规定与旧的特别规定不一致时，由制定机关裁决。

(2)地方性法规与部门规章之间对同一事项的规定不一致，不能确定如何适用时，由国务院提出意见，国务院认为应当适用地方性法规的，应当决定在该地方适用地方性法规的规定；认为应当适用部门规章的，应当提请全国人民代表大会常务委员会裁决。

(3)部门规章之间、部门规章与地方政府规章之间对同一事项的规定不一致时，由国务院裁决。

根据授权制定的法规与法律规定不一致，不能确定如何适用时，由全国人民代表大会常务委员会裁决。

5. 备案的相关规定

行政法规、地方性法规、自治条例和单行条例、规章应当在公布后的30日内依照下列规定报有关机关备案：

(1)行政法规报全国人民代表大会常务委员会备案。

(2)省、自治区、直辖市的人民代表大会及其常务委员会制定的地方性法规，报全国人民代表大会常务委员会和国务院备案；设区的市、自治州的人民代表大会及其常务委员会制定的地方性法规，由省、自治区的人民代表大会常务委员会报全国人民代表大会常务委员会和国务院备案。

(3)自治州、自治县的人民代表大会制定的自治条例和单行条例，由省、自治区、直辖市的人民代表大会常务委员会报全国人民代表大会常务委员会和国务院备案；自治条例、单行条例报送备案时，应当说明对法律、行政法规、地方性法规作出变通的情况。

(4)部门规章和地方政府规章报国务院备案；地方政府规章应当同时报本级人民代表大会常务委员会备案；设区的市、自治州的人民政府制定的规章应当同时报省、自治区的人民代表大会常务委员会和人民政府备案。

(5)根据授权制定的法规应当报授权决定规定的机关备案；经济特区法规、浦东新区法规、海南自由贸易港法规报送备案时，应当说明变通的情况。

典型例题

【多选题】关于法的效力层级的说法，正确的有(   )。

A. 宪法至上

B. 新法优于旧法

C. 一般法高于特别法

D. 任何机关和个人不得裁决法律适用情况

E. 上位法优于下位法

ABE。【解析】法的效力层级是指不同的规范性法律文件在法律体系中的效力等级关系。在法的效力层级中，特别法优于一般法。故选项C错误。法律之间，行政法规之间，地方性法规、规章之间不一致时，由有关机关裁决。故选项D错误。

第二节 建设工程法人制度

一、法人的概念和特征

（一）法人的概念

《民法典》规定，法人是具有民事权利能力和民事行为能力，依法独立享有民事权利和承担民事义务的组织。

法人作为民事主体，与自然人相对应，是法律拟制的人。在建设工程活动中，法人是最主要的主体。

（二）法人的特征

1. 法人是一种社会组织

法人作为法律拟制的人，是由自然人及其财产集合而组成的社会组织，不同于基于自然规律出生的自然人。

2. 法人是具有民事权利能力和民事行为能力的社会组织

《民法典》规定，法人的民事权利能力和民事行为能力，从法人成立时产生，到法人终止时消灭。

3. 法人是依法独立享有民事权利和承担民事义务的社会组织

法人能以自己的名义参加民事法律关系，独立享有民事权利和承担民事义务。

4. 法人是能够独立承担民事责任的社会组织

能否独立承担民事责任，是法人与非法人组织的主要区别。《民法典》规定，法人以其全部财产独立承担民事责任。

二、法人的成立条件

根据《民法典》的规定，法人的成立应当具备下列条件。

（一）依法成立，有自己的名称、组织机构、住所、财产或者经费

《民法典》规定，法人应当依法成立。法人应当有自己的名称、组织机构、住所、财产或者经费。法人成立的具体条件和程序，依照法律、行政法规的规定。设立法人，法律、行政法规规定须经有关机关批准的，依照其规定。

法人应当依法成立是指设立法人的目的和宗旨、具体条件和程序以及设立法人的方式等，均应符合有关法律、行政法规的规定。法人都是以自己的名义进行民事活动，为了使法人区别于其他法人、非法人组织和自然人，法人应当有自己的名称。法人的团体意志都是通过一定的组织机构得以形成和实现的，任何社会组织要成为法人，应当有自己的组织机构。《民法典》规定，法人以其主要办事机构所在地为住所。依法需要办理法人登记的，应当将主要办事机构所在地登记为住所。有必要的财产或者经费，是法人独立享有民事权利和承担民事义务的物质基础，也是其得以独立承担民事责任的财产保障，故法人应当有自己的必要财产或者经费。

（二）有法定代表人

《民法典》规定，依照法律或者法人章程的规定，代表法人从事民事活动的负责人，为法人的法定代表人。法定代表人以法人名义从事的民事活动，其法律后果由法人承受。法人章程或者法人权力机构对法定代表人代表权的限制，不得对抗善意相对人。法定代表人因执行职务造成他人损害的，由法人承担民事责任。法人承担民事责任后，依照法律或者法人章程的规定，可以向有过错的法定代表人追偿。

专家解读

《民法典》是2020年新颁布的法律，法人的成立条件是常考点，其中关于法定代表人的职务行为的效力判定、企业的法定代表人和代理人的区别也是重要的考点。

（三）具备独立承担民事责任的能力

法人以其全部财产独立承担民事责任。法人的民事权利能力和民事行为能力，从法人成立时产生，到法人终止时消灭。

三、法人的分类

根据《民法典》的规定，法人分为营利法人、非营利法人和特别法人三类。

（一）营利法人

《民法典》规定，以取得利润并分配给股东等出资人为目的成立的法人，为营利法人。营利法人包括有限责任公司、股份有限公司和其他企业法人等。营利法人经依法登记成立。依法设立的营利法人，由登记机关发给营利法人营业执照。营业执照签发日期为营利法人的成立日期。

（二）非营利法人

《民法典》规定，为公益目的或者其他非营利目的成立，不向出资人、设立人或者会员分配所取得利润的法人，为非营利法人。非营利法人包括事业单位、社会团体、基金会、社会服务机构等。

具备法人条件，为适应经济社会发展需要，提供公益服务设立的事业单位，经依法登记成立，取得事业单位法人资格；依法不需要办理法人登记的，从成立之日起，具有事业单位法人资格。具备法人条件，基于会员共同意愿，为公益目的或者会员共同利益等非营利目的设立的社会团体，经依法登记成立，取得社会团体法人资格；依法不需要办理法人登记的，从成立之日起，具有社会团体法人资格。具备法人条件，为公益目的以捐助财产设立的基金会、社会服务机构等，经依法登记成立，取得捐助法人资格。

（三）特别法人

《民法典》第九十六条规定，本节规定的机关法人、农村集体经济组织法人、城镇农村的合作经济组织法人、基层群众性自治组织法人，为特别法人。

有独立经费的机关和承担行政职能的法定机构从成立之日起，具有机关法人资格，可以从事为履行职能所需要的民事活动。农村集体经济组织、城镇农村的合作经济组织依法取得法人资格。法律、行政法规对农村集体经济组织、城镇农村的合作经济组织有规定的，依照其规定。居民委员会、村民委员会具有基层群众性自治组织法人资格，可以从事为履行职能所需要的民事活动。

专家解读

关于法人的分类，要特别注意判别三类法人各自所属的社会组织有哪些，特别法人是最容易被误判为不属于法人的组织。此外，法人的成立日期也是重要考点。

四、项目管理机构及其负责人的相关规定

《建设工程项目管理规范》中关于项目管理责任制度的相关规定如下。

项目管理责任制度应作为项目管理的基本制度。项目管理机构负责人责任制应是项目管理责任制度的核心内容。

建设工程项目各实施主体和参与方应建立项目管理责任制度，明确项目管理组织和人员分工，建立各方相互协调的管理机制。

建设工程项目各实施主体和参与方法定代表人应书面授权委托项目管理机构负责人，并实行项目负责人责任制。

项目管理机构负责人应根据法定代表人的授权范围、期限和内容履行管理职责。项目管理机构负责人应取得相应资格，并按规定取得安全生产考核合格证书。项目管理机构负责人应按相关约定在岗履职，对项目实施全过程管理及全面管理。

项目管理机构应在项目启动前建立，在项目完成后或按合同约定解体。项目管理机构应由项目管理机构负责人领导，接受组织职能部门的指导、监督、检查、服务和考核，负责对项目资源进行合理使用和动态管理。

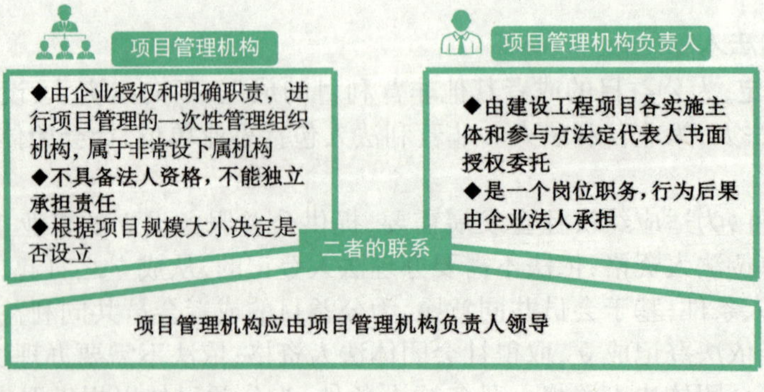

专家解读

现行《建设工程项目管理规范》中删除了 2006 版规范中项目经理和项目经理部的规定，新增的是项目管理机构及其负责人的相关表述。实践中仍有项目经理和项目经理部的职位和部门，许多专家表示二者与项目管理机构及其负责人只是称谓不同。

第三节　建设工程代理制度

一、代理的一般规定

(一)代理的概念和特征

1. 代理的概念

代理是指代理人在代理权限内,以被代理人的名义或者以自己的名义独立与第三人实施民事法律行为,由此产生的法律后果归属于被代理人的法律制度。其中,被代理人也称为本人,第三人也称为相对人。

2. 代理的特征

(1)代理人必须在代理权限内实施代理行为。代理权是代理人实施代理行为的根据,故代理人实施代理行为时必须拥有代理权,且必须在代理权限范围内实施代理行为。行为人没有代理权、超越代理权或者代理权终止后所进行的代理为无权代理,无权代理将导致民事行为效力待定的法律后果。

(2)代理人一般是以被代理人的名义实施代理行为,行为后果归属于被代理人。《民法典》规定,代理人在代理权限内,以被代理人名义实施的民事法律行为,对被代理人发生效力。

代理一般是以被代理人的名义实施,但是,《民法典》第九百二十五条、九百二十六条确认了隐名代理制度,即受托人可以以自己的名义与第三人签订合同。建造师考试一般不会涉及。

(3)代理人实施代理行为时独立进行意思表示。代理人在实施代理行为时,独立思考、自主作出意思表示。代理人以自己的意思表示为被代理人设定权利义务,即被代理人是借代理人的脑袋为被代理人提供服务。代理的这一特征,将代理与传达区别开来。传达仅是借传达人的嘴做媒介而已。但在代理权限内,代理行为产生的法律后果由被代理人承担。

(4)代理实施的行为必须是能够产生法律效果的行为。代理人所实施的代理行为必须能够产生设立、变更或者终止某种民事法律关系的法律效果。如果不产生任何的法律后果,虽然在形式上也是受人委托进行某项行为,但不是民法上所规定的代理,譬如委托他人代写法律文书、委托他人请朋友吃饭等,就不属于民法上规定的代理。

(二)代理的分类

《民法典》规定,代理包括委托代理和法定代理。委托代理人按照被代理人的委托行使代理权。法定代理人依照法律的规定行使代理权。

委托代理,也称为意定代理,是指代理人基于被代理人的授权所发生的代理。委托代理的代理权产生依据为被代理人的授权行为。

法定代理主要是为无民事行为能力人和限制民事行为能力人而设立的代理种类。《民法典》规定,无民事行为能力人、限制民事行为能力人的监护人是其法定代理人。

(三)一般不当代理的行为后果

《民法典》规定,代理人不履行或者不完全履行职责,造成被代理人损害的,应当承担民事责任。代理人和相对人恶意串通，损害被代理人合法权益的，代理人和相对人应当承担连带责任。

典型例题

【单选题】关于承担代理责任的说法，正确的是(　　)。

A. 代理行为的法律后果由被代理人和代理人共同承担

B. 被代理人应当知道代理人的代理行为违法未作反对表示的，由被代理人承担责任

C. 代理人不完全履行职责，造成被代理人损害的，应当承担民事责任

D. 代理人和相对人恶意串通，损害被代理人合法权益的，代理人和相对人应当承担按份责任

C。【解析】《民法典》第一百六十二条规定，代理人在代理权限内，以被代理人名义实施的民事法律行为，对被代理人发生效力。第一百六十四条规定，代理人不履行或者不完全履行职责，造成被代理人损害的，应当承担民事责任。代理人和相对人恶意串通，损害被代理人合法权益的，代理人和相对人应当承担连带责任。第一百六十七条规定，代理人知道或者应当知道代理事项违法仍然实施代理行为，或者被代理人知道或者应当知道代理人的代理行为违法未作反对表示的，被代理人和代理人应当承担连带责任。故选项A,B,D错误，选项C正确。

二、委托代理及其代理法律关系

（一）委托代理的主要规定

《民法典》规定，委托代理授权采用书面形式的，授权委托书应当载明代理人的姓名或者名称、代理事项、权限和期间，并由被代理人签名或者盖章。数人为同一代理事项的代理人的，应当共同行使代理权，但是当事人另有约定的除外。

（二）违法代理和滥用代理权的代理

关于违法代理行为的责任追究，《民法典》规定，代理人知道或者应当知道代理事项违法仍然实施代理行为，或者被代理人知道或者应当知道代理人的代理行为违法未作反对表示的，被代理人和代理人应当承担连带责任。

滥用代理权，是指代理人行使代理权违背代理的宗旨而实施损害被代理人利益的行为。

滥用代理权主要有以下三种情形：第一，对己代理，即代理人以被代理人的名义与自己进行民事行为；第二，双方代理，又称为同时代理，即一人同时担任双方的代理人为同一民事行为；第三，代理人与相对人恶意串通，进行损害被代理人利益的行为。

对于上述第一、二种情形，《民法典》规定，代理人不得以被代理人的名义与自己实施民事法律行为，但是被代理人同意或者追认的除外。代理人不得以被代理人的名义与自己同时代理的其他人实施民事法律行为，但是被代理的双方同意或者追认的除外。对于第三种情形，根据《民法典》规定，代理人和相对人应当承担连带责任。

（三）转代理

转代理，又称为再代理、复代理，是指代理人为被代理人的利益将其所享有的代理权转

托他人而产生的代理。

《民法典》规定，代理人需要转委托第三人代理的，应当取得被代理人的同意或者追认。转委托代理经被代理人同意或者追认的，被代理人可以就代理事务直接指示转委托的第三人，代理人仅就第三人的选任以及对第三人的指示承担责任。转委托代理未经被代理人同意或者追认的，代理人应当对转委托的第三人的行为承担责任，但是在紧急情况下代理人为了维护被代理人的利益需要转委托第三人代理的除外。

（四）无权代理

无权代理，是指不具有代理权的当事人所实施的代理行为。

《民法典》规定，行为人没有代理权、超越代理权或者代理权终止后，仍然实施代理行为，未经被代理人追认的，对被代理人不发生效力。相对人可以催告被代理人自收到通知之日起30日内予以追认。被代理人未作表示的，视为拒绝追认。行为人实施的行为被追认前，善意相对人有撤销的权利，撤销应当以通知的方式作出。行为人实施的行为未被追认的，善意相对人有权请求行为人履行债务或者就其受到的损害请求行为人赔偿，但是，赔偿的范围不得超过被代理人追认时相对人所能获得的利益。相对人知道或者应当知道行为人无权代理的，相对人和行为人按照各自的过错承担责任。

（五）表见代理

表见代理，是指行为人虽然没有代理权，但相对人有理由相信行为人有代理权的代理行为。

表见代理的成立，应当具备以下法律构成要件：行为人无代理权；相对人有理由相信行为人有代理权；相对人须为善意；相对人基于对行为人享有代理权的信赖，与行为人实施了民事行为；被代理人须存在过失。

《民法典》规定，行为人没有代理权、超越代理权或者代理权终止后，仍然实施代理行为，相对人有理由相信行为人有代理权的，代理行为有效。

专家解读

因为建设工程常涉及的是委托代理，所以本考点是重中之重，其中关于委托代理的责任判定，转代理、无权代理和表见代理都是经常涉及的考点，通常会结合实际考查表见代理责任的判断。

三、代理终止

《民法典》规定，有下列情形之一的，委托代理终止：

（1）代理期限届满或者代理事务完成；

（2）被代理人取消委托或者代理人辞去委托；

（3）代理人丧失民事行为能力；

（4）代理人或者被代理人死亡；

（5）作为代理人或者被代理人的法人、非法人组织终止。

《民法典》规定，有下列情形之一的，法定代理终止：

（1）被代理人取得或者恢复完全民事行为能力；

（2）代理人丧失民事行为能力；

(3)代理人或者被代理人死亡;

(4)法律规定的其他情形。

第四节 建设工程物权制度

一、物权的概念和特征

《民法典》第一百一十四条规定,民事主体依法享有物权。物权是权利人依法对特定的物享有直接支配和排他的权利,包括所有权、用益物权和担保物权。

物权的特征:

(1)物权的客体为特定物,而非种类物;

(2)物权是支配权,而非请求权;

(3)物权是绝对权和具有排他性的财产权,而非对人权和相对权。

二、物权的分类

物权的分类如下图所示。

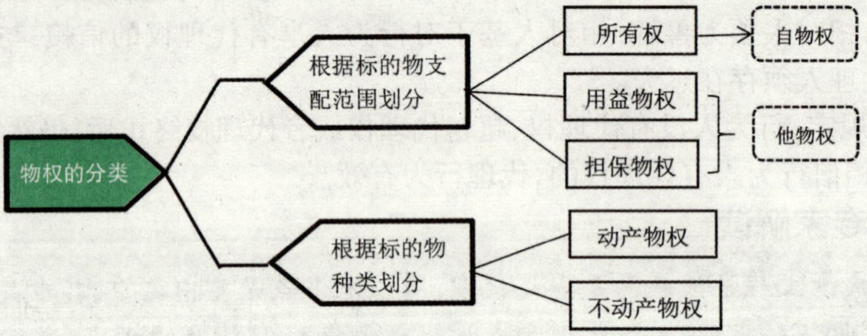

三、不动产登记

《民法典》规定,不动产物权的设立、变更、转让和消灭,经依法登记,发生效力;未经登记,不发生效力,但法律另有规定的除外。依法属于国家所有的自然资源,所有权可以不登记。不动产登记,由不动产所在地的登记机构办理。国家对不动产实行统一登记制度。统一登记的范围、登记机构和登记办法,由法律、行政法规规定。

《民法典》规定,不动产物权的设立、变更、转让和消灭,依照法律规定应当登记的,自记载于不动产登记簿时发生效力。当事人之间订立有关设立、变更、转让和消灭不动产物权的合同,除法律另有规定或者合同另有约定外,自合同成立时生效;未办理物权登记的,不影响合同效力。不动产登记簿是物权归属和内容的根据。不动产登记簿由登记机构管理。不动产权属证书是权利人享有该不动产物权的证明。不动产权属证书记载的事项,应当与不动产登记簿一致;记载不一致的,除有证据证明不动产登记簿确有错误外,以不动产登记簿为准。

四、动产交付

《民法典》规定,动产物权的设立和转让,自交付时发生效力,但法律另有规定的除外。船舶、航空器和机动车等物权的设立、变更、转让和消灭,未经登记,不得对抗善意第三人。动产物权设立和转让前,权利人已经依法占有该动产的,物权自民事法律行为生效时发生效力。动产物权设立和转让前,第三人依法占有该动产的,负有交付义务的人可以通过转让请求第三人返还原物的权利代替交付。动产物权转让时,当事人又约定由出让人继续占有该动产的,物权自该约定生效时发生效力。

五、物权的保护

《民法典》规定,物权受到侵害的,权利人可以通过和解、调解、仲裁、诉讼等途径解决。因物权的归属、内容发生争议的,利害关系人可以请求确认权利。无权占有不动产或者动产的,权利人可以请求返还原物。妨害物权或者可能妨害物权的,权利人可以请求排除妨害或消除危险。造成不动产或者动产毁损的,权利人可以依法请求修理、重作、更换或者恢复原状。侵害物权,造成权利人损害的,权利人可以依法请求损害赔偿,也可以依法请求承担其他民事责任。上述规定的物权保护方式,可以单独适用,也可以根据权利被侵害的情形合并适用。

六、所有权

(一)所有权的概念

所有权,是指所有人对自己的不动产或者动产,依法所享有的占有、使用、收益和处分的权利。所有权属于自物权,是物权中最完整、最充分的物权。

(二)所有权的权能

所有权的权能包括占有、使用、收益和处分四个方面。其中,占有权能是指所有人对财产实际占领、控制的权能;使用权能是指所有人根据物的性能和用途加以利用的权能;收益权能是指所有人收取所有物的利益的权能;处分权能是指所有人决定财产在事实上和法律上命运的权能。处分权能是所有权的最基本权能,是所有权内容的核心。

(三)所有权的法定分类

《民法典》根据所有制不同,将所有权划分为三类:一是国家所有权,二是集体所有权,三是私人所有权。其中,国家所有权是指国家对国家所有即全民所有的财产依法享有的占有、使用、收益、处分的权利。集体所有权是指集体经济组织依法对集体财产享有的占有、使用、收益、处分的权利。私人所有权是指私人依法对其合法取得的不动产和动产享有的占有、使用、收益、处分的权利。

(四)土地所有权

1. 土地所有权的概念

土地所有权,是指土地所有者在法律规定的范围内,对其拥有的土地享有的占有、使用、收益和处分的权利。

2. 土地所有权的类型

根据《宪法》及其他有关法律的规定,我国实行土地的社会主义公有制,即全民所有制和劳动群众集体所有制。无居民海岛、城市的土地属于国家所有。农村和城市郊区的土地,除由法律规定属于国家所有的以外,属于集体所有;宅基地和自留地、自留山,也属于集体所有。

3. 土地所有权的行使

全民所有,即国家所有土地的所有权由国务院代表国家行使。

对于集体所有的土地和森林、山岭、草原、荒地、滩涂等,依照下列规定行使所有权:属于村农民集体所有的,由村集体经济组织或者村民委员会代表集体行使所有权;分别属于村内两个以上农民集体所有的,由村内各该集体经济组织或者村民小组代表集体行使所有权;属于乡镇农民集体所有的,由乡镇集体经济组织代表集体行使所有权。

4. 土地所有权的保护

国家为了公共利益的需要,可以依照法律规定对土地实行征收或者征用并给予补偿。任何组织或者个人不得侵占、买卖或者以其他形式非法转让土地。土地使用权可以依照法律的规定转让。一切使用土地的组织和个人必须合理地利用土地。

七、用益物权

(一)用益物权的概念和种类

用益物权,是指用益物权人对他人所有的不动产或者动产,依法享有占有、使用和收益的权利。用益物权属于他物权,不包括处分权能。

《民法典》规定的用益物权包括土地承包经营权、建设用地使用权、宅基地使用权、居住权和地役权。其中,土地承包经营权是指土地承包经营权人依法享有的对其承包经营的耕地、林地、草地等占有、使用和收益以及自主从事种植业、林业、畜牧业等农业生产的权利。宅基地使用权是指宅基地使用权人为建造住宅及其附属设施而占有和使用集体所有土地的权利。

(二)建设用地使用权

1. 建设用地使用权的概念

建设用地使用权,是指建设用地使用权人依法享有的在国家所有的土地及其上下建造建筑物、构筑物及其附属设施的权利。

《民法典》规定,建设用地使用权人依法对国家所有的土地享有占有、使用和收益的权利,有权利用该土地建造建筑物、构筑物及其附属设施。建设用地使用权人应当合理利用土地,不得改变土地用途;需要改变土地用途的,应当依法经有关行政主管部门批准。

2. 建设用地使用权的设立与登记

建设用地使用权的设立范围:《民法典》规定,建设用地使用权可以在土地的地表、地上或者地下分别设立。新设立的建设用地使用权,不得损害已设立的用益物权。

建设用地使用权的设立方式:《民法典》规定,设立建设用地使用权,可以采取出让或者划拨等方式。工业、商业、旅游、娱乐和商品住宅等经营性用地以及同一土地有两个以上意向用地者的,应当采取招标、拍卖等公开竞价的方式出让。严格限制以划拨方式设立建设用地使用权。通过招标、拍卖、协议等出让方式设立建设用地使用权的,当事人应当采取书面形式订立建设用地使用权出让合同。建设用地使用权出让合同一般包括下列条款:当事人的名称和住所;土地界址、面积等;建筑物、构筑物及其附属设施占用的空间;土地用途、规划条件;建设用地使用权期限;出让金等费用及其支付方式;解决争议的方法。根据现行的有关规定,建设用地使用权的出让方式主要有四种:协议出让、拍卖出让、招标出让和挂牌出让。

建设用地使用权的登记:《民法典》规定,设立建设用地使用权的,应当向登记机构申请建设用地使用权登记。建设用地使用权自登记时设立。登记机构应当向建设用地使用权人发放权属证书。

3. 建设用地使用权的转让、互换、出资、赠与或者抵押

流转方式:《民法典》规定,建设用地使用权人有权将建设用地使用权转让、互换、出资、赠与或者抵押,但法律另有规定的除外。

流转合同:《民法典》规定,建设用地使用权转让、互换、出资、赠与或者抵押的,当事人应当采取书面形式订立相应的合同。使用期限由当事人约定,但是不得超过建设用地使用权的剩余期限。

变更登记:《民法典》规定,建设用地使用权转让、互换、出资或者赠与的,应当向登记机构申请变更登记。

建设用地使用权与建筑物所有权一并处分原则:《民法典》规定,建设用地使用权转让、互换、出资或者赠与的,附着于该土地上的建筑物、构筑物及其附属设施一并处分。建筑物、构筑物及其附属设施转让、互换、出资或者赠与的,该建筑物、构筑物及其附属设施占用范围内的建设用地使用权一并处分。这就是人们通常所说的建设用地使用权流转中的"房随地走""地随房走"。

《民法典》规定,建设用地使用权期限届满前,因公共利益需要提前收回该土地的,应当依照本法的规定对该土地上的房屋以及其他不动产给予补偿,并退还相应的出让金。

4. 建设用地使用权的续期

《民法典》规定,住宅建设用地使用权期限届满的,自动续期。非住宅建设用地使用权期限届满后的续期,依照法律规定办理。该土地上的房屋以及其他不动产的归属,有约定的,按照约定;没有约定或者约定不明确的,依照法律、行政法规的规定办理。

5. 建设用地使用权的注销登记

《民法典》规定,建设用地使用权消灭的,出让人应当及时办理注销登记。登记机构应当收回权属证书。

(三)地役权

1. 地役权的概念

地役权,是指为提高自己的不动产的效益,地役权人按照合同的约定,利用他人的不动产的权利。其中,利用的他人的不动产为供役地,获益的自己的不动产为需役地。享有地役权的为地役权人,供役地权利人则为供役地人。

2. 地役权合同

《民法典》规定,设立地役权,当事人应当采取书面形式订立地役权合同。地役权合同一般包括下列条款:

(1)当事人的姓名或者名称和住所;

(2)供役地和需役地的位置;

(3)利用目的和方法;

(4)地役权期限;

(5)费用及其支付方式;

(6)解决争议的方法。

3. 地役权登记

《民法典》规定,地役权自地役权合同生效时设立。当事人要求登记的,可以向登记机构申请地役权登记;未经登记,不得对抗善意第三人。

4. 地役权设立的限制

《民法典》规定,供役地权利人应当按照合同约定,允许地役权人利用其不动产,不得妨害地役权人行使权利。地役权人应当按照合同约定的利用目的和方法利用供役地,尽量减少对供役地权利人物权的限制。地役权期限由当事人约定,但是,不得超过土地承包经营权、建设用地使用权等用益物权的剩余期限。土地所有权人享有地役权或者负担地役权的,设立土地承包经营权、宅基地使用权等用益物权时,该用益物权人继续享有或者负担已经设立的地役权。土地上已经设立土地承包经营权、建设用地使用权、宅基地使用权等用益物权的,未经用益物权人同意,土地所有权人不得设立地役权。

5. 地役权的变动

《民法典》规定,地役权不得单独转让。土地承包经营权、建设用地使用权等转让的,地役权一并转让,但是合同另有约定的除外。地役权不得单独抵押。土地经营权、建设用地使用权等抵押的,在实现抵押权时,地役权一并转让。需役地以及需役地上的土地承包经营权、建设用地使用权等部分转让时,转让部分涉及地役权的,受让人同时享有地役权。供役地以及供役地上的土地承包经营权、建设用地使用权等部分转让时,转让部分涉及地役权的,地役权对受让人具有法律约束力。

6. 地役权的消灭

《民法典》规定,地役权人有下列情形之一的,供役地权利人有权解除地役权合同,地役权消灭:

(1)违反法律规定或者合同约定,滥用地役权;

(2)有偿利用供役地,约定的付款期限届满后在合理期限内经两次催告未支付费用。

已经登记的地役权变更、转让或者消灭的,应当及时办理变更登记或者注销登记。

典型例题

【多选题】下列物权中,属于用益物权的有(　　)。

A. 土地所有权　　B. 地役权

C. 不动产抵押权　　D. 居住权

E. 土地承包经营权

BDE。【解析】《民法典》第三百二十三条规定,用益物权人对他人所有的不动产或者动产,依法享有占有、使用和收益的权利。用益物权包括土地承包经营权、建设用地使用权、宅基地使用权、居住权和地役权。

(二)意定之债

意定之债,是指依据法律行为发生的债,包括合同之债、单方行为所生之债(如悬赏广告、捐助行为)、多方行为所生之债(如设立公司协议所生之债)。建设工程法规涉及的一般多为合同之债。

合同,是指平等主体的自然人、法人、其他组织之间设立、变更、终止民事权利义务关系的协议。由于合同的依法订立,在合同当事人之间即产生了特定的民事权利义务关系,该特定的民事权利义务关系就是债。基于合同而产生的债,为合同之债。合同是债发生的最常见、最主要的原因。譬如,在工程建设过程中,常常会发生勘察合同、设计合同、施工合同、工程监理合同以及买卖合同等。

在施工合同中,因施工合同在建设单位和施工单位之间产生的债称为施工合同债。就施工行为而言,建设单位是债权人,施工单位是债务人;就支付工程款而言,施工单位是债权人,建设单位是债务人。

第六节 建设工程知识产权制度

一、知识产权的概念和特征

(一)知识产权的概念

知识产权,是指民事主体对智力劳动成果依法所享有的专有权利。《民法典》第一百二十三条规定,知识产权是权利人依法就下列客体享有的专有的权利:

(1)作品;
(2)发明、实用新型、外观设计;
(3)商标;
(4)地理标志;
(5)商业秘密;
(6)集成电路布图设计;
(7)植物新品种;
(8)法律规定的其他客体。

(二)知识产权的特征

1.知识产权的客体具有无形性

知识产权的客体是不具有物质形态的智力劳动成果,是一种没有形体的精神财富。客体的无形性是知识产权区别于其他有形财产权的最本质的特征。

2.知识产权具有专有性

知识产权的专有性主要表现为:对于相同的智力劳动成果,法律只能保护其中一个;知识产权的权利人能够独占地享有权利,未经权利人许可或者法律的特别规定,任何其他人均不得擅自使用。

3.知识产权具有地域性

知识产权的地域性是指一项知识产权只有在授权或者确认该知识产权的国家或者地区范围

内具有法律效力，受该国家或者地区的法律保护，在其他国家或者地区则不具有法律效力。

4. 知识产权具有时间性

知识产权的时间性是指知识产权只有在法律规定的期限内有效，受到保护。如果超过法律规定的有效期限，权利就会自行消灭，任何人均可无偿使用该智力劳动成果。

5. 知识产权具有人身权和无形财产权双重属性

知识产权是一种新型的民事权利，是一种有别于财产所有权的无形财产权，即知识产权的客体（知识产品或智力成果）是一种没有形体的精神财富，知识产权具有价值和使用价值，它不但能创造物质财富，还能为权利人带来经济利益。这也是该项权利与有形财产所有权的最根本区别。同时，知识产权也是一种人身权，作为知识产权客体的智力劳动成果，是人们通过脑力劳动创造出来，与特定的人身不可分离。例如，著作权中，作者的署名权、发表权、修改权、保护作品完整权等，都是人身权。

二、著作权

（一）著作权的概念

著作权，也称为版权，是指作者或者其他著作权人依法对文学、艺术和科学作品所享有的专有权利。

（二）著作权的客体

著作权的客体为作品，即《中华人民共和国著作权法》（以下简称为《著作权法》）保护的文学、艺术和科学领域中的作品。

1. 作品的概念

作品是指文学、艺术和科学领域内具有独创性并能以一定形式表现的智力成果。

2. 作品的种类

作品是《著作权法》的保护对象，根据《著作权法》第三条的规定，作品一般包括 9 种类型，总结如下图所示。

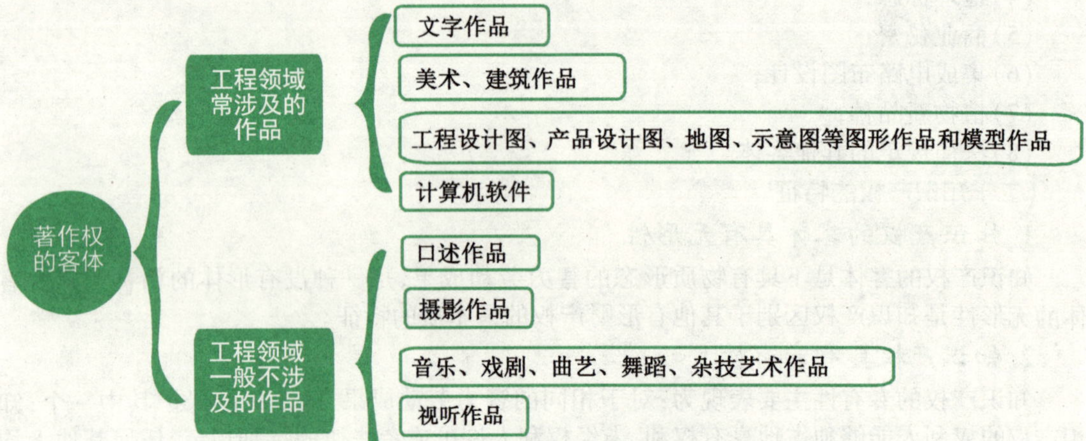

3. 不受保护的对象

根据《著作权法》的规定，不受保护的对象主要有：

(1)法律、法规,国家机关的决议、决定、命令和其他具有立法、行政、司法性质的文件,及其官方正式译文;

(2)单纯事实消息;

(3)历法、通用数表、通用表格和公式。

(三)著作权的主体

著作权的主体即著作权人,是指依法享有著作权的人。根据《著作权法》的规定,著作权人包括作者以及其他依照本法享有著作权的自然人、法人或者非法人组织。另根据《著作权法》第二十一条的规定,国家也可以成为著作权的主体。

(四)著作权的内容

1. 著作人身权

著作人身权是指著作权人基于作品依法享有的以人身利益为内容的权利。著作人身权主要包括发表权、署名权、修改权和保护作品完整权。

2. 著作财产权

著作财产权是指著作权人依法享有的使用或者授权他人使用作品并获取财产利益的权利。著作财产权主要包括复制权、发行权、出租权、展览权、表演权、放映权、广播权、信息网络传播权、摄制权、改编权、翻译权、汇编权、许可他人使用并获得报酬权、转让权、应当由著作权人享有的其他权利。

(五)著作权归属

《著作权法》规定,著作权属于作者,本法另有规定的除外。创作作品的自然人是作者。由法人或者非法人组织主持,代表法人或者非法人组织意志创作,并由法人或者非法人组织承担责任的作品,法人或者非法人组织视为作者。

《著作权法》第十八条第一款规定,自然人为完成法人或者非法人组织工作任务所创作的作品是职务作品,除本条第二款的规定以外,著作权由作者享有,但法人或者非法人组织有权在其业务范围内优先使用。作品完成2年内,未经单位同意,作者不得许可第三人以与单位使用的相同方式使用该作品。第二款规定,有下列情形之一的职务作品,作者享有署名权,著作权的其他权利由法人或者非法人组织享有,法人或者非法人组织可以给予作者奖励:

(1)主要是利用法人或者非法人组织的物质技术条件创作,并由法人或者非法人组织承担责任的工程设计图、产品设计图、地图、示意图、计算机软件等职务作品;

(2)报社、期刊社、通讯社、广播电台、电视台的工作人员创作的职务作品;

(3)法律、行政法规规定或者合同约定著作权由法人或者非法人组织享有的职务作品。

《著作权法》第十九条规定,受委托创作的作品,著作权的归属由委托人和受托人通过合同约定。合同未作明确约定或者没有订立合同的,著作权属于受托人。

在建设工程活动中,常见的作品有职务作品,如工程设计图、地质结构图等;委托作品,如委托勘察设计单位制作的勘察设计类文件等;单位作品,如招标文件、投标文件等。不同类型的作品,其著作权归属不同。

(六)著作权的保护期限

根据《著作权法》及《中华人民共和国著作权法实施条例》的规定,著作权的保护期限因著作人身权和著作财产权的性质不同而不同。

作者的署名权、修改权、保护作品完整权的保护期不受限制。

自然人的作品，其发表权和著作财产权的保护期为作者终生及其死亡后50年，截止于作者死亡后第50年的12月31日；如果是合作作品，截止于最后死亡的作者死亡后第50年的12月31日。

法人或者非法人组织的作品、著作权（署名权除外）由法人或者非法人组织享有的职务作品，其发表权的保护期为50年，截止于作品创作完成后第50年的12月31日；著作财产权的保护期为50年，截止于作品首次发表后第50年的12月31日，但作品自创作完成后50年内未发表的，不再保护。

作者身份不明的作品，其著作权法规定的著作财产权的保护期截止于作品首次发表后第50年的12月31日。

（七）计算机软件著作权

1. 计算机软件的概念

《计算机软件保护条例》规定，本条例所称计算机软件（以下简称软件），是指计算机程序及其有关文档。

软件著作权人，是指依照规定对软件享有著作权的自然人、法人或者其他组织。

计算机软件属于著作权保护的客体。

2. 软件著作权的内容

软件著作权人依法享有的权利包括：发表权；署名权；修改权；复制权；发行权；出租权；信息网络传播权；翻译权；使用许可权；转让权。

3. 软件著作权的归属

《计算机软件保护条例》规定如下：

软件著作权属于软件开发者，本条例另有规定的除外。如无相反证明，在软件上署名的自然人、法人或者其他组织为开发者。

由两个以上的自然人、法人或者其他组织合作开发的软件，其著作权的归属由合作开发者签订书面合同约定。无书面合同或者合同未作明确约定，合作开发的软件可以分割使用的，开发者对各自开发的部分可以单独享有著作权；但是，行使著作权时，不得扩展到合作开发的软件整体的著作权。合作开发的软件不能分割使用的，其著作权由各合作开发者共同享有，通过协商一致行使；不能协商一致，又无正当理由的，任何一方不得阻止他方行使除转让权以外的其他权利，但是所得收益应当合理分配给所有合作开发者。

接受他人委托开发的软件，其著作权的归属由委托人与受托人签订书面合同约定；无书面合同或者合同未作明确约定的，其著作权由受托人享有。

由国家机关下达任务开发的软件，著作权的归属与行使由项目任务书或者合同规定；项目任务书或者合同中未作明确规定的，软件著作权由接受任务的法人或者其他组织享有。

自然人在法人或者其他组织中任职期间所开发的软件有下列情形之一的，该软件著作权由该法人或者其他组织享有，该法人或者其他组织可以对开发软件的自然人进行奖励：

（1）针对本职工作中明确指定的开发目标所开发的软件；

（2）开发的软件是从事本职工作活动所预见的结果或者自然的结果；

（3）主要使用了法人或者其他组织的资金、专用设备、未公开的专门信息等物质技术条件所开发并由法人或者其他组织承担责任的软件。

4. 软件著作权的期限

《计算机软件保护条例》规定,软件著作权自软件开发完成之日起产生。自然人的软件著作权,保护期为自然人终生及其死亡后50年,截止于自然人死亡后第50年的12月31日;软件是合作开发的,截止于最后死亡的自然人死亡后第50年的12月31日。法人或者其他组织的软件著作权,保护期为50年,截止于软件首次发表后第50年的12月31日,但软件自开发完成之日起50年内未发表的,本条例不再保护。

5. 软件著作权的限制

《计算机软件保护条例》规定,软件的合法复制品所有人享有下列权利:

(1)根据使用的需要把该软件装入计算机等具有信息处理能力的装置内;

(2)为了防止复制品损坏而制作备份复制品。这些备份复制品不得通过任何方式提供给他人使用,并在所有人丧失该合法复制品的所有权时,负责将备份复制品销毁;

(3)为了把该软件用于实际的计算机应用环境或者改进其功能、性能而进行必要的修改;但是,除合同另有约定外,未经该软件著作权人许可,不得向任何第三方提供修改后的软件。

为了学习和研究软件内含的设计思想和原理,通过安装、显示、传输或者存储软件等方式使用软件的,可以不经软件著作权人许可,不向其支付报酬。

(八)著作权的保护

1. 著作权侵权的民事责任

《民法典》规定,承担民事责任的方式主要有:

(1)停止侵害;

(2)排除妨碍;

(3)消除危险;

(4)返还财产;

(5)恢复原状;

(6)修理、重作、更换;

(7)继续履行;

(8)赔偿损失;

(9)支付违约金;

(10)消除影响、恢复名誉;

(11)赔礼道歉。

以上承担侵权责任的方式,可以单独适用,也可以合并适用。在工程建设中,常见的民事责任主要为赔偿损失。

《著作权法》第五十二条规定,有下列侵权行为的,应当根据情况,承担停止侵害、消除影响、赔礼道歉、赔偿损失等民事责任:

(1)未经著作权人许可,发表其作品的;

(2)未经合作作者许可,将与他人合作创作的作品当作自己单独创作的作品发表的;

(3)没有参加创作,为谋取个人名利,在他人作品上署名的;

(4)歪曲、篡改他人作品的;

(5)剽窃他人作品的;

(6)未经著作权人许可,以展览、摄制视听作品的方法使用作品,或者以改编、翻译、注释等方式使用作品的,本法另有规定的除外;

(7)使用他人作品,应当支付报酬而未支付的;

(8)未经视听作品、计算机软件、录音录像制品的著作权人、表演者或者录音录像制作者许可,出租其作品或者录音录像制品的原件或者复制件的,本法另有规定的除外;

(9)未经出版者许可,使用其出版的图书、期刊的版式设计的;

(10)未经表演者许可,从现场直播或者公开传送其现场表演,或者录制其表演的;

(11)其他侵犯著作权以及与著作权有关的权利的行为。

2.著作权侵权的民事、行政、刑事责任

《著作权法》第五十三条规定,有下列侵权行为的,应当根据情况,承担本法第五十二条规定的民事责任;侵权行为同时损害公共利益的,由主管著作权的部门责令停止侵权行为,予以警告,没收违法所得,没收、无害化销毁处理侵权复制品以及主要用于制作侵权复制品的材料、工具、设备等,违法经营额 5 万元以上的,可以并处违法经营额 1 倍以上 5 倍以下的罚款;没有违法经营额、违法经营额难以计算或者不足 5 万元的,可以并处 25 万元以下的罚款;构成犯罪的,依法追究刑事责任:

(1)未经著作权人许可,复制、发行、表演、放映、广播、汇编、通过信息网络向公众传播其作品的,本法另有规定的除外。

(2)出版他人享有专有出版权的图书的。

(3)未经表演者许可,复制、发行录有其表演的录音录像制品,或者通过信息网络向公众传播其表演的,本法另有规定的除外。

(4)未经录音录像制作者许可,复制、发行、通过信息网络向公众传播其制作的录音录像制品的,本法另有规定的除外。

(5)未经许可,播放、复制或者通过信息网络向公众传播广播、电视的,本法另有规定的除外。

(6)未经著作权人或者与著作权有关的权利人许可,故意避开或者破坏技术措施的,故意制造、进口或者向他人提供主要用于避开、破坏技术措施的装置或者部件的,或者故意为他人避开或者破坏技术措施提供技术服务的,法律、行政法规另有规定的除外。

(7)未经著作权人或者与著作权有关的权利人许可,故意删除或者改变作品、版式设计、表演、录音录像制品或者广播、电视上的权利管理信息的,知道或者应当知道作品、版式设计、表演、录音录像制品或者广播、电视上的权利管理信息未经许可被删除或者改变,仍然向公众提供的,法律、行政法规另有规定的除外。

(8)制作、出售假冒他人署名的作品的。

《著作权法》第五十四条规定,侵犯著作权或者与著作权有关的权利的,侵权人应当按照权利人因此受到的实际损失或者侵权人的违法所得给予赔偿;权利人的实际损失或者侵权人的违法所得难以计算的,可以参照该权利使用费给予赔偿。对故意侵犯著作权或者与著作权有关的权利,情节严重的,可以在按照上述方法确定数额的 1 倍以上 5 倍以下给予赔

偿。权利人的实际损失、侵权人的违法所得、权利使用费难以计算的，由人民法院根据侵权行为的情节，判决给予500元以上500万元以下的赔偿。赔偿数额还应当包括权利人为制止侵权行为所支付的合理开支。人民法院为确定赔偿数额，在权利人已经尽了必要举证责任，而与侵权行为相关的账簿、资料等主要由侵权人掌握的，可以责令侵权人提供与侵权行为相关的账簿、资料等；侵权人不提供，或者提供虚假的账簿、资料等的，人民法院可以参考权利人的主张和提供的证据确定赔偿数额。人民法院审理著作权纠纷案件，应权利人请求，对侵权复制品，除特殊情况外，责令销毁；对主要用于制造侵权复制品的材料、工具、设备等，责令销毁，且不予补偿；或者在特殊情况下，责令禁止前述材料、工具、设备等进入商业渠道，且不予补偿。

《最高人民法院关于审理著作权民事纠纷案件适用法律若干问题的解释》规定，人民法院受理以下著作权民事纠纷案件：

（1）著作权及与著作权有关权益权属、侵权、合同纠纷案件。

（2）申请诉前停止侵害著作权、与著作权有关权益行为，申请诉前财产保全、诉前证据保全案件。

（3）其他著作权、与著作权有关权益纠纷案件。

著作权民事纠纷案件，由中级以上人民法院管辖。各高级人民法院根据本辖区的实际情况，可以报请最高人民法院批准，由若干基层人民法院管辖第一审著作权民事纠纷案件。

《刑法》第二百一十七条规定，以营利为目的，有下列侵犯著作权或者与著作权有关的权利的情形之一，违法所得数额较大或者有其他严重情节的，处3年以下有期徒刑，并处或者单处罚金；违法所得数额巨大或者有其他特别严重情节的，处3年以上10年以下有期徒刑，并处罚金：

（1）未经著作权人许可，复制发行、通过信息网络向公众传播其文字作品、音乐、视听作品、计算机软件及法律、行政法规规定的其他作品的；

（2）出版他人享有专有出版权的图书的；

（3）未经录音录像制作者许可，复制发行、通过信息网络向公众传播其制作的录音录像的；

（4）未经表演者许可，复制发行录有其表演的录音录像制品，或者通过信息网络向公众传播其表演的；

（5）制作、出售假冒他人署名的美术作品的；

（6）未经著作权人或者与著作权有关的权利人许可，故意避开或者破坏权利人为其作品、录音录像制品等采取的保护著作权或者与著作权有关的权利的技术措施的。

《刑法》第二百一十八条规定，以营利为目的，销售明知是本法第二百一十七条规定的侵权复制品，违法所得数额巨大或者有其他严重情节的，处5年以下有期徒刑，并处或者单处罚金。

三、专利权

（一）专利权的概念

专利权是指专利权人对其发明创造依法所享有的专有权。

《中华人民共和国国民经济和社会发展第十四个五年规划和2035年远景目标纲要》中

指出，应健全知识产权保护运用体制：实施知识产权强国战略，实行严格的知识产权保护制度，完善知识产权相关法律法规，加快新领域新业态知识产权立法。加强知识产权司法保护和行政执法，健全仲裁、调解、公证和维权援助体系，健全知识产权侵权惩罚性赔偿制度，加大损害赔偿力度。优化专利资助奖励政策和考核评价机制，更好保护和激励高价值专利，培育专利密集型产业。改革国有知识产权归属和权益分配机制，扩大科研机构和高等院校知识产权处置自主权。完善无形资产评估制度，形成激励与监管相协调的管理机制。构建知识产权保护运用公共服务平台。

（二）专利权的客体

专利权的客体，也就是专利法保护的对象，是指依法授予专利权的发明创造。

《中华人民共和国专利法》（以下简称为《专利法》）规定，本法所称的发明创造是指发明、实用新型和外观设计。发明，是指对产品、方法或者其改进所提出的新的技术方案。实用新型，是指对产品的形状、构造或者其结合所提出的适于实用的新的技术方案。外观设计，是指对产品的整体或者局部的形状、图案或者其结合以及色彩与形状、图案的结合所作出的富有美感并适于工业应用的新设计。

（三）专利权的主体

专利权的主体即专利权人，是指依法享有专利权并承担相应义务的人。根据《专利法》第六条、第八条的规定，专利权的主体主要有以下几类。

1. 发明人或者设计人的单位

执行本单位的任务或者主要是利用本单位的物质技术条件所完成的发明创造为职务发明创造。职务发明创造申请专利的权利属于该单位；申请被批准后，该单位为专利权人。

2. 发明人或者设计人

非职务发明创造，申请专利的权利属于发明人或者设计人；申请被批准后，该发明人或者设计人为专利权人。

3. 合作完成发明创造的单位或者个人

两个以上单位或者个人合作完成的发明创造，除另有协议的以外，申请专利的权利属于共同完成的单位或者个人；申请被批准后，申请的单位或者个人为专利权人。

4. 受委托完成发明创造的单位或者个人

一个单位或者个人接受其他单位或者个人委托所完成的发明创造，除另有协议的以外，申请专利的权利属于完成的单位或者个人；申请被批准后，申请的单位或者个人为专利权人。

（四）授予专利权的条件

《专利法》规定，授予专利权的发明和实用新型，应当具备新颖性、创造性和实用性。新颖性，是指该发明或者实用新型不属于现有技术，也没有任何单位或者个人就同样的发明或者实用新型在申请日以前向国务院专利行政部门提出过申请，并记载在申请日以后公布的专利申请文件或者公告的专利文件中。创造性，是指与现有技术相比，该发明具有突出的实质性特点和显著的进步，该实用新型具有实质性特点和进步。实用性，是指该发明或者实用新型能够制造或者使用，并且能够产生积极效果。本法所称现有技术，是指申请日以前在国内外为公众所知的技术。

《专利法》规定，授予专利权的外观设计，应当不属于现有设计，也没有任何单位或者个人就同样的外观设计在申请日以前向国务院专利行政部门提出过申请，并记载在申请日以后公告的专利文件中。授予专利权的外观设计与现有设计或者现有设计特征的组合相比，应当具有明显区别。授予专利权的外观设计不得与他人在申请日以前已经取得的合法权利相冲突。本法所称现有设计，是指申请日以前在国内外为公众所知的设计。

（五）专利权的内容

1. 转让权

《专利法》规定，专利申请权和专利权可以转让。转让专利申请权或者专利权的，当事人应当订立书面合同，并向国务院专利行政部门登记，由国务院专利行政部门予以公告。专利申请权或者专利权的转让自登记之日起生效。

2. 独占实施权

《专利法》规定，发明和实用新型专利权被授予后，除《专利法》另有规定的以外，任何单位或者个人未经专利权人许可，都不得实施其专利，即不得为生产经营目的制造、使用、许诺销售、销售、进口其专利产品，或者使用其专利方法以及使用、许诺销售、销售、进口依照该专利方法直接获得的产品。外观设计专利权被授予后，任何单位或者个人未经专利权人许可，都不得实施其专利，即不得为生产经营目的制造、许诺销售、销售、进口其外观设计专利产品。

3. 许可实施权

《专利法》规定，任何单位或者个人实施他人专利的，应当与专利权人订立实施许可合同，向专利权人支付专利使用费。被许可人无权允许合同规定以外的任何单位或者个人实施该专利。

4. 署名权和标记权

《专利法》规定，发明人或者设计人有权在专利文件中写明自己是发明人或者设计人。专利权人有权在其专利产品或者该产品的包装上标明专利标识。

（六）专利权的期限

《专利法》规定，发明专利权的期限为 20 年，实用新型专利权的期限为 10 年，外观设计专利权的期限为 15 年，均自申请日起计算。

（七）专利权的保护

《专利法》规定，发明或者实用新型专利权的保护范围以其权利要求的内容为准，说明书及附图可以用于解释权利要求的内容。外观设计专利权的保护范围以表示在图片或者照片中的该产品的外观设计为准，简要说明可以用于解释图片或者照片所表示的该产品的外观设计。

未经专利权人许可，实施其专利，即侵犯其专利权，引起纠纷的，由当事人协商解决；不愿协商或者协商不成的，专利权人或者利害关系人可以向人民法院起诉，也可以请求管理专利工作的部门处理。管理专利工作的部门处理时，认定侵权行为成立的，可以责令侵权人立即停止侵权行为，当事人不服的，可以自收到处理通知之日起 15 日内依照《行政诉讼法》向人民法院起诉；侵权人期满不起诉又不停止侵权行为的，管理专利工作的部门可以申请人民法院强制执行。进行处理的管理专利工作的部门应当事人的请求，可以就侵犯专利权的赔偿数额进行调解；调解不成的，当事人可以依照《民事诉讼法》向人民法院起诉。

专利权人或者利害关系人有证据证明他人正在实施或者即将实施侵犯专利权、妨碍其实现权利的行为，如不及时制止将会使其合法权益受到难以弥补的损害的，可以在起诉前依法向人民法院申请采取财产保全、责令作出一定行为或者禁止作出一定行为的措施。

为了制止专利侵权行为，在证据可能灭失或者以后难以取得的情况下，专利权人或者利害关系人可以在起诉前依法向人民法院申请保全证据。

侵犯专利权的诉讼时效为3年，自专利权人或者利害关系人知道或者应当知道侵权行为以及侵权人之日起计算。发明专利申请公布后至专利权授予前使用该发明未支付适当使用费的，专利权人要求支付使用费的诉讼时效为3年，自专利权人知道或者应当知道他人使用其发明之日起计算，但是，专利权人于专利权授予之日前即已知道或者应当知道的，自专利权授予之日起计算。

（八）专利权侵权的法律责任

《专利法》规定，假冒专利的，除依法承担民事责任外，由负责专利执法的部门责令改正并予公告，没收违法所得，可以处违法所得5倍以下的罚款；没有违法所得或者违法所得在5万元以下的，可以处25万元以下的罚款；构成犯罪的，依法追究刑事责任。

侵犯专利权的赔偿数额按照权利人因被侵权所受到的实际损失或者侵权人因侵权所获得的利益确定；权利人的损失或者侵权人获得的利益难以确定的，参照该专利许可使用费的倍数合理确定。对故意侵犯专利权，情节严重的，可以在按照上述方法确定数额的1倍以上5倍以下确定赔偿数额。权利人的损失、侵权人获得的利益和专利许可使用费均难以确定的，人民法院可以根据专利权的类型、侵权行为的性质和情节等因素，确定给予3万元以上500万元以下的赔偿。

《刑法》规定，假冒他人专利，情节严重的，处3年以下有期徒刑或者拘役，并处或者单处罚金。

典型例题

【多选题】授予专利权的发明和实用新型，应当具备（　　）。

A. 排他性　　B. 新颖性

C. 创造性　　D. 先进性

E. 实用性

BCE。**【解析】**《专利法》第二十二条规定，授予专利权的发明和实用新型，应当具备新颖性、创造性和实用性。

四、商标权

（一）商标与商标权概述

1. 商标概述

商标，是指由文字、图形、字母、数字、三维标志、颜色组合和声音等，以及上述要素的组合构成，使用于一定的商品或者服务项目，用以区别商标使用者与同类商品生产经营者或者同类服务业经营者的显著标记。

根据商标的使用对象不同，商标可以划分为商品商标与服务商标两类。其中，使用于商品上的商标为商品商标；使用于服务项目上的商标为服务商标。

2. 商标权概述

商标权也称为商标专用权，是指商标所有人对其已注册的商标依法所享有的权利，包括使用权和禁止权两个方面。

《中华人民共和国商标法》（以下简称为《商标法》）规定，自然人、法人或者其他组织在生产经营活动中，对其商品或者服务需要取得商标专用权的，应当向商标局申请商标注册。不以使用为目的的恶意商标注册申请，应当予以驳回。

（二）商标权的主体

商标权的主体，是指依法享有注册商标专用权的单位或者个人。

根据《商标法》的规定，商标权的主体范围包括自然人、法人或者其他组织。两个以上的自然人、法人或者其他组织可以共同向商标局申请注册同一商标，共同享有和行使该商标专用权。

（三）商标权的客体

商标权的客体，是指经国家商标局核准注册的商标。《商标法》规定，经商标局核准注册的商标为注册商标，包括商品商标、服务商标和集体商标、证明商标；商标注册人享有商标专用权，受法律保护。

（四）商标权的内容

1. 专用权

专用权是指商标权主体对其注册商标依法所享有的在核定商品或者服务项目上独占使用的权利，其内容只包括财产权。《商标法》规定，注册商标的专用权，以核准注册的商标和核定使用的商品为限。

2. 禁止权

禁止权是指商标权主体依法所享有的禁止他人未经商标权主体许可而使用其注册商标或者与之相近似商标的权利。根据《商标法》第五十七条的规定，商标权主体有权禁止他人未经许可在同一种商品或者类似商品上使用与其注册商标相同或者近似的商标。

3. 转让权

转让权是指商标权主体依法所享有的通过一定方式将商标权转让给他人的权利。商标专用权人可以将商标连同企业或者商誉同时转让，也可以将商标单独转让。《商标法》规定，转让注册商标的，转让人和受让人应当签订转让协议，并共同向商标局提出申请。受让人应当保证使用该注册商标的商品质量。转让注册商标的，商标注册人对其在同一种商品上注册的近似的商标，或者在类似商品上注册的相同或者近似的商标，应当一并转让。

4. 许可权

许可权是指商标权主体依法所享有的通过签订商标使用许可合同许可他人使用其注册商标的权利。《商标法》规定，商标注册人可以通过签订商标使用许可合同，许可他人使用其注册商标。许可人应当监督被许可人使用其注册商标的商品质量。被许可人应当保证使用该注册商标的商品质量。经许可使用他人注册商标的，必须在使用该注册商标的商品上标明被许可人的名称和商品产地。

（五）注册商标的续展

《商标法》规定，注册商标的有效期为10年，自核准注册之日起计算。注册商标有效期满，需要继续使用的，商标注册人应当在期满前12个月内按照规定办理续展手续；在此期间未能办理的，可以给予6个月的宽展期。每次续展注册的有效期为10年，自该商标上一届有效期满次日起计算。期满未办理续展手续的，注销其注册商标。

（六）商标权的保护

《商标法》第五十七条规定，有下列行为之一的，均属侵犯注册商标专用权：

(1)未经商标注册人的许可，在同一种商品上使用与其注册商标相同的商标的；

(2)未经商标注册人的许可，在同一种商品上使用与其注册商标近似的商标，或者在类似商品上使用与其注册商标相同或者近似的商标，容易导致混淆的；

(3)销售侵犯注册商标专用权的商品的；

(4)伪造、擅自制造他人注册商标标识或者销售伪造、擅自制造的注册商标标识的；

(5)未经商标注册人同意，更换其注册商标并将该更换商标的商品又投入市场的；

(6)故意为侵犯他人商标专用权行为提供便利条件，帮助他人实施侵犯商标专用权行为的；

(7)给他人的注册商标专用权造成其他损害的。

《商标法》还规定，县级以上市场监督管理部门（原为工商行政管理部门，下同）根据已经取得的违法嫌疑证据或者举报，对涉嫌侵犯他人注册商标专用权的行为进行查处时，可以行使下列职权：

(1)询问有关当事人，调查与侵犯他人注册商标专用权有关的情况；

(2)查阅、复制当事人与侵权活动有关的合同、发票、账簿以及其他有关资料；

(3)对当事人涉嫌从事侵犯他人注册商标专用权活动的场所实施现场检查；

(4)检查与侵权活动有关的物品，对有证据证明是侵犯他人注册商标专用权的物品，可以查封或者扣押。

（七）商标权侵权的法律责任

1. 商标权侵权的民事责任

《商标法》第六十三条规定，侵犯商标专用权的赔偿数额，按照权利人因被侵权所受到的实际损失确定；实际损失难以确定的，可以按照侵权人因侵权所获得的利益确定；权利人的损失或者侵权人获得的利益难以确定的，参照该商标许可使用费的倍数合理确定。对恶意侵犯商标专用权，情节严重的，可以在按照上述方法确定数额的1倍以上5倍以下确定赔偿数额。赔偿数额应当包括权利人为制止侵权行为所支付的合理开支。权利人因被侵权所受到的实际损失、侵权人因侵权所获得的利益、注册商标许可使用费难以确定的，由人民法院根据侵权行为的情节判决给予500万元以下的赔偿。

链接

2021年2月7日最高人民法院审判委员会通过的《最高人民法院关于审理侵害知识产权民事案件适用惩罚性赔偿的解释》规定，原告主张被告故意侵害其依法享有的知识产权且情节严重，请求判令被告承担惩罚性赔偿责任的，人民法院应当依法审查处理。本解释所称故意，包括《商标法》第六十三条第一款和《反不正当竞争法》第十七条第三款规定的恶意。

原告请求惩罚性赔偿的，应当在起诉时明确赔偿数额、计算方式以及所依据的事实和理由。原告在一审法庭辩论终结前增加惩罚性赔偿请求的，人民法院应当准许；在二审中增加惩罚性赔偿请求的，人民法院可以根据当事人自愿的原则进行调解，调解不成的，告知当事人另行起诉。

对于侵害知识产权的故意的认定，人民法院应当综合考虑被侵害知识产权客体类型、权利状态和相关产品知名度、被告与原告或者利害关系人之间的关系等因素。对于下列情形，人民法院可以初步认定被告具有侵害知识产权的故意：

(1)被告经原告或者利害关系人通知、警告后，仍继续实施侵权行为的。

(2)被告或其法定代表人、管理人是原告或者利害关系人的法定代表人、管理人、实际控制人的。

(3)被告与原告或者利害关系人之间存在劳动、劳务、合作、许可、经销、代理、代表等关系，且接触过被侵害的知识产权的。

(4)被告与原告或者利害关系人之间有业务往来或者为达成合同等进行过磋商，且接触过被侵害的知识产权的。

(5)被告实施盗版、假冒注册商标行为的。

(6)其他可以认定为故意的情形。

对于侵害知识产权情节严重的认定，人民法院应当综合考虑侵权手段、次数，侵权行为的持续时间、地域范围、规模、后果，侵权人在诉讼中的行为等因素。被告有下列情形的，人民法院可以认定为情节严重：

(1)因侵权被行政处罚或者法院裁判承担责任后，再次实施相同或者类似侵权行为。

(2)以侵害知识产权为业。

(3)伪造、毁坏或者隐匿侵权证据。

(4)拒不履行保全裁定。

(5)侵权获利或者权利人受损巨大。

(6)侵权行为可能危害国家安全、公共利益或者人身健康。

(7)其他可以认定为情节严重的情形。

2. 商标权侵权的行政责任

《商标法》规定，商标注册人在使用注册商标的过程中，自行改变注册商标、注册人名义、地址或者其他注册事项的，由地方市场监督管理部门责令限期改正；期满不改正的，由商标局撤销其注册商标。注册商标成为其核定使用的商品的通用名称或者没有正当理由连续3年不使用的，任何单位或者个人可以向商标局申请撤销该注册商标。

《商标法》规定，将未注册商标冒充注册商标使用的，或者使用未注册商标违反本法规定的，由地方市场监督管理部门予以制止，限期改正，并可以予以通报，违法经营额5万元以上的，可以处违法经营额20%以下的罚款，没有违法经营额或者违法经营额不足5万元的，可以处1万元以下的罚款。

《商标法》规定，有本法第五十七条所列侵犯注册商标专用权行为之一，引起纠纷的，由当事人协商解决；不愿协商或者协商不成的，商标注册人或者利害关系人可以向人民法院起诉，也可以请求市场监督管理部门处理。市场监督管理部门处理时，认定侵权行为成立的，责令立即停止侵权行为，没收、销毁侵权商品和主要用于制造侵权商品、伪造注册商标标识的工具，违法经营额5万元以上的，可以处违法经营额5倍以下的罚款，没有违法经营额或者违法经营额不足5万元的，可以处25万元以下的罚款。对5年内实施2次以上商标侵权行为或者有其他严重情节的，应当从重处罚。销售不知道是侵犯注册商标专用权的商品，能证明该商品是自己合法取得并说明提供者的，由市场监督管理部门责令停止销售。

3. 商标权侵权的刑事责任

假冒注册商标罪。《刑法》规定，未经注册商标所有人许可，在同一种商品、服务上使用与其注册商标相同的商标，情节严重的，处3年以下有期徒刑，并处或者单处罚金；情节特别严重的，处3年以上10年以下有期徒刑，并处罚金。

销售假冒注册商标的商品罪。《刑法》规定，销售明知是假冒注册商标的商品，违法所得数额较大或者有其他严重情节的，处3年以下有期徒刑，并处或者单处罚金；违法所得数额巨大或者有其他特别严重情节的，处3年以上10年以下有期徒刑，并处罚金。

非法制造、销售非法制造的注册商标标识罪。《刑法》规定，伪造、擅自制造他人注册商标标识或者销售伪造、擅自制造的注册商标标识，情节严重的，处3年以下有期徒刑，并处或者单处罚金；情节特别严重的，处3年以上10年以下有期徒刑，并处罚金。

第七节　建设工程担保制度

一、担保与担保合同概述

（一）担保概述

担保，是指为确保债权人实现其债权，根据法律规定或者合同约定，以债务人或者第三人的信用或者特定财产来促使债务人履行债务的制度。常见的担保方式除了保证、定金外，还有留置、抵押、质押等方式。

（二）担保合同概述

担保合同，是指为促使债务人履行其债务，保障债权人的债权得以实现，而在债权人和债务人之间，或在债权人、债务人和第三人之间协商形成的，当债务人不履行或无法履行债务时，以一定方式保证债权人债权得以实现的协议。

债权人在借贷、买卖等民事活动中，为保障实现其债权，需要担保的，可以依照《民法典》

和其他法律的规定设立担保物权。第三人为债务人向债权人提供担保的，可以要求债务人提供反担保。反担保适用《民法典》和其他法律的规定。

设立担保物权，应当依照《民法典》和其他法律的规定订立担保合同。担保合同包括抵押合同、质押合同和其他具有担保功能的合同。担保合同是主债权债务合同的从合同。主债权债务合同无效的，担保合同无效，但是法律另有规定的除外。担保合同被确认无效后，债务人、担保人、债权人有过错的，应当根据其过错各自承担相应的民事责任。

二、保证

（一）保证的概念

保证是指保证人和债权人约定，当债务人不履行债务时，保证人按照约定履行债务或者承担责任的行为。

（二）保证人

《民法典》规定，机关法人不得为保证人，但是经国务院批准为使用外国政府或者国际经济组织贷款进行转贷的除外。以公益为目的的非营利法人、非法人组织不得为保证人。

（三）保证合同

《民法典》规定，保证合同是为保障债权的实现，保证人和债权人约定，当债务人不履行到期债务或者发生当事人约定的情形时，保证人履行债务或者承担责任的合同。

保证合同是主债权债务合同的从合同。主债权债务合同无效的，保证合同无效，但是法律另有规定的除外。保证合同被确认无效后，债务人、保证人、债权人有过错的，应当根据其过错各自承担相应的民事责任。

保证合同的内容一般包括被保证的主债权的种类、数额，债务人履行债务的期限，保证的方式、范围和期间等条款。

保证合同可以是单独订立的书面合同，也可以是主债权债务合同中的保证条款。

第三人单方以书面形式向债权人作出保证，债权人接收且未提出异议的，保证合同成立。

（四）保证方式

根据《民法典》的规定，保证的方式有一般保证和连带责任保证两种。

1. 一般保证

《民法典》规定，当事人在保证合同中对保证方式没有约定或者约定不明确的，按照一般保证承担保证责任。

当事人在保证合同中约定，债务人不能履行债务时，由保证人承担保证责任的，为一般保证。

一般保证的保证人在主合同纠纷未经审判或者仲裁，并就债务人财产依法强制执行仍不能履行债务前，有权拒绝向债权人承担保证责任，但是有下列情形之一的除外：

（1）债务人下落不明，且无财产可供执行；

（2）人民法院已经受理债务人破产案件；

（3）债权人有证据证明债务人的财产不足以履行全部债务或者丧失履行债务能力；

（4）保证人书面表示放弃本款规定的权利。

2. 连带责任保证

《民法典》规定，当事人在保证合同中约定保证人和债务人对债务承担连带责任的，为连带责任保证。连带责任保证的债务人不履行到期债务或者发生当事人约定的情形时，债权人可以请求债务人履行债务，也可以请求保证人在其保证范围内承担保证责任。

（五）保证责任

《民法典》规定，保证的范围包括主债权及其利息、违约金、损害赔偿金和实现债权的费用。当事人另有约定的，按照其约定。

保证期间是确定保证人承担保证责任的期间，不发生中止、中断和延长。债权人与保证人可以约定保证期间，但是约定的保证期间早于主债务履行期限或者与主债务履行期限同时届满的，视为没有约定；没有约定或者约定不明确的，保证期间为主债务履行期限届满之日起6个月。债权人与债务人对主债务履行期限没有约定或者约定不明确的，保证期间自债权人请求债务人履行债务的宽限期届满之日起计算。

一般保证的债权人未在保证期间对债务人提起诉讼或者申请仲裁的，保证人不再承担保证责任。连带责任保证的债权人未在保证期间请求保证人承担保证责任的，保证人不再承担保证责任。

一般保证的债权人在保证期间届满前对债务人提起诉讼或者申请仲裁的，从保证人拒绝承担保证责任的权利消灭之日起，开始计算保证债务的诉讼时效。连带责任保证的债权人在保证期间届满前请求保证人承担保证责任的，从债权人请求保证人承担保证责任之日起，开始计算保证债务的诉讼时效。

债权人和债务人未经保证人书面同意，协商变更主债权债务合同内容，减轻债务的，保证人仍对变更后的债务承担保证责任；加重债务的，保证人对加重的部分不承担保证责任。债权人和债务人变更主债权债务合同的履行期限，未经保证人书面同意的，保证期间不受影响。

债权人转让全部或者部分债权，未通知保证人的，该转让对保证人不发生效力。保证人与债权人约定禁止债权转让，债权人未经保证人书面同意转让债权的，保证人对受让人不再承担保证责任。

债权人未经保证人书面同意，允许债务人转移全部或者部分债务，保证人对未经其同意转移的债务不再承担保证责任，但是债权人和保证人另有约定的除外。第三人加入债务的，保证人的保证责任不受影响。

一般保证的保证人在主债务履行期限届满后，向债权人提供债务人可供执行财产的真实情况，债权人放弃或者怠于行使权利致使该财产不能被执行的，保证人在其提供可供执行财产的价值范围内不再承担保证责任。

同一债务有两个以上保证人的，保证人应当按照保证合同约定的保证份额，承担保证责任；没有约定保证份额的，债权人可以请求任何一个保证人在其保证范围内承担保证责任。

保证人承担保证责任后，除当事人另有约定外，有权在其承担保证责任的范围内向债务人追偿，享有债权人对债务人的权利，但是不得损害债权人的利益。保证人可以主张债务人对债权人的抗辩。债务人放弃抗辩的，保证人仍有权向债权人主张抗辩。

债务人对债权人享有抵销权或者撤销权的，保证人可以在相应范围内拒绝承担保证责任。

典型例题

【多选题】根据《民法典》,保证合同担保的范围包括(　　)。

A. 定金　　B. 主债权

C. 违约金　　D. 损害赔偿金

E. 实现债权的费用

BCDE。【解析】《民法典》第六百九十一条规定,保证的范围包括主债权及其利息、违约金、损害赔偿金和实现债权的费用。当事人另有约定的,按照其约定。

三、抵押权

(一)抵押的概念

《民法典》规定,一般抵押权是指为担保债务的履行,债务人或者第三人不转移财产的占有,将该财产抵押给债权人的,债务人不履行到期债务或者发生当事人约定的实现抵押权的情形,债权人有权就该财产优先受偿。前款规定的债务人或者第三人为抵押人,债权人为抵押权人,提供担保的财产为抵押财产。

(二)抵押物

《民法典》规定,债务人或者第三人有权处分的下列财产可以抵押:

(1)建筑物和其他土地附着物;

(2)建设用地使用权;

(3)海域使用权;

(4)生产设备、原材料、半成品、产品;

(5)正在建造的建筑物、船舶、航空器;

(6)交通运输工具;

(7)法律、行政法规未禁止抵押的其他财产。

抵押人可以将上述所列财产一并抵押。

下列财产不得抵押:

(1)土地所有权;

(2)宅基地、自留地、自留山等集体所有土地的使用权,但是法律规定可以抵押的除外;

(3)学校、幼儿园、医疗机构等为公益目的成立的非营利法人的教育设施、医疗卫生设施和其他公益设施;

(4)所有权、使用权不明或者有争议的财产;

(5)依法被查封、扣押、监管的财产;

(6)法律、行政法规规定不得抵押的其他财产。

(三)抵押合同

《民法典》规定,设立抵押权,当事人应当采取书面形式订立抵押合同。抵押合同一般包括下列条款:

(1)被担保债权的种类和数额;

(2)债务人履行债务的期限;

(3)抵押财产的名称、数量等情况;

(4)担保的范围。

抵押权人在债务履行期限届满前,与抵押人约定债务人不履行到期债务时抵押财产归债权人所有的,只能依法就抵押财产优先受偿。

(四)抵押登记

《民法典》规定,下列财产抵押的,应当办理抵押登记,抵押权自登记时设立:

(1)建筑物和其他土地附着物;

(2)建设用地使用权;

(3)海域使用权;

(4)正在建造的建筑物。

以动产抵押的,抵押权自抵押合同生效时设立;未经登记,不得对抗善意第三人。

(五)抵押的效力

《民法典》规定,以动产抵押的,不得对抗正常经营活动中已经支付合理价款并取得抵押财产的买受人。

抵押权设立前,抵押财产已经出租并转移占有的,原租赁关系不受该抵押权的影响。

抵押期间,抵押人可以转让抵押财产。当事人另有约定的,按照其约定。抵押财产转让的,抵押权不受影响。

抵押人转让抵押财产的,应当及时通知抵押权人。抵押权人能够证明抵押财产转让可能损害抵押权的,可以请求抵押人将转让所得的价款向抵押权人提前清偿债务或者提存。转让的价款超过债权数额的部分归抵押人所有,不足部分由债务人清偿。

抵押权不得与债权分离而单独转让或者作为其他债权的担保。债权转让的,担保该债权的抵押权一并转让,但是法律另有规定或者当事人另有约定的除外。

抵押人的行为足以使抵押财产价值减少的,抵押权人有权请求抵押人停止其行为;抵押财产价值减少的,抵押权人有权请求恢复抵押财产的价值,或者提供与减少的价值相应的担保。抵押人不恢复抵押财产的价值,也不提供担保的,抵押权人有权请求债务人提前清偿债务。

(六)抵押权的实现

《民法典》规定,债务人不履行到期债务或者发生当事人约定的实现抵押权的情形,抵押权人可以与抵押人协议以抵押财产折价或者以拍卖、变卖该抵押财产所得的价款优先受偿。协议损害其他债权人利益的,其他债权人可以请求人民法院撤销该协议。抵押权人与抵押人未就抵押权实现方式达成协议的,抵押权人可以请求人民法院拍卖、变卖抵押财产。抵押财产折价或者变卖的,应当参照市场价格。

抵押财产折价或者拍卖、变卖后,其价款超过债权数额的部分归抵押人所有,不足部分由债务人清偿。

同一财产向两个以上债权人抵押的,拍卖、变卖抵押财产所得的价款依照下列规定清偿:

(1)抵押权已经登记的,按照登记的时间先后确定清偿顺序;

(2)抵押权已经登记的先于未登记的受偿;

(3)抵押权未登记的,按照债权比例清偿。

其他可以登记的担保物权,清偿顺序参照适用前款规定。

四、质权

(一)动产质权

《民法典》规定,为担保债务的履行,债务人或者第三人将其动产出质给债权人占有的,债务人不履行到期债务或者发生当事人约定的实现质权的情形,债权人有权就该动产优先受偿。前款规定的债务人或者第三人为出质人,债权人为质权人,交付的动产为质押财产。

法律、行政法规禁止转让的动产不得出质。

设立质权,当事人应当采用书面形式订立质押合同。

质押合同一般包括下列条款:

(1)被担保债权的种类和数额;

(2)债务人履行债务的期限;

(3)质押财产的名称、数量等情况;

(4)担保的范围;

(5)质押财产交付的时间、方式。

质权人在债务履行期限届满前,与出质人约定债务人不履行到期债务时质押财产归债权人所有的,只能依法就质押财产优先受偿。

质权自出质人交付质押财产时设立。

(二)权利质权

《民法典》规定,债务人或者第三人有权处分的下列权利可以出质:

(1)汇票、本票、支票;

(2)债券、存款单;

(3)仓单、提单;

(4)可以转让的基金份额、股权;

(5)可以转让的注册商标专用权、专利权、著作权等知识产权中的财产权;

(6)现有的以及将有的应收账款;

(7)法律、行政法规规定可以出质的其他财产权利。

以汇票、本票、支票、债券、存款单、仓单、提单出质的,质权自权利凭证交付质权人时设立;没有权利凭证的,质权自办理出质登记时设立。法律另有规定的,依照其规定。

五、留置权

(一)留置的概念

《民法典》规定,债务人不履行到期债务,债权人可以留置已经合法占有的债务人的动产,并有权就该动产优先受偿。前款规定的债权人为留置权人,占有的动产为留置财产。

(二)留置权的有关法律规定

债权人留置的动产,应当与债权属于同一法律关系,但是企业之间留置的除外。

法律规定或者当事人约定不得留置的动产，不得留置。

留置权人与债务人应当约定留置财产后的债务履行期限；没有约定或者约定不明确的，留置权人应当给债务人60日以上履行债务的期限，但是鲜活易腐等不易保管的动产除外。债务人逾期未履行的，留置权人可以与债务人协议以留置财产折价，也可以就拍卖、变卖留置财产所得的价款优先受偿。留置财产折价或者变卖的，应当参照市场价格。

债务人可以请求留置权人在债务履行期限届满后行使留置权；留置权人不行使的，债务人可以请求人民法院拍卖、变卖留置财产。

留置财产折价或者拍卖、变卖后，其价款超过债权数额的部分归债务人所有，不足部分由债务人清偿。

同一动产上已经设立抵押权或者质权，该动产又被留置的，留置权人优先受偿。

留置权人对留置财产丧失占有或者留置权人接受债务人另行提供担保的，留置权消灭。

专家解读

《民法典》中涉及的留置权是一种担保物权，留置的对象是物，属于民事权利；《中华人民共和国监察法》（以下简称为《监察法》）也规定的有留置措施，但这里的留置是一种监察委员会在职务违法、犯罪调查工作中可以采取的监察措施，留置的对象通常是涉案人员，《监察法》中涉及留置的相关规定比较多，建设工程领域的职务犯罪也比较常见，对这两个概念要加以区分。

六、定金

（一）定金的概念

定金，是指合同当事人为了确保合同的履行，根据法律规定和合同约定，由一方当事人预先给付对方当事人一定数额的金钱。

定金为金钱担保，具有双向性，即当事人双方无论哪一方违约，均应受到定金的惩罚。另外，为确立定金担保而签订的定金合同属于实践性合同，而非诺成性合同。

（二）定金的有关法律规定

当事人可以约定一方向对方给付定金作为债权的担保。定金合同自实际交付定金时成立。定金的数额由当事人约定；但是，不得超过主合同标的额的20%，超过部分不产生定金的效力。实际交付的定金数额多于或者少于约定数额的，视为变更约定的定金数额。

债务人履行债务的，定金应当抵作价款或者收回。给付定金的一方不履行债务或者履行债务不符合约定，致使不能实现合同目的的，无权请求返还定金；收受定金的一方不履行债务或者履行债务不符合约定，致使不能实现合同目的的，应当双倍返还定金。

当事人既约定违约金，又约定定金的，一方违约时，对方可以选择适用违约金或者定金条款（即违约金和定金条款二者只能择一适用）。定金不足以弥补一方违约造成的损失的，对方可以请求赔偿超过定金数额的损失。

第八节 建设工程保险制度

一、保险概述

(一)保险的概念

《中华人民共和国保险法》(以下简称为《保险法》)规定,本法所称保险,是指投保人根据合同约定,向保险人支付保险费,保险人对于合同约定的可能发生的事故因其发生所造成的财产损失承担赔偿保险金责任,或者当被保险人死亡、伤残、疾病或者达到合同约定的年龄、期限等条件时承担给付保险金责任的商业保险行为。

(二)保险的构成要件

(1)危险存在。危险的存在是构成保险的前提条件。保险危险须具有不确定性,主要表现为:发生与否不确定;何时发生不确定;发生所造成的损失不确定;危险是投保人无法控制的。

(2)众人协力。保险是通过多数人投保,用共同筹集的资金建立保险基金,以补偿少数人的损失,其商业机制在于集合危险,分散损失,在投保人之间形成互助共济关系。

(3)损失补偿。保险的实质不是保证不发生危险、不遭受损失,而是对危险事故造成的损失予以经济补偿。保险的直接功能就在于补偿被保险人因意外事故发生所受到的损失。

(三)保险分类

根据保险标的不同分为财产保险和人身保险,如下图所示。

二、保险合同

(一)保险合同的概念

《保险法》规定,保险合同是投保人与保险人约定保险权利义务关系的协议。根据保险合同的标的不同,保险合同划分为财产保险合同和人身保险合同两类。

财产保险合同是指以财产及其有关利益为保险标的的保险合同,如建筑工程一切险和安装工程一切险即为财产保险合同。人身保险合同是指以人的寿命和身体为保险标的的保险合同,如意外伤害保险合同即为人身保险合同。

(二)保险合同的主体

1.保险合同的当事人

投保人是指与保险人订立保险合同,并按照合同约定负有支付保险费义务的人。保险人是指与投保人订立保险合同,并按照合同约定承担赔偿或者给付保险金责任的保险公司。

2.保险合同的关系人

在保险合同中,还会涉及被保险人和受益人。被保险人是指其财产或者人身受保险合同保障,享有保险金请求权的人,投保人可以为被保险人。受益人是指人身保险合同中由被保险人或者投保人指定的享有保险金请求权的人,投保人、被保险人可以为受益人。

3.保险代理人和保险经纪人

《保险法》规定,保险代理人是根据保险人的委托,向保险人收取佣金,并在保险人授权的范围内代为办理保险业务的机构或者个人。保险经纪人是基于投保人的利益,为投保人与保险人订立保险合同提供中介服务,并依法收取佣金的机构。

保险代理人和保险经纪人都是保险中介人,但二者主要存在如下区别。

(1)代表的利益不同。保险代理人为保险公司代理业务,代表保险公司的利益。保险经纪人是接受客户委托,代表的是客户的利益。

(2)责任主体不同。保险代理人根据保险人的授权代为办理保险业务的行为,由保险人承担责任。保险经纪人因过错给投保人、被保险人造成损失的,依法承担赔偿责任。

(3)从业范围不同。保险代理人只能代理一家保险公司的产品,产品单一。保险经纪人则可提供多家保险公司的产品来满足客户不同的保险需求。

(4)提供的服务不同。保险代理人一般只代理保险公司销售保险产品。保险经纪人则可为客户提供风险管理、保险安排、协助索赔及追偿等全过程服务。

(三)保险合同的形式

根据《保险法》的规定,保险合同的形式可以采用保险单或者其他保险凭证,也可以采用其他书面协议形式。实践中,常见的保险合同的形式有:投保单、保险单、暂保单、保险凭证等,其中,保险单是保险合同正式的书面凭证。

(四)索赔和理赔

1.索赔

索赔是指投保人、被保险人或者受益人知道保险事故发生后,要求保险人履行赔偿或给付保险金义务的行为。

《保险法》规定,投保人、被保险人或者受益人知道保险事故发生后,应当及时通知保险人。故意或者因重大过失未及时通知,致使保险事故的性质、原因、损失程度等难以确定的,保险人对无法确定的部分,不承担赔偿或者给付保险金的责任,但保险人通过其他途径已经及时知道或者应当及时知道保险事故发生的除外。

保险事故发生后,按照保险合同请求保险人赔偿或者给付保险金时,投保人、被保险人或者受益人应当向保险人提供其所能提供的与确认保险事故的性质、原因、损失程度等有关的证明和资料。

保险单上载明的保险财产修理费超过赔偿金额的,应当按照全损进行索赔。一个建设工程项目同时由多家保险公司承保的，应当按照约定的比例，分别向不同的保险公司提出索赔要求。

2. 理赔

理赔是指保险事故发生后，保险人对被保险人所提出的索赔案件的处理。《保险法》规定，保险人收到被保险人或者受益人的赔偿或者给付保险金的请求后，应当及时作出核定；情形复杂的，应当在30日内作出核定，但合同另有约定的除外。保险人应当将核定结果通知被保险人或者受益人；对属于保险责任的，在与被保险人或者受益人达成赔偿或者给付保险金的协议后10日内，履行赔偿或者给付保险金义务。保险合同对赔偿或者给付保险金的期限有约定的，保险人应当按照约定履行赔偿或者给付保险金义务。保险人未及时履行前款规定义务的，除支付保险金外，应当赔偿被保险人或者受益人因此受到的损失。

保险人自收到赔偿或者给付保险金的请求和有关证明、资料之日起60日内，对其赔偿或者给付保险金的数额不能确定的，应当根据已有证明和资料可以确定的数额先予支付；保险人最终确定赔偿或者给付保险金的数额后，应当支付相应的差额。

三、工程领域常见的保险

根据《建设工程施工合同（示范文本）》的规定，工程领域的常见保险为工程保险、工伤保险和意外伤害保险等其他保险，如下图所示。

工程保险

除专用合同条款另有约定外，发包人应投保建筑工程一切险或安装工程一切险；发包人委托承包人投保的，因投保产生的保险费和其他相关费用由发包人承担

其他保险

◆发包人和承包人可以为其施工现场的全部人员办理意外伤害保险并支付保险费，包括其员工及为履行合同聘请的第三方的人员，具体事项由合同当事人在专用合同条款中约定。

◆除专用合同条款另有约定外，承包人应为其施工设备等办理财产保险

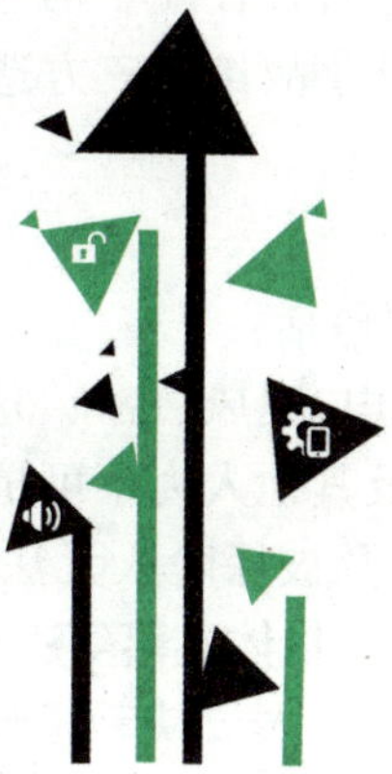

工伤保险

★发包人应依照法律规定参加工伤保险，并为在施工现场的全部员工办理工伤保险，缴纳工伤保险费，并要求监理人及由发包人为履行合同聘请的第三方依法参加工伤保险。

★承包人应依照法律规定参加工伤保险，并为其履行合同的全部员工办理工伤保险，缴纳工伤保险费，并要求分包人及由承包人为履行合同聘请的第三方依法参加工伤保险

（一）工程保险

1. 建设工程保险概述

建设工程保险通常是指发包人或者承包人为了建设工程项目的顺利完成，向保险人购买保险，保险人根据合同约定对工程建设过程中可能产生的财产损失和人身伤害承担赔偿责任的商业保险行为。

建设工程保险有广义和狭义的划分。广义的建设工程保险包括建筑工程一切险、安装工程一切险、工程机械设备损坏险、意外伤害险等一切与工程风险有密切联系的险种；狭义的建设工程保险仅指建筑工程一切险、安装工程一切险。

2. 建筑工程一切险与安装工程一切险

(1)建筑工程一切险的概述。建筑工程一切险是指工程参建单位为建筑工程项目进行全面投保,保险人根据合同约定,对在施工期间工程本身、施工机具或者工地设备因自然灾害或者意外事故而遭受的损失承担赔偿责任的一种保险。建筑工程一切险的投保人和被保险人如下图所示。

建筑工程一切险的投保人是发包人

建筑工程一切险的被保险人可以包括:业主;总承包商;分包商;业主聘用的技术顾问,如建筑师、监理工程师等;与工程有密切联系的其他单位或者个人,如贷款银行或者投资人等

建筑工程一切险一般还附加第三者责任险。第三者责任险是指保险人根据合同约定对在保险有限期限内因施工发生意外事故给第三方造成的财产损失或者人身伤害向第三方承担赔偿责任的一种保险。

(2)安装工程一切险的概述。安装工程一切险是指保险人根据保险合同的约定对被保险工程项目在机械安装及钢结构项目施工等工程中由于自然灾害、意外事故,以及机械事故等造成的物质损失和费用进行赔偿的保险。

安装工程一切险一般还附加第三者责任险。第三者责任险是指在保险人根据合同约定对在保险期限内因安装工程发生意外事故给第三方造成的财产损失或者人身伤害向第三方承担赔偿责任的一种保险。

3. 保险责任范围

(1)建筑工程一切险的保险范围包括:

①自然灾害,是指地震、海啸、雷电、飓风、台风、龙卷风、风暴、暴雨、洪水、水灾、冻灾、冰雹、地陷下沉、山崩、雪崩、火山爆发及其他人力不可抗拒的破坏力强大的自然事件;

②意外事故,是指不可预料的以及被保险人无法控制并造成物质损失或人身伤亡的突发性事件,包括火灾、爆炸、飞机坠毁或物体坠落等;

③人为风险,是指盗窃、工人或技术人员缺乏经验、疏忽、过失、恶意行为;

④其他不可预见的事故等。

(2)安装工程一切险的保险责任范围与上述建筑工程一切险的保险责任范围基本相同,故在此不作赘述。

4. 责任免除

(1)综合各项建设工程签订的建筑工程一切险保险合同,其中,责任免除的条款一般规定保险人对下列各项不负责赔偿:

①保险合同中列明的每次事故应由被保险人自行承担的免赔额;

②任何形式、种类的间接损失,包括因拖延、未履行合同而导致的罚金、损失,以及合同损失;

③由于设计缺陷,原材料或铸件缺陷、工艺不良(因安装缺陷造成的除外)而导致的损失或损坏;

④自然磨损和损耗、侵蚀、氧化、退化等逐渐引起的损失；

⑤文件、图纸、账单、账簿、现金、证券、合同、支票、图表资料及包装物料的损失；

⑥库存清点时发现的短缺、损失和损坏；

⑦其他损失或损坏。

(2)安装工程一切险的保险人对于下列原因所造成的损失不负赔偿责任：

①因设计错误、铸造或原材料缺陷或工艺不善引起的保险财产本身的损失以及由此所支付的换置、修理或矫正费用；

②由于电气原因造成投保的电气设备或用具本身的损失；

③投保的机具、设备、机械装置失灵造成的损失；

④自然磨损、内在或潜在缺陷、自身变化或其他渐变原因造成的被保险财产自身的损失和费用；

⑤维修保养或正常检修的费用；

⑥文件、图纸、账单、账簿、现金、证券、合同、支票、图表资料及包装物料的损失；

⑦库存清点时发现的短缺、损失和损坏；

⑧其他损失或损坏。

专家解读

建筑工程一切险和安装工程一切险的责任范围和除外责任以实际签订的保险合同为准，没有强制性条文要求，上文所列为考试最可能涉及的内容，请酌情参阅，可结合二者的内容加以理解记忆。

5. 保险期限

尽管保险单中规定的起保和终止日有所不同，建筑工程一切险的保险责任一般从投保工程动工日或明细表中所列投保项目（含材料、物资、设备等）卸至建筑工地后开始生效，直至承保的建筑工程项目部分或全部验收合格（签发验收证书）或移交给工程所有人（投入使用）时终止，以上时间点以先发生事件节点为准。本保险期限一般不能超过明细表中规定的生效或终止日期，保险期限的扩展必须双方协商一致。

安装工程一切险的保险期限与建筑工程一切险的保险期限规定相同。安装工程一切险的保险期限内通常包括 1 个试车考核期，其长短应根据安装工程合同中的约定确定，且不得超出保单中列明的考核期限。试车考核期通常不超过 3 个月，若超过 3 个月，则应加收保险费。

6. 赔偿限额

保险人应当按照保险单的约定承担赔偿责任，但对每一工程保险项目的赔偿责任均不得超过保险单明细表中对应列明的分项保险金额以及保险单特别条款或批单中规定的其他适用的赔偿限额。且在任何情况下，在保险单项下承担的对物质损失的最高赔偿责任不得超过保险单明细表中列明的总保险金额。

（二）工伤保险和意外伤害保险

《建筑法》规定，建筑施工企业应当依法为职工参加工伤保险缴纳工伤保险费。鼓励企业为从事危险作业的职工办理意外伤害保险，支付保险费。

工伤保险和意外伤害保险都是《建设工程施工合同(示范文本)》规定的建设工程方面常见而重要的险种。其中，工伤保险为社会保险，属于强制性保险；而意外伤害保险则为商业保险，属于倡导性保险。工伤保险和意外伤害保险并行不悖，职工可以因工获得工伤保险与意外伤害保险双重保障。

第九节　建设工程法律责任制度

一、法律责任的概念和特征

(一)法律责任的概念

法律责任是指行为人由于违法、违约或者由于法律规定所应当承担的具有强制性的不利法律后果。

根据引起责任的行为性质不同，法律责任可以划分为民事责任、行政责任、刑事责任、违宪责任和国家赔偿责任五类。由于后两种责任在工程领域一般不涉及，故本书不再论述。下表就常见的三种法律责任作出比较。

法律责任类别		承担方式	注意事项
民事责任		停止侵害；排除妨碍；消除危险；返还财产；恢复原状；修理、重作、更换；继续履行；赔偿损失；支付违约金；消除影响、恢复名誉；赔礼道歉	◆主要是财产责任，发生在民事主体之间，目的是针对受害人的补偿。 ◆建设工程民事责任的主要承担方式包括：支付违约金或返还定金；返还财产；停止侵害；修理(返修)；赔偿损失等
行政责任	行政处罚	警告、通报批评；罚款、没收违法所得、没收非法财物；暂扣许可证件、降低资质等级、吊销许可证件；限制开展生产经营活动、责令停产停业、责令关闭、限制从业；行政拘留；法律、行政法规规定的其他行政处罚	工程领域涉及的行政处罚一般都涉及左侧表格所列内容，此外还涉及取消投标资格、责令停止施工、责令停止执业、吊销相关证书等
	行政处分	警告；记过；记大过；降级；撤职；开除	对国家工作人员适用，建造师考试一般不涉及
刑事责任	主刑	管制；拘役；有期徒刑；无期徒刑；死刑	◆刑事责任是犯罪主体因违反刑法，实施了犯罪行为所应承担的法律责任，即刑罚。主刑只能独立适用。 ◆附加刑既能独立适用，也能附加适用(补充主刑)
	附加刑	罚金；剥夺政治权利；没收财产；驱逐出境	

典型例题

【单选题】下列法律责任中,属于刑事责任的是(　　)。

A. 罚款　　B. 没收财产

C. 没收违法所得　　D. 拘留

B。【解析】《刑法》第三十二条规定,刑罚分为主刑和附加刑。第三十三条规定,主刑的种类如下:(1)管制;(2)拘役;(3)有期徒刑;(4)无期徒刑;(5)死刑。第三十四条规定,附加刑的种类如下:(1)罚金;(2)剥夺政治权利;(3)没收财产。

专家解读

在法律责任中,有些名词看上去相差不大,但却有着实质性的区别,考生应注意辨析。例如,行政处罚 VS 刑罚:行政处罚针对的是一般违法行为;刑罚针对的是犯罪行为。拘留 VS 拘役:拘留分为行政拘留、刑事拘留和司法拘留;拘役是刑事责任中的一种主刑。罚款 VS 罚金:罚款是一种行政处罚措施;罚金是一种刑事处罚措施。返还财产 VS 没收违法所得 VS 没收财产:返还财产属于民事纠纷中的责任承担方式,一般按照"折价返还"原则支付已完工程价款,支付时既可以按照无效合同中的约定价款支付,还可以按照当地市场价、定额量据实结算支付;没收违法所得是一种行政处罚措施;没收财产是刑事责任中附加刑的一种。

(二)法律责任的特征

法律责任具有如下特征:

(1)法律责任是因违反法定义务或约定义务而产生的法律后果,义务的存在是法律责任形成的前提;

(2)法律责任是一种承担不利后果的责任方式;

(3)法律责任的大小与违法程度相适应;

(4)法律责任由国家专门机关认定;

(5)法律责任的追究由国家强制力实施或者潜在保证。

二、民事责任

(一)民事责任的概念

民事责任是指民事主体由于违反民事法律、违约或者由于民法规定所应承担的一种法律责任。

民事责任是一种救济责任。民事责任的功能主要在于救济当事人的权利,赔偿或者补偿当事人的损失。当然,民事责任也具有惩罚功能,如违约金就具有该功能。

(二)民事责任的种类

根据民事责任承担的原因不同,民事责任可以划分为违约责任和侵权责任两类。

违约责任是指合同当事人由于没有履行或者没有完全履行合同义务，根据法律的规定或者合同的约定所应当承担的民事责任。侵权责任是指行为人由于侵害他人的民事权益，依法所应当承担的民事责任。

《民法典》规定，因当事人一方的违约行为，损害对方人身权益、财产权益的，受损害方有权选择请求其承担违约责任或者侵权责任。也就是说，当违约责任与侵权责任竞合时，二者只能择一适用。

民事责任的承担方式如前文表格总结所示，此处不再赘述。

三、行政责任

行政责任是指行政法律关系主体因违反行政法律规定依法应当承担的行政法律后果，它包括行政处分和行政处罚两种情况。

行政处分是指国家机关、企事业单位对其国家工作人员违反行政法规范的行为所实施制裁的内部行政行为。

行政处罚是指行政主体依照法定职权和程序对违反行政法规范的行政相对人给予制裁的外部行政行为。

行政责任的承担方式如前文表格总结所示，此处不再赘述。

四、刑事责任

(一)刑事责任的概念

刑事责任，是指行为人因违反刑事法律规范，实施犯罪行为，依法所应当承担的刑事法律后果。刑事责任在各种法律责任中是一种最严厉的惩罚措施。

刑事责任的承担方式如前文表格总结所示，此处不再赘述。

(二)常见的建设工程犯罪及刑罚

1. 串通投标罪

《刑法》规定，投标人相互串通投标报价，损害招标人或者其他投标人利益，情节严重的，处3年以下有期徒刑或者拘役，并处或者单处罚金。投标人与招标人串通投标，损害国家、集体、公民的合法利益的，依照前款的规定处罚。

2. 重大责任事故罪

《刑法》规定，在生产、作业中违反有关安全管理的规定，因而发生重大伤亡事故或者造成其他严重后果的，处3年以下有期徒刑或者拘役；情节特别恶劣的，处3年以上7年以下有期徒刑。

3. 强令、组织他人违章冒险作业罪

《刑法》规定，强令他人违章冒险作业，或者明知存在重大事故隐患而不排除，仍冒险组织作业，因而发生重大伤亡事故或者造成其他严重后果的，处5年以下有期徒刑或者拘役；情节特别恶劣的，处5年以上有期徒刑。

4. 危险作业罪

《刑法》规定，在生产、作业中违反有关安全管理的规定，有下列情形之一，具有发生重大伤亡事故或者其他严重后果的现实危险的，处 1 年以下有期徒刑、拘役或者管制：

（1）关闭、破坏直接关系生产安全的监控、报警、防护、救生设备、设施，或者篡改、隐瞒、销毁其相关数据、信息的。

（2）因存在重大事故隐患被依法责令停产停业、停止施工、停止使用有关设备、设施、场所或者立即采取排除危险的整改措施，而拒不执行的。

（3）涉及安全生产的事项未经依法批准或者许可，擅自从事矿山开采、金属冶炼、建筑施工，以及危险物品生产、经营、储存等高度危险的生产作业活动的。

5. 重大劳动安全事故罪

《刑法》规定，安全生产设施或者安全生产条件不符合国家规定，因而发生重大伤亡事故或者造成其他严重后果的，对直接负责的主管人员和其他直接责任人员，处 3 年以下有期徒刑或者拘役；情节特别恶劣的，处 3 年以上 7 年以下有期徒刑。

6. 工程重大安全事故罪

《刑法》规定，建设单位、设计单位、施工单位、工程监理单位违反国家规定，降低工程质量标准，造成重大安全事故的，对直接责任人员，处 5 年以下有期徒刑或者拘役，并处罚金；后果特别严重的，处 5 年以上 10 年以下有期徒刑，并处罚金。

典型例题

【单选题】在生产、作业中违反有关安全管理的规定，因而发生重大伤亡事故或者造成其他严重后果，应受刑罚处罚的，构成(　　)。

A. 工程重大安全事故罪　　B. 重大劳动安全事故罪

C. 以危险方法危害公共安全罪　　D. 重大责任事故罪

D。【解析】重大责任事故罪是指在生产、作业中违反有关安全管理的规定，因而发生重大伤亡事故或者造成其他严重后果的行为。《刑法》第一百三十四条规定，在生产、作业中违反有关安全管理的规定，因而发生重大伤亡事故或者造成其他严重后果的，处 3 年以下有期徒刑或者拘役；情节特别恶劣的，处 3 年以上 7 年以下有期徒刑。

【单选题】关于工程重大安全事故罪的说法，正确的是(　　)。

A. 建筑工程五方责任单位是该罪的犯罪主体

B. 该罪的法定最高刑是死刑

C. 该罪对直接责任人员和其他责任人员进行处罚

D. 该罪并处附加刑

D。【解析】《刑法》第一百三十七条规定，建设单位、设计单位、施工单位、工程监理单位违反国家规定，降低工程质量标准，造成重大安全事故的，对直接责任人员，处 5 年以下有期徒刑或者拘役，并处罚金；后果特别严重的，处 5 年以上 10 年以下有期徒刑，并处罚金。罚金刑是我国刑法规定的一种附加刑，既可以独立适用，也可以附加主刑适用，是指人民法院判处犯罪分子向国家缴纳一定数额金钱的刑罚方法。

第二章　施工许可法律制度

第一节　建设工程施工许可制度

一、工程报建制度概述

报建是指工程建设项目的报建。工程建设项目报建是指工程建设项目由建设单位或其代理机构在工程项目可行性研究报告或其他立项文件被批准后，须向当地建设行政主管部门或其授权机构进行报建，交验工程项目立项的批准文件，包括银行出具的资信证明以及批准的建设用地等其他有关文件的行为。工程建设不同阶段需办理的证件及相关事项如下图所示。

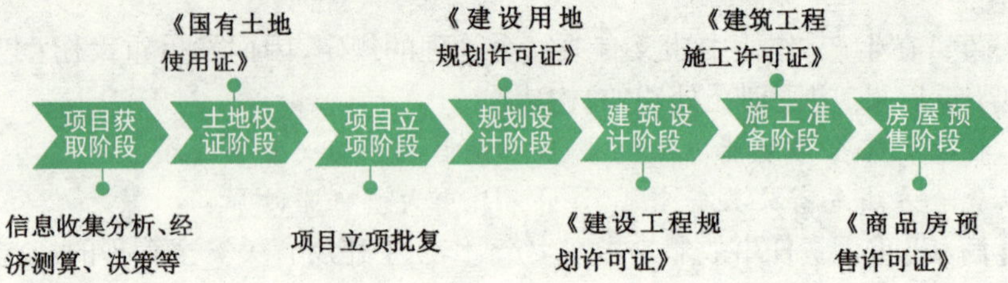

二、建设用地规划许可

在城市、镇规划区内以划拨方式提供国有土地使用权的建设项目，建设单位应当向城市、县人民政府自然资源主管部门（原为城乡规划主管部门，下同）提出建设用地规划许可申请，经有建设用地批准权的人民政府批准后，城市、县人民政府自然资源主管部门向建设单位同步核发建设用地规划许可证、国有土地划拨决定书。

在城市、镇规划区内以出让方式提供国有土地使用权的，城市、县人民政府自然资源主管部门依据规划条件编制土地出让方案，经依法批准后组织土地供应，将规划条件纳入国有建设用地使用权出让合同。建设单位在签订国有建设用地使用权出让合同后，城市、县人民政府自然资源主管部门向建设单位核发建设用地规划许可证。

三、建设工程规划许可

在城市、镇规划区内进行建筑物、构筑物、道路、管线和其他工程建设的，建设单位或者个人应当向城市、县人民政府自然资源主管部门或者省、自治区、直辖市人民政府确定的镇人民政府申请办理建设工程规划许可证。申请办理建设工程规划许可证，应当提交使用土地的有关证明文件、建设工程设计方案等材料。需要建设单位编制修建性详细规划的建设项目，还应当提交修建性详细规划。对符合控制性详细规划和规划条件的，由城市、县人民政府自然资源主管部门或者省、自治区、直辖市人民政府确定的镇人民政府核发建设工程规划许可证。城市、县人民政府自然资源主管部门或者省、自治区、直辖市人民政府确定的镇人民政府应当依法将经审定的修建性详细规划、建设工程设计方案的总平面图予以公布。

在乡、村庄规划区内进行乡镇企业、乡村公共设施和公益事业建设的，建设单位或者个人应当向乡、镇人民政府提出申请，由乡、镇人民政府报城市、县人民政府自然资源主管部门核发乡村建设规划许可证。在乡、村庄规划区内使用原有宅基地进行农村村民住宅建设的规划管理办法，由省、自治区、直辖市制定。在乡、村庄规划区内进行乡镇企业、乡村公共设施和公益事业建设以及农村村民住宅建设，不得占用农用地；确需占用农用地的，应当依照《土地管理法》有关规定办理农用地转用审批手续后，由城市、县人民政府自然资源主管部门核发乡村建设规划许可证。建设单位或者个人在取得乡村建设规划许可证后，方可办理用地审批手续。

链接

《中华人民共和国土地管理法实施条例》规定，抢险救灾、疫情防控等急需使用土地的，可以先行使用土地。其中，属于临时用地的，用后应当恢复原状并交还原土地使用者使用，不再办理用地审批手续；属于永久性建设用地的，建设单位应当在不晚于应急处置工作结束6个月内申请补办建设用地审批手续。建设项目需要使用土地的，建设单位原则上应当一次申请，办理建设用地审批手续，确需分期建设的项目，可以根据可行性研究报告确定的方案，分期申请建设用地，分期办理建设用地审批手续。建设过程中用地范围确需调整的，应当依法办理建设用地审批手续。

四、建设工程开工条件的审批

我国目前对建设工程开工条件的审批，存在颁发施工许可证和批准开工报告两种形式，多数工程采用的是办理施工许可证。

（一）办理施工许可证的工程范围

申领施工许可证，应在建筑工程开工前申请领取，即施工准备工作就绪之后、组织施工之前。

在中华人民共和国境内从事各类房屋建筑及其附属设施的建造、装修装饰和与其配套的线路、管道、设备的安装，以及城镇市政基础设施工程的施工，建设单位在开工前应当依照规定，向工程所在地的县级以上地方人民政府住房城乡建设主管部门（以下简称发证机关）申请领取施工许可证。

工程投资额在30万元以下或者建筑面积在300平方米以下的建筑工程，可以不申请办理施工许可证。省、自治区、直辖市人民政府住房城乡建设主管部门可以根据当地的实际情况，对限额进行调整，并报国务院住房城乡建设主管部门备案。按照国务院规定的权限和程序批准开工报告的建筑工程，不再领取施工许可证。

《建筑工程施工许可管理办法》规定，应当申请领取施工许可证的建筑工程未取得施工许可证的，一律不得开工。任何单位和个人不得将应当申请领取施工许可证的工程项目分解为若干限额以下的工程项目，规避申请领取施工许可证。

此外，军用房屋建筑工程、临时性房屋建筑工程（如抢险救灾临时工程）和农民自建低层住宅建筑工程等不必申请建筑工程施工许可证。

为进一步提升工程建设项目审批效率，《国务院办公厅关于进一步优化营商环境更好服务市场主体的实施意见》提出，全面推行工程建设项目分级分类管理，在确保安全前提下，对社会投资的小型低风险新建、改扩建项目，由政府部门发布统一的企业开工条件，企业取得用地、满足开工条件后作出相关承诺，政府部门直接发放相关证书，项目即可开工。加快推动工程建设项目全流程在线审批，推进工程建设项目审批管理系统与投资审批、规划、消防等管理系统数据实时共享，实现信息一次填报、材料一次上传、相关评审意见和审批结果即时推送。

为进一步贯彻落实《国务院关于加快推进全国一体化在线政务服务平台建设的指导意见》，深化“放管服”改革，提升建筑业政务服务质量，按照国务院办公厅电子政务办公室要求，决定在全国范围内推广应用建筑工程施工许可证电子证照（以下简称施工许可电子证照）。《住房和城乡建设部办公厅关于全面推行建筑工程施工许可证电子证照的通知》进一步提出，自 2021 年 1 月 1 日起，全国范围内的房屋建筑和市政基础设施工程项目全面实行施工许可电子证照。电子证照与纸质证照具有同等法律效力。

（二）建设单位申请领取施工许可证应当具备的条件

《建筑法》规定，申请领取施工许可证，应当具备下列条件：

（1）已经办理该建筑工程用地批准手续；

（2）依法应当办理建设工程规划许可证的，已经取得建设工程规划许可证；

（3）需要拆迁的，其拆迁进度符合施工要求；

（4）已经确定建筑施工企业；

（5）有满足施工需要的资金安排、施工图纸及技术资料；

（6）有保证工程质量和安全的具体措施。

建设行政主管部门应当自收到申请之日起 7 日内，对符合条件的申请颁发施工许可证。

（三）申请办理施工许可证的程序

申请办理施工许可证，应当按照下列程序进行：

（1）建设单位向发证机关领取《建筑工程施工许可证申请表》。

（2）建设单位持加盖单位及法定代表人印鉴的《建筑工程施工许可证申请表》，并附《建筑工程施工许可管理办法》第四条规定的证明文件，向发证机关提出申请。

（3）发证机关在收到建设单位报送的《建筑工程施工许可证申请表》和所附证明文件后，对于符合条件的，应当自收到申请之日起 7 日内颁发施工许可证；对于证明文件不齐全或者失效的，应当当场或者 5 日内一次告知建设单位需要补正的全部内容，审批时间可以自证明文件补正齐全后作相应顺延；对于不符合条件的，应当自收到申请之日起 7 日内书面通知建设单位，并说明理由。

建筑工程在施工过程中，建设单位或者施工单位发生变更的，应当重新申请领取施工许可证。

建设单位申请领取施工许可证的工程名称、地点、规模，应当符合依法签订的施工承包合同。施工许可证应当放置在施工现场备查，并按规定在施工现场公开。施工许可证不得伪造和涂改。

（四）施工许可证延期与核验的规定

建设单位应当自领取施工许可证之日起3个月内开工。因故不能按期开工的，应当在期满前向发证机关申请延期，并说明理由；延期以2次为限，每次不超过3个月。既不开工又不申请延期或者超过延期次数、时限的，施工许可证自行废止。

在建的建筑工程因故中止施工的，建设单位应当自中止施工之日起1个月内向发证机关报告，报告内容包括中止施工的时间、原因、在施部位、维修管理措施等，并按照规定做好建筑工程的维护管理工作。建筑工程恢复施工时，应当向发证机关报告；中止施工满1年的工程恢复施工前，建设单位应当报发证机关核验施工许可证。

（五）违反施工许可相关制度的法律责任

对于未取得施工许可证或者为规避办理施工许可证将工程项目分解后擅自施工的，由有管辖权的发证机关责令停止施工，限期改正，对建设单位处工程合同价款1%以上2%以下罚款，对施工单位处3万元以下罚款。

建设单位采用欺骗、贿赂等不正当手段取得施工许可证的，由原发证机关撤销施工许可证，责令停止施工，并处1万元以上3万元以下罚款；构成犯罪的，依法追究刑事责任。

建设单位隐瞒有关情况或者提供虚假材料申请施工许可证的，发证机关不予受理或者不予许可，并处1万元以上3万元以下罚款；构成犯罪的，依法追究刑事责任。建设单位伪造或者涂改施工许可证的，由发证机关责令停止施工，并处1万元以上3万元以下罚款；构成犯罪的，依法追究刑事责任。

依照上述规定，给予单位罚款处罚的，对单位直接负责的主管人员和其他直接责任人员处单位罚款数额5%以上10%以下罚款。单位及相关责任人受到处罚的，作为不良行为记录予以通报。

（六）工程开工报告的相关规定

《建筑法》规定，按照国务院规定的权限和程序批准开工报告的建筑工程，不再领取施工许可证。按照国务院有关规定批准开工报告的建筑工程，因故不能按期开工或者中止施工的，应当及时向批准机关报告情况。因故不能按期开工超过6个月的，应当重新办理开工报告的批准手续。

未取得施工许可证或者开工报告未经批准擅自施工的，责令改正，对不符合开工条件的责令停止施工，可以处以罚款。

因为按照国务院有关规定批准开工报告的建筑工程一般都属于大中型建筑工程，对于这类工程因故不能按期开工或者中止施工的，审查和管理上理应更加严格。

第二节　施工企业从业资格制度

国家通过法定条件和立法程序对建设活动的主体资格进行认定和批准，赋予其在法定范围内从事一定建设活动的资格，即工程建设从业资格制度。

工程建设从业资格制度具体包含从业单位资质制度和从业人员执业资格制度两个方面的内容。

《建筑法》规定，从事建筑活动的建筑施工企业、勘察单位、设计单位和工程监理单位，按照其拥有的注册资本、专业技术人员、技术装备和已完成的建筑工程业绩等资质条件，划分为不同的资质等级，经资质审查合格，取得相应等级的资质证书后，方可在其资质等级许可的范围内从事建筑活动。

《建设工程企业资质管理制度改革方案》规定，应精简资质类别，归并等级设置。为在疫情防控常态化条件下做好"六稳"工作、落实"六保"任务，进一步优化建筑市场营商环境，确保新旧资质平稳过渡，保障工程质量安全，按照稳中求进的原则，积极稳妥推进建设工程企业资质管理制度改革。对部分专业划分过细、业务范围相近、市场需求较小的企业资质类别予以合并，对层级过多的资质等级进行归并。改革后，工程勘察资质分为综合资质和专业资质，工程设计资质分为综合资质、行业资质、专业和事务所资质，施工资质分为综合资质、施工总承包资质、专业承包资质和专业作业资质，工程监理资质分为综合资质和专业资质。资质等级原则上压减为甲、乙两级（部分资质只设甲级或不分等级），资质等级压减后，中小企业承揽业务范围将进一步放宽，有利于促进中小企业发展。具体压减情况如下。

一、工程勘察、设计企业资质管理

工程勘察资质：保留综合资质；将 4 类专业资质及劳务资质整合为岩土工程、工程测量、勘探测试等 3 类专业资质。综合资质不分等级，专业资质等级压减为甲、乙两级。

工程设计资质：保留综合资质；将 21 类行业资质整合为 14 类行业资质；将 151 类专业资质、8 类专项资质、3 类事务所资质整合为 70 类专业和事务所资质。综合资质、事务所资质不分等级；行业资质、专业资质等级原则上压减为甲、乙两级（部分资质只设甲级）。

二、施工企业资质管理

（一）施工企业的资质序列

《建设工程企业资质管理制度改革方案》规定，将 10 类施工总承包企业特级资质调整为施工综合资质，可承担各行业、各等级施工总承包业务；保留 12 类施工总承包资质，将民航工程的专业承包资质整合为施工总承包资质；将 36 类专业承包资质整合为 18 类；将施工劳务企业资质改为专业作业资质，由审批制改为备案制。综合资质和专业作业资质不分等级；施工总承包资质、专业承包资质等级原则上压减为甲、乙两级（部分专业承包资质不分等级），其中，施工总承包甲级资质在本行业内承揽业务规模不受限制。

（二）施工资质的类型和等级

改革后建设工程施工资质分类分级如下表所示。

资质类别	序号	施工资质类型	等级
综合资质	1	综合资质	不分等级
施工总承包资质	1	建筑工程施工总承包	甲、乙级
	2	公路工程施工总承包	甲、乙级
	3	铁路工程施工总承包	甲、乙级
	4	港口与航道工程施工总承包	甲、乙级
	5	水利水电工程施工总承包	甲、乙级
	6	市政公用工程施工总承包	甲、乙级
	7	电力工程施工总承包	甲、乙级
	8	矿山工程施工总承包	甲、乙级
	9	冶金工程施工总承包	甲、乙级
	10	石油化工工程施工总承包	甲、乙级
	11	通信工程施工总承包	甲、乙级
	12	机电工程施工总承包	甲、乙级
	13	民航工程施工总承包	甲、乙级
专业承包资质	1	建筑装修装饰工程专业承包	甲、乙级
	2	建筑机电工程专业承包	甲、乙级
	3	公路工程类专业承包	甲、乙级
	4	港口与航道工程类专业承包	甲、乙级
	5	铁路电务电气化工程专业承包	甲、乙级
	6	水利水电工程类专业承包	甲、乙级
	7	通用专业承包	不分等级
	8	地基基础工程专业承包	甲、乙级
	9	起重设备安装工程专业承包	甲、乙级
	10	预拌混凝土专业承包	不分等级
	11	模板脚手架专业承包	不分等级
	12	防水防腐保温工程专业承包	甲、乙级
	13	桥梁工程专业承包	甲、乙级
	14	隧道工程专业承包	甲、乙级
	15	消防设施工程专业承包	甲、乙级

（续表）

资质类别	序号	施工资质类型	等级
专业承包资质	16	古建筑工程专业承包	甲、乙级
	17	输变电工程专业承包	甲、乙级
	18	核工程专业承包	甲、乙级
专业作业资质	1	专业作业资质	不分等级

（三）企业资质的申请

企业可以申请一项或多项建筑业企业资质。企业首次申请或增项申请资质，应当申请最低等级资质。

为贯彻落实国务院深化“放管服”改革，加快推进政务服务“一网通办”的要求，2018年12月发布的《住房城乡建设部关于修改〈建筑业企业资质管理规定〉等部门规章的决定》将《建筑业企业资质管理规定》（住房城乡建设部令第22号，根据住房城乡建设部令第32号修正）第十四条修改为：“企业申请建筑业企业资质，在资质许可机关的网站或审批平台提出申请事项，提交资金、专业技术人员、技术装备和已完成业绩等电子材料”。其原十四条规定的是申请资质应提交的各项资料。此外，该修改决定还将《建设工程勘察设计资质管理规定》《工程监理企业资质管理规定》《房地产开发企业资质管理规定》中相关申请规定做了类似修改，这意味着建筑业企业相关资质申请将正式步入电子化时代。

资质许可机关应当及时将资质许可决定向社会公开，并为公众查询提供便利。建筑业企业资质证书分为正本和副本，由国务院住房城乡建设主管部门统一印制，正、副本具备同等法律效力。资质证书有效期为5年。

《住房城乡建设部办公厅关于规范使用建筑业企业资质证书的通知》规定，每套新版建筑业企业资质证书包括1个正本和1个副本，每本证书上均印制二维码标识。为切实减轻企业负担，各有关部门和单位在对企业跨地区承揽业务监督管理、招标活动中，不得要求企业提供建筑业企业资质证书原件，企业资质情况可通过扫描建筑业企业资质证书复印件的二维码查询。

（四）企业资质的延续与变更

建筑业企业资质证书有效期届满，企业继续从事建筑施工活动的，应当于资质证书有效期届满3个月前，向原资质许可机关提出延续申请。资质许可机关应当在建筑业企业资质证书有效期届满前作出是否准予延续的决定；逾期未作出决定的，视为准予延续。

企业在建筑业企业资质证书有效期内名称、地址、注册资本、法定代表人等发生变更的，应当在工商部门办理变更手续后1个月内办理资质证书变更手续。

由国务院住房城乡建设主管部门颁发的建筑业企业资质证书的变更，企业应当向企业工商注册所在地省、自治区、直辖市人民政府住房城乡建设主管部门提出变更申请，省、自治区、直辖市人民政府住房城乡建设主管部门应当自受理申请之日起2日内将有关变更证明材料报国务院住房城乡建设主管部门，由国务院住房城乡建设主管部门在2日内办理变更手续。

上述规定以外的资质证书的变更，由企业工商注册所在地的省、自治区、直辖市人民政府住房城乡建设主管部门或者设区的市人民政府住房城乡建设主管部门依法另行规定。变更结果应当在资质证书变更后15日内，报国务院住房城乡建设主管部门备案。涉及公路、水运、水利、通信、铁路、民航等方面的建筑业企业资质证书的变更，办理变更手续的住房城乡建设主管部门应当将建筑业企业资质证书变更情况告知同级有关部门。

企业发生合并、分立、重组以及改制等事项，需承继原建筑业企业资质的，应当申请重新核定建筑业企业资质等级。

企业需更换、遗失补办建筑业企业资质证书的，应当持建筑业企业资质证书更换、遗失补办申请等材料向资质许可机关申请办理。资质许可机关应当在2个工作日内办理完毕。

企业遗失建筑业企业资质证书的，在申请补办前应当由申请人告知资质许可机关，由资质许可机关在官网发布信息。

企业申请建筑业企业资质升级、资质增项，在申请之日起前1年至资质许可决定作出前，有下列情形之一的，资质许可机关不予批准其建筑业企业资质升级申请和增项申请：

(1)超越本企业资质等级或以其他企业的名义承揽工程，或允许其他企业或个人以本企业的名义承揽工程的；

(2)与建设单位或企业之间相互串通投标，或以行贿等不正当手段谋取中标的；

(3)未取得施工许可证擅自施工的；

(4)将承包的工程转包或违法分包的；

(5)违反国家工程建设强制性标准施工的；

(6)恶意拖欠分包企业工程款或者劳务人员工资的；

(7)隐瞒或谎报、拖延报告工程质量安全事故，破坏事故现场、阻碍对事故调查的；

(8)按照国家法律、法规和标准规定需要持证上岗的现场管理人员和技术工种作业人员未取得证书上岗的；

(9)未依法履行工程质量保修义务或拖延履行保修义务的；

(10)伪造、变造、倒卖、出租、出借或者以其他形式非法转让建筑业企业资质证书的；

(11)发生过较大以上质量安全事故或者发生过两起以上一般质量安全事故的；

(12)其他违反法律、法规的行为。

(五)监督检查

企业违法从事建筑活动的，违法行为发生地的县级以上地方人民政府住房城乡建设主管部门或者其他有关部门应当依法查处，并将违法事实、处理结果或者处理建议及时告知该建筑业企业资质的许可机关。对取得国务院住房城乡建设主管部门颁发的建筑业企业资质证书的企业需要处以停业整顿、降低资质等级、吊销资质证书行政处罚的，县级以上地方人民政府住房城乡建设主管部门或者其他有关部门，应当通过省、自治区、直辖市人民政府住房城乡建设主管部门或者国务院有关部门，将违法事实、处理建议及时报送国务院住房城乡建设主管部门。

取得建筑业企业资质证书的企业，应当保持资产、主要人员、技术装备等方面满足相应建筑业企业资质标准要求的条件。企业不再符合相应建筑业企业资质标准要求条件的，县级以上地方人民政府住房城乡建设主管部门、其他有关部门，应当责令其限期改正并向社会公告，整改期限最长不超过3个月；企业整改期间不得申请建筑业企业资质的升级、增项，不能承揽新的工程；逾期仍未达到建筑业企业资质标准要求条件的，资质许可机关可以撤回其建筑业企业资质证书。被撤回建筑业企业资质证书的企业，可以在资质被撤回后3个月内，向资质许可机关提出核定低于原等级同类别资质的申请。

有下列情形之一的，资质许可机关应当撤销建筑业企业资质：

(1)资质许可机关工作人员滥用职权、玩忽职守准予资质许可的；

(2)超越法定职权准予资质许可的；

(3)违反法定程序准予资质许可的；

(4)对不符合资质标准条件的申请企业准予资质许可的；

(5)依法可以撤销资质许可的其他情形。

以欺骗、贿赂等不正当手段取得资质许可的，应当予以撤销。

有下列情形之一的，资质许可机关应当依法注销建筑业企业资质，并向社会公布其建筑业企业资质证书作废，企业应当及时将建筑业企业资质证书交回资质许可机关：

(1)资质证书有效期届满，未依法申请延续的；

(2)企业依法终止的；

(3)资质证书依法被撤回、撤销或吊销的；

(4)企业提出注销申请的；

(5)法律、法规规定的应当注销建筑业企业资质的其他情形。

有关部门应当将监督检查情况和处理意见及时告知资质许可机关。资质许可机关应当将涉及有关公路、水运、水利、通信、铁路、民航等方面的建筑业企业资质许可被撤回、撤销、吊销和注销的情况告知同级有关部门。

资质许可机关应当建立、健全建筑业企业信用档案管理制度。建筑业企业信用档案应当包括企业基本情况、资质、业绩、工程质量和安全、合同履约、社会投诉和违法行为等情况。企业的信用档案信息按照有关规定向社会公开。取得建筑业企业资质的企业应当按照有关规定，向资质许可机关提供真实、准确、完整的企业信用档案信息。

(六)法律责任

申请企业隐瞒有关真实情况或者提供虚假材料申请建筑业企业资质的，资质许可机关不予许可，并给予警告，申请企业在1年内不得再次申请建筑业企业资质。

企业以欺骗、贿赂等不正当手段取得建筑业企业资质的，由原资质许可机关予以撤销；由县级以上地方人民政府住房城乡建设主管部门或者其他有关部门给予警告，并处3万元的罚款；申请企业3年内不得再次申请建筑业企业资质。

企业未按照规定及时办理建筑业企业资质证书变更手续的，由县级以上地方人民政府住房城乡建设主管部门责令限期办理；逾期不办理的，可处以1 000元以上1万元以下的罚款。

企业在接受监督检查时，不如实提供有关材料，或者拒绝、阻碍监督检查的，由县级以上地方人民政府住房城乡建设主管部门责令限期改正，并可以处3万元以下罚款。

企业未按照规定要求提供企业信用档案信息的，由县级以上地方人民政府住房城乡建设主管部门或者其他有关部门给予警告，责令限期改正；逾期未改正的，可处以1 000元以上1万元以下的罚款。

三、建设工程企业资质告知承诺制

为贯彻落实全国深化“放管服”改革优化营商环境电视电话会议精神，深入推进建设工程企业资质审批制度改革，进一步做好建筑业企业资质、工程监理企业资质告知承诺制审批工作，《住房和城乡建设部办公厅关于进一步做好建设工程企业资质告知承诺制审批有关工作的通知》提出，自2021年1月1日起，在全国范围内对房屋建筑工程、市政公用工程监理甲级资质实行告知承诺制审批，建筑工程、市政公用工程施工总承包一级资质继续实行告知承诺制审批，涉及上述资质的重新核定事项不实行告知承诺制审批。实施建设工程企业资质审批权限下放试点的地区，上述企业资质审批方式由相关省级住房和城乡建设主管部门自行确定。

告知承诺制审批流程如下：

(1)申请。企业通过建设工程企业资质申报软件或本地区省级住房和城乡建设主管部门资质申报系统，按要求填报企业资质申请信息生成电子数据包(须包含企业法定代表人承诺书)，由省级住房和城乡建设主管部门上传至住房和城乡建设部企业资质审批系统。(申请办事指南、申报软件可通过住房和城乡建设部门户网站政务服务平台查询、下载。)

(2)受理。我部行政审批集中受理办公室通过资质审批系统在线受理企业告知承诺申请事项，并出具受理凭证。

(3)公示。企业告知承诺申请事项及填报的人员、业绩项目等信息在住房和城乡建设部门户网站公示，接受社会监督，公示期10个工作日。

(4)审批。我部依据企业填报的资质申请信息和全国建筑市场监管公共服务平台人员、项目信息进行审批。

(5)公告。对企业填报信息符合资质标准要求且在公示期内未被投诉举报的企业，我部按规定办理资质核准公告。

(6)核查。对企业申报业绩项目通过遥感卫星照片比对、组织实地核查、委托省级住房和城乡建设主管部门抽查等方式进行核查。

为贯彻落实《国务院关于深化“证照分离”改革进一步激发市场主体发展活力的通知》要求，深化建筑业“放管服”改革，做好改革后续衔接工作，《住房和城乡建设部办公厅关于做好建筑业“证照分离”改革衔接有关工作的通知》提出，自2021年7月1日起，建筑业企业施工劳务资质由审批制改为备案制，由企业注册地设区市住房和城乡建设主管部门负责办理备案手续。企业提交企业名称、统一社会信用代码、办公地址、法定代表人姓名及联系方式、企业净资产、技术负责人、技术工人等信息材料后，备案部门应当场办理备案手续，并核发建筑业企业施工劳务资质证书。企业完成备案手续并取得资质证书后，即可承接施工劳务作业。

对于按照实行告知承诺方式改革的许可事项，各级住房和城乡建设主管部门应当明确实行告知承诺制审批的资质目录，制定并公布告知承诺书格式文本、告知承诺内容、核查办法和办事指南。对通过告知承诺方式取得资质证书的企业，要加强事中事后监管，经核查发现承诺不实的，依法撤销其相应资质，并按照有关规定进行处罚。

对于按照优化审批服务方式改革的许可事项，各级住房和城乡建设主管部门要进一步优化审批流程，推动线上办理，实行全程电子化申报和审批。要精简企业申报材料，不得要求企业提供人员身份证明和社保证明、企业资质证书、注册执业人员资格证书等证明材料，切实减轻企业负担。

四、外商投资建筑业企业的规定

（一）一般规定

《中华人民共和国外商投资法》第二条规定，在中华人民共和国境内（以下简称中国境内）的外商投资，适用本法。

本法所称外商投资，是指外国的自然人、企业或者其他组织（以下称外国投资者）直接或者间接在中国境内进行的投资活动，包括下列情形：

（1）外国投资者单独或者与其他投资者共同在中国境内设立外商投资企业；

（2）外国投资者取得中国境内企业的股份、股权、财产份额或者其他类似权益；

（3）外国投资者单独或者与其他投资者共同在中国境内投资新建项目；

（4）法律、行政法规或者国务院规定的其他方式的投资。

本法所称外商投资企业，是指全部或者部分由外国投资者投资，依照中国法律在中国境内经登记注册设立的企业。

（二）外商投资保护的规定

国家对外国投资者的投资不实行征收。在特殊情况下，国家为了公共利益的需要，可以依照法律规定对外国投资者的投资实行征收或者征用。征收、征用应当依照法定程序进行，并及时给予公平、合理的补偿。

外国投资者在中国境内的出资、利润、资本收益、资产处置所得、知识产权许可使用费、依法获得的补偿或者赔偿、清算所得等，可以依法以人民币或者外汇自由汇入、汇出。

国家保护外国投资者和外商投资企业的知识产权，保护知识产权权利人和相关权利人的合法权益；对知识产权侵权行为，严格依法追究法律责任。国家鼓励在外商投资过程中基于自愿原则和商业规则开展技术合作。技术合作的条件由投资各方遵循公平原则平等协商确定。行政机关及其工作人员不得利用行政手段强制转让技术。

行政机关及其工作人员对于履行职责过程中知悉的外国投资者、外商投资企业的商业秘密，应当依法予以保密，不得泄露或者非法向他人提供。

（三）外商投资管理的规定

外商投资准入负面清单规定禁止投资的领域，外国投资者不得投资。外商投资准入负面清单规定限制投资的领域，外国投资者进行投资应当符合负面清单规定的条件。外商投资准入负面清单以外的领域，按照内外资一致的原则实施管理。

外商投资需要办理投资项目核准、备案的，按照国家有关规定执行。

外国投资者在依法需要取得许可的行业、领域进行投资的，应当依法办理相关许可手续。

有关主管部门应当按照与内资一致的条件和程序，审核外国投资者的许可申请，法律、行政法规另有规定的除外。

外商投资企业的组织形式、组织机构及其活动准则，适用《中华人民共和国公司法》《中华人民共和国合伙企业法》等法律的规定。

外商投资企业开展生产经营活动，应当遵守法律、行政法规有关劳动保护、社会保险的规定，依照法律、行政法规和国家有关规定办理税收、会计、外汇等事宜，并接受相关主管部门依法实施的监督检查。

外国投资者并购中国境内企业或者以其他方式参与经营者集中的，应当依照《中华人民共和国反垄断法》的规定接受经营者集中审查。

链接

根据《中华人民共和国反垄断法》，垄断协议，是指排除、限制竞争的协议、决定或者其他协同行为。经营者不得组织其他经营者达成垄断协议或者为其他经营者达成垄断协议提供实质性帮助。

行政机关和法律、法规授权的具有管理公共事务职能的组织不得滥用行政权力，进行下列行为：

(1)以设定歧视性资质要求、评审标准或者不依法发布信息等方式，排斥或者限制经营者参加招标投标以及其他经营活动。

(2)采取与本地经营者不平等待遇等方式，排斥、限制、强制或者变相强制外地经营者在本地投资或者设立分支机构。

(3)强制或者变相强制经营者从事规定的垄断行为。

(4)制定含有排除、限制竞争内容的规定。

国家建立外商投资信息报告制度。外国投资者或者外商投资企业应当通过企业登记系统以及企业信用信息公示系统向商务主管部门报送投资信息。外商投资信息报告的内容和范围按照确有必要的原则确定；通过部门信息共享能够获得的投资信息，不得再行要求报送。

国家建立外商投资安全审查制度，对影响或者可能影响国家安全的外商投资进行安全审查。依法作出的安全审查决定为最终决定。

第三节　建造师注册执业制度

执业资格制度是指具备一定专业学历、资历的从事建筑活动的专业技术人员通过考试和注册获得执业技术资格的一种制度。从事建筑活动的专业技术人员，应当依法取得相应的执业资格证书，并在执业资格证书许可的范围内从事建筑活动。目前，我国对从事建筑活动的专业技术人员已建立起执业资格制度，即注册建筑师、注册结构工程师、注册土木工程师(岩土)、注册监理工程师、注册造价工程师、注册建造师等制度。本书内容主要针对注册建造师制度进行讲解。

一、建造师概述

建造师是从事建设工程项目总承包和施工管理关键岗位的执业注册人员，建造师的含义是指懂管理、懂技术、懂经济、懂法规，综合素质较高的综合型人员，既应有相应的理论水平，也要有丰富的实践经验和较强的组织能力。

注册建造师是指通过考核认定或考试合格取得中华人民共和国建造师资格证书(以下简称资格证书)，并按照规定注册，取得中华人民共和国建造师注册证书(以下简称注册证书)和执业印章，担任施工单位项目负责人及从事相关活动的专业技术人员。未取得注册证书和执业印章的，不得担任大中型建设工程项目的施工单位项目负责人，不得以注册建造师的名义从事相关活动。

注册建造师分为一级注册建造师和二级注册建造师。一级、二级建造师报考人员要符合有关文件规定的相应条件。建造师执业资格考试合格人员，分别获得《中华人民共和国一级建造师执业资格证书》《中华人民共和国二级建造师执业资格证书》。

由于我国的建设工程项目量大面广，工程项目的规模差异悬殊，各地经济、文化和社会发展水平有较大差异以及不同工程项目对管理人员的要求也不尽相同，故设立二级建造师，以适应施工管理的实际需求。二级建造师执业资格实行全国统一大纲，各省、自治区、直辖市命题并组织考试的制度。建设部负责拟定二级建造师执业资格考试大纲，人事部负责审定考试大纲。各省、自治区、直辖市人事厅(局)，建设厅(委)按照国家确定的考试大纲和有关规定，在本地区组织实施二级建造师执业资格考试。

二级建造师考试设《建设工程施工管理》《建设工程法规及相关知识》《专业工程管理与实务》3 个科目。《专业工程管理与实务》科目分为建筑工程、公路工程、水利水电工程、市政公用工程、矿业工程和机电工程。

注册建造师想真正地以建造师身份执业，必须经过两步，第一步是通过考核认定或考试合格取得中华人民共和国建造师资格证书；第二步是按照规定注册，取得中华人民共和国建造师注册证书和执业印章。否则，不得以注册建造师名义从事相关活动。建造师的职责是根据企业法定代表人的授权，对工程项目自开工准备至竣工验收，实施全面的组织管理。

二、建造师的注册管理

(一)初始注册

1. 申请初始注册的条件

注册建造师实行注册执业管理制度，注册建造师分为一级注册建造师和二级注册建造师。

取得资格证书的人员，经过注册方能以注册建造师的名义执业。

申请初始注册时应当具备以下条件：

(1)经考核认定或考试合格取得资格证书。

(2)受聘于一个相关单位。

(3)达到继续教育要求。

(4)没有下述不予注册的情形：不具有完全民事行为能力的；申请在两个或者两个以上单位注册的；未达到注册建造师继续教育要求的；受到刑事处罚，刑事处罚尚未执行完毕的；因执业活动受到刑事处罚，自刑事处罚执行完毕之日起至申请注册之日止不满 5 年的；因前项规定以外的原因受到刑事处罚，自处罚决定之日起至申请注册之日止不满 3 年的；被吊销注册证书，自处罚决定之日起至申请注册之日止不满 2 年的；在申请注册之日前 3 年内担任项目经理期间，所负责项目发生过重大质量和安全事故的；申请人的聘用单位不符合注册单位要求的；年龄超过 65 周岁的；法律、法规规定不予注册的其他情形。

2. 申请注册的受理和审批

取得二级建造师资格证书的人员申请注册，由省、自治区、直辖市人民政府住房城乡建设主管部门负责受理和审批，具体审批程序由省、自治区、直辖市人民政府住房城乡建设主管部门依法确定。对批准注册的,核发由国务院住房城乡建设主管部门统一样式的《中华人民共和国二级建造师注册证书》和执业印章,并在核发证书后30日内送国务院住房城乡建设主管部门备案。

注册证书和执业印章是注册建造师的执业凭证,由注册建造师本人保管、使用。注册证书与执业印章有效期为3年。

初始注册者,可自资格证书签发之日起3年内提出申请。逾期未申请者,须符合本专业继续教育的要求后方可申请初始注册。

申请初始注册需要提交下列材料:

(1)注册建造师初始注册申请表;

(2)资格证书、学历证书和身份证明复印件;

(3)申请人与聘用单位签订的聘用劳动合同复印件或其他有效证明文件;

(4)逾期申请初始注册的,应当提供达到继续教育要求的证明材料。

(二)延续注册

注册有效期满需继续执业的,应当在注册有效期届满30日前按照相关规定申请延续注册,延续注册的,有效期为3年。

申请延续注册的,应当提交下列材料:

(1)注册建造师延续注册申请表;

(2)原注册证书;

(3)申请人与聘用单位签订的聘用劳动合同复印件或其他有效证明文件;

(4)申请人注册有效期内达到继续教育要求的证明材料。

(三)变更注册

在注册有效期内,注册建造师变更执业单位,应当与原聘用单位解除劳动关系,并按照规定办理变更注册手续,变更注册后仍延续原注册有效期。

申请变更注册的,应当提交下列材料:

(1)注册建造师变更注册申请表。

(2)注册证书和执业印章。

(3)申请人与新聘用单位签订的聘用合同复印件或有效证明文件。

(4)工作调动证明(与原聘用单位解除聘用合同或聘用合同到期的证明文件、退休人员的退休证明)。

(四)注册失效、注销和补办

注册建造师有下列情形之一的,其注册证书和执业印章失效:

(1)聘用单位破产的;

(2)聘用单位被吊销营业执照的;

(3)聘用单位被吊销或者撤回资质证书的;

(4)已与聘用单位解除聘用合同关系的;

(5)注册有效期满且未延续注册的;

(6)年龄超过65周岁的；

(7)死亡或不具有完全民事行为能力的；

(8)其他导致注册失效的情形。

注册建造师有下列情形之一的，由注册机关办理注销手续，收回注册证书和执业印章或者公告注册证书和执业印章作废：

(1)有上述所列注册证书和执业印章失效情形发生的；

(2)依法被撤销注册的；

(3)依法被吊销注册证书的；

(4)受到刑事处罚的；

(5)法律、法规规定应当注销注册的其他情形。

注册建造师有所列注册证书和执业印章作废情形之一的，注册建造师本人和聘用单位应当及时向注册机关提出注销注册申请；有关单位和个人有权向注册机关举报；县级以上地方人民政府住房城乡建设主管部门或者有关部门应当及时告知注册机关。

被注销注册或者不予注册的，在重新具备注册条件后，可按规定重新申请注册。

注册建造师因遗失、污损注册证书或执业印章，需要补办的，应向原注册机关申请补办。原注册机关应当在5日内办理完毕。

三、建造师执业管理

(一)担任施工项目负责人

取得资格证书的人员应当受聘于一个具有建设工程勘察、设计、施工、监理、招标代理、造价咨询等一项或者多项资质的单位，经注册后方可从事相应的执业活动。担任施工单位项目负责人的，应当受聘并注册于一个具有施工资质的企业。

注册建造师的具体执业范围按照《注册建造师执业工程规模标准》执行。

注册建造师应当在其注册证书所注明的专业范围内从事建设工程施工管理活动。未列入或新增工程范围由国务院住房城乡建设主管部门会同国务院有关部门另行规定。

大中型工程施工项目负责人必须由本专业注册建造师担任。一级注册建造师可担任大、中、小型工程施工项目负责人，二级注册建造师可以承担中、小型工程施工项目负责人。

一级注册建造师可在全国范围内以一级注册建造师名义执业。通过二级建造师资格考核认定，或参加全国统考取得二级建造师资格证书并经注册人员，可在全国范围内以二级注册建造师名义执业。工程所在地各级建设主管部门和有关部门不得增设或者变相设置跨地区承揽工程项目执业准入条件。

担任施工项目负责人的注册建造师应当按照国家法律法规、工程建设强制性标准组织施工，保证工程施工符合国家有关质量、安全、环保、节能等有关规定。

注册建造师不得同时担任两个及以上建设工程施工项目负责人。发生下列情形之一的除外：

(1)同一工程相邻分段发包或分期施工的;

(2)合同约定的工程验收合格的;

(3)因非承包方原因致使工程项目停工超过120天(含),经建设单位同意的。

注册建造师担任施工项目负责人期间原则上不得更换。如发生下列情形之一的,应当办理书面交接手续后更换施工项目负责人:

(1)发包方与注册建造师受聘企业已解除承包合同的;

(2)发包方同意更换项目负责人的;

(3)因不可抗力等特殊情况必须更换项目负责人的。

建设工程合同履行期间变更项目负责人的,企业应当于项目负责人变更5个工作日内报住房城乡建设行政主管和有关部门及时进行网上变更。

注册建造师担任施工项目负责人,在其承建的建设工程项目竣工验收或移交项目手续办结前,除上述规定可以变更的情形外,不得变更注册至另一企业。

典型例题

【单选题】关于二级建造师执业岗位的说法,正确的是(　　)。

A. 二级建造师可以在设计单位担任注册结构工程师

B. 二级建造师只能受聘并注册于施工企业

C. 二级建造师可以担任中小型项目的项目经理

D. 二级建造师执业岗位限于工程项目施工的项目经理

C。【解析】《注册建造师执业管理办法(试行)》第五条规定,大中型工程施工项目负责人必须由本专业注册建造师担任。一级注册建造师可担任大、中、小型工程施工项目负责人,二级注册建造师可以承担中、小型工程施工项目负责人。故选项C正确。

(二)文件签字

担任建设工程施工项目负责人的注册建造师应当按相关要求,在建设工程施工管理相关文件上签字并加盖执业印章,签章文件作为工程竣工备案的依据。省级人民政府住房城乡建设行政主管部门可根据本地实际情况,制定担任施工项目负责人的注册建造师签章文件补充目录。

担任建设工程施工项目负责人的注册建造师对其签署的工程管理文件承担相应责任。注册建造师签章完整的工程施工管理文件方为有效。注册建造师有权拒绝在不合格或者有弄虚作假内容的建设工程施工管理文件上签字。并加盖执业印章。

担任建设工程施工项目负责人的注册建造师在执业过程中,应当及时、独立完成建设工程施工管理文件签章,无正当理由不得拒绝在文件上签字并加盖执业印章。担任工程项目技术、质量、安全等岗位的注册建造师,是否在有关文件上签章,由企业根据实际情况自行规定。

建设工程合同包含多个专业工程的,担任施工项目负责人的注册建造师,负责该工程施工管理文件签章。专业工程独立发包时,注册建造师执业范围涵盖该专业工程的,可担任该专业工程施工项目负责人。分包工程施工管理文件应当由分包企业注册建造师签章。分包企业签署质量合格的文件上，必须由担任总包项目负责人的注册建造师签章。

因续期注册、企业名称变更或印章污损遗失不能及时盖章的，经注册建造师聘用企业出具书面证明后，可先在规定文件上签字后补盖执业印章，完成签章手续。

修改注册建造师签字并加盖执业印章的工程施工管理文件，应当征得所在企业同意后，由注册建造师本人进行修改；注册建造师本人不能进行修改的，应当由企业指定同等资格条件的注册建造师修改，并由其签字并加盖执业印章。

（三）办理注册要求

注册建造师应当通过企业按规定及时申请办理变更注册、续期注册等相关手续。多专业注册的注册建造师，其中一个专业注册期满仍需以该专业继续执业和以其他专业执业的，应当及时办理续期注册。注册建造师变更聘用企业的，应当在与新聘用企业签订聘用合同后的1个月内，通过新聘用企业申请办理变更手续。因变更注册申报不及时影响注册建造师执业、导致工程项目出现损失的，由注册建造师所在聘用企业承担责任，并作为不良行为记入企业信用档案。

聘用企业与注册建造师解除劳动关系的，应当及时申请办理注销注册或变更注册。聘用企业与注册建造师解除劳动合同关系后无故不办理注销注册或变更注册的，注册建造师可向省级住房城乡建设主管部门申请注销注册证书和执业印章。注册建造师要求注销注册或变更注册的，应当提供与原聘用企业解除劳动关系的有效证明材料。住房城乡建设主管部门经向原聘用企业核实，聘用企业在7日内没有提供书面反对意见和相关证明材料的，应予办理注销注册或变更注册。

（四）注册建造师的权利与义务

注册建造师享有下列权利：

（1）使用注册建造师名称；

（2）在规定范围内从事执业活动；

（3）在本人执业活动中形成的文件上签字并加盖执业印章；

（4）保管和使用本人注册证书、执业印章；

（5）对本人执业活动进行解释和辩护；

（6）接受继续教育；

（7）获得相应的劳动报酬；

（8）对侵犯本人权利的行为进行申述。

注册建造师应当履行下列义务：

（1）遵守法律、法规和有关管理规定，恪守职业道德；

（2）执行技术标准、规范和规程；

（3）保证执业成果的质量，并承担相应责任；

（4）接受继续教育，努力提高执业水准；

（5）保守在执业中知悉的国家秘密和他人的商业、技术等秘密；

（6）与当事人有利害关系的，应当主动回避；

(7)协助注册管理机关完成相关工作。

(五)注册建造师的禁止性行为

注册建造师不得有下列行为:

(1)不履行注册建造师义务;

(2)在执业过程中,索贿、受贿或者谋取合同约定费用外的其他利益;

(3)在执业过程中实施商业贿赂;

(4)签署有虚假记载等不合格的文件;

(5)允许他人以自己的名义从事执业活动;

(6)同时在两个或者两个以上单位受聘或者执业;

(7)涂改、倒卖、出租、出借或以其他形式非法转让资格证书、注册证书和执业印章;

(8)超出执业范围和聘用单位业务范围内从事执业活动;

(9)法律、法规、规章禁止的其他行为。

违反规定,注册建造师在执业活动中有上述所列不得进行的行为之一的,由县级以上地方人民政府住房城乡建设主管部门或者其他有关部门依法给予警告,责令改正,没有违法所得的,处以 1 万元以下的罚款;有违法所得的,处以违法所得 3 倍以下且不超过 3 万元的罚款。

链接

《注册建造师执业管理办法(试行)》规定,注册建造师不得有下列行为:

(1)不按设计图纸施工。

(2)使用不合格建筑材料。

(3)使用不合格设备、建筑构配件。

(4)违反工程质量、安全、环保和用工方面的规定。

(5)在执业过程中,索贿、行贿、受贿或者谋取合同约定费用外的其他不法利益。

(6)签署弄虚作假或在不合格文件上签章的。

(7)以他人名义或允许他人以自己的名义从事执业活动。

(8)同时在两个或者两个以上企业受聘并执业。

(9)超出执业范围和聘用企业业务范围从事执业活动。

(10)未变更注册单位,而在另一家企业从事执业活动。

(11)所负责工程未办理竣工验收或移交手续前,变更注册到另一企业。

(12)伪造、涂改、倒卖、出租、出借或以其他形式非法转让资格证书、注册证书和执业印章。

(13)不履行注册建造师义务和法律、法规、规章禁止的其他行为。

注册建造师有下列行为之一,经有关监督部门确认后由工程所在地住房城乡建设主管部门或有关部门记入注册建造师执业信用档案:

(1)上述所列行为。

(2)未履行注册建造师职责造成质量、安全、环境事故的。

(3)泄露商业秘密的。

(4)无正当理由拒绝或未及时签字盖章的。

(5)未按要求提供注册建造师信用档案信息的。

(6)未履行注册建造师职责造成不良社会影响的。

(7)未履行注册建造师职责导致项目未能及时交付使用的。

(8)不配合办理交接手续的。

(9)不积极配合有关部门监督检查的。

四、继续教育

注册建造师按规定参加继续教育,是申请初始注册、延续注册、增项注册和重新注册(以下统称注册)的必要条件。

国务院住房城乡建设主管部门对全国注册建造师的继续教育工作实施统一监督管理,国务院有关部门负责本专业注册建造师继续教育工作的监督管理,省级住房城乡建设主管部门负责本地区注册建造师继续教育工作的监督管理。

注册建造师应按规定参加继续教育,接受培训测试,不参加继续教育或继续教育不合格的不予注册。

对于采取弄虚作假等手段取得《注册建造师继续教育证书》的,一经发现,立即取消其继续教育记录,并记入不良信用记录,对社会公布。

注册建造师在每一个注册有效期内应当达到国务院住房城乡建设主管部门规定的继续教育要求。继续教育分为必修课和选修课,在每一注册有效期内各为60学时。经继续教育达到合格标准的,颁发继续教育合格证书。继续教育的具体要求由国务院住房城乡建设主管部门会同国务院有关部门另行规定。

五、监督管理

县级以上人民政府住房城乡建设主管部门、其他有关部门应当依照有关法律、法规和规定,对注册建造师的注册、执业和继续教育实施监督检查。

国务院住房城乡建设主管部门应当将注册建造师注册信息告知省、自治区、直辖市人民政府住房城乡建设主管部门。省、自治区、直辖市人民政府住房城乡建设主管部门应当将注册建造师注册信息告知本行政区域内市、县、市辖区人民政府住房城乡建设主管部门。

县级以上人民政府住房城乡建设主管部门和有关部门履行监督检查职责时,有权采取下列措施:

(1)要求被检查人员出示注册证书;

(2)要求被检查人员所在聘用单位提供有关人员签署的文件及相关业务文档;

(3)就有关问题询问签署文件的人员;

(4)纠正违反有关法律、法规、规定及工程标准规范的行为。

注册建造师违法从事相关活动的,违法行为发生地县级以上地方人民政府住房城乡建设主管部门或者其他有关部门应当依法查处,并将违法事实、处理结果告知注册机关;依法应当撤销注册的，应当将违法事实、处理建议及有关材料报注册机关。

有下列情形之一的，注册机关依据职权或者根据利害关系人的请求，可以撤销注册建造师的注册：

(1)注册机关工作人员滥用职权、玩忽职守作出准予注册许可的；

(2)超越法定职权作出准予注册许可的；

(3)违反法定程序作出准予注册许可的；

(4)对不符合法定条件的申请人颁发注册证书和执业印章的；

(5)依法可以撤销注册的其他情形。

申请人以欺骗、贿赂等不正当手段获准注册的，应当予以撤销。

注册建造师及其聘用单位应当按照要求，向注册机关提供真实、准确、完整的注册建造师信用档案信息。注册建造师信用档案应当包括注册建造师的基本情况、业绩、良好行为、不良行为等内容。违法违规行为、被投诉举报处理、行政处罚等情况应当作为注册建造师的不良行为记入其信用档案。注册建造师信用档案信息按照有关规定向社会公示。

六、法律责任

隐瞒有关情况或者提供虚假材料申请注册的，住房城乡建设主管部门不予受理或者不予注册，并给予警告，申请人1年内不得再次申请注册。

以欺骗、贿赂等不正当手段取得注册证书的，由注册机关撤销其注册，3年内不得再次申请注册，并由县级以上地方人民政府住房城乡建设主管部门处以罚款。其中没有违法所得的，处以1万元以下的罚款；有违法所得的，处以违法所得3倍以下且不超过3万元的罚款。

未取得注册证书和执业印章，担任大中型建设工程项目施工单位项目负责人，或者以注册建造师的名义从事相关活动的，其所签署的工程文件无效，由县级以上地方人民政府住房城乡建设主管部门或者其他有关部门给予警告，责令停止违法活动，并可处以1万元以上3万元以下的罚款。

未办理变更注册而继续执业的，由县级以上地方人民政府住房城乡建设主管部门或者其他有关部门责令限期改正；逾期不改正的，可处以5 000元以下的罚款。

注册建造师或者其聘用单位未按照要求提供注册建造师信用档案信息的，由县级以上地方人民政府住房城乡建设主管部门或者其他有关部门责令限期改正；逾期未改正的，可处以1 000元以上1万元以下的罚款。

聘用单位为申请人提供虚假注册材料的，由县级以上地方人民政府住房城乡建设主管部门或者其他有关部门给予警告，责令限期改正；逾期未改正的，可以处以1万元以上3万元以下的罚款。

县级以上人民政府住房城乡建设主管部门及其工作人员，在注册建造师管理工作中，有下列情形之一的，由其上级行政机关或者监察机关责令改正，对直接负责的主管人员和其他直接责任人员依法给予处分；构成犯罪的，依法追究刑事责任：

(1)对不符合法定条件的申请人准予注册的；

(2)对符合法定条件的申请人不予注册或者不在法定期限内作出准予注册决定的；

(3)对符合法定条件的申请不予受理或者未在法定期限内初审完毕的；

(4)利用职务上的便利,收受他人财物或者其他好处的;

(5)不依法履行监督管理职责或者监督不力,造成严重后果的。

《建设工程质量管理条例》规定,注册建筑师、注册结构工程师、监理工程师等注册执业人员因过错造成质量事故的,责令停止执业1年;造成重大质量事故的,吊销执业资格证书,5年以内不予注册;情节特别恶劣的,终身不予注册。

七、“挂证”的相关规定

2018年11月22日发布的《住房城乡建设部办公厅等关于开展工程建设领域专业技术人员职业资格“挂证”等违法违规行为专项整治的通知》规定,地方各级住房城乡建设、人力资源社会保障、交通运输、水利、通信部门要遵循“全覆盖、零容忍、严执法、重实效”的原则,依法从严查处工程建设领域职业资格“挂证”等违法违规行为。对违规的专业技术人员撤销其注册许可,自撤销注册之日起3年内不得再次申请注册,记入不良行为记录并列入建筑市场主体“黑名单”,向社会公布;对违规使用“挂证”人员的单位予以通报,记入不良行为记录,并列入建筑市场主体“黑名单”,向社会公布;对违规的人力资源服务机构,要依法从严查处,限期责令整改,情节严重的,依法从严给予行政处罚,直至吊销人力资源服务许可证。对发现存在“挂证”等违规行为的国家机关和事业单位工作人员,通报其实际工作单位和有关国家监察机关。各地专业技术人员职业资格注册管理部门在专项整治工作中要严肃工作纪律,严格遵守各项管理规定,及时快捷办理各项注销、注册等手续,确保整治期间各项注册工作有序进行。对于专业技术人员与用人单位没有劳动关系或已解除劳动关系,但因各种原因未办理注销注册的,专业技术人员职业资格注册管理部门可依据用人单位或个人申请及提交的与原用人单位解除劳动合同书面证明、劳动仲裁、司法判决等材料,直接办理注销手续。

2019年2月2日发布的《住房和城乡建设部办公厅关于做好工程建设领域专业技术人员职业资格“挂证”等违法违规行为专项整治工作的补充通知》规定,对实际工作单位与注册单位一致,但社会保险缴纳单位与注册单位不一致的人员,以下6类情形,原则上不认定为“挂证”行为:

(1)达到法定退休年龄正式退休和依法提前退休的。

(2)因事业单位改制等原因保留事业单位身份,实际工作单位为所在事业单位下属企业,社会保险由该事业单位缴纳的。

(3)属于大专院校所属勘察设计、工程监理、工程造价单位聘请的本校在职教师或科研人员,社会保险由所在院校缴纳的。

(4)属于军队自主择业人员的。

(5)因企业改制、征地拆迁等买断社会保险的。

(6)有法律法规、国家政策依据的其他情形。

除上述规定情形外,其他存在社会保险缴纳单位与注册单位不一致的人员,应当按照《住房城乡建设部办公厅等关于开展工程建设领域专业技术人员职业资格“挂证”等违法违规行为专项整治的通知》规定,在自查自纠阶段予以整改。因客观原因暂无法完成整改的,应当及时以书面形式向注册所在地省级住房和城乡建设主管部门说明原因并承诺整改期限,整改期限原则上不得超过规定自查自纠整改时间1个月。逾期仍未改正的,按“挂证”行为处理。

第三章 建设工程发承包法律制度

第一节 建设工程招标投标制度

建设工程招标投标是发包单位事先标明其拟建工程的内容和要求，由意愿承包的单位递送标书，明确其承包工程的价格、工期、质量等条件，再由发包单位从中择优选择工程承包单位的交易方式。

一、建设工程招标范围的相关规定

（一）必须进行招标的建设工程范围和规模

《中华人民共和国招标投标法实施条例》（以下简称为《招标投标法实施条例》）规定，工程建设项目是指工程以及与工程建设有关的货物、服务。上述所称工程是指建设工程，包括建筑物和构筑物的新建、改建、扩建及其相关的装修、拆除、修缮等；所称与工程建设有关的货物是指构成工程不可分割的组成部分，且为实现工程基本功能所必需的设备、材料等；所称与工程建设有关的服务是指为完成工程所需的勘察、设计、监理等服务。依法必须进行招标的工程建设项目的具体范围和规模标准，由国务院发展改革部门会同国务院有关部门制订，报国务院批准后公布施行。

《中华人民共和国招标投标法》（以下简称为《招标投标法》）第三条规定，在中华人民共和国境内进行下列工程建设项目包括项目的勘察、设计、施工、监理以及与工程建设有关的重要设备、材料等的采购，必须进行招标：

（1）大型基础设施、公用事业等关系社会公共利益、公众安全的项目；

（2）全部或者部分使用国有资金投资或者国家融资的项目；

（3）使用国际组织或者外国政府贷款、援助资金的项目。

2018 年 6 月 1 日起施行的《必须招标的工程项目规定》进一步规定，全部或者部分使用国有资金投资或者国家融资的项目包括：

（1）使用预算资金 200 万元人民币以上，并且该资金占投资额 10% 以上的项目；

（2）使用国有企业事业单位资金，并且该资金占控股或者主导地位的项目。

使用国际组织或者外国政府贷款、援助资金的项目包括：

（1）使用世界银行、亚洲开发银行等国际组织贷款、援助资金的项目；

(2)使用外国政府及其机构贷款、援助资金的项目。

为明确必须招标的大型基础设施和公用事业项目范围,国家发展改革委根据《招标投标法》和《必须招标的工程项目规定》制定了《必须招标的基础设施和公用事业项目范围规定》。《必须招标的基础设施和公用事业项目范围规定》已经国务院批准,自 2018 年 6 月 6 日起施行。

根据《必须招标的基础设施和公用事业项目范围规定》,必须招标的大型基础设施、公用事业等关系社会公共利益、公众安全的项目具体范围如下图所示。

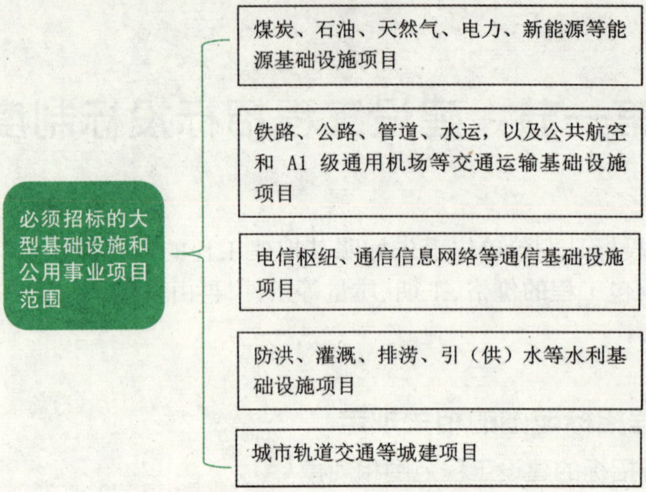

必须招标的大型基础设施、公用事业等关系社会公共利益、公众安全的项目是指不属于全部或者部分使用国有资金投资或者国家融资的项目,以及不属于使用国际组织或者外国政府贷款、援助资金的项目,资金来源上一般可以理解为国内的社会投资类项目,也包括非国企投资的 PPP 项目。

根据《必须招标的工程项目规定》,必须进行招标的法定招标范围及标准(范围 + 标准,两个条件同时具备时才需要招标)可概括为下表。

项目	内容
范围 (达到任一范围)	关系社会公共利益、公众安全的公用事业、大型基础设施项目
	全部或者部分使用国有资金或者国家融资的项目
	使用国际组织或者外国政府贷款、援助资金的项目
标准 (达到任一标准)	施工单项合同估算价≥400 万元人民币
	重要设备、材料等货物的采购单项合同估算价≥200 万元人民币
	勘察、设计、监理等服务的采购单项合同估算价≥100 万元人民币
	同一项目中可以合并进行的勘察、设计、施工、监理以及与工程建设有关的重要设备、材料等的采购,合同估算价合计达到上述规定标准的

《招标投标法》规定,依法必须进行招标的项目,其招标投标活动不受地区或者部门的限

制。任何单位和个人不得违法限制或者排斥本地区、本系统以外的法人或者其他组织参加投标，不得以任何方式非法干涉招标投标活动。

（二）工程项目可以不进行招标的情形

工程项目可以不进行招标的情形如下表所示。

项目	具体情形
可以不进行招标的工程项目	涉及国家安全、国家秘密、抢险救灾或者属于利用扶贫资金实行以工代赈、需要使用农民工等特殊情况，不适宜进行招标
	需要采用不可替代的专利或者专有技术
	采购人依法能够自行建设、生产或者提供
	已通过招标方式选定的特许经营项目投资人依法能够自行建设、生产或者提供
	需要向原中标人采购工程、货物或者服务，否则将影响施工或者功能配套要求
	在建工程追加的附属小型工程或者主体加层工程，原中标人仍具备承包能力，并且其他人承担将影响施工或者功能配套要求
	国家规定的其他特殊情形

《房屋建筑和市政基础设施工程施工招标投标管理办法》进一步规定，工程有下列情形之一的，经县级以上地方人民政府建设行政主管部门批准，可以不进行施工招标：

（1）停建或者缓建后恢复建设的单位工程，且承包人未发生变更的；

（2）施工企业自建自用的工程，且该施工企业资质等级符合工程要求的；

（3）在建工程追加的附属小型工程或者主体加层工程，且承包人未发生变更的；

（4）法律、法规、规章规定的其他情形。

《中华人民共和国政府采购法实施条例》规定，政府采购工程依法不进行招标的，应当依照《政府采购法》和本条例规定的竞争性谈判或者单一来源采购方式采购。

二、工程建设项目招标应具备的条件

《工程建设项目施工招标投标办法》第十条规定，按照国家有关规定需要履行项目审批、核准手续的依法必须进行施工招标的工程建设项目，其招标范围、招标方式、招标组织形式应当报项目审批部门审批、核准。项目审批、核准部门应当及时将审批、核准确定的招标内容通报有关行政监督部门。同时，其第八条进一步明确规定，依法必须招标的工程建设项目，应当具备下列条件才能进行施工招标：

（1）招标人已经依法成立；

（2）初步设计及概算应当履行审批手续的，已经批准；

（3）有相应资金或资金来源已经落实；

（4）有招标所需的设计图纸及技术资料。

《房屋建筑和市政基础设施工程施工招标投标管理办法》第七条规定，工程施工招标应当具备下列条件：

（1）按照国家有关规定需要履行项目审批手续的，已经履行审批手续；

(2)工程资金或者资金来源已经落实;

(3)有满足施工招标需要的设计文件及其他技术资料;

(4)法律、法规、规章规定的其他条件。

《工程建设项目货物招标投标办法》第八条规定,依法必须招标的工程建设项目,应当具备下列条件才能进行货物招标:

(1)招标人已经依法成立;

(2)按照国家有关规定应当履行项目审批、核准或者备案手续的,已经审批、核准或者备案;

(3)有相应资金或者资金来源已经落实;

(4)能够提出货物的使用与技术要求。

专家解读

工程招标范围及可不进行招标的情形在以往考试中经常出现,所以在复习时上述的知识点都应该重点复习并加以区别。

三、招标的组织实施

《招标投标法》规定,招标人有权自行选择招标代理机构,委托其办理招标事宜。任何单位和个人不得以任何方式为招标人指定招标代理机构。招标人具有编制招标文件和组织评标能力的,可以自行办理招标事宜。任何单位和个人不得强制其委托招标代理机构办理招标事宜。依法必须进行招标的项目,招标人自行办理招标事宜的,应当向有关行政监督部门备案。具体总结如下图所示。

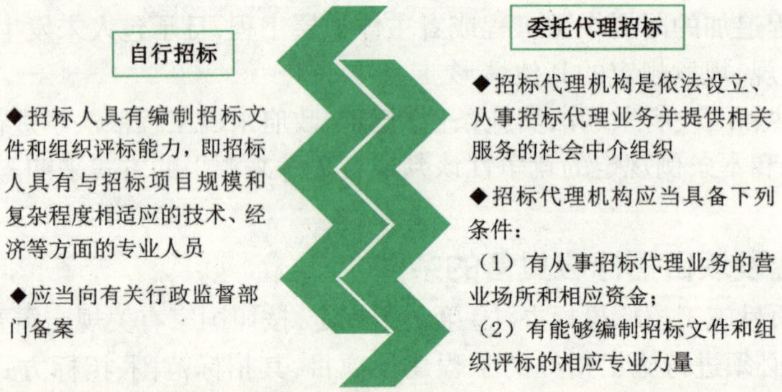

招标代理机构与行政机关和其他国家机关不得存在隶属关系或者其他利益关系。招标代理机构应当在招标人委托的范围内办理招标事宜,并遵守《招标投标法》及相关法律、法规关于招标人的规定。

《招标投标法实施条例》规定,招标代理机构应当拥有一定数量的具备编制招标文件、组织评标等相应能力的专业人员。招标代理机构在招标人委托的范围内开展招标代理业务,任何单位和个人不得非法干涉。招标代理机构代理招标业务,应当遵守《招标投标法》和本条例关于招标人的规定。招标代理机构不得在所代理的招标项目中投标或者代理投标,也不得为所代理的招标项目的投标人提供咨询。招标人应当与被委托的招标代理机构签订书面委托合同,合同约定的收费标准应当符合国家有关规定。

《房屋建筑和市政基础设施工程施工招标投标管理办法》第十条进一步规定,依法必须

进行施工招标的工程,招标人自行办理施工招标事宜的,应当具有编制招标文件和组织评标的能力:

(1)有专门的施工招标组织机构;

(2)有与工程规模、复杂程度相适应并具有同类工程施工招标经验、熟悉有关工程施工招标法律法规的工程技术、概预算及工程管理的专业人员。

不具备上述条件的,招标人应当委托工程招标代理机构代理施工招标。

《房屋建筑和市政基础设施工程施工招标投标管理办法》第十一条规定,招标人自行办理施工招标事宜的,应当在发布招标公告或者发出投标邀请书的5日前,向工程所在地县级以上地方人民政府建设行政主管部门备案,并报送下列材料:

(1)按照国家有关规定办理审批手续的各项批准文件;

(2)法律、法规、规章规定的其他材料。

招标人不具备自行办理施工招标事宜条件的,建设行政主管部门应当自收到备案材料之日起5日内责令招标人停止自行办理施工招标事宜。

四、招标方式的相关规定

《招标投标法》第十条规定,招标分为公开招标和邀请招标,如下表所示。

项目	公开招标	邀请招标
概念	招标人以招标公告的方式邀请不特定的法人或者其他组织投标	招标人以投标邀请书的方式邀请特定的法人或者其他组织投标
招标方式	招标人采用公开招标方式的,应当发布招标公告。依法必须进行招标的项目的招标公告,应当通过国家指定的报刊、信息网络或者其他媒介发布	招标人采用邀请招标方式的,应当向3个以上具备承担招标项目的能力、资信良好的特定的法人或者其他组织发出投标邀请书
适用范围	依法必须公开招标的项目主要有三类: (1)国家重点项目和省、自治区、直辖市人民政府确定的地方重点项目; (2)国有资金占控股或者主导地位的依法必须进行招标的项目; (3)其他法律法规规定必须进行公开招标的项目。例如,《政府采购法》第二十六条规定,公开招标应作为政府采购的主要采购方式	依法必须进行公开招标的项目,有下列情形之一的,可以邀请招标: (1)项目技术复杂或有特殊要求,或者受自然地域环境限制,只有少量潜在投标人可供选择; (2)涉及国家安全、国家秘密或者抢险救灾,适宜招标但不宜公开招标; (3)采用公开招标方式的费用占项目合同金额的比例过大

五、招标投标交易场所和电子招标投标的相关规定

《招标投标法实施条例》第五条规定,设区的市级以上地方人民政府可以根据实际需要,建立统一规范的招标投标交易场所,为招标投标活动提供服务。招标投标交易场所不得与行政监督部门存在隶属关系,不得以营利为目的。国家鼓励利用信息网络进行电子招标投标。

《电子招标投标办法》第二条规定，在中华人民共和国境内进行电子招标投标活动，适用本办法。本办法所称电子招标投标活动是指以数据电文形式，依托电子招标投标系统完成的全部或者部分招标投标交易、公共服务和行政监督活动。数据电文与纸质形式的招标投标活动具有同等法律效力。

招标人或者其委托的招标代理机构应当在资格预审公告、招标公告或者投标邀请书中载明潜在投标人访问电子招标投标交易平台的网络地址和方法。依法必须进行公开招标项目的上述相关公告应当在电子招标投标交易平台和国家指定的招标公告媒介同步发布。

招标人对资格预审文件、招标文件进行澄清或者修改的，应当通过电子招标投标交易平台以醒目的方式公告澄清或者修改的内容，并以有效方式通知所有已下载资格预审文件或者招标文件的潜在投标人。

投标人应当在投标截止时间前完成投标文件的传输递交，并可以补充、修改或者撤回投标文件。投标截止时间前未完成投标文件传输的，视为撤回投标文件。投标截止时间后送达的投标文件，电子招标投标交易平台应当拒收。

行政监督部门、监察机关结合电子政务建设，提升电子招标投标监督能力，依法设置并公布有关法律法规规章、行政监督的依据、职责权限、监督环节、程序和时限、信息交换要求和联系方式等相关内容。

《招标公告和公示信息发布管理办法》第八条规定，依法必须招标项目的招标公告和公示信息应当在"中国招标投标公共服务平台"或者项目所在地省级电子招标投标公共服务平台（以下统一简称"发布媒介"）发布。第九条规定，省级电子招标投标公共服务平台应当与"中国招标投标公共服务平台"对接，按规定同步交互招标公告和公示信息。对依法必须招标项目的招标公告和公示信息，发布媒介应当与相应的公共资源交易平台实现信息共享。"中国招标投标公共服务平台"应当汇总公开全国招标公告和公示信息，以及本办法第八条规定的发布媒介名称、网址、办公场所、联系方式等基本信息，及时维护更新，与全国公共资源交易平台共享，并归集至全国信用信息共享平台，按规定通过"信用中国"网站向社会公开。

六、招标流程规定

《招标投标法》第五条规定，招标投标活动应当遵循公开、公平、公正和诚实信用的原则。

（一）政府对招标事项的核准审批

《招标投标法》规定，招标项目按照国家有关规定需要履行项目审批手续的，应当先履行审批手续，取得批准。招标人应当有进行招标项目的相应资金或者资金来源已经落实，并应当在招标文件中如实载明。

（二）依法编制招标文件

1. 招标文件的内容

《招标投标法》明确指出：招标人应当根据招标项目的特点和需要编制招标文件。招标文件应当包括招标项目的技术要求、对投标人资格审查的标准、投标报价要求和评标标准等所有实质性要求和条件以及拟签订合同的主要条款。国家对招标项目的技术、标准有规定的，招标人应当按照其规定在招标文件中提出相应要求。招标项目需要划分标段、确定工期的，招标人应当合理划分标段、确定工期，并在招标文件中载明。招标文件不得要求或者标明特定的生产供应者以及含有倾向或者排斥潜在投标人的其他内容。《招标投标法实施条例》进一步规定，公开招标的项目，应当依照《招标投标法》和本条例的规定发布招标公告、编制招标文件。

《工程建设项目施工招标投标办法》规定，招标人根据施工招标项目的特点和需要编制招标文件。招标文件一般包括的内容有：招标公告或投标邀请书；投标人须知；合同主要条款；投标文件格式；采用工程量清单招标的，应当提供工程量清单；技术条款；设计图纸；评标标准和方法；投标辅助材料。招标人应当在招标文件中规定实质性要求和条件，并用醒目的方式标明。

招标人可以要求投标人在提交符合招标文件规定要求的投标文件外，提交备选投标方案，但应当在招标文件中做出说明，并提出相应的评审和比较办法。

招标文件规定的各项技术标准应符合国家强制性标准。招标文件中规定的各项技术标准均不得要求或标明某一特定的专利、商标、名称、设计、原产地或生产供应者，不得含有倾向或者排斥潜在投标人的其他内容。如果必须引用某一生产供应者的技术标准才能准确或清楚地说明拟招标项目的技术标准时，则应当在参照后面加上"或相当于"的字样。

施工招标项目需要划分标段、确定工期的，招标人应当合理划分标段、确定工期，并在招标文件中载明。对工程技术上紧密相连、不可分割的单位工程不得分割标段。招标人不得以不合理的标段或工期限制或者排斥潜在投标人或者投标人。依法必须进行施工招标的项目的招标人不得利用划分标段规避招标。

招标文件应当明确规定所有评标因素，以及如何将这些因素量化或者据以进行评估。在评标过程中，不得改变招标文件中规定的评标标准、方法和中标条件。

招标文件应当规定一个适当的投标有效期，以保证招标人有足够的时间完成评标和与中标人签订合同。投标有效期从投标人提交投标文件截止之日起计算。在原投标有效期结束前，出现特殊情况的，招标人可以书面形式要求所有投标人延长投标有效期。投标人同意延长的，不得要求或被允许修改其投标文件的实质性内容，但应当相应延长其投标保证金的有效期；投标人拒绝延长的，其投标失效，但投标人有权收回其投标保证金。因延长投标有效期造成投标人损失的，招标人应当给予补偿，但因不可抗力需要延长投标有效期的除外。

施工招标项目工期较长的，招标文件中可以规定工程造价指数体系、价格调整因素和调整方法。

《招标投标法实施条例》还规定，招标人编制的资格预审文件、招标文件的内容违反法律、行政法规的强制性规定，违反公开、公平、公正和诚实信用原则，影响资格预审结果或者潜在投标人投标的，依法必须进行招标的项目的招标人应当在修改资格预审文件或者招标文件后重新招标。

2. 确定编制投标文件所需的合理时间

给予投标人编制投标文件的合理时间是投标人能够编制高质量标书的必要条件。《工程建设项目施工招标投标办法》第三十一条规定，招标人应当确定投标人编制投标文件所需要的合理时间；但是，依法必须进行招标的项目，自招标文件开始发出之日起至投标人提交投标文件截止之日止，最短不得少于20日。

3. 招标文件的澄清与修改

招标文件一经发售，就不能随意变更修改，如果必须对招标文件进行补充或修改，则一定要在投标截止日期前的足够时间内进行，以便投标者能够采取适当的行动，具体总结如下表所示。

项目	处理方法
招标人对已发出的招标文件进行必要的澄清或者修改的	澄清或者修改的内容可能影响资格预审申请文件或者投标文件编制的，招标人应当在提交资格预审申请文件截止时间至少3日前，或者投标截止时间至少15日前，以书面形式通知所有获取资格预审文件或者招标文件的潜在投标人
	不足3日或者15日的，招标人应当顺延提交资格预审申请文件或者投标文件的截止时间
	该澄清或者修改的内容为招标文件的组成部分
潜在投标人或者其他利害关系人有异议的	对资格预审文件有异议的，应当在提交资格预审申请文件截止时间2日前提出
	对招标文件有异议的，应当在投标截止时间10日前提出
	招标人应当自收到异议之日起3日内作出答复；作出答复前，应当暂停招标投标活动

（三）编制标底

标底是招标人对该工程的预期价格。《工程建设项目施工招标投标办法》规定，招标人可根据项目特点决定是否编制标底。编制标底的，标底编制过程和标底在开标前必须保密。招标项目编制标底的，应根据批准的初步设计、投资概算，依据有关计价办法，参照有关工程定额，结合市场供求状况，综合考虑投资、工期和质量等方面的因素合理确定。标底由招标人自行编制或委托中介机构编制。一个工程只能编制一个标底。任何单位和个人不得强制招标人编制或报审标底，或干预其确定标底。招标项目可以不设标底，进行无标底招标。招标人设有最高投标限价的，应当在招标文件中明确最高投标限价或者最高投标限价的计算方法。招标人不得规定最低投标限价。

《招标投标法实施条例》规定，招标项目设有标底的，招标人应当在开标时公布。标底只能作为评标的参考，不得以投标报价是否接近标底作为中标条件，也不得以投标报价超过标底上下浮动范围作为否决投标的条件。

（四）发布招标公告或投标邀请书

《工程建设项目施工招标投标办法》规定，采用公开招标方式的，招标人应当发布招标公告，邀请不特定的法人或者其他组织投标。依法必须进行施工招标项目的招标公告，应当在国家指定的报刊和信息网络上发布。采用邀请招标方式的，招标人应当向3家以上具备承担施工招标项目的能力、资信良好的特定的法人或者其他组织发出投标邀请书。

招标公告或者投标邀请书应当至少载明下列内容：

（1）招标人的名称和地址；

（2）招标项目的内容、规模、资金来源；

（3）招标项目的实施地点和工期；

（4）获取招标文件或者资格预审文件的地点和时间；

(5)对招标文件或者资格预审文件收取的费用;

(6)对投标人的资质等级的要求。

《房屋建筑和市政基础设施工程施工招标投标管理办法》规定,依法必须进行施工公开招标的工程项目,应当在国家或者地方指定的报刊、信息网络或者其他媒介上发布招标公告,并同时在中国工程建设和建筑业信息网上发布招标公告。招标公告和投标邀请书应当载明招标人的名称和地址,招标工程的性质、规模、地点以及获取招标文件的办法等事项。招标人采用邀请招标方式的,应当向3个以上符合资质条件的施工企业发出投标邀请书。

《招标公告和公示信息发布管理办法》规定,依法必须招标项目的资格预审公告和招标公告,应当载明以下内容:

(1)招标项目名称、内容、范围、规模、资金来源;

(2)投标资格能力要求,以及是否接受联合体投标;

(3)获取资格预审文件或招标文件的时间、方式;

(4)递交资格预审文件或投标文件的截止时间、方式;

(5)招标人及其招标代理机构的名称、地址、联系人及联系方式;

(6)采用电子招标投标方式的,潜在投标人访问电子招标投标交易平台的网址和方法;

(7)其他依法应当载明的内容。

拟发布的招标公告和公示信息文本应当由招标人或其招标代理机构盖章,并由主要负责人或其授权的项目负责人签名。采用数据电文形式的,应当按规定进行电子签名。招标人或其招标代理机构发布招标公告和公示信息,应当遵守招标投标法律法规关于时限的规定。

《工程建设项目施工招标投标办法》还规定,招标人应当按招标公告或者投标邀请书规定的时间、地点出售招标文件或资格预审文件。自招标公告或者资格预审文件出售之日起至停止出售之日止,最短不得少于5日。招标人可以通过信息网络或者其他媒介发布招标文件,通过信息网络或者其他媒介发布的招标文件与书面招标文件具有同等法律效力,出现不一致时以书面招标文件为准,国家另有规定的除外。对招标文件或者资格预审文件的收费应当限于补偿印刷、邮寄的成本支出,不得以营利为目的。对于所附的设计文件,招标人可以向投标人酌收押金;对于开标后投标人退还设计文件的,招标人应当向投标人退还押金。招标文件或者资格预审文件售出后,不予退还。除不可抗力原因外,招标人在发布招标公告、发出投标邀请书后或者售出招标文件或资格预审文件后不得终止招标。

(五)资格审查

《工程建设项目施工招标投标办法》规定,招标人可以根据招标项目本身的特点和需要,要求潜在投标人或者投标人提供满足其资格要求的文件,对潜在投标人或者投标人进行资格审查;国家对潜在投标人或者投标人的资格条件有规定的,依照其规定。

资格审查分为资格预审和资格后审。

资格预审,是指在投标前对潜在投标人进行的资格审查。进行资格预审的,一般不再进行资格后审,但招标文件另有规定的除外。采取资格预审的,招标人应当发布资格预审公告。采取资格预审的,招标人应当在资格预审文件中载明资格预审的条件、标准和方法。

经资格预审后,招标人应当向资格预审合格的潜在投标人发出资格预审合格通知书,告知获取招标文件的时间、地点和方法,并同时向资格预审不合格的潜在投标人告知资格预审结果。资格预审不合格的潜在投标人不得参加投标。

《招标投标法实施条例》规定,招标人采用资格预审办法对潜在投标人进行资格审查的,应当发布资格预审公告、编制资格预审文件。依法必须进行招标的项目的资格预审公告和招标公告,应当在国务院发展改革部门依法指定的媒介发布。在不同媒介发布的同一招标项目的资格预审公告或者招标公告的内容应当一致。指定媒介发布依法必须进行招标的项目的境内资格预审公告、招标公告,不得收取费用。编制依法必须进行招标的项目的资格预审文件和招标文件,应当使用国务院发展改革部门会同有关行政监督部门制定的标准文本。

招标人应当按照资格预审公告、招标公告或者投标邀请书规定的时间、地点发售资格预审文件或者招标文件。资格预审文件或者招标文件的发售期不得少于5日。招标人发售资格预审文件、招标文件收取的费用应当限于补偿印刷、邮寄的成本支出,不得以营利为目的。

招标人应当合理确定提交资格预审申请文件的时间。依法必须进行招标的项目提交资格预审申请文件的时间,自资格预审文件停止发售之日起不得少于5日。

资格预审应当按照资格预审文件载明的标准和方法进行。国有资金占控股或者主导地位的依法必须进行招标的项目,招标人应当组建资格审查委员会审查资格预审申请文件。资格预审结束后,招标人应当及时向资格预审申请人发出资格预审结果通知书。未通过资格预审的申请人不具有投标资格。通过资格预审的申请人少于3个的,应当重新招标。

资格后审,是指在开标后对投标人进行的资格审查。采取资格后审的,招标人应当在招标文件中载明对投标人资格要求的条件、标准和方法。招标人不得改变载明的资格条件或者以没有载明的资格条件对潜在投标人或者投标人进行资格审查。

经资格后审不合格的投标人的投标应予否决。

《招标投标法实施条例》规定,招标人采用资格后审办法对投标人进行资格审查的,应当在开标后由评标委员会按照招标文件规定的标准和方法对投标人的资格进行审查。

资格审查应主要审查潜在投标人或者投标人是否符合下列条件:

(1)具有独立订立合同的权利;

(2)具有履行合同的能力,包括专业、技术资格和能力,资金、设备和其他物质设施状况,管理能力,经验、信誉和相应的从业人员;

(3)没有处于被责令停业,投标资格被取消,财产被接管、冻结,破产状态;

(4)在最近3年内没有骗取中标和严重违约及重大工程质量问题;

(5)国家规定的其他资格条件。

资格审查时,招标人不得以不合理的条件限制、排斥潜在投标人或者投标人,不得对潜在投标人或者投标人实行歧视待遇。任何单位和个人不得以行政手段或者其他不合理方式限制投标人的数量。

(六)踏勘现场

《工程建设项目施工招标投标办法》规定,招标人根据招标项目的具体情况,可以组织潜在投标人踏勘项目现场,向其介绍工程场地和相关环境的有关情况。潜在投标人依据招标人介绍情况作出的判断和决策,由投标人自行负责。招标人不得单独或者分别组织任何一个投标人进行现场踏勘。

（七）答疑

《工程建设项目施工招标投标办法》规定，对于潜在投标人在阅读招标文件和现场踏勘中提出的疑问，招标人可以书面形式或召开投标预备会的方式解答，但需同时将解答以书面方式通知所有购买招标文件的潜在投标人。该解答的内容为招标文件的组成部分。

（八）终止招标及须重新招标的情形

《招标投标法实施条例》规定，招标人终止招标的，应当及时发布公告，或者以书面形式通知被邀请的或者已经获取资格预审文件、招标文件的潜在投标人。已经发售资格预审文件、招标文件或者已经收取投标保证金的，招标人应当及时退还所收取的资格预审文件、招标文件的费用，以及所收取的投标保证金及银行同期存款利息。须重新招标的情形如下图所示。

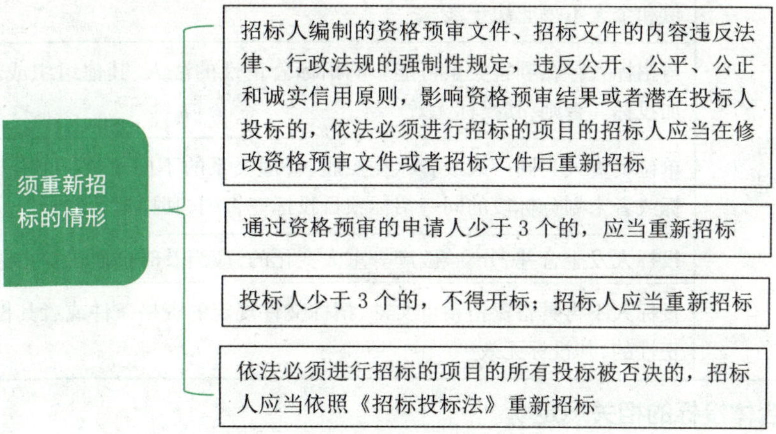

典型例题

【多选题】关于招标基本程序的说法，正确的有（　　）。

A. 招标项目按照国家有关规定需要履行项目审批手续的，可以先行办理招标事宜，再履行审批手续

B. 招标投标活动应当遵循公开、公平、公正和诚实信用的原则

C. 招标人具有编制招标文件和组织评标能力的，可以自行办理招标事宜

D. 招标代理机构可以为所代理的招标项目的投标人提供咨询

E. 委托招标代理机构应当采用招标方式进行

BC。【解析】《招标投标法》第五条规定，招标投标活动应当遵循公开、公平、公正和诚实信用的原则。第九条规定，招标项目按照国家有关规定需要履行项目审批手续的，应当先履行审批手续，取得批准。第十二条规定，招标人有权自行选择招标代理机构，委托其办理招标事宜。任何单位和个人不得以任何方式为招标人指定招标代理机构。招标人具有编制招标文件和组织评标能力的，可以自行办理招标事宜。任何单位和个人不得强制其委托招标代理机构办理招标事宜。《招标投标法实施条例》第十三条规定，招标代理机构代理招标业务，应当遵守《招标投标法》和本条例关于招标人的规定。招标代理机构不得在所代理的招标项目中投标或者代理投标，也不得为所代理的招标项目的投标人提供咨询。

七、投标的相关规定

（一）投标人的一般规定

《工程建设项目施工招标投标办法》规定，投标人是响应招标、参加投标竞争的法人或者其他组织。招标人的任何不具独立法人资格的附属机构（单位），或者为招标项目的前期准备或者监理工作提供设计、咨询服务的任何法人及其任何附属机构（单位），都无资格参加该招标项目的投标，具体总结如下表所示。

项目	内容
投标人应当遵守的规定	投标人参加依法必须进行招标的项目的投标，不受地区或者部门的限制，任何单位和个人不得非法干涉
	与招标人存在利害关系可能影响招标公正性的法人、其他组织或者个人，不得参加投标。否则，其投标无效
	单位负责人为同一人或者存在控股、管理关系的不同单位，不得参加同一标段投标或者未划分标段的同一招标项目投标。否则，其投标无效
	投标人发生合并、分立、破产等重大变化的，应当及时书面告知招标人
	投标人不再具备资格预审文件、招标文件规定的资格条件或者其投标影响招标公正性的，其投标无效

（二）联合体投标的相关规定

所谓联合体投标，是指两个以上法人或者其他组织组成一个联合体，以一个投标人的身份共同投标的行为。实践中，大型复杂项目，对资金和技术要求比较高，单靠一个投标人的力量不能顺利完成的，可以联合几家企业集中各自的优势以一个投标人的身份参加投标。

《招标投标法实施条例》规定，招标人应当在资格预审公告、招标公告或者投标邀请书中载明是否接受联合体投标。

《工程建设项目施工招标投标办法》规定，两个以上法人或者其他组织可以组成一个联合体，以一个投标人的身份共同投标。联合体各方签订共同投标协议后，不得再以自己名义单独投标，也不得组成新的联合体或参加其他联合体在同一项目中投标。否则其投标无效。

招标人接受联合体投标并进行资格预审的，联合体应当在提交资格预审申请文件前组成。资格预审后联合体增减、更换成员的，其投标无效。

联合体各方应当指定牵头人，授权其代表所有联合体成员负责投标和合同实施阶段的主办、协调工作，并应当向招标人提交由所有联合体成员法定代表人签署的授权书。

联合体投标的，应当以联合体各方或者联合体中牵头人的名义提交投标保证金。以联合体中牵头人名义提交的投标保证金，对联合体各成员具有约束力。

《房屋建筑和市政基础设施工程施工招标投标管理办法》规定，联合体各方均应当具备承担招标工程的相应资质条件。相同专业的施工企业组成的联合体，按照资质等级低的施工企业的业务许可范围承揽工程。招标人不得强制投标人组成联合体共同投标，不得限制投标人之间的竞争。

《招标投标法》规定，联合体各方应当签订共同投标协议，明确约定各方拟承担的工作和责任，并将共同投标协议连同投标文件一并提交招标人。联合体中标的，联合体各方应当共同与招标人签订合同，就中标项目向招标人承担连带责任。

（三）投标文件的相关规定

《招标投标法》第二十七条规定，投标人应当按照招标文件的要求编制投标文件。投标文件应当对招标文件提出的实质性要求和条件作出响应。招标项目属于建设施工的，投标文件的内容应当包括拟派出的项目负责人与主要技术人员的简历、业绩和拟用于完成招标项目的机械设备等，具体总结如下表所示。

项目	相关规定
投标文件内容要求	(1)投标函及投标函附录； (2)法定代表人身份证明或附有法定代表人身份证明的授权委托书； (3)联合体协议书(不接受联合体投标或实际无投标人组成联合体的，可不包括此项)； (4)投标保证金； (5)已标价工程量清单； (6)施工组织设计； (7)项目管理机构； (8)拟分包项目情况表； (9)资格审查资料； (10)投标人须知前附表规定的其他材料
投标文件修改与撤回	投标文件的补充与修改是指对已经递交的投标文件中遗漏和不足的部分进行增补与修订。撤回是指投标人在投标截止时间前收回已经递交给招标人的投标文件，不再投标，或在规定时间内重新编制投标文件，并在规定时间内送达指定地点重新投标
	投标人在招标文件要求提交投标文件的截止时间前，可以补充、修改或者撤回已提交的投标文件，并书面通知招标人。补充、修改的内容为投标文件的组成部分
投标文件送达与签收	投标人应当在招标文件要求提交投标文件的截止时间前，将投标文件密封送达投标地点。招标人收到投标文件后，应当向投标人出具标明签收人和签收时间的凭证，并妥善保存投标文件。在开标前，任何单位和个人不得开启投标文件
	未通过资格预审的申请人提交的投标文件，以及逾期送达或者不按照招标文件要求密封的投标文件，招标人应当拒收。招标人应当如实记载投标文件的送达时间和密封情况，并存档备查

（四）投标保证金的相关规定

投标保证金是指投标人按照招标文件的要求向招标人出具的，以一定金额表示的投标责任担保，其实质是为了避免因投标人在投标有效期内随意撤回、撤销投标或中标后不能提交履约保证金和签署合同等行为而给招标人造成损失。

《招标投标法实施条例》规定，招标人在招标文件中要求投标人提交投标保证金的，投标保证金不得超过招标项目估算价的2%。投标保证金有效期应当与投标有效期一致，招标人不得挪用投标保证金。对技术复杂或者无法精确拟定技术规格的项目，招标人可以分两阶段进行招标。第一阶段，投标人按照招标公告或者投标邀请书的要求提交不带报价的技术建议，招标人根据投标人提交的技术建议确定技术标准和要求，编制招标文件。第二阶段，招标人向在第一阶段提交技术建议的投标人提供招标文件，投标人按照招标文件的要求提交包括最终技术方案和投标报价的投标文件。招标人要求投标人提交投标保证金的，应当在第二阶段提出。

另外，根据《工程建设项目施工招标投标办法》《工程建设项目货物招标投标办法》《工程建设项目勘察设计招标投标办法》的相关规定，对于施工和货物招投标，投标保证金最高限额为80万元人民币；对于勘察设计招投标，投标保证金最高限额为10万元人民币。

项目	具体情形	处理方法
保证金的退还	招标人终止招标的	招标人应当及时退还所收取的资格预审文件、招标文件的费用，以及所收取的投标保证金及银行同期存款利息。招标人最迟应当在书面合同签订后5日内向中标人和未中标的投标人退还投标保证金及银行同期存款利息
	投标人撤回（销）已提交的投标文件的	应当在投标截止时间前书面通知招标人。招标人已收取投标保证金的，应当自收到投标人书面撤回通知之日起5日内退还
		投标截止后投标人撤销投标文件的，招标人可以不退还投标保证金

典型例题

【单选题】关于投标保证金的说法，正确的是（　　）。

A. 投标保证金不得超过招标项目估算价的5%

B. 投标保证金有效期可以短于投标有效期

C. 招标人分两阶段招标的，应当在第一阶段要求投标人提交投标保证金

D. 投标截止后投标人撤销投标文件的，招标人可以不退还投标保证金

D。【解析】《招标投标法实施条例》第二十六条规定，招标人在招标文件中要求投标人提交投标保证金的，投标保证金不得超过招标项目估算价的2%。投标保证金有效期应当与投标有效期一致。第三十条规定，招标人要求投标人提交投标保证金的，应当在第二阶段提出。第三十五条规定，投标截止后投标人撤销投标文件的，招标人可以不退还投标保证金。

专家解读

联合体投标及投标保证金的相关规定在以往考试中多有涉及，需着重记忆。

八、开标、评标和定标

(一)开标

《招标投标法实施条例》规定,招标人应当按照招标文件规定的时间、地点开标。投标人少于3个的,不得开标;招标人应当重新招标。投标人对开标有异议的,应当在开标现场提出,招标人应当当场作出答复,并制作记录。

《招标投标法》规定,开标应当在招标文件确定的提交投标文件截止时间的同一时间公开进行;开标地点应当为招标文件中预先确定的地点。

开标由招标人主持,邀请所有投标人参加。开标应当按照下列规定进行:由投标人或者其推选的代表检查投标文件的密封情况,也可以由招标人委托的公证机构进行检查并公证。经确认无误后,由有关工作人员当众拆封,宣读投标人名称、投标价格和投标文件的其他主要内容。招标人在招标文件要求提交投标文件的截止时间前收到的所有投标文件,开标时都应当当众予以拆封、宣读。开标过程应当记录,并存档备查。

《房屋建筑和市政基础设施工程施工招标投标管理办法》规定,在开标时,投标文件出现下列情形之一的,应当作为无效投标文件,不得进入评标:

(1)投标文件未按照招标文件的要求予以密封的;

(2)投标文件中的投标函未加盖投标人的企业及企业法定代表人印章的,或者企业法定代表人委托代理人没有合法、有效的委托书(原件)及委托代理人印章的;

(3)投标文件的关键内容字迹模糊、无法辨认的;

(4)投标人未按照招标文件的要求提供投标保函或者投标保证金的;

(5)组成联合体投标的,投标文件未附联合体各方共同投标协议的。

(二)评标

评标是根据招标文件的规定,对投标文件所进行的审查、评审和比较。评标的目的在于从技术、经济、法律、组织和管理等方面对每份投标书加以分析,以推荐合格的中标候选人,或直接确定中标人,为决标提供基础。

1. 评标委员会

《房屋建筑和市政基础设施工程施工招标投标管理办法》规定,评标由招标人依法组建的评标委员会负责。

依法必须进行施工招标的工程,其评标委员会由招标人的代表和有关技术、经济等方面的专家组成,成员人数为5人以上单数,其中招标人、招标代理机构以外的技术、经济等方面专家不得少于成员总数的2/3。评标委员会的专家成员,应当由招标人从建设行政主管部门及其他有关政府部门确定的专家名册或者工程招标代理机构的专家库内相关专业的专家名单中确定。确定专家成员一般应当采取随机抽取的方式。与投标人有利害关系的人不得进入相关工程的评标委员会。评标委员会成员的名单在中标结果确定前应当保密。

建设行政主管部门的专家名册应当拥有一定数量规模并符合法定资格条件的专家。省、自治区、直辖市人民政府建设行政主管部门可以将专家数量少的地区的专家名册予以合并或者实行专家名册计算机联网。建设行政主管部门应当对进入专家名册的专家组织有关法律和业务培训,对其评标能力、廉洁公正等进行综合评估,及时取消不称职或者违法违规人员的评标专家资格。被取消评标专家资格的人员,不得再参加任何评标活动。

评标委员会应当按照招标文件确定的评标标准和方法，对投标文件进行评审和比较，并对评标结果签字确认；设有标底的，应当参考标底。

评标委员会可以用书面形式要求投标人对投标文件中含义不明确的内容作必要的澄清或者说明。投标人应当采用书面形式进行澄清或者说明，其澄清或者说明不得超出投标文件的范围或者改变投标文件的实质性内容。

评标委员会经评审，认为所有投标文件都不符合招标文件要求的，可以否决所有投标。依法必须进行施工招标工程的所有投标被否决的，招标人应当依法重新招标。

《招标投标法实施条例》规定，评标委员会成员应当依照规定，按照招标文件规定的评标标准和方法，客观、公正地对投标文件提出评审意见。招标文件没有规定的评标标准和方法不得作为评标的依据。评标委员会成员不得私下接触投标人，不得收受投标人给予的财物或者其他好处，不得向招标人征询确定中标人的意向，不得接受任何单位或者个人明示或者暗示提出的倾向或者排斥特定投标人的要求，不得有其他不客观、不公正履行职务的行为。

有下列情形之一的，评标委员会应当否决其投标：

(1)投标文件未经投标单位盖章和单位负责人签字；

(2)投标联合体没有提交共同投标协议；

(3)投标人不符合国家或者招标文件规定的资格条件；

(4)同一投标人提交两个以上不同的投标文件或者投标报价，但招标文件要求提交备选投标的除外；

(5)投标报价低于成本或者高于招标文件设定的最高投标限价；

(6)投标文件没有对招标文件的实质性要求和条件作出响应；

(7)投标人有串通投标、弄虚作假、行贿等违法行为。

2. 评标方法

评标可以采用综合评估法、经评审的最低投标价法或者法律法规允许的其他评标方法。采用综合评估法的，应当对投标文件提出的工程质量、施工工期、投标价格、施工组织设计或者施工方案、投标人及项目经理业绩等，能否最大限度地满足招标文件中规定的各项要求和评价标准进行评审和比较。以评分方式进行评估的，对于各种评比奖项不得额外计分。采用经评审的最低投标价法的，应当在投标文件能够满足招标文件实质性要求的投标人中，评审出投标价格最低的投标人，但投标价格低于其企业成本的除外。

3. 评标报告

评标委员会完成评标后，应当向招标人提出书面评标报告，阐明评标委员会对各投标文件的评审和比较意见，并按照招标文件中规定的评标方法，推荐不超过3名有排序的合格的中标候选人。

评标报告应当由评标委员会全体成员签字。对评标结果有不同意见的评标委员会成员应当以书面形式说明其不同意见和理由，评标报告应当注明该不同意见。评标委员会成员拒绝在评标报告上签字又不书面说明其不同意见和理由的，视为同意评标结果。

（三）定标

1. 确定中标人

《招标投标法》规定，招标人根据评标委员会提出的书面评标报告和推荐的中标候选人确定中标人。招标人也可以授权评标委员会直接确定中标人。国务院对特定招标项目的评标有特别规定的，从其规定。

中标人的投标应当符合下列条件之一：

（1）能够最大限度地满足招标文件中规定的各项综合评价标准。

（2）能够满足招标文件的实质性要求，并且经评审的投标价格最低；但是投标价格低于成本的除外。

评标委员会经评审，认为所有投标都不符合招标文件要求的，可以否决所有投标。依法必须进行招标的项目的所有投标被否决的，招标人应当依照《招标投标法》重新招标。

在确定中标人前，招标人不得与投标人就投标价格、投标方案等实质性内容进行谈判。

评标委员会成员应当客观、公正地履行职务，遵守职业道德，对所提出的评审意见承担个人责任。评标委员会成员不得私下接触投标人，不得收受投标人的财物或者其他好处。评标委员会成员和参与评标的有关工作人员不得透露对投标文件的评审和比较、中标候选人的推荐情况以及与评标有关的其他情况。

中标人确定后，招标人应当向中标人发出中标通知书，并同时将中标结果通知所有未中标的投标人。

《招标投标法实施条例》规定，依法必须进行招标的项目，招标人应当自收到评标报告之日起3日内公示中标候选人，公示期不得少于3日。投标人或者其他利害关系人对依法必须进行招标的项目的评标结果有异议的，应当在中标候选人公示期间提出。招标人应当自收到异议之日起3日内作出答复；作出答复前，应当暂停招标投标活动。中标候选人的经营、财务状况发生较大变化或者存在违法行为，招标人认为可能影响其履约能力的，应当在发出中标通知书前由原评标委员会按照招标文件规定的标准和方法审查确认。

《招标公告和公示信息发布管理办法》规定，依法必须招标项目的中标候选人公示应当载明以下内容：

（1）中标候选人排序、名称、投标报价、质量、工期（交货期），以及评标情况。

（2）中标候选人按照招标文件要求承诺的项目负责人姓名及其相关证书名称和编号。

（3）中标候选人响应招标文件要求的资格能力条件。

（4）提出异议的渠道和方式。

（5）招标文件规定公示的其他内容。

依法必须招标项目的中标结果公示应当载明中标人名称。

《工程建设项目施工招标投标办法》规定，评标委员会推荐的中标候选人应当限定在1～3人，并标明排列顺序。招标人应当接受评标委员会推荐的中标候选人，不得在评标委员会推荐的中标候选人之外确定中标人。

国有资金占控股或者主导地位的依法必须进行招标的项目,招标人应当确定排名第一的中标候选人为中标人。排名第一的中标候选人放弃中标、因不可抗力提出不能履行合同、不按照招标文件的要求提交履约保证金,或者被查实存在影响中标结果的违法行为等情形,不符合中标条件的,招标人可以按照评标委员会提出的中标候选人名单排序依次确定其他中标候选人为中标人。依次确定其他中标候选人与招标人预期差距较大,或者对招标人明显不利的,招标人可以重新招标。招标人可以授权评标委员会直接确定中标人。国务院对中标人的确定另有规定的,从其规定。

招标人不得向中标人提出压低报价、增加工作量、缩短工期或其他违背中标人意愿的要求,以此作为发出中标通知书和签订合同的条件。

中标通知书对招标人和中标人具有法律效力。中标通知书发出后,招标人改变中标结果的,或者中标人放弃中标项目的,应当依法承担法律责任。招标人全部或者部分使用非中标单位投标文件中的技术成果或技术方案时,需征得其书面同意,并给予一定的经济补偿。

2. 签订合同

招标人和中标人应当在投标有效期内并在自中标通知书发出之日起 30 日内,按照招标文件和中标人的投标文件订立书面合同。招标人和中标人不得再行订立背离合同实质性内容的其他协议。

招标人要求中标人提供履约保证金或其他形式履约担保的,招标人应当同时向中标人提供工程款支付担保。招标文件要求中标人提交履约保证金的,中标人应当提交不得超过中标合同金额 10% 的履约保证金。招标人不得擅自提高履约保证金,不得强制要求中标人垫付中标项目建设资金。招标人最迟应当在与中标人签订合同后 5 日内,向中标人和未中标的投标人退还投标保证金及银行同期存款利息。

合同中确定的建设规模、建设标准、建设内容、合同价格应当控制在批准的初步设计及概算文件范围内;确需超出规定范围的,应当在中标合同签订前,报原项目审批部门审查同意。凡应报经审查而未报的,在初步设计及概算调整时,原项目审批部门一律不予承认。

依法必须进行施工招标的项目,招标人应当自确定中标人之日起 15 日内,向有关行政监督部门提交招标投标情况的书面报告。

书面报告至少应包括的内容有:招标范围;招标方式和发布招标公告的媒介;招标文件中投标人须知、技术条款、评标标准和方法、合同主要条款等内容;评标委员会的组成和评标报告;中标结果。

九、招投标双方应遵守的法定义务

(一) 招标人应遵守的法定义务

1. 禁止限制、排斥投标人的相关规定

《招标投标法》明确要求,依法必须进行招标的项目,其招标投标活动不受地区或者部门

的限制。任何单位和个人不得违法限制或者排斥本地区、本系统以外的法人或者其他组织参加投标，不得以任何方式非法干涉招标投标活动。招标人不得以不合理的条件限制或者排斥潜在投标人，不得对潜在投标人实行歧视待遇，具体总结如下表所示。

项目	具体情形
招标人以不合理条件限制、排斥潜在投标人或者投标人的行为	就同一招标项目向潜在投标人或者投标人提供有差别的项目信息
	设定的资格、技术、商务条件与招标项目的具体特点和实际需要不相适应或者与合同履行无关
	依法必须进行招标的项目以特定行政区域或者特定行业的业绩、奖项作为加分条件或者中标条件
	对潜在投标人或者投标人采取不同的资格审查或者评标标准
	限定或者指定特定的专利、商标、品牌、原产地或者供应商
	依法必须进行招标的项目非法限定潜在投标人或者投标人的所有制形式或者组织形式
	以其他不合理条件限制、排斥潜在投标人或者投标人

《招标投标法实施条例》进一步规定，招标人不得组织单个或者部分潜在投标人踏勘项目现场。

2. 禁止肢解发包的相关规定

《建设工程质量管理条例》第七十八条规定，本条例所称肢解发包，是指建设单位将应当由一个承包单位完成的建设工程分解成若干部分发包给不同的承包单位的行为。国际上，将一个工程的各个部位发包给不同施工（或设计）单位，由各个单位分别完成工程的不同部位也是通行做法，并称之为“平行发包”，也即所称的“肢解发包”。但我国当前建设单位的行为很不规范，市场竞争规则也不完善。实践中经常出现违法肢解发包现象，造成建设工程质量问题及工期延误等诸多损失。因此，《招标投标法》规定，招标项目需要划分标段、确定工期的，招标人应当合理划分标段、确定工期，并在招标文件中载明。

《民法典》规定，发包人可以与总承包人订立建设工程合同，也可以分别与勘察人、设计人、施工人订立勘察、设计、施工承包合同。发包人不得将应当由一个承包人完成的建设工程支解（同肢解，下同）成若干部分发包给数个承包人。承包人不得将其承包的全部建设工程转包给第三人或者将其承包的全部建设工程支解以后以分包的名义分别转包给第三人。

《建设工程质量管理条例》规定，建设单位不得将建设工程肢解发包。建设单位将建设工程肢解发包的，责令改正，处工程合同价款 0.5% 以上 1% 以下的罚款；对全部或者部分使用国有资金的项目，并可以暂停项目执行或者暂停资金拨付。

（二）投标人应遵守的法定义务

1. 禁止招标人与投标人串通投标的相关规定

《招标投标法实施条例》第四十一条规定，禁止招标人与投标人串通投标，如下表所示。

违法行为	具体情形
招标人与投标人串通投标行为	(1)招标人在开标前开启投标文件并将有关信息泄露给其他投标人； (2)招标人直接或者间接向投标人泄露标底、评标委员会成员等信息； (3)招标人明示或者暗示投标人压低或抬高投标报价； (4)招标人授意投标人撤换、修改投标文件； (5)招标人明示或者暗示投标人为特定投标人中标提供方便； (6)招标人与投标人为谋求特定投标人中标而采取的其他串通行为

2. 禁止投标人相互串通投标的相关规定

《招标投标法实施条例》第三十九条明确规定，禁止投标人相互串通投标，如下表所示。

<table>
<tr><th>违法行为</th><th>行为类别</th><th>具体情形</th></tr>
<tr><td rowspan="2">投标人相互串通投标行为</td><td>属于投标人相互串通投标行为</td><td>(1)投标人之间协商投标报价等投标文件的实质性内容；
(2)投标人之间约定中标人；
(3)投标人之间约定部分投标人放弃投标或者中标；
(4)属于同一集团、协会、商会等组织成员的投标人按照该组织要求协同投标；
(5)投标人之间为谋取中标或者排斥特定投标人而采取的其他联合行动</td></tr>
<tr><td>视为投标人相互串通投标行为</td><td>(1)不同投标人的投标文件由同一单位或者个人编制；
(2)不同投标人委托同一单位或者个人办理投标事宜；
(3)不同投标人的投标文件载明的项目管理成员为同一人；
(4)不同投标人的投标文件异常一致或者投标报价呈规律性差异；
(5)不同投标人的投标文件相互混装；
(6)不同投标人的投标保证金从同一单位或者个人的账户转出</td></tr>
</table>

3. 投标人不得以低于成本的报价竞标的相关规定

法律禁止投标人以低于成本的报价竞标，主要目的是规范招标投标活动，避免不正当竞争，保证项目质量，维护社会公共利益，如果确实存在低于成本价投标的，应当依法确认中标无效，并相应认定建设工程施工合同无效。

《建筑工程施工发包与承包计价管理办法》规定，投标报价低于工程成本或者高于最高投标限价总价的，评标委员会应当否决投标人的投标。

4. 禁止投标人以行贿手段谋取中标的相关规定

禁止投标人以向招标人或者评标委员会成员行贿的手段谋取中标。

投标人向招标人或者评标委员会成员行贿谋取中标的，中标无效；构成犯罪的，依法追究刑事责任。

2019 年 4 月 23 日起施行的修正过的《反不正当竞争法》第七条指出，经营者不得采用财物或者其他手段贿赂下列单位或者个人，以谋取交易机会或者竞争优势：

(1)交易相对方的工作人员；

(2)受交易相对方委托办理相关事务的单位或者个人；

(3)利用职权或者影响力影响交易的单位或者个人。

5. 投标人不得以他人名义投标或以其他方式弄虚作假骗取中标的相关规定

《招标投标法》明确指出，投标人不得以他人名义投标或者以其他方式弄虚作假，骗取中标，如下表所示。

行为类别	具体情形
以他人名义投标的行为	(1)投标人挂靠其他施工单位； (2)从其他单位通过受让或租借的方式获取资格或资质证书； (3)由其他单位及其法定代表人在自己编制的投标文件上加盖印章和签字等
以其他方式弄虚作假的行为	(1)使用伪造、变造的许可证件； (2)提供虚假的财务状况或者业绩； (3)提供虚假的项目负责人或者主要技术人员简历、劳动关系证明； (4)提供虚假的信用状况； (5)其他弄虚作假的行为

典型例题

【单选题】下列属于招标人与投标人串通投标的情形是(　　)。

A. 招标人仅将招标文件的澄清内容通知了提问的投标人

B. 招标人接收了未按照招标文件要求密封的投标文件

C. 与招标人存在利害关系的法人投标

D. 招标人间接向投标人透露评标委员会的成员信息

D。【解析】《招标投标法实施条例》第四十一条规定，禁止招标人与投标人串通投标。有下列情形之一的，属于招标人与投标人串通投标：(1)招标人在开标前开启投标文件并将有关信息泄露给其他投标人；(2)招标人直接或者间接向投标人泄露标底、评标委员会成员等信息；(3)招标人明示或者暗示投标人压低或者抬高投标报价；(4)招标人授意投标人撤换、修改投标文件；(5)招标人明示或者暗示投标人为特定投标人中标提供方便；(6)招标人与投标人为谋求特定投标人中标而采取的其他串通行为。

专家解读

需对招标人与投标人串通投标、投标人相互串通投标及其他不正当竞争行为的具体情形加以区分记忆。另外，关于肢解发包的规定也需着重记忆。

十、招标投标投诉处理的相关规定

投标人或者其他利害关系人对资格预审文件、招标文件、开标以及对依法必须进行招标项目的评标结果有异议的，应当依法先向招标人提出异议。《招标投标法实施条例》规定，投标人或者其他利害关系人认为招标投标活动不符合法律、行政法规规定的，可以自知道或者应当知道之日起 10 日内向有关行政监督部门投诉。投诉应当有明确的请求和必要的证明材料。

投诉人就同一事项向两个以上有权受理的行政监督部门投诉的，由最先收到投诉的行政监督部门负责处理。行政监督部门应当自收到投诉之日起 3 个工作日内决定是否受理投诉，并自受理投诉之日起 30 个工作日内作出书面处理决定；需要检验、检测、鉴定、专家评审的，所需时间不计算在内。投诉人捏造事实、伪造材料或者以非法手段取得证明材料进行投诉的，行政监督部门应当予以驳回。

行政监督部门处理投诉，有权查阅、复制有关文件、资料，调查有关情况，相关单位和人员应当予以配合。必要时，行政监督部门可以责令暂停招标投标活动。行政监督部门的工作人员对监督检查过程中知悉的国家秘密、商业秘密，应当依法予以保密。

专家解读

需掌握履约保证金与投标保证金的区别及各自用途。另外，对于中标候选人公示期、招标投标投诉时限规定也需进行区别记忆。

十一、违法行为应承担的法律责任

建设工程招标投标活动中违反法律规定应承担的主要法律责任如下。《招标投标法实施条例》规定，依法必须进行招标的项目的招标投标活动违反规定，对中标结果造成实质性影响，且不能采取补救措施予以纠正的，招标、投标、中标无效，应当依法重新招标或者评标。

（一）招标人违反法律规定应承担的法律责任

违法单位	违法行为	应承担的法律责任
招标人	（1）必须进行招标的项目而不招标的，将必须进行招标的项目化整为零或者以其他任何方式规避招标的； （2）依法必须进行招标的项目的，招标人不按照规定发布资格预审公告或者招标公告，构成规避招标的	责令限期改正，可以处项目合同金额 0.5% 以上 1% 以下的罚款；对全部或者部分使用国有资金的项目，可以暂停项目执行或者暂停资金拨付；对单位直接负责的主管人员和其他直接责任人员依法给予处分
	（1）招标人以不合理的条件限制或者排斥潜在投标人的，对潜在投标人实行歧视待遇的，强制要求投标人组成联合体共同投标的，或者限制投标人之间竞争的； （2）依法应当公开招标的项目不按照规定在指定媒介发布资格预审公告或者招标公告的； （3）在不同媒介发布的同一招标项目的资格预审公告或者招标公告的内容不一致，影响潜在投标人申请资格预审或者投标的	责令改正，可以处 1 万元以上 5 万元以下的罚款

（续表）

违法单位	违法行为	应承担的法律责任
招标人	依法必须进行招标的项目的招标人向他人透露已获取招标文件的潜在投标人的名称、数量或者可能影响公平竞争的有关招标投标的其他情况的，或者泄露标底的	给予警告，可以并处1万元以上10万元以下的罚款；对单位直接负责的主管人员和其他直接责任人员依法给予处分；构成犯罪的，依法追究刑事责任。影响中标结果的，中标无效
	依法必须进行招标的项目，招标人违反规定，与投标人就投标价格、投标方案等实质性内容进行谈判的	给予警告，对单位直接负责的主管人员和其他直接责任人员依法给予处分。影响中标结果的，中标无效
	招标人在评标委员会依法推荐的中标候选人以外确定中标人的，依法必须进行招标的项目在所有投标被评标委员会否决后自行确定中标人的	中标无效。责令改正，可以处中标项目金额0.5%以上1%以下的罚款；对单位直接负责的主管人员和其他直接责任人员依法给予处分
	招标人在发布招标公告、发出投标邀请书或者售出招标文件或资格预审文件后终止招标的	应当及时退还所收取的资格预审文件、招标文件的费用，以及所收取的投标保证金及银行同期存款利息。给潜在投标人或者投标人造成损失的，应当赔偿损失
	招标人不履行与中标人订立的合同的	应当返还中标人的履约保证金，并承担相应的赔偿责任；没有提交履约保证金的，应当对中标人的损失承担赔偿责任
	(1)依法应当公开招标而采用邀请招标的； (2)招标文件、资格预审文件的发售、澄清、修改的时限，或者确定的提交资格预审申请文件、投标文件的时限不符合《招标投标法》和《招标投标法实施条例》规定的； (3)接受未通过资格预审的单位或者个人参加投标的； (4)接受应当拒收的投标文件的	由有关行政监督部门责令改正，可以处10万元以下的罚款，招标人有第(1)(3)(4)项所列行为之一的，对单位直接负责的主管人员和其他直接责任人员依法给予处分
	依法必须进行招标的项目的招标人不按照规定组建评标委员会，或者确定、更换评标委员会成员违反《招标投标法》和《招标投标法实施条例》规定的	由有关行政监督部门责令改正，可以处10万元以下的罚款，对单位直接负责的主管人员和其他直接责任人员依法给予处分；违法确定或者更换的评标委员会成员作出的评审决定无效，依法重新进行评审
	(1)无正当理由不发出中标通知书的； (2)不按照规定确定中标人的； (3)中标通知书发出后无正当理由改变中标结果的； (4)无正当理由不与中标人订立合同的； (5)在订立合同时向中标人提出附加条件的	由有关行政监督部门责令改正，可以处中标项目金额1%以下的罚款；给他人造成损失的，依法承担赔偿责任；对单位直接负责的主管人员和其他直接责任人员依法给予处分

（二）中标人违反法律规定应承担的法律责任

违法单位	违法行为	应承担的法律责任
中标人	中标通知书发出后，中标人放弃中标项目的，无正当理由不与招标人签订合同的，在签订合同时向招标人提出附加条件或者更改合同实质性内容的，或者拒不提交所要求的履约保证金的	取消其中标资格，投标保证金不予退还；给招标人的损失超过投标保证金数额的，中标人应当对超过部分予以赔偿；没有提交投标保证金的，应当对招标人的损失承担赔偿责任。对依法必须进行施工招标的项目的中标人，由有关行政监督部门责令改正，可以处中标金额1%以下罚款
	中标人将中标项目转让给他人的，将中标项目肢解后分别转让给他人的，违法将中标项目的部分主体、关键性工作分包给他人的，或者分包人再次分包的	转让、分包无效，有关行政监督部门处转让、分包项目金额0.5%以上1%以下的罚款；有违法所得的，并处没收违法所得；可以责令停业整顿；情节严重的，由市场监督管理部门（原为工商行政管理机关，下同）吊销营业执照
	中标人不履行与招标人订立的合同的	履约保证金不予退还，给招标人造成的损失超过履约保证金数额的，还应当对超过部分予以赔偿；没有提交履约保证金的，应当对招标人的损失承担赔偿责任
	中标人不按照与招标人订立的合同履行义务，情节严重的	有关行政监督部门取消其2～5年参加招标项目的投标资格并予以公告，直至由市场监督管理部门吊销营业执照

（三）投标人违反法律规定应承担的法律责任

违法单位	违法行为	应承担的法律责任
投标人	投标人相互串通投标或者与招标人串通投标的，投标人以向招标人或者评标委员会成员行贿的手段谋取中标的	中标无效，由有关行政监督部门处中标项目金额0.5%以上1%以下的罚款，对单位直接负责的主管人员和其他直接责任人员处单位罚款数额5%以上10%以下的罚款；有违法所得的，并处没收违法所得；情节严重的，取消其1～2年的投标资格，并予以公告，直至由市场监督管理部门吊销营业执照；构成犯罪的，依法追究刑事责任。给他人造成损失的，依法承担赔偿责任。投标人未中标的，对单位的罚款金额按照招标项目合同金额依照《招标投标法》规定的比例计算

（续表）

违法单位	违法行为	应承担的法律责任
投标人	投标人以他人名义投标或者以其他方式弄虚作假，骗取中标的	中标无效，给招标人造成损失的，依法承担赔偿责任；构成犯罪的，依法追究刑事责任。依法必须进行招标项目的投标人有左侧行为尚未构成犯罪的，有关行政监督部门处中标项目金额0.5%以上1%以下的罚款，对单位直接负责的主管人员和其他直接责任人员处单位罚款数额5%以上10%以下的罚款；有违法所得的，并处没收违法所得；情节严重的，取消其1～3年投标资格，并予以公告，直至由市场监督管理部门吊销营业执照。投标人未中标的，对单位的罚款金额按照招标项目合同金额依照《招标投标法》规定的比例计算

（四）招标代理机构违反法律规定应承担的法律责任

《工程建设项目施工招标投标办法》规定，招标代理机构违法泄露应当保密的与招标投标活动有关的情况和资料的，或者与招标人、投标人串通损害国家利益、社会公共利益或者他人合法权益的，由有关行政监督部门处5万元以上25万元以下罚款，对单位直接负责的主管人员和其他直接责任人员处单位罚款数额5%以上10%以下罚款；有违法所得的，并处没收违法所得；情节严重的，有关行政监督部门可停止其一定时期内参与相关领域的招标代理业务，资格认定部门可暂停直至取消招标代理资格；构成犯罪的，由司法部门依法追究刑事责任。给他人造成损失的，依法承担赔偿责任。上述所列行为影响中标结果，并且中标人为上述所列行为的受益人的，中标无效。

（五）评标委员会违反法律规定应承担的法律责任

《工程建设项目施工招标投标办法》规定，评标委员会成员应当回避而不回避，擅离职守，不按照招标文件规定的评标标准和方法评标，私下接触投标人，向招标人征询确定中标人的意向或者接受任何单位或者个人明示或者暗示提出的倾向或者排斥特定投标人的要求，对依法应当否决的投标不提出否决意见，暗示或者诱导投标人作出澄清、说明或者接受投标人主动提出的澄清、说明，或者有其他不能客观公正地履行职责行为的，有关行政监督部门责令改正；情节严重的，禁止其在一定期限内参加依法必须进行招标的项目的评标；情节特别严重的，取消其担任评标委员会成员的资格。

第二节　建设工程承包制度

《建筑法》规定，建筑工程实行招标发包的，发包单位应当将建筑工程发包给依法中标的承包单位。建筑工程实行直接发包的，发包单位应当将建筑工程发包给具有相应资质条件的承包单位。关于承包与分包的相关概念辨析如下表所示。

承包方式		概念
承包	工程总承包	是指工程总承包企业按照与建设单位签订的合同,对工程项目的勘察、设计、采购、施工等实行全过程的承包建设,并对工程的质量、安全、工期和造价等全面负责的承包方式
	施工总承包	是指施工单位仅对施工任务(一般指土建部分)的承包。其他阶段的承包任务由建设单位发包给其他的承包单位负责
	联合共同承包	由两个以上的承包单位联合共同承包
分包	专业工程分包	是指建筑工程总承包单位根据总承包合同的约定或者经建设单位的允许,将承包工程中的专业性较强的专业工程发包给具有相应资质的其他建筑业单位完成的活动
	劳务作业分包	是指施工承包单位或者专业分包单位将其承揽工程中的劳务作业发包给具有相应资质的劳务分包单位完成的活动

一、建设工程总承包的规定

《建筑法》指出,建筑工程的发包单位可以将建筑工程的勘察、设计、施工、设备采购一并发包给一个工程总承包单位,也可以将建筑工程勘察、设计、施工、设备采购的一项或者多项发包给一个工程总承包单位;但是,不得将应当由一个承包单位完成的建筑工程肢解成若干部分发包给几个承包单位。

为加快推进工程总承包,完善工程总承包管理制度,提升工程建设质量和效益,住房和城乡建设部、国家发展改革委于 2019 年 12 月 23 日制定了《房屋建筑和市政基础设施项目工程总承包管理办法》,其中关于工程总承包项目信用管理、行业自律和质量终身责任制等规定较为新颖,具体内容如下。

(一)工程总承包项目的发包和承包

建设单位应当根据项目情况和自身管理能力等,合理选择工程建设组织实施方式。建设内容明确、技术方案成熟的项目,适宜采用工程总承包方式。

建设单位应当在发包前完成项目审批、核准或者备案程序。采用工程总承包方式的企业投资项目,应当在核准或者备案后进行工程总承包项目发包。采用工程总承包方式的政府投资项目,原则上应当在初步设计审批完成后进行工程总承包项目发包;其中,按照国家有关规定简化报批文件和审批程序的政府投资项目,应当在完成相应的投资决策审批后进行工程总承包项目发包。

建设单位依法采用招标或者直接发包等方式选择工程总承包单位。工程总承包项目范围内的设计、采购或者施工中,有任一项属于依法必须进行招标的项目范围且达到国家规定规模标准的,应当采用招标的方式选择工程总承包单位。

工程总承包单位应当同时具有与工程规模相适应的工程设计资质和施工资质,或者由具有相应资质的设计单位和施工单位组成联合体。工程总承包单位应当具有相应的项目管理体系和项目管理能力、财务和风险承担能力,以及与发包工程相类似的设计、施工或者工程总承包业绩。设计单位和施工单位组成联合体的，应当根据项目的特点和复杂程度，合理确定牵头单位，并在联合体协议中明确联合体成员单位的责任和权利。联合体各方应当共同与建设单位签订工程总承包合同，就工程总承包项目承担连带责任。

工程总承包单位不得是工程总承包项目的代建单位、项目管理单位、监理单位、造价咨询单位、招标代理单位。政府投资项目的项目建议书、可行性研究报告、初步设计文件编制单位及其评估单位，一般不得成为该项目的工程总承包单位。政府投资项目招标人公开已经完成的项目建议书、可行性研究报告、初步设计文件的，上述单位可以参与该工程总承包项目的投标，经依法评标、定标，成为工程总承包单位。

鼓励设计单位申请取得施工资质，已取得工程设计综合资质、行业甲级资质、建筑工程专业甲级资质的单位，可以直接申请相应类别施工总承包一级资质。鼓励施工单位申请取得工程设计资质，具有一级及以上施工总承包资质的单位可以直接申请相应类别的工程设计甲级资质。完成的相应规模工程总承包业绩可以作为设计、施工业绩申报。

建设单位应当依法确定投标人编制工程总承包项目投标文件所需要的合理时间。

评标委员会应当依照法律规定和项目特点，由建设单位代表、具有工程总承包项目管理经验的专家，以及从事设计、施工、造价等方面的专家组成。

建设单位和工程总承包单位应当加强风险管理，合理分担风险。建设单位承担的风险主要包括：

（1）主要工程材料、设备、人工价格与招标时基期价相比，波动幅度超过合同约定幅度的部分。

（2）因国家法律法规政策变化引起的合同价格的变化。

（3）不可预见的地质条件造成的工程费用和工期的变化。

（4）因建设单位原因产生的工程费用和工期的变化。

（5）不可抗力造成的工程费用和工期的变化。

具体风险分担内容由双方在合同中约定。鼓励建设单位和工程总承包单位运用保险手段增强防范风险能力。

企业投资项目的工程总承包宜采用总价合同，政府投资项目的工程总承包应当合理确定合同价格形式。采用总价合同的，除合同约定可以调整的情形外，合同总价一般不予调整。建设单位和工程总承包单位可以在合同中约定工程总承包计量规则和计价方法。依法必须进行招标的项目，合同价格应当在充分竞争的基础上合理确定。

（二）工程总承包项目实施

建设单位根据自身资源和能力，可以自行对工程总承包项目进行管理，也可以委托勘察设计单位、代建单位等项目管理单位，赋予相应权利，依照合同对工程总承包项目进行管理。

工程总承包单位应当建立与工程总承包相适应的组织机构和管理制度，形成项目设计、采购、施工、试运行管理以及质量、安全、工期、造价、节约能源和生态环境保护管理等工程总承包综合管理能力。

工程总承包单位应当设立项目管理机构，设置项目经理，配备相应管理人员，加强设计、采购与施工的协调，完善和优化设计，改进施工方案，实现对工程总承包项目的有效管理控制。

工程总承包项目经理应当具备下列条件：

(1)取得相应工程建设类注册执业资格，包括注册建筑师、勘察设计注册工程师、注册建造师或者注册监理工程师等；未实施注册执业资格的，取得高级专业技术职称。

(2)担任过与拟建项目相类似的工程总承包项目经理、设计项目负责人、施工项目负责人或者项目总监理工程师。

(3)熟悉工程技术和工程总承包项目管理知识以及相关法律法规、标准规范。

(4)具有较强的组织协调能力和良好的职业道德。

工程总承包项目经理不得同时在两个或者两个以上工程项目担任工程总承包项目经理、施工项目负责人。

工程总承包单位可以采用直接发包的方式进行分包。但以暂估价形式包括在总承包范围内的工程、货物、服务分包时，属于依法必须进行招标的项目范围且达到国家规定规模标准的，应当依法招标。

链接

《招标投标法实施条例》规定，招标人可以依法对工程以及与工程建设有关的货物、服务全部或者部分实行总承包招标。以暂估价形式包括在总承包范围内的工程、货物、服务属于依法必须进行招标的项目范围且达到国家规定规模标准的，应当依法进行招标。上述所称暂估价，是指总承包招标时不能确定价格而由招标人在招标文件中暂时估定的工程、货物、服务的金额。

建设单位不得迫使工程总承包单位以低于成本的价格竞标，不得明示或者暗示工程总承包单位违反工程建设强制性标准、降低建设工程质量，不得明示或者暗示工程总承包单位使用不合格的建筑材料、建筑构配件和设备。工程总承包单位应当对其承包的全部建设工程质量负责，分包单位对其分包工程的质量负责，分包不免除工程总承包单位对其承包的全部建设工程所负的质量责任。工程总承包单位、工程总承包项目经理依法承担质量终身责任。

建设单位不得对工程总承包单位提出不符合建设工程安全生产法律、法规和强制性标准规定的要求，不得明示或者暗示工程总承包单位购买、租赁、使用不符合安全施工要求的安全防护用具、机械设备、施工机具及配件、消防设施和器材。工程总承包单位对承包范围内工程的安全生产负总责。分包单位应当服从工程总承包单位的安全生产管理，分包单位不服从管理导致生产安全事故的，由分包单位承担主要责任，分包不免除工程总承包单位的安全责任。

建设单位不得设置不合理工期，不得任意压缩合理工期。工程总承包单位应当依据合同对工期全面负责，对项目总进度和各阶段的进度进行控制管理，确保工程按期竣工。

工程保修书由建设单位与工程总承包单位签署，保修期内工程总承包单位应当根据法律法规规定以及合同约定承担保修责任，工程总承包单位不得以其与分包单位之间保修责任划分而拒绝履行保修责任。

建设单位和工程总承包单位应当加强设计、施工等环节管理，确保建设地点、建设规模、建设内容等符合项目审批、核准、备案要求。政府投资项目所需资金应当按照国家有关规定确保落实到位，不得由工程总承包单位或者分包单位垫资建设。政府投资项目建设投资原则上不得超过经核定的投资概算。

工程总承包单位和工程总承包项目经理在设计、施工活动中有转包违法分包等违法违规行为或者造成工程质量安全事故的，按照法律法规对设计、施工单位及其项目负责人相同违法违规行为的规定追究责任。

二、建设工程共同承包的规定

《建筑法》规定，大型建筑工程或者结构复杂的建筑工程，可以由两个以上的承包单位联合共同承包。共同承包的各方对承包合同的履行承担连带责任。两个以上不同资质等级的单位实行联合共同承包的，应当按照资质等级低的单位的业务许可范围承揽工程。

三、建设工程分包的规定

（一）分包工程的范围及对分包单位的要求

《建筑法》规定，禁止承包单位将其承包的全部建筑工程转包给他人，禁止承包单位将其承包的全部建筑工程肢解以后以分包的名义分别转包给他人。建筑工程总承包单位可以将承包工程中的部分工程发包给具有相应资质条件的分包单位；但是，除总承包合同中约定的分包外，必须经建设单位认可。施工总承包的，建筑工程主体结构的施工必须由总承包单位自行完成。建筑工程总承包单位按照总承包合同的约定对建设单位负责；分包单位按照分包合同的约定对总承包单位负责。总承包单位和分包单位就分包工程对建设单位承担连带责任。禁止总承包单位将工程分包给不具备相应资质条件的单位。禁止分包单位将其承包的工程再分包。

《房屋建筑和市政基础设施工程施工分包管理办法》规定，建设单位不得直接指定分包工程承包人。任何单位和个人不得对依法实施的分包活动进行干预。分包工程承包人必须具有相应的资质，并在其资质等级许可的范围内承揽业务。严禁个人承揽分包工程业务。

《招标投标法实施条例》规定，中标人应当按照合同约定履行义务，完成中标项目。中标人不得向他人转让中标项目，也不得将中标项目肢解后分别向他人转让。中标人按照合同约定或者经招标人同意，可以将中标项目的部分非主体、非关键性工作分包给他人完成。接受分包的人应当具备相应的资格条件，并不得再次分包。中标人应当就分包项目向招标人负责，接受分包的人就分包项目承担连带责任。

（二）转包、违法分包和挂靠行为的界定

住房和城乡建设部发布的《建筑工程施工发包与承包违法行为认定查处管理办法》，自2019年1月1日起施行。2014年10月1日起施行的《建筑工程施工转包违法分包等违法行为认定查处管理办法（试行）》同时废止。

《建筑工程施工发包与承包违法行为认定查处管理办法》规定，住房和城乡建设部对全国建筑工程施工发包与承包违法行为的认定查处工作实施统一监督管理。县级以上地方人民政府住房和城乡建设主管部门在其职责范围内具体负责本行政区域内建筑工程施工发包与承包违法行为的认定查处工作。本办法所称的发包与承包违法行为具体是指违法发包、转包、违法分包及挂靠等违法行为。

1. 违法发包

违法发包，是指建设单位将工程发包给个人或不具有相应资质的单位、肢解发包、违反法定程序发包及其他违反法律法规规定发包的行为。

存在下列情形之一的，属于违法发包：

(1)建设单位将工程发包给个人的；

(2)建设单位将工程发包给不具有相应资质的单位的；

(3)依法应当招标未招标或未按照法定招标程序发包的；

(4)建设单位设置不合理的招标投标条件，限制、排斥潜在投标人或者投标人的；

(5)建设单位将一个单位工程的施工分解成若干部分发包给不同的施工总承包或专业承包单位的。

2. 转包

转包，是指承包单位承包工程后，不履行合同约定的责任和义务，将其承包的全部工程或者将其承包的全部工程肢解后以分包的名义分别转给其他单位或个人施工的行为。

存在下列情形之一的，应当认定为转包，但有证据证明属于挂靠或者其他违法行为的除外：

(1)承包单位将其承包的全部工程转给其他单位(包括母公司承接建筑工程后将所承接工程交由具有独立法人资格的子公司施工的情形)或个人施工的；

(2)承包单位将其承包的全部工程肢解以后，以分包的名义分别转给其他单位或个人施工的；

(3)施工总承包单位或专业承包单位未派驻项目负责人、技术负责人、质量管理负责人、安全管理负责人等主要管理人员，或派驻的项目负责人、技术负责人、质量管理负责人、安全管理负责人中一人及以上与施工单位没有订立劳动合同且没有建立劳动工资和社会养老保险关系，或派驻的项目负责人未对该工程的施工活动进行组织管理，又不能进行合理解释并提供相应证明的；

(4)合同约定由承包单位负责采购的主要建筑材料、构配件及工程设备或租赁的施工机械设备，由其他单位或个人采购、租赁，或施工单位不能提供有关采购、租赁合同及发票等证明，又不能进行合理解释并提供相应证明的；

(5)专业作业承包人承包的范围是承包单位承包的全部工程，专业作业承包人计取的是除上缴给承包单位“管理费”之外的全部工程价款的；

(6)承包单位通过采取合作、联营、个人承包等形式或名义，直接或变相将其承包的全部工程转给其他单位或个人施工的；

(7)专业工程的发包单位不是该工程的施工总承包或专业承包单位的，但建设单位依约作为发包单位的除外；

(8)专业作业的发包单位不是该工程承包单位的；

(9)施工合同主体之间没有工程款收付关系，或者承包单位收到款项后又将款项转拨给其他单位和个人，又不能进行合理解释并提供材料证明的。

两个以上的单位组成联合体承包工程，在联合体分工协议中约定或者在项目实际实施过程中，联合体一方不进行施工也未对施工活动进行组织管理的，并且向联合体其他方收取管理费或者其他类似费用的，视为联合体一方将承包的工程转包给联合体其他方。

3. 挂靠

挂靠，是指单位或个人以其他有资质的施工单位的名义承揽工程(包括参与投标、订立合同、办理有关施工手续、从事施工等活动）的行为。

存在下列情形之一的，属于挂靠：

（1）没有资质的单位或个人借用其他施工单位的资质承揽工程的；

（2）有资质的施工单位相互借用资质承揽工程的，包括资质等级低的借用资质等级高的，资质等级高的借用资质等级低的，相同资质等级相互借用的；

（3）上述属于转包的第（3）至（9）项规定的情形，有证据证明属于挂靠的。

4. 违法分包

违法分包，是指承包单位承包工程后违反法律法规规定，把单位工程或分部分项工程分包给其他单位或个人施工的行为。

存在下列情形之一的，属于违法分包：

（1）承包单位将其承包的工程分包给个人的；

（2）施工总承包单位或专业承包单位将工程分包给不具备相应资质单位的；

（3）施工总承包单位将施工总承包合同范围内工程主体结构的施工分包给其他单位的，钢结构工程除外；

（4）专业分包单位将其承包的专业工程中非劳务作业部分再分包的；

（5）专业作业承包人将其承包的劳务再分包的；

（6）专业作业承包人除计取劳务作业费用外，还计取主要建筑材料款和大中型施工机械设备、主要周转材料费用的。

专家解读

本知识点中，因2019年新发布的《建筑工程施工发包与承包违法行为认定查处管理办法》的施行，关于违法发包、转包、违法分包及挂靠等违法行为的情形界定与之前有所不同，《建筑工程施工转包违法分包等违法行为认定查处管理办法（试行）》现已失效，应注意区别这两个新旧规章，并且注意新知识点的掌握。

2018年11月22日发布的《住房城乡建设部办公厅等关于开展工程建设领域专业技术人员职业资格“挂证”等违法违规行为专项整治的通知》规定，对工程建设领域勘察设计注册工程师、注册建筑师、建造师、监理工程师、造价工程师等专业技术人员及相关单位、人力资源服务机构进行全面排查，严肃查处持证人注册单位与实际工作单位不符、买卖租借（专业）资格（注册）证书等“挂证”违法违规行为，以及提供虚假就业信息、以职业介绍为名提供“挂证”信息服务等违法违规行为。通过专项整治，推动建立工程建设领域专业技术人员职业资格“挂证”等违法违规行为预防和监管长效机制。并提出六项工作要求：强化组织实施；依法从严查处；坚持源头治理；强化信息公开；加强舆论引导；建立长效预防机制。

四、发承包违法行为应承担的法律责任

《建筑工程施工发包与承包违法行为认定查处管理办法》规定，县级以上地方人民政府住房和城乡建设主管部门如接到人民法院、检察机关、仲裁机构、审计机关、纪检监察等部门转交或移送的涉及本行政区域内建筑工程发包与承包违法行为的建议或相关案件的线索或

证据，应当依法受理、调查、认定和处理，并把处理结果及时反馈给转交或移送机构。县级以上人民政府住房和城乡建设主管部门对本行政区域内发现的违法发包、转包、违法分包及挂靠等违法行为，应当依法进行调查，按照规定进行认定，并依法予以行政处罚。

除建设工程招标投标活动中违法行为应承担的法律责任外，建设工程承包活动中其他违法行为应承担的法律责任还包括以下方面。

（一）《建筑法》的相关处罚规定

发包单位将工程发包给不具有相应资质条件的承包单位的，或者违反规定将建筑工程肢解发包的，责令改正，处以罚款。超越本单位资质等级承揽工程的，责令停止违法行为，处以罚款，可以责令停业整顿，降低资质等级；情节严重的，吊销资质证书；有违法所得的，予以没收。未取得资质证书承揽工程的，予以取缔，并处罚款；有违法所得的，予以没收。以欺骗手段取得资质证书的，吊销资质证书，处以罚款；构成犯罪的，依法追究刑事责任。

建筑施工企业转让、出借资质证书或者以其他方式允许他人以本企业的名义承揽工程的，责令改正，没收违法所得，并处罚款，可以责令停业整顿，降低资质等级；情节严重的，吊销资质证书。对因该项承揽工程不符合规定的质量标准造成的损失，建筑施工企业与使用本企业名义的单位或者个人承担连带赔偿责任。

链接

《房屋建筑和市政基础设施工程施工分包管理办法》规定，禁止转让、出借企业资质证书或者以其他方式允许他人以本企业名义承揽工程。分包工程发包人没有将其承包的工程进行分包，在施工现场所设项目管理机构的项目负责人、技术负责人、项目核算负责人、质量管理人员、安全管理人员不是工程承包人本单位人员的，视同允许他人以本企业名义承揽工程。

承包单位将承包的工程转包的，或者违反规定进行分包的，责令改正，没收违法所得，并处罚款，可以责令停业整顿，降低资质等级；情节严重的，吊销资质证书。承包单位有上述规定的违法行为的，对因转包工程或者违法分包的工程不符合规定的质量标准造成的损失，与接受转包或者分包的单位承担连带赔偿责任。

在工程发包与承包中索贿、受贿、行贿，构成犯罪的，依法追究刑事责任；不构成犯罪的，分别处以罚款。没收贿赂的财物，对直接负责的主管人员和其他直接责任人员给予处分。对在工程承包中行贿的承包单位，除依照上述规定处罚外，可以责令停业整顿，降低资质等级或者吊销资质证书。

（二）《建设工程质量管理条例》的相关处罚规定

建设单位将建设工程发包给不具有相应资质等级的勘察、设计、施工单位或者委托给不具有相应资质等级的工程监理单位的，责令改正，处50万元以上100万元以下的罚款。

建设单位将建设工程肢解发包的，责令改正，处工程合同价款0.5%以上1%以下的罚款；对全部或者部分使用国有资金的项目，并可以暂停项目执行或者暂停资金拨付。

勘察、设计、施工、工程监理单位超越本单位资质等级承揽工程的，责令停止违法行为，对勘察、设计单位或者工程监理单位处合同约定的勘察费、设计费或者监理酬金1倍以上

2 倍以下的罚款；对施工单位处工程合同价款 2% 以上 4% 以下的罚款，可以责令停业整顿，降低资质等级；情节严重的，吊销资质证书；有违法所得的，予以没收。未取得资质证书承揽工程的，予以取缔，依照上述规定处以罚款；有违法所得的，予以没收。以欺骗手段取得资质证书承揽工程的，吊销资质证书，依照上述规定处以罚款；有违法所得的，予以没收。

承包单位将承包的工程转包或者违法分包的，责令改正，没收违法所得，对勘察、设计单位处合同约定的勘察费、设计费 25% 以上 50% 以下的罚款；对施工单位处工程合同价款0.5% 以上 1% 以下的罚款；可以责令停业整顿，降低资质等级；情节严重的，吊销资质证书。工程监理单位转让工程监理业务的，责令改正，没收违法所得，处合同约定的监理酬金 25% 以上 50% 以下的罚款；可以责令停业整顿，降低资质等级；情节严重的，吊销资质证书。

专家解读

建设工程承包活动中违法行为的具体情形及处罚在以往考试中较为常见，需重点掌握。

第三节　建筑市场信用体系建设

《国务院关于建立完善守信联合激励和失信联合惩戒制度加快推进社会诚信建设的指导意见》中规定，鼓励有关部门和社会组织在监管和服务中建立各类主体信用记录，向社会推介无不良信用记录者和有关诚信典型，联合其他部门和社会组织实施守信激励。鼓励行业协会商会完善会员企业信用评价机制。引导企业主动发布综合信用承诺或产品服务质量等专项承诺，开展产品服务标准等自我声明公开，接受社会监督，形成企业争做诚信模范的良好氛围。

《招标投标法实施条例》也指出，国家建立招标投标信用制度。有关行政监督部门应当依法公告对招标人、招标代理机构、投标人、评标委员会成员等当事人违法行为的行政处理决定。

一、建筑市场信用信息的分类

2018 年 1 月 1 日起施行的《建筑市场信用管理暂行办法》规定，信用信息由基本信息、优良信用信息和不良信用信息构成。

基本信息是指注册登记信息、资质信息、工程项目信息、注册执业人员信息等。

优良信用信息是指建筑市场各方主体在工程建设活动中获得的县级以上行政机关或群团组织表彰奖励等信息。

不良信用信息是指建筑市场各方主体在工程建设活动中违反有关法律、法规、规章或工程建设强制性标准等，受到县级以上住房城乡建设主管部门行政处罚的信息，以及经有关部门认定的其他不良信用信息。

二、建筑市场不良行为记录认定标准

（一）注册建造师不良行为记录认定标准

1. 注册不良行为认定标准

（1）隐瞒有关情况或者提供虚假材料申请注册；

（2）以欺骗、贿赂等不正当手段取得注册证书；

（3）涂改、倒卖、出租、出借或以其他形式非法转让资格证书、注册证书和执业印章；

（4）未办理变更注册而继续执业。

2. 执业不良行为认定标准

（1）泄露在执业中知悉的国家秘密和他人的商业、技术等秘密；

（2）未取得注册证书和执业印章，担任大中型建设工程项目施工单位项目负责人，或者以注册建造师的名义从事相关活动；

（3）同时担任两个及两个以上工程项目负责人；

（4）超出执业范围和聘用单位业务范围内从事执业活动；

（5）索贿、受贿或者谋取合同约定费用外的其他利益；

（6）实施商业贿赂；

（7）签署有虚假记载等不合格的文件；

（8）允许他人以自己的名义从事执业活动；

（9）同时在两个或者两个以上单位受聘或者执业；

（10）未按照要求向注册机关提供真实、准确、完整的注册建造师信用档案信息。

3. 其他不良行为认定标准

（1）因过错造成质量事故；

（2）未履行安全生产管理职责；

（3）违章指挥、强令职工冒险作业，因而发生重大伤亡事故或者造成其他严重后果；

（4）在注册、执业和继续教育活动中，发生其他违反法律、法规和工程建设强制性标准的行为。

（二）施工单位不良行为记录认定标准

1. 工程安全不良行为认定标准

（1）在本单位发生重大生产安全事故时，主要负责人不立即组织抢救或在事故调查处理期间擅离职守或逃匿的，主要负责人对生产安全事故隐瞒不报、谎报或拖延不报的；

（2）对建筑安全事故隐患不采取措施予以消除的；

（3）不设立安全生产管理机构、配备专职安全生产管理人员或分部分项工程施工时无专职安全生产管理人员现场监督的；

（4）主要负责人、项目负责人、专职安全生产管理人员、作业人员或特种作业人员，未经安全教育培训或经考核不合格即从事相关工作的；

（5）未在施工现场的危险部位设置明显的安全警示标志，或未按照国家有关规定在施工现场设置消防通道、消防水源、配备消防设施和灭火器材的；

（6）未向作业人员提供安全防护用具和安全防护服装的；

(7)未按照规定在施工起重机械和整体提升脚手架、模板等自升式架设设施验收合格后登记的；

(8)使用国家明令淘汰、禁止使用的危及施工安全的工艺、设备、材料的；

(9)违法挪用列入建设工程概算的安全生产作业环境及安全施工措施所需费用的；

(10)施工前未对有关安全施工的技术要求作出详细说明的；

(11)未根据不同施工阶段和周围环境及季节、气候的变化，在施工现场采取相应的安全施工措施，或者在城市市区内的建设工程的施工现场未实行封闭围挡的；

(12)在尚未竣工的建筑物内设置员工集体宿舍的；

(13)施工现场临时搭建的建筑物不符合安全使用要求的；

(14)未对因建设工程施工可能造成损害的毗邻建筑物、构筑物和地下管线等采取专项防护措施的；

(15)安全防护用具、机械设备、施工机具及配件在进入施工现场前未经查验或查验不合格即投入使用的；

(16)使用未经验收或验收不合格的施工起重机械和整体提升脚手架、模板等自升式架设设施的；

(17)委托不具有相应资质的单位承担施工现场安装、拆卸施工起重机械和整体提升脚手架、模板等自升式架设设施的；

(18)在施工组织设计中未编制安全技术措施、施工现场临时用电方案或专项施工方案的；

(19)主要负责人、项目负责人未履行安全生产管理职责的，或不服管理、违反规章制度和操作规程冒险作业的；

(20)施工单位取得资质证书后，降低安全生产条件的，或经整改仍未达到与其资质等级相适应的安全生产条件的；

(21)取得安全生产许可证发生重大安全事故的；

(22)未取得安全生产许可证擅自进行生产的；

(23)安全生产许可证有效期满未办理延期手续，继续进行生产的，或逾期不办理延期手续，继续进行生产的；

(24)转让安全生产许可证的，接受转让的，冒用或使用伪造的安全生产许可证的。

2. 工程质量不良行为认定标准

(1)在施工中偷工减料的，使用不合格建筑材料、建筑构配件和设备的，或者有不按照工程设计图纸或施工技术标准施工的其他行为的；

(2)未按照节能设计进行施工的；

(3)未对建筑材料、建筑构配件、设备和商品混凝土进行检测，或未对涉及结构安全的试块、试件以及有关材料取样检测的；

(4)工程竣工验收后，不向建设单位出具质量保修书的，或质量保修的内容、期限违反规定的；

(5)不履行保修义务或者拖延履行保修义务的。

3. 承揽业务不良行为认定标准

(1)利用向发包单位及其工作人员行贿、提供回扣或者给予其他好处等不正当手段承揽业务的；

(2)相互串通投标或与招标人串通投标的,以向招标人或评标委员会成员行贿的手段谋取中标的;

(3)以他人名义投标或以其他方式弄虚作假,骗取中标的;

(4)不按照与招标人订立的合同履行义务,情节严重的;

(5)将承包的工程转包或违法分包的。

4. 资质不良行为认定标准

(1)未取得资质证书承揽工程的,或超越本单位资质等级承揽工程的;

(2)以欺骗手段取得资质证书承揽工程的;

(3)允许其他单位或个人以本单位名义承揽工程的;

(4)未在规定期限内办理资质变更手续的;

(5)涂改、伪造、出借、转让《建筑业企业资质证书》的;

(6)按照国家规定需要持证上岗的技术工种的作业人员未经培训、考核,未取得证书上岗,情节严重的。

5. 拖欠工程款或工人工资不良行为认定标准

恶意拖欠或克扣劳动者工资的。

三、建筑市场信用信息的公布和奖惩规定

(一)建筑市场信用信息的公布规定

《建筑市场信用管理暂行办法》规定,地方各级住房城乡建设主管部门应当通过省级建筑市场监管一体化工作平台,认定、采集、审核、更新和公开本行政区域内建筑市场各方主体的信用信息,并对其真实性、完整性和及时性负责。按照“谁监管、谁负责,谁产生、谁负责”的原则,工程项目所在地住房城乡建设主管部门依据职责,采集工程项目信息并审核其真实性。

各级住房城乡建设主管部门应当建立健全信息推送机制,自优良信用信息和不良信用信息产生之日起7个工作日内,通过省级建筑市场监管一体化工作平台依法对社会公开,并推送至全国建筑市场监管公共服务平台。各级住房城乡建设主管部门应当完善信用信息公开制度,通过省级建筑市场监管一体化工作平台和全国建筑市场监管公共服务平台,及时公开建筑市场各方主体的信用信息。公开建筑市场各方主体信用信息不得危及国家安全、公共安全、经济安全和社会稳定,不得泄露国家秘密、商业秘密和个人隐私。

建筑市场各方主体的信用信息公开期限为:

(1)基本信息长期公开;

(2)优良信用信息公开期限一般为3年;

(3)不良信用信息公开期限一般为6个月至3年,并不得低于相关行政处罚期限。具体公开期限由不良信用信息的认定部门确定。

县级以上住房城乡建设主管部门按照“谁处罚、谁列入”的原则,将存在下列情形的建筑市场各方主体,列入建筑市场主体“黑名单”:

(1)利用虚假材料、以欺骗手段取得企业资质的;

(2)发生转包、出借资质,受到行政处罚的;

(3)发生重大及以上工程质量安全事故,或1年内累计发生2次及以上较大工程质量安全事故,或发生性质恶劣、危害性严重、社会影响大的较大工程质量安全事故,受到行政处罚的;

(4)经法院判决或仲裁机构裁决,认定为拖欠工程款,且拒不履行生效法律文书确定的义务的。

各级住房城乡建设主管部门应当参照建筑市场主体“黑名单”,对被人力资源社会保障主管部门列入拖欠农民工工资“黑名单”的建筑市场各方主体加强监管。

对被列入建筑市场主体“黑名单”的建筑市场各方主体,地方各级住房城乡建设主管部门应当通过省级建筑市场监管一体化工作平台向社会公布相关信息,包括单位名称、机构代码、个人姓名、证件号码、行政处罚决定、列入部门、管理期限等。省级住房城乡建设主管部门应当通过省级建筑市场监管一体化工作平台,将建筑市场主体“黑名单”推送至全国建筑市场监管公共服务平台。

建筑市场主体“黑名单”管理期限为自被列入名单之日起1年。建筑市场各方主体修复失信行为并且在管理期限内未再次发生符合列入建筑市场主体“黑名单”情形行为的,由原列入部门将其从“黑名单”移出。

《建筑市场诚信行为信息管理办法》规定,对发布有误的信息,由发布该信息的省、自治区和直辖市建设行政主管部门进行修正,根据被曝光单位对不良行为的整改情况,调整其信息公布期限,保证信息的准确和有效。省、自治区和直辖市建设行政主管部门负责审查整改结果,对整改确有实效的,由企业提出申请,经批准,可缩短其不良行为记录信息公布期限,但**公布期限最短不得少于3个月**,同时将整改结果列于相应不良行为记录后,供有关部门和社会公众查询;对于拒不整改或整改不力的单位,信息发布部门可延长其不良行为记录信息公布期限。行政处罚决定经行政复议、行政诉讼以及行政执法监督被变更或被撤销,应及时变更或删除该不良记录,并在相应诚信信息平台上予以公布,同时应依法妥善处理相关事宜。

《招标投标违法行为记录公告暂行办法》规定,招标投标违法行为记录的公告应坚持准确、及时、客观的原则。招标投标违法行为记录公告不得公开涉及国家秘密、商业秘密、个人隐私的记录。但是,经权利人同意公开或者行政机关认为不公开可能对公共利益造成重大影响的涉及商业秘密、个人隐私的违法行为记录,可以公开。国务院有关行政主管部门和省级人民政府有关行政主管部门应自招标投标违法行为行政处理决定作出之日起20个工作日内对外进行记录公告。省级人民政府有关行政主管部门公告的招标投标违法行为行政处理决定应同时抄报相应国务院行政主管部门。**违法行为记录公告期限为6个月**。公告期满后,转入后台保存。依法限制招标投标当事人资质(资格)等方面的行政处理决定,所认定的限制期限长于6个月的,公告期限从其决定。

被公告的招标投标当事人认为公告记录与行政处理决定的相关内容不符的,可向公告部门提出书面更正申请,并提供相关证据。公告部门接到书面申请后,应在5个工作日内进行核对。公告的记录与行政处理决定的相关内容不一致的,应当给予更正并告知申请人;公告的记录与行政处理决定的相关内容一致的，应当告知申请人。公告部门在作出答复前不停止对违法行为记录的公告。行政处理决定在被行政复议或行政诉讼期间，公告部门依法不停止对违法行为记录的公告，但行政处理决定被依法停止执行的除外。原行政处理决定被依法变更或撤销的，公告部门应当及时对公告记录予以变更或撤销，并在公告平台上予以声明。

专家解读

注册建造师不良记录认定行为标准及施工单位不良行为记录认定标准的分类及各类别相对应的情形需加以区分记忆。同时，对于建筑市场信用信息公布中涉及的时间规定也需着重记忆。

（二）建筑市场信用信息的奖惩规定

《国务院关于建立完善守信联合激励和失信联合惩戒制度加快推进社会诚信建设的指导意见》规定，在办理行政许可过程中，对诚信典型和连续 3 年无不良信用记录的行政相对人，可根据实际情况实施“绿色通道”和“容缺受理”等便利服务措施。在实施财政性资金项目安排、招商引资配套优惠政策等各类政府优惠政策中，优先考虑诚信市场主体，加大扶持力度。在有关公共资源交易活动中，提倡依法依约对诚信市场主体采取信用加分等措施。各级人民政府有关部门应将诚信市场主体优良信用信息及时在政府网站和“信用中国”网站进行公示，在会展、银企对接等活动中重点推介诚信企业，让信用成为市场配置资源的重要考量因素。引导征信机构加强对市场主体正面信息的采集，在诚信问题反映较为集中的行业领域，对守信者加大激励性评分比重。推动行业协会商会加强诚信建设和行业自律，表彰诚信会员，讲好行业“诚信故事”。

对严重失信主体，各地区、各有关部门应将其列为重点监管对象，依法依规采取行政性约束和惩戒措施。从严审核行政许可审批项目，从严控制生产许可证发放，限制新增项目审批、核准。严格限制申请财政性资金项目，限制参与有关公共资源交易活动，限制参与基础设施和公用事业特许经营。对严重失信企业及其法定代表人、主要负责人和对失信行为负有直接责任的注册执业人员等实施市场和行业禁入措施。

《建筑市场信用管理暂行办法》规定，各级住房城乡建设主管部门应当将列入建筑市场主体“黑名单”和拖欠农民工工资“黑名单”的建筑市场各方主体作为重点监管对象，在市场准入、资质资格管理、招标投标等方面依法给予限制。各级住房城乡建设主管部门不得将列入建筑市场主体“黑名单”的建筑市场各方主体作为评优表彰、政策试点和项目扶持对象。各级住房城乡建设主管部门可以将建筑市场主体“黑名单”通报有关部门，实施联合惩戒。

《招标投标违法行为记录公告暂行办法》规定，有关行政主管部门及其工作人员在违法行为记录的提供、收集和公告等工作中有玩忽职守、弄虚作假或者徇私舞弊等行为的，由其所在单位或者上级主管机关予以通报批评，并依纪依法追究直接责任人和有关领导的责任；构成犯罪的，移送司法机关依法追究刑事责任。

典型例题

【单选题】根据《建筑市场信用管理暂行办法》，建筑市场各方主体的下列情形中，应当列入建筑市场主体“黑名单”的是(　　)。

A. 发生违法分包，受到行政处罚的

B. 发生工程质量安全事故受到行政处罚的

C. 经法院判决或者仲裁机构裁决，认定为拖欠工程款的

D. 利用虚假材料、以欺骗手段取得企业资质的

D。【解析】《建筑市场信用管理暂行办法》第十四条规定，县级以上住房城乡建设主管部门按照“谁处罚、谁列入”的原则，将存在下列情形的建筑市场各方主体，列入建筑市场主体“黑名单”：(1)利用虚假材料、以欺骗手段取得企业资质的；(2)发生转包、出借资质，受到行政处罚的；(3)发生重大及以上工程质量安全事故，或1年内累计发生2次及以上较大工程质量安全事故，或发生性质恶劣、危害性严重、社会影响大的较大工程质量安全事故，受到行政处罚的；(4)经法院判决或仲裁机构裁决，认定为拖欠工程款，且拒不履行生效法律文书确定的义务的。

四、建筑市场信用评价的基本规定

《建筑市场信用管理暂行办法》规定，省级住房城乡建设主管部门可以结合本地实际情况，开展建筑市场信用评价工作。鼓励第三方机构开展建筑市场信用评价。

建筑市场信用评价主要包括企业综合实力、工程业绩、招标投标、合同履约、工程质量控制、安全生产、文明施工、建筑市场各方主体优良信用信息及不良信用信息等内容。

省级住房城乡建设主管部门应当按照公开、公平、公正的原则，制定建筑市场信用评价标准，不得设置歧视外地建筑市场各方主体的评价指标，不得对外地建筑市场各方主体设置信用壁垒。鼓励设置建设单位对承包单位履约行为的评价指标。

地方各级住房城乡建设主管部门可以结合本地实际，在行政许可、招标投标、工程担保与保险、日常监管、政策扶持、评优表彰等工作中应用信用评价结果。

省级建筑市场监管一体化工作平台应当公开本地区建筑市场信用评价办法、评价标准及评价结果，接受社会监督。

第四章 建设工程合同和劳动合同法律制度

第一节 建设工程合同制度

一、合同的形式和内容

(一)一般合同的形式

《民法典》规定,当事人订立合同,可以采用书面形式、口头形式或者其他形式。

书面形式是合同书、信件、电报、电传、传真等可以有形地表现所载内容的形式。

以电子数据交换、电子邮件等方式能够有形地表现所载内容,并可以随时调取查用的数据电文,视为书面形式。

其他形式合同中,默示合同是指合同条款由合同双方当事人的行为加以推断的合同。

(二)一般合同的内容

《民法典》规定,合同的内容由当事人约定,一般包括下列条款:

(1)当事人的姓名或者名称和住所;

(2)标的;

(3)数量;

(4)质量;

(5)价款或者报酬;

(6)履行期限、地点和方式;

(7)违约责任;

(8)解决争议的方法。

当事人可以参照各类合同的示范文本订立合同。

合同的标的可以是有形财产,也可以是无形财产、工作成果、劳务等。合同的数量要准确,选择使用合同当事人都接受的计量工具、计量方法和计量单位。合同的质量有国家强制性规定的,必须按照国家的强制性规定执行;如有其他质量标准的,应尽可能地约定其适用的标准。合同的价款应当在合同中规定清楚计算的方法。合同的违约责任可以在合同中约定,比如约定违约金、定金、赔偿金等。

《建筑工程施工发包与承包计价管理办法》规定，发承包双方在确定合同价款时，应当考虑市场环境和生产要素价格变化对合同价款的影响。实行工程量清单计价的建筑工程，鼓励发承包双方采用单价方式确定合同价款。建设规模较小、技术难度较低、工期较短的建筑工程，发承包双方可以采用总价方式确定合同价款。紧急抢险、救灾以及施工技术特别复杂的建筑工程，发承包双方可以采用成本加酬金方式确定合同价款。

发承包双方应当在合同中约定，发生下列情形时合同价款的调整方法：

(1)法律、法规、规章或者国家有关政策变化影响合同价款的。

(2)工程造价管理机构发布价格调整信息的。

(3)经批准变更设计的。

(4)发包方更改经审定批准的施工组织设计造成费用增加的。

(5)双方约定的其他因素。

专家解读

合同形式和合同条款的内容虽然简单，但在考试中经常出现，应重点掌握该考点。

二、合同的效力

《民法典》规定，依法成立的合同，自成立时生效，但是法律另有规定或者当事人另有约定的除外。依照法律、行政法规的规定，合同应当办理批准等手续的，依照其规定。未办理批准等手续影响合同生效的，不影响合同中履行报批等义务条款以及相关条款的效力。应当办理申请批准等手续的当事人未履行义务的，对方可以请求其承担违反该义务的责任。依照法律、行政法规的规定，合同的变更、转让、解除等情形应当办理批准等手续的，适用前款规定。

无权代理人以被代理人的名义订立合同，被代理人已经开始履行合同义务或者接受相对人履行的，视为对合同的追认。

法人的法定代表人或者非法人组织的负责人超越权限订立的合同，除相对人知道或者应当知道其超越权限外，该代表行为有效，订立的合同对法人或者非法人组织发生效力。

当事人超越经营范围订立的合同的效力，应当依照民事法律行为的效力的有关规定确定，不得仅以超越经营范围确认合同无效。

合同中的下列免责条款无效：

(1)造成对方人身损害的；

(2)因故意或者重大过失造成对方财产损失的。

合同不生效、无效、被撤销或者终止的，不影响合同中有关解决争议方法的条款的效力。

关于民事法律行为的效力，《民法典》规定如下。

具备下列条件的民事法律行为有效：

(1)行为人具有相应的民事行为能力。

(2)意思表示真实。

(3)不违反法律、行政法规的强制性规定,不违背公序良俗。

无民事行为能力人实施的民事法律行为无效。

限制民事行为能力人实施的纯获利益的民事法律行为或者与其年龄、智力、精神健康状况相适应的民事法律行为有效;实施的其他民事法律行为经法定代理人同意或者追认后有效。相对人可以催告法定代理人自收到通知之日起30日内予以追认。法定代理人未作表示的,视为拒绝追认。民事法律行为被追认前,善意相对人有撤销的权利。撤销应当以通知的方式作出。

行为人与相对人以虚假的意思表示实施的民事法律行为无效。以虚假的意思表示隐藏的民事法律行为的效力,依照有关法律规定处理。

基于重大误解实施的民事法律行为,行为人有权请求人民法院或者仲裁机构予以撤销。

一方以欺诈手段,使对方在违背真实意思的情况下实施的民事法律行为,受欺诈方有权请求人民法院或者仲裁机构予以撤销。

第三人实施欺诈行为,使一方在违背真实意思的情况下实施的民事法律行为,对方知道或者应当知道该欺诈行为的,受欺诈方有权请求人民法院或者仲裁机构予以撤销。

一方或者第三人以胁迫手段,使对方在违背真实意思的情况下实施的民事法律行为,受胁迫方有权请求人民法院或者仲裁机构予以撤销。

一方利用对方处于危困状态、缺乏判断能力等情形,致使民事法律行为成立时显失公平的,受损害方有权请求人民法院或者仲裁机构予以撤销。

有下列情形之一的,撤销权消灭:

(1)当事人自知道或者应当知道撤销事由之日起1年内、重大误解的当事人自知道或者应当知道撤销事由之日起90日内没有行使撤销权。

(2)当事人受胁迫,自胁迫行为终止之日起1年内没有行使撤销权。

(3)当事人知道撤销事由后明确表示或者以自己的行为表明放弃撤销权。

当事人自民事法律行为发生之日起5年内没有行使撤销权的,撤销权消灭。

违反法律、行政法规的强制性规定的民事法律行为无效。但是,该强制性规定不导致该民事法律行为无效的除外。违背公序良俗的民事法律行为无效。

行为人与相对人恶意串通,损害他人合法权益的民事法律行为无效。**无效的或者被撤销的民事法律行为自始没有法律约束力。民事法律行为部分无效,不影响其他部分效力的,其他部分仍然有效。**

民事法律行为无效、被撤销或者确定不发生效力后,行为人因该行为取得的财产,应当予以返还;不能返还或者没有必要返还的,应当折价补偿。有过错的一方应当赔偿对方由此所受到的损失;各方都有过错的,应当各自承担相应的责任。法律另有规定的,依照其规定。

三、合同的履行

(一)合同履行的原则

《民法典》规定,当事人应当按照约定全面履行自己的义务。

当事人应当遵循诚信原则，根据合同的性质、目的和交易习惯履行通知、协助、保密等义务。

当事人在履行合同过程中，应当避免浪费资源、污染环境和破坏生态。

（二）合同的约定

《民法典》规定，合同生效后，当事人就质量、价款或者报酬、履行地点等内容没有约定或者约定不明确的，可以协议补充；不能达成补充协议的，按照合同相关条款或者交易习惯确定。

当事人就有关合同内容约定不明确，依据前条规定仍不能确定的，适用下列规定：

(1)质量要求不明确的，按照强制性国家标准履行；没有强制性国家标准的，按照推荐性国家标准履行；没有推荐性国家标准的，按照行业标准履行；没有国家标准、行业标准的，按照通常标准或者符合合同目的的特定标准履行。

(2)价款或者报酬不明确的，按照订立合同时履行地的市场价格履行；依法应当执行政府定价或者政府指导价的，依照规定履行。

(3)履行地点不明确，给付货币的，在接受货币一方所在地履行；交付不动产的，在不动产所在地履行；其他标的，在履行义务一方所在地履行。

(4)履行期限不明确的，债务人可以随时履行，债权人也可以随时请求履行，但是应当给对方必要的准备时间。

(5)履行方式不明确的，按照有利于实现合同目的的方式履行。

(6)履行费用的负担不明确的，由履行义务一方负担；因债权人原因增加的履行费用，由债权人负担。

通过互联网等信息网络订立的电子合同的标的为交付商品并采用快递物流方式交付的，收货人的签收时间为交付时间。电子合同的标的为提供服务的，生成的电子凭证或者实物凭证中载明的时间为提供服务时间；前述凭证没有载明时间或者载明时间与实际提供服务时间不一致的，以实际提供服务的时间为准。电子合同的标的物为采用在线传输方式交付的，合同标的物进入对方当事人指定的特定系统且能够检索识别的时间为交付时间。电子合同当事人对交付商品或者提供服务的方式、时间另有约定的，按照其约定。

执行政府定价或者政府指导价的，在合同约定的交付期限内政府价格调整时，按照交付时的价格计价。逾期交付标的物的，遇价格上涨时，按照原价格执行；价格下降时，按照新价格执行。逾期提取标的物或者逾期付款的，遇价格上涨时，按照新价格执行；价格下降时，按照原价格执行。

合同生效后，当事人不得因姓名、名称的变更或者法定代表人、负责人、承办人的变动而不履行合同义务。

四、合同的变更和转让

《民法典》规定，当事人协商一致，可以变更合同。当事人对合同变更的内容约定不明确的，推定为未变更。

债权人可以将债权的全部或者部分转让给第三人，但是有下列情形之一的除外：

(1)根据债权性质不得转让。

(2)按照当事人约定不得转让。

(3)依照法律规定不得转让。

当事人约定非金钱债权不得转让的，不得对抗善意第三人。当事人约定金钱债权不得转让的，不得对抗第三人。

链接

《民法典》规定，最高额抵押担保的债权确定前，部分债权转让的，最高额抵押权不得转让，但是当事人另有约定的除外。

债权人转让债权，未通知债务人的，该转让对债务人不发生效力。

债权转让的通知不得撤销，但是经受让人同意的除外。

债务人接到债权转让通知后，债务人对让与人的抗辩，可以向受让人主张。

债务人将债务的全部或者部分转移给第三人的，应当经债权人同意。

债务人或者第三人可以催告债权人在合理期限内予以同意，债权人未作表示的，视为不同意。

五、合同的权利义务终止

(一)合同的终止

《民法典》规定，有下列情形之一的，债权债务终止：

(1)债务已经履行；

(2)债务相互抵销；

(3)债务人依法将标的物提存；

(4)债权人免除债务；

(5)债权债务同归于一人；

(6)法律规定或者当事人约定终止的其他情形。

合同解除的，该合同的权利义务关系终止。

(二)合同的解除

合同的解除分为约定解除和法定解除，如下表所示。

类别	具体情形	说明
约定解除	当事人协商一致，可以解除合同。当事人可以约定一方解除合同的事由。解除合同的事由发生时，解除权人可以解除合同	由于约定解除也是当事人之间订立的合同，因此，该约定应当符合合同生效的条件，不得违反法律，损害国家利益和社会公共利益。根据法律规定必须经过有关部门批准才能解除的合同，当事人不得按照约定擅自解除

（续表）

类别	具体情形	说明
法定解除	有下列情形之一的，当事人可以解除合同： (1)因不可抗力致使不能实现合同目的； (2)在履行期限届满前，当事人一方明确表示或者以自己的行为表明不履行主要债务； (3)当事人一方迟延履行主要债务，经催告后在合理期限内仍未履行； (4)当事人一方迟延履行债务或者有其他违约行为致使不能实现合同目的； (5)法律规定的其他情形	法律规定解除的条件，并不是说具备这些条件，当事人必须解除合同。是否行使解除的权利，应由当事人决定

对于解除权的行使，《民法典》规定，当事人一方依法主张解除合同的，应当通知对方。合同自通知到达对方时解除；通知载明债务人在一定期限内不履行债务则合同自动解除，债务人在该期限内未履行债务的，合同自通知载明的期限届满时解除。对方对解除合同有异议的，任何一方当事人均可以请求人民法院或者仲裁机构确认解除行为的效力。当事人一方未通知对方，直接以提起诉讼或者申请仲裁的方式依法主张解除合同，人民法院或者仲裁机构确认该主张的，合同自起诉状副本或者仲裁申请书副本送达对方时解除。

链接

合同解除适用于合法有效合同，无效合同、可撤销合同不发生合同解除。当事人对合同解除的异议期限有约定的依照约定，没有约定的，最长期限3个月。合同解除使合同关系自始消灭或向将来消灭，即合同双方当事人自始没有发生合同关系，或者合同尚存的权利义务在将来不再履行。合同解除须有解除的行为。

合同解除后，尚未履行的，终止履行；已经履行的，根据履行情况和合同性质，当事人可以请求恢复原状或者采取其他补救措施，并有权请求赔偿损失。合同因违约解除的，解除权人可以请求违约方承担违约责任，但是当事人另有约定的除外。

典型例题

【单选题】关于建设工程合同变更的说法，正确的是（　　）。

A. 一方当事人可以根据交易习惯直接变更双方已达成的合同约定

B. 合同订立时的市场环境发生变化后，一方当事人可以直接变更原合同约定

C. 双方当事人对合同变更的内容约定不明确的，先提出变更的一方有权要求对方按其要求履行

D. 双方当事人协商变更后的内容取代原合同的内容

D。**【解析】**《民法典》第五百四十三条规定，当事人协商一致，可以变更合同。第五百四十四条规定，当事人对合同变更的内容约定不明确的，推定为未变更。故选项A,B,C错误。

专家解读

《民法典》关于合同的变更、转让、终止、解除在以往考试中都有所涉及，需要注意区分的是合同解除与合同终止，合同解除必然导致合同终止，但合同终止不全是因为合同解除导致的。

六、违约责任

（一）违约责任概述

《民法典》规定，当事人一方不履行合同义务或者履行合同义务不符合约定的，应当承担继续履行、采取补救措施或者赔偿损失等违约责任。

链接

除上述违约责任外，当事人一方违反合同义务，还需承担的违约责任有停止违约行为、支付违约金、支付定金等。

当事人一方明确表示或者以自己的行为表明不履行合同义务的，对方可以在履行期限届满前请求其承担违约责任。

当事人一方未支付价款、报酬、租金、利息，或者不履行其他金钱债务的，对方可以请求其支付。

履行不符合约定的，应当按照当事人的约定承担违约责任。对违约责任没有约定或者约定不明确，依据规定仍不能确定的，受损害方根据标的的性质以及损失的大小，可以合理选择请求对方承担修理、重作、更换、退货、减少价款或者报酬等违约责任。

对于违约责任的免除，除了根据合同约定的免责条款予以免责外，若出现法定的免责条件，亦可予以免责。但根据我国《民法典》的规定，仅有不可抗力为法定的免责条件。

《民法典》规定，当事人一方因不可抗力不能履行合同的，根据不可抗力的影响，部分或者全部免除责任，但是法律另有规定的除外。因不可抗力不能履行合同的，应当及时通知对方，以减轻可能给对方造成的损失，并应当在合理期限内提供证明。当事人迟延履行后发生不可抗力的，不免除其违约责任。

典型例题

【单选题】关于违约责任免责的说法，正确的是（　　）。

A. 合同中约定造成对方人身损害的免责条款有效

B. 发生不可抗力后，必然导致全部责任的免除

C. 迟延履行后发生不可抗力的，不免除责任

D. 因不可抗力不能履行合同，不用通知对方

C。【解析】《民法典》第五百零六条规定，合同中的下列免责条款无效：(1)造成对方人身损害的。(2)因故意或者重大过失造成对方财产损失的。第五百九十条规定，当事人一方因不可抗力不能履行合同的，根据不可抗力的影响，部分或者全部免除责任，但是法律另有规定的除外。因不可抗力不能履行合同的，应当及时通知对方，以减轻可能给对方造成的损失，并应当在合理期限内提供证明。当事人迟延履行后发生不可抗力的，不免除其违约责任。

（二）违约金责任与定金责任

项目	违约金	定金
支付时间	发生违约时才支付	订立合同时支付
性质	违约时作为对受损方的补偿	作为对自身履行合同的担保
产生方式	基于当事人的约定或法律的直接规定而发生	依当事人之间的约定而发生
支付标准	在无违约时不发生，发生违约时才支付。约定的违约金低于造成的损失的，当事人可以请求人民法院或者仲裁机构予以增加；约定的违约金过分高于造成的损失的，当事人可以请求人民法院或者仲裁机构予以适当减少	无违约时，定金可以抵作价款或回收；支付定金方违约，不得收回定金；接受定金方违约，双倍返还定金。定金的数额由当事人约定，但不得超过主合同标的额的 20%
法律后果	违约金的支付并不导致合同的解除，当事人就迟延履行约定违约金的，违约方支付违约金后，还应当履行债务	定金的支付，一方面意味着主合同的解除，违约一方不再承担对主合同债务的继续履行义务；定金不足以弥补一方违约造成的损失的，对方可以请求赔偿超过定金数额的损失

当事人既约定违约金，又约定定金的，一方违约时，对方可以选择适用违约金或者定金条款。

（三）赔偿损失的一般规定

作为违约责任的一种法定承担方式，赔偿损失是指合同当事人由于履行合同不符合约定或者不履行合同，给对方造成财产上的损失时，由违约方以其财产赔偿受损方的损失的一种违约责任的承担形式。违约方承担赔偿损失的构成要件包括：具有违约行为；造成损失后果；违约方有过错，或虽无过错，但法律规定应当赔偿；违约行为与损失后果之间具有因果关系。

《民法典》规定，当事人一方不履行合同义务或者履行合同义务不符合约定的，在履行义务或者采取补救措施后，对方还有其他损失的，应当赔偿损失。

当事人一方不履行合同义务或者履行合同义务不符合约定，造成对方损失的，损失赔偿额应当相当于因违约所造成的损失，包括合同履行后可以获得的利益；但是，不得超过违约一方订立合同时预见到或者应当预见到的因违约可能造成的损失。

当事人一方违约后，对方应当采取适当措施防止损失的扩大；没有采取适当措施致使损失扩大的，不得就扩大的损失请求赔偿。当事人因防止损失扩大而支出的合理费用，由违约方负担。

当事人都违反合同的，应当各自承担相应的责任。当事人一方违约造成对方损失，对方对损失的发生有过错的，可以减少相应的损失赔偿额。

典型例题

【单选题】当事人一方不履行合同义务或者履行合同义务不符合约定的，应当承担的违约责任是(　　)。

A. 继续履行、消除危险或者赔偿损失

B. 继续履行、采取补救措施或者赔偿损失

C. 返还财产、赔礼道歉或者采取补救措施

D. 恢复原状、赔偿损失或者支付违约金

B。【解析】《民法典》第五百七十七条规定，当事人一方不履行合同义务或者履行合同义务不符合约定的，应当承担继续履行、采取补救措施或者赔偿损失等违约责任。

专家解读

该部分内容在以往考试中经常出现，违约责任的承担方式、免责的事由、不同承担方式的损失赔偿计算是重点的考查内容。

七、建设工程合同概述

《民法典》规定，建设工程合同是承包人进行工程建设，发包人支付价款的合同。建设工程合同包括工程勘察、设计、施工合同。

建设工程合同应当采用书面形式。国家重大建设工程合同，应当按照国家规定的程序和国家批准的投资计划、可行性研究报告等文件订立。勘察、设计合同的内容一般包括提交有关基础资料和概预算等文件的期限、质量要求、费用以及其他协作条件等条款。施工合同的内容一般包括工程范围、建设工期、中间交工工程的开工和竣工时间、工程质量、工程造价、技术资料交付时间、材料和设备供应责任、拨款和结算、竣工验收、质量保修范围和质量保证期、相互协作等条款。

建设工程施工合同属于建设工程合同中非常重要的一部分。本小节着重介绍该部分内容。

八、建设工程施工合同的无效和解除

(一) 建设工程施工合同无效的情形

根据《最高人民法院关于审理建设工程施工合同纠纷案件适用法律问题的解释(一)》，建设工程施工合同具有下列情形之一的，应当依据相关规定，认定无效：

(1)承包人未取得建筑业企业资质或者超越资质等级的；

(2)没有资质的实际施工人借用有资质的建筑施工企业名义的；

(3)建设工程必须进行招标而未招标或者中标无效的。

(二)建设工程施工合同无效的工程款结算

项目	具体情形	处理方法
建设工程施工合同无效的工程款结算	建设工程施工合同无效,但是建设工程经验收合格的	可以参照合同关于工程价款的约定折价补偿承包人
	建设工程施工合同无效,且建设工程经验收不合格的	修复后的建设工程经验收合格的,发包人可以请求承包人承担修复费用
		修复后的建设工程经验收不合格的,承包人无权请求参照合同关于工程价款的约定折价补偿

发包人对因建设工程不合格造成的损失有过错的,应当承担相应的责任。

(三)建设工程施工合同的解除

项目	具体情形
发包人解除合同	承包人将建设工程转包、违法分包的
承包人解除合同	发包人提供的主要建筑材料、建筑构配件和设备不符合强制性标准或者不履行协助义务,致使承包人无法施工,经催告后在合理期限内仍未履行相应义务的
合同解除的法律后果	合同解除后,已经完成的建设工程质量合格的,发包人应当按照约定支付相应的工程价款;已经完成的建设工程质量不合格的,参照"建设工程施工合同无效,且建设工程经验收不合格的处理"的规定处理

专家解读

历年考试中施工合同无效的情形和施工合同的解除都是必考的知识点,考生必须掌握。

九、工程建设工期和价款的支付

(一)开工、竣工日期

开工日期包括计划开工日期和实际开工日期。计划开工日期是指合同协议书约定的开工日期;实际开工日期是指监理人按照规定发出的符合法律规定的开工通知中载明的开工日期。

计划竣工日期是指合同协议书约定的竣工日期。实际竣工日期是按照合同关于竣工日期的约定确定的。

《最高人民法院关于审理建设工程施工合同纠纷案件适用法律问题的解释(一)》规定,当事人对建设工程开工日期有争议的,人民法院应当分别按照以下情形予以认定:

(1)开工日期为发包人或者监理人发出的开工通知载明的开工日期;开工通知发出后,尚不具备开工条件的,以开工条件具备的时间为开工日期;因承包人原因导致开工时间推迟的,以开工通知载明的时间为开工日期。

(2)承包人经发包人同意已经实际进场施工的,以实际进场施工时间为开工日期。

(3)发包人或者监理人未发出开工通知,亦无相关证据证明实际开工日期的,应当综合考虑开工报告、合同、施工许可证、竣工验收报告或者竣工验收备案表等载明的时间,并结合是否具备开工条件的事实,认定开工日期。

当事人对建设工程实际竣工日期有争议的,人民法院应当分别按照以下情形予以认定:

(1)建设工程经竣工验收合格的,以竣工验收合格之日为竣工日期;

(2)承包人已经提交竣工验收报告,发包人拖延验收的,以承包人提交验收报告之日为竣工日期;

(3)建设工程未经竣工验收,发包人擅自使用的,以转移占有建设工程之日为竣工日期。

(二)工期延误的处理

在合同履行过程中,因下列情况导致工期延误和(或)费用增加的,由发包人承担由此延误的工期和(或)增加的费用,且发包人应支付承包人合理的利润:

(1)发包人未能按合同约定提供图纸或所提供图纸不符合合同约定的;

(2)发包人未能按合同约定提供施工现场、施工条件、基础资料、许可、批准等开工条件的;

(3)发包人提供的测量基准点、基准线和水准点及其书面资料存在错误或疏漏的;

(4)发包人未能在计划开工日期之日起7天内同意下达开工通知的;

(5)发包人未能按合同约定日期支付工程预付款、进度款或竣工结算款的;

(6)监理人未按合同约定发出指示、批准等文件的;

(7)专用合同条款中约定的其他情形。

因发包人原因未按计划开工日期开工的,发包人应按实际开工日期顺延竣工日期,确保实际工期不低于合同约定的工期总日历天数。因发包人原因导致工期延误需要修订施工进度计划的,按照施工进度计划的修订执行。

因承包人原因造成工期延误的,可以在专用合同条款中约定逾期竣工违约金的计算方法和逾期竣工违约金的上限。承包人支付逾期竣工违约金后,不免除承包人继续完成工程及修补缺陷的义务。

(三)暂停施工

1. 发包人原因引起的暂停施工

因发包人原因引起暂停施工的,监理人经发包人同意后,应及时下达暂停施工指示。情况紧急且监理人未及时下达暂停施工指示的,按照紧急情况下的暂停施工执行。

因发包人原因引起的暂停施工,发包人应承担由此增加的费用和(或)延误的工期,并支付承包人合理的利润。

2. 承包人原因引起的暂停施工

因承包人原因引起的暂停施工,承包人应承担由此增加的费用和(或)延误的工期,且承包人在收到监理人复工指示后84天内仍未复工的,视为承包人无法继续履行合同的情形。

3. 指示暂停施工

监理人认为有必要时,并经发包人批准后,可向承包人作出暂停施工的指示,承包人应按监理人指示暂停施工。

4. 紧急情况下的暂停施工

因紧急情况需暂停施工,且监理人未及时下达暂停施工指示的,承包人可先暂停施工,并及时通知监理人。监理人应在接到通知后24小时内发出指示，逾期未发出指示的，视为同意承包人暂停施工。监理人不同意承包人暂停施工的，应说明理由，承包人对监理人的答复有异议的，按照争议解决约定处理。

（四）工程价款的确定

《民法典》第五百一十条规定，合同生效后，当事人就质量、价款或者报酬、履行地点等内容没有约定或者约定不明确的，可以协议补充；不能达成补充协议的，按照合同相关条款或者交易习惯确定。

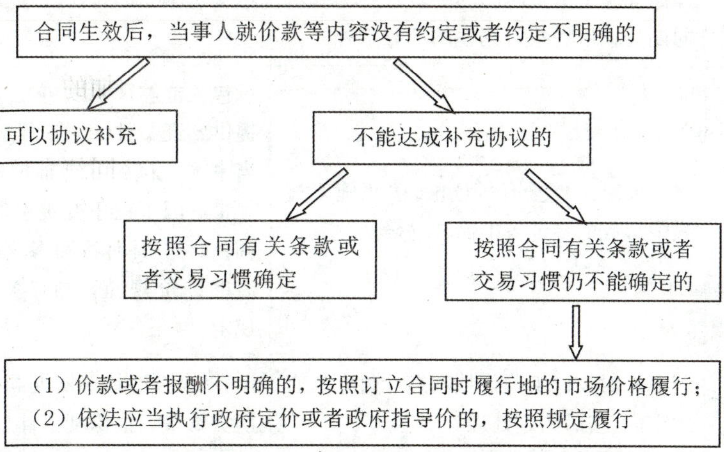

对于建设工程施工合同而言，订立合同的履行地指的是工程所在地。

（五）工程价款的支付程序

工程经竣工验收合格是承包人取得工程价款的前提条件。

支付的程序如下：

（1）承包人向发包人递交竣工结算报告及完整的结算资料；

（2）发包人对承包人的竣工结算报告及资料进行审核；

（3）发包人确认竣工结算报告后通知经办银行向承包人支付工程竣工结算价款；

（4）发包人、承包人对工程竣工结算价款发生争议时，按合同约定的争议解决条款处理。

《最高人民法院关于审理建设工程施工合同纠纷案件适用法律问题的解释（一）》规定，当事人约定，发包人收到竣工结算文件后，在约定期限内不予答复，视为认可竣工结算文件的，按照约定处理。承包人请求按照竣工结算文件结算工程价款的，人民法院应予支持。

当事人签订的建设工程施工合同与招标文件、投标文件、中标通知书载明的工程范围、建设工期、工程质量、工程价款不一致，一方当事人请求将招标文件、投标文件、中标通知书作为结算工程价款的依据的，人民法院应予支持。

当事人就同一建设工程订立的数份建设工程施工合同均无效，但建设工程质量合格，一方当事人请求参照实际履行的合同关于工程价款的约定折价补偿承包人的，人民法院应予支持。实际履行的合同难以确定，当事人请求参照最后签订的合同关于工程价款的约定折价补偿承包人的，人民法院应予支持。

（六）工程价款结算争议的解决方法

争议焦点	处理方法	
	一般情形（有约定时）	特殊情形（无约定时）
工程垫资的处理	当事人对垫资和垫资利息有约定，承包人请求按照约定返还垫资及其利息的，人民法院应予支持，但是约定的利息计算标准高于垫资时的同类贷款利率或者同期贷款市场报价利率的部分除外	当事人对垫资没有约定的，按照工程欠款处理。当事人对垫资利息没有约定，承包人请求支付利息的，人民法院不予支持
工程量争议	当事人对工程量有争议的，按照施工过程中形成的签证等书面文件确认	承包人能够证明发包人同意其施工，但未能提供签证文件证明工程量发生的，可以按照当事人提供的其他证据确认实际发生的工程量。因工程量变更引起的工程价款需要调整时，具体标准可参考《建设工程工程量清单计价规范》中有关工程变更的相关规定
欠付工程款利息的处理	当事人对欠付工程价款利息计付标准有约定的，按照约定处理	没有约定的，按照同期同类贷款利率或者同期贷款市场报价利率计息
	利息从应付工程价款之日开始计付	当事人对付款时间没有约定或者约定不明的，下列时间视为应付款时间： （1）建设工程已实际交付的，为交付之日； （2）建设工程没有交付的，为提交竣工结算文件之日； （3）建设工程未交付，工程价款也未结算的，为当事人起诉之日

当事人约定按照固定价结算工程价款，一方当事人请求对建设工程造价进行鉴定的，人民法院不予支持。当事人在诉讼前已经对建设工程价款结算达成协议，诉讼中一方当事人申请对工程造价进行鉴定的，人民法院不予准许。

《保障中小企业款项支付条例》规定，机关、事业单位使用财政资金从中小企业采购货物、工程、服务，应当严格按照批准的预算执行，不得无预算、超预算开展采购。政府投资项目所需资金应当按照国家有关规定确保落实到位，不得由施工单位垫资建设。机关、事业单位和大型企业迟延支付中小企业款项的，应当支付逾期利息。双方对逾期利息的利率有约定的，约定利率不得低于合同订立时 1 年期贷款市场报价利率；未作约定的，按照每日利率万分之五支付逾期利息。

（七）建设工程价款的优先受偿权

《民法典》第八百零七条规定，发包人未按照约定支付价款的，承包人可以催告发包人在合理期限内支付价款。发包人逾期不支付的，除根据建设工程的性质不宜折价、拍卖外，承包人可以与发包人协议将该工程折价，也可以请求人民法院将该工程依法拍卖。建设工程的价款就该工程折价或者拍卖的价款优先受偿。

《最高人民法院关于审理建设工程施工合同纠纷案件适用法律问题的解释(一)》规定，与发包人订立建设工程施工合同的承包人，依据《民法典》第八百零七条的规定请求其承建工程的价款就工程折价或者拍卖的价款优先受偿的，人民法院应予支持。承包人根据《民法典》第八百零七条规定享有的建设工程价款优先受偿权优于抵押权和其他债权。

装饰装修工程具备折价或者拍卖条件，装饰装修工程的承包人请求工程价款就该装饰装修工程折价或者拍卖的价款优先受偿的，人民法院应予支持。

建设工程质量合格，承包人请求其承建工程的价款就工程折价或者拍卖的价款优先受偿的，人民法院应予支持。

未竣工的建设工程质量合格，承包人请求其承建工程的价款就其承建工程部分折价或者拍卖的价款优先受偿的，人民法院应予支持。

承包人建设工程价款优先受偿的范围依照国务院有关行政主管部门关于建设工程价款范围的规定确定。承包人就逾期支付建设工程价款的利息、违约金、损害赔偿金等主张优先受偿的，人民法院不予支持。

承包人应当在合理期限内行使建设工程价款优先受偿权，但最长不得超过18个月，自发包人应当给付建设工程价款之日起算。

发包人与承包人约定放弃或者限制建设工程价款优先受偿权，损害建筑工人利益，发包人根据该约定主张承包人不享有建设工程价款优先受偿权的，人民法院不予支持。

典型例题

【单选题】当事人对建设工程实际竣工日期有争议，关于人民法院认定竣工日期的说法，正确的是(　　)。

A. 承包人已经提交竣工验收报告，发包人拖延验收的，以承包人提交验收报告之日为竣工日期

B. 建设工程经竣工验收合格的，以承包人提交竣工验收报告之日为竣工日期

C. 建设工程未经竣工验收，承包人向发包人交付工程，发包人拒绝接收的，以承包人申请交付之日为竣工日期

D. 建设工程未经竣工验收，发包人通知承包人交付工程，并实际占有使用工程，以发包人通知到达之日为竣工日期

A。【解析】《最高人民法院关于审理建设工程施工合同纠纷案件适用法律问题的解释(一)》第九条规定，当事人对建设工程实际竣工日期有争议的，人民法院应当分别按照以下情形予以认定：(1)建设工程经竣工验收合格的，以竣工验收合格之日为竣工日期。(2)承包人已经提交竣工验收报告，发包人拖延验收的，以承包人提交验收报告之日为竣工日期。(3)建设工程未经竣工验收，发包人擅自使用的，以转移占有建设工程之日为竣工日期。

十、建设工程施工合同中的损失索赔

工程索赔是指在合同履行过程中，对于并非自己的过错，而是应由对方承担责任的情况造成的实际损失向对方提出经济补偿和(或)时间补偿的要求。

(一)承包人可以向发包人提出的索赔内容

(1)发包人拖延提供工程图纸、施工现场、施工条件及基础资料导致工期延误，承包人有权要求发包人承担费用或顺延工期，发包人应承担由此给承包人带来的损失。

(2)发包人设计变更。发包人行使变更权导致工程修改、返工、停工或窝工的，应由发包人承担费用，若该修改、返工、停工或窝工发生在关键线路上且实质影响工期的，发包人还应顺延工期。

(3)发包人调整承包人工作内容及工作量给承包人造成的损失，承包人可以向发包人提出工程索赔。

(4)发包人提供材料存在质量缺陷，影响施工的有序进行，造成承包人损失，承包人可向发包人提出索赔。

(5)发包人拖延支付工程款，造成承包人利益受损，承包人可向发包人提出索赔。

(6)发包人拖延关键线路上工序及隐蔽工程的验收，拖延竣工验收，造成工程延期及费用损失，承包人可向发包人提出索赔。

(7)发包人要求赶工，导致承包人在抢工过程中增加额外的资金投入，承包人可向发包人提出索赔。

(8)发包人原因导致暂停施工，通常包括发包人违法、发包人违约、发包人提出变更等情形，造成的损失可能包括停、窝工损失、机械台班损失、额外支出维护性费用等，在暂停施工造成工期拖延后，还有可能涉及的损失包括工程意外进入冬、雨季施工费用，后期赶工所支出的赶工费，工期整体延长后遭遇的人工、机械、材料价格波动损失等。承包人因此可就其产生的损失向发包人提起索赔。

(9)因不可抗力影响承包人履行合同约定的义务，已经引起或将引起工期延误的，应当顺延工期，由此导致承包人停工的费用损失由发包人和承包人合理分担，停工期间必须支付的工人工资由发包人承担。

(10)保修期内因发包人原因造成的承包人修复费用，承包人可向发包人提出索赔。

(11)隐蔽工程在隐蔽以前，承包人应当通知发包人检查。发包人没有及时检查的，承包人可以顺延工程日期，并有权请求赔偿停工、窝工等损失。

(12)发包人未按照约定的时间和要求提供原材料、设备、场地、资金、技术资料的，承包人可以顺延工程日期，并有权请求赔偿停工、窝工等损失。

(二)发包人可以向承包人提出的索赔内容

(1)承包人偷工减料行为及其他原因导致施工工程质量不符合合同约定及法律规定或在保修期未满以前未完成应该负责修补的工程时，发包人有权向承包人追究责任。如果在保修期内承包人拖延或拒绝修复因其原因造成的工程缺陷或损坏，发包人有权雇佣他人来完成工作，发生的费用由承包人负担。

(2)承包人非法转包、违法分包建设工程或者没有资质的实际施工人借用有资质的建筑施工企业名义与他人签订建设工程施工合同的行为无效。发包人一旦发现承包人具有转包、违法分包情形的,可以追究承包人违约责任,或要求承包人赔偿造成的损失。

(3)承包人未尽照管和维护义务致使工程、材料设备、成品、半成品损坏,由此导致发包人费用增加的,发包人可向承包人提起索赔。

(4)承包人借用资质承揽的工程已完工但经修复后竣工验收仍不合格的,发包人可将名义施工人与实际施工人列为共同被告,要求双方就工程质量向发包人承担连带责任。

(5)承包人未通知监理人到场检查而私自覆盖隐蔽工程的,监理人有权要求补检,且无论工程质量是否合格,由此增加的费用和延误的工期均由承包人承担。另外,若承包人与监理人串通造成损失的,亦由承包人承担。

(6)在工程项目的施工过程中,由于承包人的原因,使竣工日期拖后,影响到发包人对该工程的使用,给发包人带来经济损失时,发包人有权对承包人进行索赔,即由承包人支付逾期竣工违约金。建设工程施工合同中的逾期违约金,通常是由发包人在招标文件中确定的。

(7)如果发包人合理地终止承包人的承包,或者承包人不合理地放弃工程,则发包人有权从承包人手中收回由新的承包人完成工程所需的工程款与原合同未付部分的差额。

(8)保障工程安全是承包人的主要合同义务之一,承包人应对其控制、使用施工现场的安全负责。若承包人在发生危及工程安全的紧急情况时怠于、拒绝或无能力履行抢救义务,发包人采取紧急抢险手段,且由工程发包人或发包人雇佣他人完成工程抢修的,发包人有权向承包人索赔。

(9)承包人擅自变更工程范围、内容,造成工期延误或费用增加的,发包人有权要求承包人赔偿相应损失。

(10)如果承包人未能按合同条款指定的项目投保,并保证保险有效,发包人可以投保并保证保险有效,发包人所支付的必要的保险费可在应付给承包人的款项中扣回。

(11)共同承包单位、分包单位、工程监理单位与承包方的连带责任。共同承包的各方对承包合同的履行承担连带责任。总承包单位和分包单位就分包工程对建设单位承担连带责任。工程监理单位与承包单位串通,为承包单位谋取非法利益,给建设单位造成损失的,应当与承包单位承担连带赔偿责任。

十一、建设工程施工合同示范文本的法律地位

《建设工程施工合同(示范文本)》由合同协议书、通用合同条款和专用合同条款 3 部分组成。《建设工程施工合同(示范文本)》对合同的订立只起参考作用,没有法律强制性。

第二节　劳动合同及劳动者权益保护制度

一、劳动合同的订立

2018 年 12 月 29 日修改的《劳动法》第十六条规定，劳动合同是劳动者与用人单位确立劳动关系、明确双方权利和义务的协议。建立劳动关系应当订立劳动合同。

《劳动合同法》第三条规定，订立劳动合同，应当遵循合法、公平、平等自愿、协商一致、诚实信用的原则。依法订立的劳动合同具有约束力，用人单位与劳动者应当履行劳动合同约定的义务。

《劳动合同法》第九条规定，用人单位招用劳动者，不得扣押劳动者的居民身份证和其他证件，不得要求劳动者提供担保或者以其他名义向劳动者收取财物。

非全日制用工形式的双方当事人可以采用口头协议。非全日制用工以小时来计算报酬，劳动者每日在同一个用人单位的工作时间不超过 4 个小时，每周的工作时间不超过 24 小时。

（一）劳动合同的订立时间

建立劳动关系的时间：用人单位自用工之日起即与劳动者建立劳动关系，用人单位应当建立职工名册备查。

未签订劳动合同的情形：已建立劳动关系，未同时订立书面劳动合同的，应当自用工之日起 1 个月内订立书面劳动合同。

用工前订立合同的情形：用人单位与劳动者在用工前订立劳动合同的，劳动关系自用工之日起建立。

（二）劳动合同的分类

《劳动合同法》第十二条规定，劳动合同分为固定期限劳动合同、无固定期限劳动合同和以完成一定工作任务为期限的劳动合同。

劳动合同的具体分类及内容如下表所示。

<table>
<tr><th>类别</th><th>内容</th><th>共性</th></tr>
<tr><td>固定期限劳动合同</td><td>是指用人单位与劳动者约定合同终止时间的劳动合同。用人单位与劳动者协商一致，可以订立固定期限劳动合同。固定期限劳动合同，时间可以很长，也可以很短，如半年、1 年、2 年、5 年、10 年或者更长</td><td rowspan="3">这三类合同的订立，都需要用人单位与劳动者协商一致</td></tr>
<tr><td rowspan="2">无固定期限劳动合同</td><td>是指用人单位与劳动者约定无确定终止时间的劳动合同。用人单位与劳动者协商一致，可以订立无固定期限劳动合同</td></tr>
<tr><td>用人单位自用工之日起满 1 年不与劳动者订立书面劳动合同的，视为用人单位与劳动者已订立无固定期限劳动合同</td></tr>
</table>

（续表）

<table>
<tr><th>类别</th><th>内容</th><th>共性</th></tr>
<tr><td>无固定期限劳动合同</td><td>有下列情形之一，劳动者提出或者同意续订、订立劳动合同的，除劳动者提出订立固定期限劳动合同外，应当订立无固定期限劳动合同：
(1)劳动者在该用人单位连续工作满 10 年的；
(2)用人单位初次实行劳动合同制度或者国有企业改制重新订立劳动合同时，劳动者在该用人单位连续工作满 10 年且距法定退休年龄不足 10 年的；
(3)连续订立二次固定期限劳动合同，且劳动者没有法定解除劳动合同的情形，续订劳动合同的</td><td rowspan="2">这三类合同的订立，都需要用人单位与劳动者协商一致</td></tr>
<tr><td>以完成一定工作任务为期限的劳动合同</td><td>是指用人单位与劳动者约定以某项工作的完成为合同期限的劳动合同。用人单位与劳动者协商一致，可以订立以完成一定工作任务为期限的劳动合同</td></tr>
</table>

链接

《劳动合同法》第八十二条规定，用人单位自用工之日起超过 1 个月不满 1 年未与劳动者订立书面劳动合同的，应当向劳动者每月支付 2 倍的工资。用人单位违反规定不与劳动者订立无固定期限劳动合同的，自应当订立无固定期限劳动合同之日起向劳动者每月支付 2 倍的工资。

（三）劳动合同的内容

《劳动合同法》第十七条规定，劳动合同应当具备以下条款：

(1)用人单位的名称、住所和法定代表人或者主要负责人；

(2)劳动者的姓名、住址和居民身份证或者其他有效身份证件号码；

(3)劳动合同期限；

(4)工作内容和工作地点；

(5)工作时间和休息休假；

(6)劳动报酬；

(7)社会保险；

(8)劳动保护、劳动条件和职业危害防护；

(9)法律、法规规定应当纳入劳动合同的其他事项。

劳动合同除前款规定的必备条款外，用人单位与劳动者可以约定试用期、培训、保守秘密、补充保险和福利待遇等其他事项。

（四）关于试用期的规定

以完成一定的工作任务为期限的劳动合同，不能约定试用期。

固定期限劳动合同，不满 3 个月的，不能约定试用期；3 个月以上不满 1 年的，试用期最长不得超过 1 个月；1 年以上不满 3 年的，试用期最长不得超过 2 个月；3 年以上的，试用期最长不得超过 6 个月。

无固定期限劳动合同，试用期最长不得超过6个月。

试用期的工资不能低于该单位相同岗位最低工资或合同约定工资的80%，并且不能够低于该单位所在地的最低工资标准。

同一个单位与同一个劳动者只能够约定1次试用期。试用期应当包含在劳动合同的期限内。劳动合同中只约定试用期，没有约定劳动合同期限的，该试用期不成立，该约定的试用期期限为劳动合同的期限。在试用期期间，除了特殊的情况外，用人单位不能够解除劳动合同。用人单位如果在试用期期间与劳动者解除劳动合同的，应当向劳动者说清楚理由。

（五）劳动合同无效的情形及处理

《劳动合同法》第二十六条规定，下列劳动合同无效或者部分无效：

(1)以欺诈、胁迫的手段或者乘人之危，使对方在违背真实意思的情况下订立或者变更劳动合同的；

(2)用人单位免除自己的法定责任、排除劳动者权利的；

(3)违反法律、行政法规强制性规定的。

对劳动合同的无效或者部分无效有争议的，由劳动争议仲裁机构或者人民法院确认。

《劳动合同法》第二十七条规定，劳动合同部分无效，不影响其他部分效力的，其他部分仍然有效。

《劳动合同法》第二十八条规定，劳动合同被确认无效，劳动者已付出劳动的，用人单位应当向劳动者支付劳动报酬。劳动报酬的数额参照本单位相同或者相近岗位劳动者的劳动报酬确定。

专家解读

1道考题中每个选项考查1个知识点是考试的趋势，在复习时应具备综合考查的能力，以往考试中常涉及关于劳动合同的订立时间、试用期、无效情形等知识点。

二、履行、变更、解除和终止劳动合同

（一）履行劳动合同

《劳动合同法》第二十九条规定，用人单位与劳动者应当按照劳动合同的约定，全面履行各自的义务。

《劳动合同法》第三十条规定，用人单位应当按照劳动合同约定和国家规定，向劳动者及时足额支付劳动报酬。用人单位拖欠或者未足额支付劳动报酬的，劳动者可以依法向当地人民法院申请支付令，人民法院应当依法发出支付令。

一般用人单位提供的工资是货币工资、实物报酬和社会保险的形式。其中，货币工资有工资、奖金、津贴、补贴等。用人单位安排劳动者加班的，应当向劳动者支付加班费。法定休假日、婚丧假以及依法参加社会活动期间，用人单位应当依法向劳动者支付工资。用人单位应当按月向劳动者以货币形式支付工资，向劳动者支付的工资不能够低于用人单位当地的最低工资标准。

《劳动合同法》第三十三条规定，用人单位变更名称、法定代表人、主要负责人或者投资人等事项，不影响劳动合同的履行。第三十四条规定，用人单位发生合并或者分立等情况，原劳动合同继续有效，劳动合同由承继其权利和义务的用人单位继续履行。

（二）变更劳动合同

《劳动合同法》第三十五条规定，用人单位与劳动者协商一致，可以变更劳动合同约定的内容。变更劳动合同应当采用书面形式。变更后的劳动合同文本由用人单位和劳动者各执一份。

（三）解除劳动合同

1. 双方协商解除劳动合同

《劳动合同法》第三十六条规定，用人单位与劳动者协商一致，可以解除劳动合同。

2. 劳动者单方解除劳动合同

《劳动合同法》第三十七条规定，劳动者提前 30 日以书面形式通知用人单位，可以解除劳动合同。劳动者在试用期内提前 3 日通知用人单位，可以解除劳动合同。

《劳动合同法》第三十八条规定，用人单位有下列情形之一的，劳动者可以解除劳动合同：

（1）未按照劳动合同约定提供劳动保护或者劳动条件的；

（2）未及时足额支付劳动报酬的；

（3）未依法为劳动者缴纳社会保险费的；

（4）用人单位的规章制度违反法律、法规的规定，损害劳动者权益的；

（5）以欺诈、胁迫的手段或者乘人之危，使对方在违背真实意思的情况下订立或者变更劳动合同致使劳动合同无效的；

（6）法律、行政法规规定劳动者可以解除劳动合同的其他情形。

用人单位以暴力、威胁或者非法限制人身自由的手段强迫劳动者劳动的，或者用人单位违章指挥、强令冒险作业危及劳动者人身安全的，劳动者可以立即解除劳动合同，不需事先告知用人单位。

3. 用人单位单方解除劳动合同

用人单位单方解除劳动合同相关规定如下表所示。

项目	内容	
用人单位单方解除劳动合同的规定	过失性辞退	《劳动合同法》第三十九条规定，劳动者有下列情形之一的，用人单位可以解除劳动合同： （1）在试用期间被证明不符合录用条件的； （2）严重违反用人单位的规章制度的； （3）严重失职，营私舞弊，给用人单位造成重大损害的； （4）劳动者同时与其他用人单位建立劳动关系，对完成本单位的工作任务造成严重影响，或者经用人单位提出，拒不改正的； （5）以欺诈、胁迫的手段或者乘人之危，使对方在违背真实意思的情况下订立或者变更劳动合同致使劳动合同无效的； （6）被依法追究刑事责任的

（续表）

<table>
<tr><th>项目</th><th colspan="2">内容</th></tr>
<tr><td rowspan="3">用人单位单方解除劳动合同的规定</td><td>无过失性辞退</td><td>《劳动合同法》第四十条规定，有下列情形之一的，用人单位提前30日以书面形式通知劳动者本人或者额外支付劳动者1个月工资后，可以解除劳动合同：
(1)劳动者患病或者非因工负伤，在规定的医疗期满后不能从事原工作，也不能从事由用人单位另行安排的工作的；
(2)劳动者不能胜任工作，经过培训或者调整工作岗位，仍不能胜任工作的；
(3)劳动合同订立时所依据的客观情况发生重大变化，致使劳动合同无法履行，经用人单位与劳动者协商，未能就变更劳动合同内容达成协议的</td></tr>
<tr><td rowspan="2">经济性裁员</td><td>《劳动合同法》第四十一条规定，有下列情形之一，需要裁减人员20人以上或者裁减不足20人但占企业职工总数10%以上的，用人单位提前30日向工会或者全体职工说明情况，听取工会或者职工的意见后，裁减人员方案经向劳动行政部门报告，可以裁减人员：
(1)依照企业破产法规定进行重整的；
(2)生产经营发生严重困难的；
(3)企业转产、重大技术革新或者经营方式调整，经变更劳动合同后，仍需裁减人员的；
(4)其他因劳动合同订立时所依据的客观经济情况发生重大变化，致使劳动合同无法履行的</td></tr>
<tr><td>裁减人员时，应当优先留用下列人员：
(1)与本单位订立较长期限的固定期限劳动合同的；
(2)与本单位订立无固定期限劳动合同的；
(3)家庭无其他就业人员，有需要扶养的老人或者未成年人的。
用人单位依法裁减人员，在6个月内重新招用人员的，应当通知被裁减的人员，并在同等条件下优先招用被裁减的人员</td></tr>
<tr><td>用人单位不得单方面解除劳动合同的规定</td><td colspan="2">《劳动合同法》第四十二条规定，劳动者有下列情形之一的，用人单位不得依照本法第四十条、第四十一条的规定解除劳动合同(即不能按照无过失性辞退和经济性裁员的要求解除劳动合同)：
(1)从事接触职业病危害作业的劳动者未进行离岗前职业健康检查，或者疑似职业病病人在诊断或者医学观察期间的；
(2)在本单位患职业病或者因工负伤并被确认丧失或者部分丧失劳动能力的；
(3)患病或者非因工负伤，在规定的医疗期内的；
(4)女职工在孕期、产期、哺乳期的；
(5)在本单位连续工作满15年，且距法定退休年龄不足5年的；
(6)法律、行政法规规定的其他情形</td></tr>
</table>

（四）终止劳动合同

劳动合同的终止，是指劳动合同关系自然失效，用人单位和劳动者双方不再履行。

《劳动合同法》第四十四条规定，有下列情形之一的，劳动合同终止：

(1)劳动合同期满的；

(2)劳动者开始依法享受基本养老保险待遇的；

(3)劳动者死亡，或者被人民法院宣告死亡或者宣告失踪的；

(4)用人单位被依法宣告破产的；

(5)用人单位被吊销营业执照、责令关闭、撤销或者用人单位决定提前解散的；

(6)法律、行政法规规定的其他情形。

（五）经济补偿的支付

《劳动合同法》第四十六条规定，有下列情形之一的，用人单位应当向劳动者支付经济补偿：

(1)劳动者依照本法第三十八条规定解除劳动合同的；

(2)用人单位依照本法第三十六条规定向劳动者提出解除劳动合同并与劳动者协商一致解除劳动合同的；

(3)用人单位依照本法第四十条规定解除劳动合同的；

(4)用人单位依照本法第四十一条第一款规定解除劳动合同的；

(5)除用人单位维持或者提高劳动合同约定条件续订劳动合同，劳动者不同意续订的情形外，依照本法第四十四条第(1)项规定终止固定期限劳动合同的；

(6)依照本法第四十四条第(4)项、第(5)项规定终止劳动合同的；

(7)法律、行政法规规定的其他情形。

终止合同的经济补偿根据工作时间和实际工资数额而定，标准如下表所示。

已工作时间	经济补偿标准
<6 个月	支付半个月工资
6 个月 ~1 年(含 6 个月)	支付 1 个月工资
≥1 年	每满 1 年支付 1 个月工资

注：月工资指的是劳动者在解除或者终止劳动合同之前 12 个月工资的平均额。

劳动者的月工资如果高于用人单位所在地的上一年度职工月平均工资 3 倍的，向该劳动者支付的经济补偿应按职工月平均工资 3 倍数额的标准支付，但向其支付经济补偿的年限最高不超过 12 年。

《劳动合同法》第四十八条规定，用人单位违反规定解除或者终止劳动合同，劳动者要求继续履行劳动合同的，用人单位应当继续履行；劳动者不要求继续履行劳动合同或者劳动合同已经不能继续履行的，用人单位应当依照规定的经济补偿标准的 2 倍向劳动者支付赔偿金。

《劳动合同法》第八十五条规定，用人单位有下列情形之一的，由劳动行政部门责令限期支付劳动报酬、加班费或者经济补偿；劳动报酬低于当地最低工资标准的，应当支付其差额部分；逾期不支付的，责令用人单位按应付金额 50% 以上 100% 以下的标准向劳动者加付赔偿金：

(1)未按照劳动合同的约定或者国家规定及时足额支付劳动者劳动报酬的。

(2)低于当地最低工资标准支付劳动者工资的。

(3)安排加班不支付加班费的。

(4)解除或者终止劳动合同,未依照本法规定向劳动者支付经济补偿的。

专家解读

解除劳动合同的情形和终止合同的经济补偿是以往考试中重点考查的内容,应重点复习。

三、劳务派遣

(一)劳务派遣概述

劳务派遣,是指由劳务派遣机构与派遣劳动者订立劳动合同,劳务派遣机构与其他用工单位订立劳务派遣协议,把劳动者派向其他用工单位,再由其他用工单位向派遣机构支付一笔服务费用的一种用工形式。劳动力给付的事实发生于派遣劳动者与实际用工单位之间,实际用工单位向劳务派遣机构支付服务费,劳务派遣机构向劳动者支付劳动报酬。

劳务派遣是我国企业用工的补充形式,只有在替代性、临时性或者辅助性的工作岗位上才可以实施。替代性岗位是指一些用工单位的劳动者因休假、脱产学习等原因无法工作的,可由被派遣劳动者替代工作的岗位。临时性岗位是指存续时间较短,一般不超过6个月的岗位。辅助性岗位是指为一些主要的业务岗位提供辅助工作的非主要的业务岗位。

(二)劳务派遣单位

劳务派遣单位经营劳务派遣业务,根据《劳动合同法》第五十七条规定,应当具备下列条件:

(1)注册资本不得少于人民币200万元;

(2)有与开展业务相适应的固定的经营场所和设施;

(3)有符合法律、行政法规规定的劳务派遣管理制度;

(4)法律、行政法规规定的其他条件。

经营劳务派遣业务,应当向劳动行政部门依法申请行政许可;经许可的,依法办理相应的公司登记;未经许可,任何单位和个人不得经营劳务派遣业务。

劳务派遣单位有如下义务:

(1)与被派遣劳动者订立2年以上的固定期限劳动合同,按月支付劳动报酬;按照所在地人民政府规定的最低工资标准,向在无工作期间的被派遣劳动者按月支付报酬。

(2)告知被派遣劳动者派遣协议的内容。

(3)不得克扣被派遣劳动者的劳动报酬。

(4)不得向被派遣劳动者收取费用。

《劳动合同法》第五十九条规定,劳务派遣单位派遣劳动者应当与接受以劳务派遣形式用工的单位订立劳务派遣协议。劳务派遣协议应当约定派遣岗位和人员数量、派遣期限、劳动报酬和社会保险费的数额与支付方式以及违反协议的责任。用工单位应当根据工作岗位的实际需要与劳务派遣单位确定派遣期限，不得将连续用工期限分割订立数个短期劳务派遣协议。

《劳务派遣暂行规定》规定，被派遣劳动者在用工单位因工作遭受事故伤害的，劳务派遣单位应当依法申请工伤认定，用工单位应当协助工伤认定的调查核实工作。劳务派遣单位承担工伤保险责任，但可以与用工单位约定补偿办法。劳务派遣单位被依法宣告破产、吊销营业执照、责令关闭、撤销、决定提前解散或者经营期限届满不再继续经营的，劳动合同终止。用工单位应当与劳务派遣单位协商妥善安置被派遣劳动者。

（三）用工单位

用工单位使用的被派遣劳动者的数量不得超过其用工总量的10%，用工单位应当向被派遣劳动者提供与本单位相同或相似岗位的劳动者相同的劳动报酬。普通劳动合同中用人单位不得解除劳动合同的情形，在劳务派遣期限届满之前同样适用于用工单位。

《劳动合同法》第六十二条规定，用工单位应当履行下列义务：

(1)执行国家劳动标准，提供相应的劳动条件和劳动保护；

(2)告知被派遣劳动者的工作要求和劳动报酬；

(3)支付加班费、绩效奖金，提供与工作岗位相关的福利待遇；

(4)对在岗被派遣劳动者进行工作岗位所必需的培训；

(5)连续用工的，实行正常的工资调整机制。

用工单位不得将被派遣劳动者再派遣到其他用人单位。

《劳务派遣暂行规定》规定，有下列情形之一的，用工单位可以将被派遣劳动者退回劳务派遣单位：

(1)用工单位有《劳动合同法》第四十条第(3)项、第四十一条规定情形的。

(2)用工单位被依法宣告破产、吊销营业执照、责令关闭、撤销、决定提前解散或者经营期限届满不再继续经营的。

(3)劳务派遣协议期满终止的。

链接

除劳务派遣外，我国还有其他用工形式，如以工代赈。《国务院办公厅转发国家发展改革委关于在重点工程项目中大力实施以工代赈促进当地群众就业增收工作方案的通知》规定，以工代赈是促进群众就近就业增收、提高劳动技能的一项重要政策，能为群众特别是农民工、脱贫人口等规模性提供务工岗位，是完善收入分配制度、支持人民群众通过劳动增加收入创造幸福生活的重要方式。重点工程项目业主单位要在设计、招标投标过程中明确以工代赈用工及劳务报酬发放要求，在工程服务合同中与施工单位约定相关责任义务。施工单位负责以工代赈务工人员在施工现场的日常管理，及时足额发放劳务报酬，保障劳动者合法权益。监理单位要把以工代赈务工人员在施工现场的务工组织管理和劳务报酬发放等作为工程监理的重要内容。

四、劳动保护

（一）工作时间、休息休假制度

《劳动法》规定，国家实行劳动者每日工作时间不超过 8 小时、平均每周工作时间不超过 44 小时的工时制度。用人单位应当保证劳动者每周至少休息 1 日。

用人单位在下列节日期间应当依法安排劳动者休假：元旦；春节；国际劳动节；国庆节；法律、法规规定的其他休假节日。

用人单位由于生产经营需要，经与工会和劳动者协商后可以延长工作时间，一般每日不得超过 1 小时；因特殊原因需要延长工作时间的，在保障劳动者身体健康的条件下延长工作时间每日不得超过 3 小时，但是每月不得超过 36 小时。

有下列情形之一的，延长工作时间不受上述规定的限制：

（1）发生自然灾害、事故或者因其他原因，威胁劳动者生命健康和财产安全，需要紧急处理的。

（2）生产设备、交通运输线路、公共设施发生故障，影响生产和公众利益，必须及时抢修的。

（3）法律、行政法规规定的其他情形。

用人单位不得违反规定延长劳动者的工作时间。

有下列情形之一的，用人单位应当按照下列标准支付高于劳动者正常工作时间工资的工资报酬：

（1）安排劳动者延长工作时间的，支付不低于工资的 150% 的工资报酬。

（2）休息日安排劳动者工作又不能安排补休的，支付不低于工资的 200% 的工资报酬。

（3）法定休假日安排劳动者工作的，支付不低于工资的 300% 的工资报酬。

国家实行带薪年休假制度。劳动者连续工作 1 年以上的，享受带薪年休假。具体办法由国务院规定。

（二）工资

《劳动法》规定，工资分配应当遵循按劳分配原则，实行同工同酬。工资水平在经济发展的基础上逐步提高。国家对工资总量实行宏观调控。国家实行最低工资保障制度。最低工资的具体标准由省、自治区、直辖市人民政府规定，报国务院备案。用人单位支付劳动者的工资不得低于当地最低工资标准。

1.《保障农民工工资支付条例》的相关规定

农民工有按时足额获得工资的权利。任何单位和个人不得拖欠农民工工资。农民工应当遵守劳动纪律和职业道德，执行劳动安全卫生规程，完成劳动任务。农民工工资应当以货币形式，通过银行转账或者现金支付给农民工本人，不得以实物或者有价证券等其他形式替代。

建设单位应当按照合同约定及时拨付工程款，并将人工费用及时足额拨付至农民工工资专用账户，加强对施工总承包单位按时足额支付农民工工资的监督。因建设单位未按照合同约定及时拨付工程款导致农民工工资拖欠的，建设单位应当以未结清的工程款为限先行垫付被拖欠的农民工工资。建设单位应当以项目为单位建立保障农民工工资支付协调机制和工资拖欠预防机制，督促施工总承包单位加强劳动用工管理，妥善处理与农民工工资支付相关的矛盾纠纷。发生农民工集体讨薪事件的，建设单位应当会同施工总承包单位及时处理，并向项目所在地人力资源社会保障行政部门和相关行业工程建设主管部门报告有关情况。

分包单位对所招用农民工的实名制管理和工资支付负直接责任。施工总承包单位对分包单位劳动用工和工资发放等情况进行监督。分包单位拖欠农民工工资的，由施工总承包单位先行清偿，再依法进行追偿。工程建设项目转包，拖欠农民工工资的，由施工总承包单位先行清偿，再依法进行追偿。

工程建设领域推行分包单位农民工工资委托施工总承包单位代发制度。分包单位应当按月考核农民工工作量并编制工资支付表，经农民工本人签字确认后，与当月工程进度等情况一并交施工总承包单位。施工总承包单位根据分包单位编制的工资支付表，通过农民工工资专用账户直接将工资支付到农民工本人的银行账户，并向分包单位提供代发工资凭证。用于支付农民工工资的银行账户所绑定的农民工本人社会保障卡或者银行卡，用人单位或者其他人员不得以任何理由扣押或者变相扣押。

2.《工程建设领域农民工工资专用账户管理暂行办法》的相关规定

专用账户按工程建设项目开立。总包单位应当在工程施工合同签订之日起 30 日内开立专用账户，并与建设单位、开户银行签订资金管理三方协议。专用账户名称为总包单位名称加工程建设项目名称后加“农民工工资专用账户”。总包单位应当在专用账户开立后的 30 日内报项目所在地专用账户监管部门备案。监管部门由各省、自治区、直辖市根据《保障农民工工资支付条例》确定。总包单位有 2 个及以上工程建设项目的，可开立新的专用账户，也可在符合项目所在地监管要求的情况下，在已有专用账户下按项目分别管理。

建设单位应当按工程施工合同约定的数额或者比例等，按时将人工费用拨付到总包单位专用账户。人工费用拨付周期不得超过 1 个月。开户银行应当做好专用账户日常管理工作。出现未按约定拨付人工费用等情况的，开户银行应当通知总包单位，由总包单位报告项目所在地人力资源社会保障行政部门和相关行业工程建设主管部门，相关部门应当纳入欠薪预警并及时进行处置。建设单位已经按约定足额向专用账户拨付资金，但总包单位依然拖欠农民工工资的，建设单位应及时报告有关部门。

因用工量增加等原因导致专用账户余额不足以按时足额支付农民工工资时，总包单位提出需增加的人工费用数额，由建设单位核准后及时追加拨付。

3.《工程建设领域农民工工资保证金规定》的相关规定

施工总承包单位应当在工程所在地的银行存储工资保证金或申请开立银行保函。

施工总承包单位应当自工程取得施工许可证(开工报告批复)之日起 20 个工作日内(依法不需要办理施工许可证或批准开工报告的工程自签订施工合同之日起 20 个工作日之内)，持营业执照副本、与建设单位签订的施工合同在经办银行开立工资保证金专门账户存储工资保证金。行业工程建设主管部门应当在颁发施工许可证或批准开工报告时告知相关单位及时存储工资保证金。

工资保证金按工程施工合同额(或年度合同额)的一定比例存储，原则上不低于 1%，不超过 3%，单个工程合同额较高的，可设定存储上限。施工总承包单位在同一工资保证金管理地区有多个在建工程，存储比例可适当下浮但不得低于施工合同额(或年度合同额)的 0.5%。施工合同额低于 300 万元的工程，且该工程的施工总承包单位在签订施工合同前一年内承建的工程未发生工资拖欠的，各地区可结合行业保障农民工工资支付实际，免除该工程存储工资保证金。上述规定的施工合同额可适当调整，调整范围由省级人力资源社会保障行政部门会同行业工程建设主管部门确定，并报人力资源社会保障部、住房和城乡建设部、交通运输部、水利部、铁路局、民航局备案。

以上主要选取了部分考点内容作介绍，关于工资的更多内容可扫描右侧二维码获取。

扫码获取更多内容

链接

《拖欠农民工工资失信联合惩戒对象名单管理暂行办法》规定，用人单位拖欠农民工工资，具有下列情形之一，经人力资源社会保障行政部门依法责令限期支付工资，逾期未支付的，人力资源社会保障行政部门应当作出列入决定，将该用人单位及其法定代表人或者主要负责人、直接负责的主管人员和其他直接责任人员（以下简称当事人）列入失信联合惩戒名单：

（1）克扣、无故拖欠农民工工资达到认定拒不支付劳动报酬罪数额标准的。

（2）因拖欠农民工工资违法行为引发群体性事件、极端事件造成严重不良社会影响的。

作出列入决定的人力资源社会保障行政部门应当按照有关规定，将失信联合惩戒名单信息共享至同级信用信息共享平台，供相关部门作为在各自职责范围内按照《保障农民工工资支付条例》等有关规定，对被列入失信联合惩戒名单的当事人实施联合惩戒的依据。对被列入失信联合惩戒名单的当事人，由相关部门在政府资金支持、政府采购、招投标、融资贷款、市场准入、税收优惠、评优评先、交通出行等方面依法依规予以限制。

当事人被列入失信联合惩戒名单的期限为 3 年，自人力资源社会保障行政部门作出列入决定之日起计算。

（三）社会保险

社会保险包括基本养老保险、基本医疗保险、工伤保险、失业保险和生育保险。基本养老保险由用人单位和劳动者共同缴纳，劳动者达到法定退休年龄时累计缴费满 15 年的，按月领取基本养老金；基本医疗保险由用人单位和劳动者共同缴纳，劳动者达到法定退休年龄时累计达到国家规定的缴费年限的，退休后不再缴纳，按照国家规定可以享受基本医疗保险；工伤保险由用人单位缴纳，劳动者不缴纳；失业保险由用人单位和劳动者共同缴纳；生育保险由用人单位缴纳，劳动者不缴纳。

《中华人民共和国社会保险法》第四十五条规定，失业人员符合下列条件的，从失业保险基金中领取失业保险金：

（1）失业前用人单位和本人已经缴纳失业保险费满 1 年的；

（2）非因本人意愿中断就业的；

（3）已经进行失业登记，并有求职要求的。

（四）对女职工和未成年工的保护

《劳动法》对女职工和未成年工的保护规定如下表所示。

项目		内容
对女职工的保护	工种限制及体力强度保护	禁止安排女职工从事矿山井下、国家规定的第 4 级体力劳动强度的劳动和其他禁忌从事的劳动
	产假保障	女职工享受 98 天的产假（《劳动法》规定为不少于 90 天，目前执行的《女职工劳动保护特别规定》为 98 天）

（续表）

项目	内容	
对女职工的保护	特殊时期的保护	经期：不得安排女职工在经期从事高处、低温、冷水作业和国家规定的第3级体力劳动强度的劳动
		孕期：不得安排女职工在怀孕期间从事国家规定的第3级体力劳动强度的劳动和孕期禁忌从事的活动。对怀孕7个月以上的女职工，不得安排其延长工作时间和夜班劳动
		哺乳期：不得安排女职工在哺乳未满1周岁的婴儿期间从事国家规定的第3级体力劳动强度的劳动和哺乳期禁忌从事的其他劳动，不得安排其延长工作时间和夜班劳动
对未成年工的保护	年龄限制	未成年工是指年满16周岁未满18周岁的劳动者。禁止用人单位招用未满16周岁的未成年人
	工种限制及体力强度保护	不得安排未成年工从事矿山井下、有毒有害、国家规定的第4级体力劳动强度的劳动和其他禁忌从事的劳动
	健康保护	用人单位应当对未成年工定期进行健康检查

五、劳动争议处理

劳动争议是指劳动者与用人单位之间因劳动关系中的权利和义务而发生的纠纷。

《劳动争议调解仲裁法》第二条规定，中华人民共和国境内的用人单位与劳动者发生的下列劳动争议，适用本法：

（1）因确认劳动关系发生的争议；

（2）因订立、履行、变更、解除和终止劳动合同发生的争议；

（3）因除名、辞退和辞职、离职发生的争议；

（4）因工作时间、休息休假、社会保险、福利、培训以及劳动保护发生的争议；

（5）因劳动报酬、工伤医疗费、经济补偿或者赔偿金等发生的争议；

（6）法律、法规规定的其他劳动争议。

《最高人民法院关于审理劳动争议案件适用法律问题的解释（一）》第一条规定，劳动者与用人单位之间发生的下列纠纷，属于劳动争议，当事人不服劳动争议仲裁机构作出的裁决，依法提起诉讼的，人民法院应予受理：

（1）劳动者与用人单位在履行劳动合同过程中发生的纠纷；

（2）劳动者与用人单位之间没有订立书面劳动合同，但已形成劳动关系后发生的纠纷；

（3）劳动者与用人单位因劳动关系是否已经解除或者终止，以及应否支付解除或者终止劳动关系经济补偿金发生的纠纷；

（4）劳动者与用人单位解除或者终止劳动关系后，请求用人单位返还其收取的劳动合同定金、保证金、抵押金、抵押物发生的纠纷，或者办理劳动者的人事档案、社会保险关系等移转手续发生的纠纷；

(5)劳动者以用人单位未为其办理社会保险手续,且社会保险经办机构不能补办导致其无法享受社会保险待遇为由,要求用人单位赔偿损失发生的纠纷;

(6)劳动者退休后,与尚未参加社会保险统筹的原用人单位因追索养老金、医疗费、工伤保险待遇和其他社会保险待遇而发生的纠纷;

(7)劳动者因为工伤、职业病,请求用人单位依法给予工伤保险待遇发生的纠纷;

(8)劳动者依据劳动合同法第八十五条规定,要求用人单位支付加付赔偿金发生的纠纷;

(9)因企业自主进行改制发生的纠纷。

《最高人民法院关于审理劳动争议案件适用法律问题的解释(一)》第二条规定,下列纠纷不属于劳动争议:

(1)劳动者请求社会保险经办机构发放社会保险金的纠纷。

(2)劳动者与用人单位因住房制度改革产生的公有住房转让纠纷。

(3)劳动者对劳动能力鉴定委员会的伤残等级鉴定结论或者对职业病诊断鉴定委员会的职业病诊断鉴定结论的异议纠纷。

(4)家庭或者个人与家政服务人员之间的纠纷。

(5)个体工匠与帮工、学徒之间的纠纷。

(6)农村承包经营户与受雇人之间的纠纷。

劳动争议的解决方式包括协商、调解、仲裁和诉讼。

调解主体是用人单位内部的劳动争议调解委员会。劳动争议调解委员会由职工代表、用人单位代表和工会代表组成;调解委员会主任由工会代表担任。

仲裁是通过劳动争议仲裁委员会进行裁决。劳动争议仲裁委员会由劳动行政部门代表、同级工会代表、用人单位代表三方组成,主任由劳动行政部门代表担任。劳动争议仲裁时效是1年,从当事人知道或应当知道其权利被侵害之日起计算;劳动关系存续期间因拖欠报酬发生争议的,申请仲裁时效不受限制;劳动关系终止的,劳动者应当从劳动关系终止之日起1年之内提出。因当事人一方向对方当事人主张权利、向有关部门请求权利救助、对方当事人同意履行义务引起的劳动争议仲裁时效的中断,仲裁时效期间重新计算。当事人因不可抗力或其他正当理由不能在时效内提起仲裁,时效可以从该原因消失时继续计算。

当事人对仲裁不服的,自收到仲裁裁决书15日内可向人民法院提出诉讼;逾期不起诉的,仲裁即发生法律效力。当事人不履行的,另一方可向人民法院申请强制执行。

第三节　相关合同制度

《民法典》在分则部分规定了19类典型合同,分别是买卖合同,供用电、水、气、热力合同，赠与合同，借款合同，保证合同，租赁合同，融资租赁合同，保理合同，承揽合同，建设工程合同，运输合同，技术合同，保管合同，仓储合同，委托合同，物业服务合同，行纪合同，中介合同，合伙合同。其中，在建设工程领域较常涉及的是买卖合同、借款合同、租赁合同、融资租赁合同、承揽合同、建设工程合同、运输合同、仓储合同、委托合同。

一、买卖合同

《民法典》规定，买卖合同是出卖人转移标的物的所有权于买受人，买受人支付价款的合同。

买卖合同是一种转移财产所有权、有偿的、双务的、诺成的合同。

出卖人的合同义务：交付标的物并转移标的物的所有权于买受人；物的瑕疵担保义务（即应保证交付的标的物符合约定的质量）；权利的瑕疵担保义务（保证第三人不得向买受人主张任何权利）；交付有关单证和资料。

买受人的合同义务：按照合同约定的数额、地点和时间支付价款；受领标的物；及时检验出卖人交付的标的物；暂时保管及应急处置拒绝受领的标的物。

《民法典》第五百一十条规定，合同生效后，当事人就质量、价款或者报酬、履行地点等内容没有约定或者约定不明确的，可以协议补充；不能达成补充协议的，按照合同相关条款或者交易习惯确定。第六百零一条规定，出卖人应当按照约定的时间交付标的物。约定交付期限的，出卖人可以在该交付期限内的任何时间交付。第六百零三条规定，出卖人应当按照约定的地点交付标的物。当事人没有约定交付地点或者约定不明确，依据本法第五百一十条的规定仍不能确定的，适用下列规定：

（1）标的物需要运输的，出卖人应当将标的物交付给第一承运人以运交给买受人。

（2）标的物不需要运输，出卖人和买受人订立合同时知道标的物在某一地点的，出卖人应当在该地点交付标的物；不知道标的物在某一地点的，应当在出卖人订立合同时的营业地交付标的物。

标的物毁损、灭失风险的承担规定如下表所示。

情况	处理规定
一般原则（以交付作为分水岭）	毁损、灭失的风险，在标的物交付之前由出卖人承担，交付之后由买受人承担，但是法律另有规定或者当事人另有约定的除外
因买受人原因致使标的物不能按期限交付的	买受人自违约之日起承担标的物毁损、灭失的风险
出卖人出卖交由承运人运输的在途标的物（符合一般原则）	除合同另有约定外，毁损、灭失的风险一般自买卖合同成立之时由买受人承担
出卖人按照约定将标的物运送至买受人指定地点并交付给承运人后	毁损、灭失的风险由买受人承担

（续表）

情况	处理规定
当事人没有约定交付地点或者约定不明确，依据规定标的物需要运输的	出卖人将标的物交付给第一承运人后，标的物毁损、灭失的风险由买受人承担
出卖人按照约定或者依据规定将标的物置于交付地点，买受人违反约定没有收取的	毁损、灭失的风险自违反约定时起由买受人承担
出卖人按照约定未交付有关标的物的单证和资料的	不影响标的物毁损、灭失风险的转移（自合同成立由买受人承担）
出卖人交付的标的物质量不符合要求，致使不能实现合同目的的	买受人可拒绝接受或者解除合同，标的物毁损、灭失风险由出卖人承担

出卖人应当按照约定的包装方式交付标的物。对包装方式没有约定或者约定不明确，依据《民法典》第五百一十条的规定仍不能确定的，应当按照通用的方式包装；没有通用方式的，应当采取足以保护标的物且有利于节约资源、保护生态环境的包装方式。

买受人收到标的物时应当在约定的检验期限内检验。没有约定检验期限的，应当及时检验。

出卖人多交标的物的，买受人可以接收或者拒绝接收多交的部分。买受人接收多交部分的，按照约定的价格支付价款；买受人拒绝接收多交部分的，应当及时通知出卖人。标的物在交付之前产生的孳息，归出卖人所有；交付之后产生的孳息，归买受人所有。但是，当事人另有约定的除外。

链接

在买卖合同中，出卖人交付标的物的方式有拟制交付、占有改定、现实交付、简易交付和指示交付等。其中，标的物在订立合同之后由出卖人占有，但所有权在买卖合同生效后即完成法律上的转移的方式，称为占有改定。标的物在订立合同之前已为买受人占有，合同生效即视为完成交付的方式，称为简易交付。

典型例题

【多选题】出卖人就其出卖的标的物承担权利瑕疵担保义务，下列标的物的瑕疵，属于权利瑕疵的有（　　）。

A. 出卖人对出卖的标的物没有所有权　B. 出卖人对出卖的标的物没有处分权

C. 第三人对标的物享有抵押权　D. 标的物质量不符合合同约定

E. 标的物包装不符合合同约定

ABC。【解析】对于标的物质量和包装，出卖人负有瑕疵担保义务，但是出卖人没有所有权或处分权，或者没有完全的所有权或处分权，又或者其处分涉及第三人的物权、知识产权等权益，出卖人应承担标的物的权利瑕疵担保责任。

二、借款合同

根据《民法典》规定，借款合同是借款人向贷款人借款，到期返还借款并支付利息的合同。借款合同应当采用书面形式，但是自然人之间借款另有约定的除外。借款合同的内容一般包括借款种类、币种、用途、数额、利率、期限和还款方式等条款。订立借款合同，借款人应当按照贷款人的要求提供与借款有关的业务活动和财务状况的真实情况。借款的利息不得预先在本金中扣除。利息预先在本金中扣除的，应当按照实际借款数额返还借款并计算利息。

贷款人未按照约定的日期、数额提供借款，造成借款人损失的，应当赔偿损失。借款人未按照约定的日期、数额收取借款的，应当按照约定的日期、数额支付利息。

贷款人按照约定可以检查、监督借款的使用情况。借款人应当按照约定向贷款人定期提供有关财务会计报表或者其他资料。借款人未按照约定的借款用途使用借款的，贷款人可以停止发放借款、提前收回借款或者解除合同。

借款合同一般是要式（即应采用书面形式）的、有偿的合同，其标的物是货币。

贷款人的合同义务：按期、足额提供贷款的义务（借款的利息不得预先在本金中扣除）；保密义务（主要针对金融机构贷款合同，金融机构对其掌握的借款人的各项商业秘密有保密义务）。

借款人的合同义务：按照约定的日期和数额收取借款；按照约定用途使用借款；按期支付利息；按期返还借款；容忍义务（贷款人按照约定检查、监督借款的使用情况时，借款人不得拒绝，对此未作约定的除外）。

《民法典》第六百七十四条规定，借款人应当按照约定的期限支付利息。对支付利息的期限没有约定或者约定不明确，依据本法第五百一十条的规定仍不能确定，借款期间不满1年的，应当在返还借款时一并支付；借款期间1年以上的，应当在每届满1年时支付，剩余期间不满1年的，应当在返还借款时一并支付。

《民法典》还规定，借款人未按照约定的期限返还借款的，应当按照约定或者国家有关规定支付逾期利息。

借款人提前返还借款的，除当事人另有约定外，应当按照实际借款的期间计算利息。

借款人可以在还款期限届满前向贷款人申请展期；贷款人同意的，可以展期。

自然人之间的借款合同，自贷款人提供借款时成立。

禁止高利放贷，借款的利率不得违反国家有关规定。借款合同对支付利息没有约定的，视为没有利息。借款合同对支付利息约定不明确，当事人不能达成补充协议的，按照当地或者当事人的交易方式、交易习惯、市场利率等因素确定利息；自然人之间借款的，视为没有利息。

《最高人民法院关于审理民间借贷案件适用法律若干问题的规定》第二十六条规定，出借人请求借款人按照合同约定利率支付利息的，人民法院应予支持，但是双方约定的利率超过合同成立时1年期贷款市场报价利率4倍的除外。前款所称“1年期贷款市场报价利率”，是指中国人民银行授权全国银行间同业拆借中心自2019年8月20日起每月发布的1年期贷款市场报价利率。

三、租赁合同

《民法典》规定，租赁合同是出租人将租赁物交付承租人使用、收益，承租人支付租金的合同。租赁合同的内容一般包括租赁物的名称、数量、用途、租赁期限、租金及其支付期限和方式、租赁物维修等条款。

租赁合同是转移租赁物使用收益权、双务、诺成、有偿的合同。

租赁合同分为定期租赁和不定期租赁。

定期租赁是指约定租赁期限，租期最长不得超过 20 年，否则超过部分无效。租赁期限届满，当事人可以续订租赁合同；但是，约定的租赁期限自续订之日起不得超过 20 年。

不定期租赁包括：

(1)租赁期限在 6 个月以上，应当采取书面形式订立合同，没有采取书面形式订立合同的，视为不定期租赁；

(2)没有约定租赁期限；

(3)定期租赁届满，承租人继续使用，出租人没有提出异议。

当事人未依照法律、行政法规规定办理租赁合同登记备案手续的，不影响合同的效力。

租赁合同当事人义务如下表所示。

项目	内容
出租人的义务	(1)交付租赁物并在租赁期限内保持租赁物符合约定的用途的义务。《民法典》规定，出租人应当按照约定将租赁物交付承租人，并在租赁期限内保持租赁物符合约定的用途。 (2)维修租赁物的义务。出租人对租赁物有维修的义务（法律另有规定或合同另有约定的除外），出租人的该项义务实际上是保持租赁物符合约定用途义务的延伸。在租赁物需要维修时，承租人可以请求出租人在合理期限内维修。出租人未履行维修义务的，承租人可以自行维修，维修费用由出租人负担。因维修租赁物影响承租人使用的，应当相应减少租金或者延长租期。由于可归责于承租人的事由导致租赁物毁损时，双方当事人没有特别约定的，出租人应承担维修义务，但出租人有权请求承租人承担赔偿责任。 (3)物的瑕疵担保义务。出租人应担保所交付的标的物能够为承租人依约正常使用和收益，否则应承担违约责任。租赁物危及承租人的安全或者健康的，即使承租人订立合同时明知该租赁物质量不合格，承租人仍然可以随时解除合同。 (4)权利的瑕疵担保义务。出租人应担保不因第三人对承租人主张权利而使承租人能依照约定对租赁物进行使用和收益，否则，承租人可以要求减少或不支付租金。第三人主张权利的，承租人应当及时通知出租人
承租人的义务	(1)依照约定的方法和租赁物的性质使用租赁物。承租人未按照约定的方法或者租赁物的性质使用租赁物，致使租赁物受到损失的，出租人可以解除合同并请求赔偿损失。 (2)妥善保管租赁物的义务。承租人作为租赁物的占有人，应当妥善保管租赁物，因保管不善造成租赁物毁损、灭失的，应当承担赔偿责任。

（续表）

项目	内容
承租人的义务	(3)不作为义务。在租赁合同中，承租人的不作为义务主要包括以下内容：第一，不得随意改善租赁物或者在租赁物上增设他物。《民法典》规定，承租人经出租人同意，可以对租赁物进行改善或者增设他物。承租人未经出租人同意，对租赁物进行改善或者增设他物的，出租人可以请求承租人恢复原状或者赔偿损失。第二，不得随意转租。《民法典》规定，承租人经出租人同意，可以将租赁物转租给第三人。承租人转租的，承租人与出租人之间的租赁合同继续有效，第三人对租赁物造成损失的，承租人应当赔偿损失。承租人未经出租人同意转租的，出租人可以解除合同。 (4)支付租金的义务。承租人应当按照约定的期限支付租金。承租人无正当理由未支付或者迟延支付租金的，出租人可以请求承租人在合理期限内支付；承租人逾期不支付的，出租人可以解除合同。 (5)返还租赁物的义务。租赁期限届满，承租人应当返还租赁物。返还的租赁物应当符合按照约定或者根据租赁物的性质使用后的状态

《民法典》规定，在租赁期限内因占有、使用租赁物获得的收益，归承租人所有，但是当事人另有约定的除外。

租赁物在承租人按照租赁合同占有期限内发生所有权变动的，不影响租赁合同的效力。

出租人出卖租赁房屋的，应当在出卖之前的合理期限内通知承租人，承租人享有以同等条件优先购买的权利；但是，房屋按份共有人行使优先购买权或者出租人将房屋出卖给近亲属的除外。出租人履行通知义务后，承租人在 15 日内未明确表示购买的，视为承租人放弃优先购买权。

承租人在房屋租赁期限内死亡的，与其生前共同居住的人或者共同经营人可以按照原租赁合同租赁该房屋。

租赁合同的法定解除情形：

(1)因租赁物部分或者全部毁损、灭失，致使不能实现合同目的的，承租人可以解除合同；

(2)承租人未经出租人同意转租的，出租人可以解除合同；

(3)承租人逾期不支付租金的，出租人可以解除合同；

(4)不定期租赁的当事人可以随时解除合同，但出租人解除合同应当在合理期限之前通知承租人；

(5)租赁物危及承租人的安全或者健康的，即使承租人订立合同时明知该租赁物质量不合格，承租人仍然可以随时解除合同。

四、融资租赁合同

《民法典》规定，融资租赁合同是出租人根据承租人对出卖人、租赁物的选择，向出卖人购买租赁物，提供给承租人使用，承租人支付租金的合同。融资租赁合同的内容一般包括租赁物的名称、数量、规格、技术性能、检验方法,租赁期限,租金构成及其支付期限和方式、币种,租赁期限届满租赁物的归属等条款。融资租赁合同应当采用书面形式。当事人以虚构租赁物方式订立的融资租赁合同无效。

融资租赁合同中涉及三方当事人、两个合同,该合同是要式合同。出租人身份具有二重性,出租人同时又是买受人。承租人享有买受人的权利但不承担买受人的义务。

融资租赁合同的效力主要是通过融资租赁合同的各方当事人所享有的权利和所负担的义务来具体体现。考虑到融资租赁合同是由两个合同、三方当事人结合在一起的新型独立合同,对于融资租赁合同效力,包括合同各方当事人的权利义务的考查,将结合这一特征展开。

(一)出卖人与出租人之间所订立的买卖合同

一般情况下,该买卖合同应遵循《民法典》对买卖合同所确立的交易规则。但在以下几个方面,由于融资租赁交易的自身特性使然,与通常买卖合同有所不同:

(1)出卖人负有按照约定向承租人(而非作为买受人的出租人)直接交付标的物的义务。

(2)当出卖人不履行合同义务时,根据出租人、出卖人、承租人之间的约定,由承租人行使索赔的权利,承租人行使索赔权利的,出租人应当协助。

(3)就出租人按照承租人要求所订立的买卖合同,未经承租人同意,出租人不得变更与承租人有关的条款。

(4)由于根据约定,承租人得享有与受领标的物有关的买受人的权利,因而,本应由作为买卖合同买受人的出租人所负担的及时检验义务,以及对于拒绝受领标的物的妥善保管义务,也转由承租人负担。

(二)出租人与承租人之间所订立的融资性租赁合同

融资性租赁合同有以下与普通租赁合同不同之处:

(1)出租人得享有以下特殊的法律利益:第一,租赁物不符合约定或者不符合使用目的的,出租人不承担违反物的瑕疵担保义务所应该负担的违约责任。但承租人依赖出租人的技能确定租赁物或者出租人干预选择租赁物的除外。第二,在承租人占有租赁物期间,租赁物造成第三人的人身伤害或者财产损害的,作为租赁物所有权人的出租人不承担责任。

(2)融资租赁合同中,在出卖人直接向承租人交付标的物时,承租人一方面是在受领租赁物的交付,另一方面也是作为出租人的受领辅助人,辅助完成标的物的所有权从出卖人向出租人的转移。

(3)承租人支付租金的义务。《民法典》规定,融资租赁合同的租金,除当事人另有约定外,应当根据购买租赁物的大部分或者全部成本以及出租人的合理利润确定。承租人占有租赁物期间,租赁物毁损、灭失的,出租人有权请求承租人继续支付租金,但是法律另有规定或者当事人另有约定的除外。承租人应当按照约定支付租金。承租人经催告后在合理期限内仍不支付租金的,出租人可以要求支付全部租金;也可以解除合同,收回租赁物。

(4)承租人对租赁物的保管、使用、维修。《民法典》规定,承租人应当妥善保管、使用租赁物。承租人应当履行占有租赁物期间的维修义务。

（三）融资租赁合同当事人的义务

融资租赁合同当事人的义务：

(1)出卖人的义务。其主要包括向承租人交付租赁物、承租标的物的瑕疵担保义务和损害赔偿义务。

(2)出租人的义务。相对于出卖人，出租人就是买受人，其主要义务包括：向出卖人支付标的物的价金；在承租人向出卖人行使索赔权时，负有协助义务；不变更买卖合同中与承租人有关条款的不作为义务。

(3)承租人的义务。其主要义务包括：根据约定，向出租人支付租金；妥善保管和使用租赁物并担负租赁物的维修义务；依约定支付租金，并于租赁期间届满时返还租赁物。

五、承揽合同

《民法典》规定，承揽合同是承揽人按照定作人的要求完成工作，交付工作成果，定作人支付报酬的合同。

承揽合同是诺成、有偿、双务、非要式合同。

承揽人的工作是独立完成的，需要以自己的技术、劳力和设备完成所承揽的工作，不受定作人的指挥管理，但在工作期间应当接受定作人必要的监督检验。定作人不得因监督检验妨碍承揽人的正常工作。

承揽人和定作人的义务如下表所示。

当事人	义务
承揽人	(1)完成承揽工作的义务。承揽人应在约定期限内按照合同约定，以自己的技术、劳力和设备完成所承揽的工作。 (2)接受定作人提供材料或者依照约定提供材料。《民法典》规定，承揽人提供材料的，应当按照约定选用材料，并接受定作人检验。定作人提供材料的，应当按照约定提供材料。承揽人对定作人提供的材料应当及时检验，发现不符合约定时，应当及时通知定作人更换、补齐或者采取其他补救措施。承揽人不得擅自更换定作人提供的材料，不得更换不需要修理的零部件。 (3)交付工作成果。承揽人完成工作的，应当向定作人交付工作成果，并提交必要的技术资料和有关质量证明。定作人应当验收该工作成果。 (4)承揽人的瑕疵担保义务。承揽人交付的工作有瑕疵时，定作人可以请求承揽人承担修理、重作、减少报酬、赔偿损失等责任。 (5)容忍义务。承揽人在完成工作期间，应当接受定作人对其承揽工作的检验和监督。 (6)保密和通知义务。承揽人应当按照定作人的要求保守秘密，未经定作人许可，不得留存复制品或者技术资料。承揽人发现定作人提供的图纸或者技术要求不合理的，应当及时通知定作人。因定作人怠于答复等原因造成承揽人损失的，应当赔偿损失

（续表）

当事人	义务
定作人	(1)支付价款的义务。定作人获得承揽人的工作成果,相应地也应及时向承揽人支付价款。定作人未向承揽人支付报酬或者材料费等价款的,承揽人对完成的工作成果享有留置权或者有权拒绝交付,但是当事人另有约定的除外。 (2)定作人的协助义务。包括依合同约定应提供相应材料、图纸或技术要求等。 (3)受领工作成果。定作人在受领工作成果的同时,有义务对工作成果进行验收

承揽合同的解除情形如下表所示。

解除合同方	情形	
承揽人	定作人不履行协助义务致使工作不能完成的,经催告逾期不履行的,承揽人可解除合同	
定作人	法定解除权	承揽人将主要工作交由第三人完成的,未经定作人同意的,定作人可解除合同
	法定任意解除权	定作人具有任意解除合同的权利,但必须赔偿承揽人的损失

其他注意事项如下。

(1)交付工作成果前,承揽人不受定作人的控制(监督检验除外)。

(2)承揽合同中的工作交由第三人完成的处理情形有三类:

①未经定作人同意,承揽人将工作交由第三人完成,定作人可以解除合同;

②经定作人同意的,承揽人应就第三人完成的工作成果向定作人负责(第三人不负责);

③有权将辅助工作交由第三人完成,并对完成结果向定作人负责。

(3)共同承揽人对定作人承担连带责任。

(4)定作人中途变更承担工作要求,造成承揽人损失的,要赔偿损失。

专家解读

承揽合同当事人的权利义务与承揽合同当事人的解除权需重点掌握。

六、货运合同

《民法典》规定,运输合同是承运人将旅客或者货物从起运地点运输到约定地点,旅客、托运人或者收货人支付票款或者运输费用的合同。运输合同包括客运合同和货运合同,建设工程领域较常涉及的是货运合同。

货运合同是诺成、双务、有偿合同,其标的是运输行为。收货人和托运人可以是同一人,也可以不是同一人。

货运合同当事人的权利与义务如下表所示。

项目	内容	
托运人的权利与义务	权利	承运人未按照约定路线或者通常路线运输增加运输费用的，托运人或者收货人可以拒绝支付增加部分的运输费用
		货物在运输过程中因不可抗力灭失，已收取运费的，托运人可以请求返还
		在承运人将货物交付收货人前，托运人可以要求承运人中止运输、返还货物、变更到达地或者将货物交给其他收货人，但是应当赔偿承运人因此受到的损失
	义务	托运人办理货物运输，应当向承运人准确表明收货人的姓名、名称或者凭指示的收货人，货物的名称、性质、重量、数量，收货地点等有关货物运输的必要情况。因托运人申报不实或者遗漏重要情况，造成承运人损失的，托运人应当承担赔偿责任
		货物运输需要办理审批、检验等手续的，托运人应当将办理完有关手续的文件提交承运人
		托运人应当按照约定的方式包装货物。对包装方式没有约定或者约定不明确的，适用《民法典》第六百一十九条的规定（出卖人应当按照约定的包装方式交付标的物。对包装方式没有约定或者约定不明确，依据《民法典》第五百一十条的规定仍不能确定的，应当按照通用的方式包装；没有通用方式的，应当采取足以保护标的物且有利于节约资源、保护生态环境的包装方式）。托运人违反前款规定的，承运人可以拒绝运输
		托运人托运易燃、易爆、有毒、有腐蚀性、有放射性等危险物品的，应当按照国家有关危险物品运输的规定对危险物品妥善包装，做出危险物标志和标签，并将有关危险物品的名称、性质和防范措施的书面材料提交承运人。托运人违反前款规定的，承运人可以拒绝运输，也可以采取相应措施以避免损失的发生，因此产生的费用由托运人负担
承运人的权利与义务	权利	收取运费及符合规定的其他费用，但货物在运输过程中因不可抗力灭失，未收取运费的，承运人不得请求支付运费
		托运人或者收货人不支付运费、保管费或者其他费用的，承运人对相应的运输货物享有留置权，但是当事人另有约定的除外
		收货人不明或者收货人无正当理由拒绝受领货物的，承运人依法可以提存货物
	义务	按合同约定调配适当的运输工具和设备，接收承运的货物，按期将货物运到指定的地点；从接收货物时起至交付收货人之前，负有安全运输和妥善保管的义务；货物运到指定地点后，应及时通知收货人收货
		货物运输到达后，承运人知道收货人的，应当及时通知收货人，收货人应当及时提货。收货人逾期提货的，应当向承运人支付保管费等费用
		承运人对运输过程中货物的毁损、灭失承担赔偿责任。但是，承运人证明货物的毁损、灭失是因不可抗力、货物本身的自然性质或者合理损耗以及托运人、收货人的过错造成的，不承担赔偿责任

（续表）

项目		内容
承运人的权利与义务	义务	两个以上承运人以同一运输方式联运的，与托运人订立合同的承运人应当对全程运输承担责任；损失发生在某一运输区段的，与托运人订立合同的承运人和该区段的承运人承担连带责任
收货人的权利与义务	权利	承运人将货物运到指定地点后，持凭证领取货物的权利；在发现货物短少或灭失时，有请求承运人赔偿的权利
	义务	在一定期限内检验货物；及时提货；支付托运人少付或未付的运费或其他费用

运输过程中因不可抗力灭失时运费的支付处理方法如下表所示。

情形	处理方法	备注
未收取运费的	承运人不得请求支付运费	损失的货物无需承运人赔偿
已收取运费的	托运人可以请求返还	—

专家解读

注意掌握承运人的留置权，留置权的知识点可以与担保物权中留置权结合起来理解和记忆。

多式联运经营人负责履行或者组织履行多式联运合同，对全程运输享有承运人的权利，承担承运人的义务。多式联运经营人可以与参加多式联运的各区段承运人就多式联运合同的各区段运输约定相互之间的责任；但是，该约定不影响多式联运经营人对全程运输承担的义务。多式联运经营人收到托运人交付的货物时，应当签发多式联运单据。按照托运人的要求，多式联运单据可以是可转让单据，也可以是不可转让单据。

典型例题

【单选题】关于货运合同特征的说法，正确的是（　　）。

A. 货运合同是双务合同　　B. 货运合同是实践合同

C. 货运合同是无偿合同　　D. 货运合同的标的是货物

A。【解析】货运合同是诺成合同。故选项 B 错误。货运合同是双务、有偿合同。故选项 C 错误。货运合同的标的是运输行为。故选项 D 错误。

七、委托合同

《民法典》规定，委托合同是委托人和受托人约定，由受托人处理委托人事务的合同。

委托合同订立的前提是双方当事人的互相信任，其目的是代他人管理或处理事务，是典型的提供劳务的合同，可以为有偿，也可以为无偿。

委托人与受托人的义务如下表所示。

当事人	义务
委托人	(1)支付费用的义务。无论委托合同是否有偿,委托人都有义务提供或补偿委托事务的必要费用。 (2)付酬的义务。对于有偿委托合同,委托人应向受托人支付约定的报酬。 (3)赔偿损失的义务。一方面,委托人对受托人在处理委托事务中非因自己过错所造成的损失应赔偿损失,另一方面,因在受托人之外委托第三人处理委托事务给受托人造成损失的,委托人应赔偿损失
受托人	(1)办理委托事务的义务。受托人对委托事务原则上应亲自办理,只有在事先取得委托人的同意,或在紧急情况下,为了委托人的利益可以转托他人。 (2)遵守委托指示的义务。 (3)报告的义务。受托人应将委托事务情况向委托人报告。 (4)披露第三人或委托人的义务。受托人因第三人的原因对委托人不履行义务,受托人应当向委托人披露第三人;受托人因委托人的原因对第三人不履行义务,受托人应当向第三人披露委托人。 (5)转移利益的义务。受托人应将办理委托事务取得的各种利益及时转移给委托人。 (6)转移权利的义务。受托人以自己的名义为委托人办理事务取得的权利,应将权利转移给委托人。 (7)赔偿损失的义务。有偿的委托合同,受托人对因其过错造成委托人的损失应赔偿损失。无偿的委托合同,受托人对因其故意或者重大过失造成委托人的损失应赔偿损失。受托人超越权限造成委托人损失的,应当赔偿损失

(一)转委托规定

《民法典》规定,受托人应当亲自处理委托事务。经委托人同意,受托人可以转委托。转委托经同意或者追认的,委托人可以就委托事务直接指示转委托的第三人,受托人仅就第三人的选任及其对第三人的指示承担责任。转委托未经同意或者追认的,受托人应当对转委托的第三人的行为承担责任;但是,在紧急情况下受托人为了维护委托人的利益需要转委托第三人的除外。

(二)委托中涉及第三人的规定

《民法典》规定,受托人以自己的名义,在委托人的授权范围内与第三人订立的合同,第三人在订立合同时知道受托人与委托人之间的代理关系的,该合同直接约束委托人和第三人;但是,有确切证据证明该合同只约束受托人和第三人的除外。

受托人以自己的名义与第三人订立合同时,第三人不知道受托人与委托人之间的代理关系的,受托人因第三人的原因对委托人不履行义务,受托人应当向委托人披露第三人,委托人因此可以行使受托人对第三人的权利。但是,第三人与受托人订立合同时如果知道该委托人就不会订立合同的除外。

受托人因委托人的原因对第三人不履行义务,受托人应当向第三人披露委托人,第三人因此可以选择受托人或者委托人作为相对人主张其权利,但是第三人不得变更选定的相对人。委托人行使受托人对第三人的权利的,第三人可以向委托人主张其对受托人的抗辩。

第三人选定委托人作为其相对人的,委托人可以向第三人主张其对受托人的抗辩以及受托人对第三人的抗辩。

(三)委托合同中的赔偿责任

《民法典》规定,有偿的委托合同,因受托人的过错造成委托人损失的,委托人可以请求赔偿损失。无偿的委托合同,因受托人的故意或者重大过失造成委托人损失的,委托人可以请求赔偿损失。受托人超越权限给委托人造成损失的,应当赔偿损失。

受托人处理委托事务时,因不可归责于自己的事由受到损失的,可以向委托人请求赔偿损失。

委托人经受托人同意,可以在受托人之外委托第三人处理委托事务。因此造成受托人损失的,受托人可以向委托人请求赔偿损失。

两个以上的受托人共同处理委托事务的,对委托人承担连带责任。

(四)委托合同的解除和终止

《民法典》规定,委托人或者受托人可以随时解除委托合同。因解除合同造成对方损失的,除不可归责于该当事人的事由外,无偿委托合同的解除方应当赔偿因解除时间不当造成的直接损失,有偿委托合同的解除方应当赔偿对方的直接损失和合同履行后可以获得的利益。

委托人死亡、终止或者受托人死亡、丧失民事行为能力、终止的,委托合同终止;但是,当事人另有约定或者根据委托事务的性质不宜终止的除外。

因委托人死亡或者被宣告破产、解散,致使委托合同终止将损害委托人利益的,在委托人的继承人、遗产管理人或者清算人承受委托事务之前,受托人应当继续处理委托事务。

因受托人死亡、丧失民事行为能力或者被宣告破产、解散,致使委托合同终止的,受托人的继承人、遗产管理人、法定代理人或者清算人应当及时通知委托人。因委托合同终止将损害委托人利益的,在委托人作出善后处理之前,受托人的继承人、遗产管理人、法定代理人或者清算人应当采取必要措施。

专家解读

该考点可以结合委托代理的内容理解记忆,在考试中最多出现1道试题,了解掌握上述知识点即可。

第五章 建设工程施工环境保护、节约能源和文物保护法律制度

第一节　施工现场环境保护制度

建设工程施工中的环境污染主要是固体废物污染、噪声污染、水污染、大气污染、土壤污染等，这些环境污染不仅污染环境，还影响了周围居民的正常生活，甚至可能对工程的质量产生重要的影响。

《中华人民共和国环境保护法》第四十二条规定，排放污染物的企业事业单位和其他生产经营者，应当采取措施，防治在生产建设或者其他活动中产生的废气、废水、废渣、医疗废物、粉尘、恶臭气体、放射性物质以及噪声、振动、光辐射、电磁辐射等对环境的污染和危害。排放污染物的企业事业单位，应当建立环境保护责任制度，明确单位负责人和相关人员的责任。

《排污许可管理条例》第二条规定，依照法律规定实行排污许可管理的企业事业单位和其他生产经营者（以下称排污单位），应当依照本条例规定申请取得排污许可证；未取得排污许可证的，不得排放污染物。

根据污染物产生量、排放量、对环境的影响程度等因素，对排污单位实行排污许可分类管理：

（1）污染物产生量、排放量或者对环境的影响程度较大的排污单位，实行排污许可重点管理；

（2）污染物产生量、排放量和对环境的影响程度都较小的排污单位，实行排污许可简化管理。

实行排污许可管理的排污单位范围、实施步骤和管理类别名录，由国务院生态环境主管部门拟订并报国务院批准后公布实施。制定实行排污许可管理的排污单位范围、实施步骤和管理类别名录，应当征求有关部门、行业协会、企业事业单位和社会公众等方面的意见。

《中华人民共和国乡村振兴促进法》第三十八条规定，国家建立健全农村住房建设质量安全管理制度和相关技术标准体系，建立农村低收入群体安全住房保障机制。建设农村住

房应当避让灾害易发区域，符合抗震、防洪等基本安全要求。县级以上地方人民政府应当加强农村住房建设管理和服务，强化新建农村住房规划管控，严格禁止违法占用耕地建房；鼓励农村住房设计体现地域、民族和乡土特色，鼓励农村住房建设采用新型建造技术和绿色建材，引导农民建设功能现代、结构安全、成本经济、绿色环保、与乡村环境相协调的宜居住房。

《住房和城乡建设部办公厅关于加强保障性住房质量常见问题防治的通知》规定，各地要结合实际和群众反映的突出问题，在执行工程建设标准规范基础上，参照以下内容明确本地保障性住房工程质量常见问题防治的底线要求，制定便于监督检查的技术要点：室外迎水面防水；室内房间不渗漏；室内隔声防噪；室内空气健康；室内建筑面层平整无开裂；固定家具安装牢固美观；设备管线设置合理；围护系统防坠落。

一、环境影响评价

《中华人民共和国固体废物污染环境防治法》（以下简称为《固体废物污染环境防治法》）规定，建设产生、贮存、利用、处置固体废物的项目，应当依法进行环境影响评价，并遵守国家有关建设项目环境保护管理的规定。建设项目的环境影响评价文件确定需要配套建设的固体废物污染环境防治设施，应当与主体工程同时设计、同时施工、同时投入使用。建设项目的初步设计，应当按照环境保护设计规范的要求，将固体废物污染环境防治内容纳入环境影响评价文件，落实防治固体废物污染环境和破坏生态的措施以及固体废物污染环境防治设施投资概算。建设单位应当依照有关法律法规的规定，对配套建设的固体废物污染环境防治设施进行验收，编制验收报告，并向社会公开。

2022 年 6 月 5 日起施行的《中华人民共和国噪声污染防治法》（以下简称为《噪声污染防治法》）规定，各级人民政府及其有关部门制定、修改国土空间规划和相关规划，应当依法进行环境影响评价，充分考虑城乡区域开发、改造和建设项目产生的噪声对周围生活环境的影响，统筹规划，合理安排土地用途和建设布局，防止、减轻噪声污染。有关环境影响篇章、说明或者报告书中应当包括噪声污染防治内容。新建、改建、扩建可能产生噪声污染的建设项目，应当依法进行环境影响评价。

《中华人民共和国水污染防治法》（以下简称为《水污染防治法》）规定，新建、改建、扩建直接或者间接向水体排放污染物的建设项目和其他水上设施，应当依法进行环境影响评价。建设单位在江河、湖泊新建、改建、扩建排污口的，应当取得水行政主管部门或者流域管理机构同意；涉及通航、渔业水域的，生态环境主管部门在审批环境影响评价文件时，应当征求交通、渔业主管部门的意见。建设项目的水污染防治设施，应当与主体工程同时设计、同时施工、同时投入使用。水污染防治设施应当符合经批准或者备案的环境影响评价文件的要求。

《中华人民共和国大气污染防治法》（以下简称为《大气污染防治法》）规定，企业事业单位和其他生产经营者建设对大气环境有影响的项目，应当依法进行环境影响评价、公开环境影响评价文件；向大气排放污染物的，应当符合大气污染物排放标准，遵守重点大气污染物排放总量控制要求。对超过国家重点大气污染物排放总量控制指标或者未完成国家下达的大气环境质量改善目标的地区，省级以上人民政府生态环境主管部门应当会同有关部门约谈该地区人民政府的主要负责人，并暂停审批该地区新增重点大气污染物排放总量的建设项目环境影响评价文件。约谈情况应当向社会公开。编制可能对国家大气污染防治重点区域的大气环境造成严重污染的有关工业园区、开发区、区域产业和发展等规划，应当依法进行环境影响评价。规划编制机关应当与重点区域内有关省、自治区、直辖市人民政府或者有关部门会商。重点区域内有关省、自治区、直辖市建设可能对相邻省、自治区、直辖市大气环境质量产生重大影响的项目，应当及时通报有关信息，进行会商。会商意见及其采纳情况作为环境影响评价文件审查或者审批的重要依据。

《中华人民共和国土壤污染防治法》（以下简称为《土壤污染防治法》）规定，各类涉及土地利用的规划和可能造成土壤污染的建设项目，应当依法进行环境影响评价。环境影响评价文件应当包括对土壤可能造成的不良影响及应当采取的相应预防措施等内容。

二、施工现场固体废物污染防治的规定

固体废物是指人类在生产建设、日常生活和其他活动产生的，在一定时间和地点无法利用而被丢弃的污染环境的固体、半固体废弃物质，包括从废水、废气分离出来的固体颗粒。

根据2020年4月29日修订通过的《固体废物污染环境防治法》，固体废物分为工业固体废物、生活垃圾、建筑垃圾、农业固体废物、危险废物等。固体废物污染环境防治坚持减量化、资源化和无害化的原则。任何单位和个人都应当采取措施，减少固体废物的产生量，促进固体废物的综合利用，降低固体废物的危害性。

固体废物污染环境防治坚持污染担责的原则。产生、收集、贮存、运输、利用、处置固体废物的单位和个人，应当采取措施，防止或者减少固体废物对环境的污染，对所造成的环境污染依法承担责任。

（一）固体废物污染环境防治工作的监督管理

收集、贮存、运输、利用、处置固体废物的单位和其他生产经营者，应当加强对相关设施、设备和场所的管理和维护，保证其正常运行和使用。

产生、收集、贮存、运输、利用、处置固体废物的单位和其他生产经营者，应当采取防扬散、防流失、防渗漏或者其他防止污染环境的措施，不得擅自倾倒、堆放、丢弃、遗撒固体废物。禁止任何单位或者个人向江河、湖泊、运河、渠道、水库及其最高水位线以下的滩地和岸坡以及法律法规规定的其他地点倾倒、堆放、贮存固体废物。

在生态保护红线区域、永久基本农田集中区域和其他需要特别保护的区域内，禁止建设工业固体废物、危险废物集中贮存、利用、处置的设施、场所和生活垃圾填埋场。

转移固体废物出省、自治区、直辖市行政区域贮存、处置的，应当向固体废物移出地的省、自治区、直辖市人民政府生态环境主管部门提出申请。移出地的省、自治区、直辖市人民政府生态环境主管部门应当及时商经接受地的省、自治区、直辖市人民政府生态环境主管部门同意后，在规定期限内批准转移该固体废物出省、自治区、直辖市行政区域。未经批准的，不得转移。转移固体废物出省、自治区、直辖市行政区域利用的，应当报固体废物移出地的省、自治区、直辖市人民政府生态环境主管部门备案。移出地的省、自治区、直辖市人民政府生态环境主管部门应当将备案信息通报接受地的省、自治区、直辖市人民政府生态环境主管部门。

禁止中华人民共和国境外的固体废物进境倾倒、堆放、处置。

（二）危险废物污染环境防治的特别规定

《固体废物污染环境防治法》规定，对危险废物的容器和包装物以及收集、贮存、运输、利用、处置危险废物的设施、场所，应当按照规定设置危险废物识别标志。

产生危险废物的单位，应当按照国家有关规定制定危险废物管理计划；建立危险废物管理台账，如实记录有关信息，并通过国家危险废物信息管理系统向所在地生态环境主管部门申报危险废物的种类、产生量、流向、贮存、处置等有关资料。前款所称危险废物管理计划应当包括减少危险废物产生量和降低危险废物危害性的措施以及危险废物贮存、利用、处置措施。危险废物管理计划应当报产生危险废物的单位所在地生态环境主管部门备案。产生危险废物的单位已经取得排污许可证的，执行排污许可管理制度的规定。

产生危险废物的单位，应当按照国家有关规定和环境保护标准要求贮存、利用、处置危险废物，不得擅自倾倒、堆放。

从事收集、贮存、利用、处置危险废物经营活动的单位，应当按照国家有关规定申请取得许可证。许可证的具体管理办法由国务院制定。禁止无许可证或者未按照许可证规定从事危险废物收集、贮存、利用、处置的经营活动。禁止将危险废物提供或者委托给无许可证的单位或者其他生产经营者从事收集、贮存、利用、处置活动。

收集、贮存危险废物，应当按照危险废物特性分类进行。禁止混合收集、贮存、运输、处置性质不相容而未经安全性处置的危险废物。贮存危险废物应当采取符合国家环境保护标准的防护措施。禁止将危险废物混入非危险废物中贮存。从事收集、贮存、利用、处置危险废物经营活动的单位，贮存危险废物不得超过 1 年；确需延长期限的，应当报经颁发许可证的生态环境主管部门批准；法律、行政法规另有规定的除外。

转移危险废物的，应当按照国家有关规定填写、运行危险废物电子或者纸质转移联单。跨省、自治区、直辖市转移危险废物的，应当向危险废物移出地省、自治区、直辖市人民政府生态环境主管部门申请。移出地省、自治区、直辖市人民政府生态环境主管部门应当及时商经接受地省、自治区、直辖市人民政府生态环境主管部门同意后，在规定期限内批准转移该危险废物，并将批准信息通报相关省、自治区、直辖市人民政府生态环境主管部门和交通运输主管部门。未经批准的，不得转移。危险废物转移管理应当全程管控、提高效率，具体办法由国务院生态环境主管部门会同国务院交通运输主管部门和公安部门制定。

运输危险废物，应当采取防止污染环境的措施，并遵守国家有关危险货物运输管理的规定。禁止将危险废物与旅客在同一运输工具上载运。

收集、贮存、运输、利用、处置危险废物的场所、设施、设备和容器、包装物及其他物品转作他用时，应当按照国家有关规定经过消除污染处理，方可使用。

产生、收集、贮存、运输、利用、处置危险废物的单位，应当依法制定意外事故的防范措施和应急预案，并向所在地生态环境主管部门和其他负有固体废物污染环境防治监督管理职责的部门备案；生态环境主管部门和其他负有固体废物污染环境防治监督管理职责的部门应当进行检查。

因发生事故或者其他突发性事件，造成危险废物严重污染环境的单位，应当立即采取有效措施消除或者减轻对环境的污染危害，及时通报可能受到污染危害的单位和居民，并向所在地生态环境主管部门和有关部门报告，接受调查处理。

（三）固体废物污染环境防治违法行为应承担的法律责任

《固体废物污染环境防治法》第一百零三条规定，违反本法规定，以拖延、围堵、滞留执法人员等方式拒绝、阻挠监督检查，或者在接受监督检查时弄虚作假的，由生态环境主管部门或者其他负有固体废物污染环境防治监督管理职责的部门责令改正，处5万元以上20万元以下的罚款；对直接负责的主管人员和其他直接责任人员，处2万元以上10万元以下的罚款。

第一百一十一条规定，违反本法规定，有下列行为之一，由县级以上地方人民政府环境卫生主管部门责令改正，处以罚款，没收违法所得：

(1)随意倾倒、抛撒、堆放或者焚烧生活垃圾的。

(2)擅自关闭、闲置或者拆除生活垃圾处理设施、场所的。

(3)工程施工单位未编制建筑垃圾处理方案报备案，或者未及时清运施工过程中产生的固体废物的。

(4)工程施工单位擅自倾倒、抛撒或者堆放工程施工过程中产生的建筑垃圾，或者未按照规定对施工过程中产生的固体废物进行利用或者处置的。

(5)产生、收集厨余垃圾的单位和其他生产经营者未将厨余垃圾交由具备相应资质条件的单位进行无害化处理的。

(6)畜禽养殖场、养殖小区利用未经无害化处理的厨余垃圾饲喂畜禽的。

(7)在运输过程中沿途丢弃、遗撒生活垃圾的。

单位有前款第(1)项、第(7)项行为之一，处5万元以上50万元以下的罚款；单位有前款第(2)项、第(3)项、第(4)项、第(5)项、第(6)项行为之一，处10万元以上100万元以下的罚款；个人有前款第(1)项、第(5)项、第(7)项行为之一，处100元以上500元以下的罚款。违反本法规定，未在指定的地点分类投放生活垃圾的，由县级以上地方人民政府环境卫生主管部门责令改正；情节严重的，对单位处5万元以上50万元以下的罚款，对个人依法处以罚款。

第一百一十二条规定，违反本法规定，有下列行为之一，由生态环境主管部门责令改正，处以罚款，没收违法所得；情节严重的，报经有批准权的人民政府批准，可以责令停业或者关闭：

(1)未按照规定设置危险废物识别标志的。

(2)未按照国家有关规定制定危险废物管理计划或者申报危险废物有关资料的。

(3)擅自倾倒、堆放危险废物的。

(4)将危险废物提供或者委托给无许可证的单位或者其他生产经营者从事经营活动的。

(5)未按照国家有关规定填写、运行危险废物转移联单或者未经批准擅自转移危险废物的。

(6)未按照国家环境保护标准贮存、利用、处置危险废物或者将危险废物混入非危险废物中贮存的。

(7)未经安全性处置，混合收集、贮存、运输、处置具有不相容性质的危险废物的；

(8)将危险废物与旅客在同一运输工具上载运的。

(9)未经消除污染处理，将收集、贮存、运输、处置危险废物的场所、设施、设备和容器、包装物及其他物品转作他用的。

(10)未采取相应防范措施，造成危险废物扬散、流失、渗漏或者其他环境污染的。

(11)在运输过程中沿途丢弃、遗撒危险废物的。

(12)未制定危险废物意外事故防范措施和应急预案的。

(13)未按照国家有关规定建立危险废物管理台账并如实记录的。

有前款第(1)项、第(2)项、第(5)项、第(6)项、第(7)项、第(8)项、第(9)项、第(12)项、第(13)项行为之一,处10万元以上100万元以下的罚款;有前款第(3)项、第(4)项、第(10)项、第(11)项行为之一,处所需处置费用3倍以上5倍以下的罚款,所需处置费用不足20万元的,按20万元计算。

第一百一十三条规定,违反本法规定,危险废物产生者未按照规定处置其产生的危险废物被责令改正后拒不改正的,由生态环境主管部门组织代为处置,处置费用由危险废物产生者承担;拒不承担代为处置费用的,处代为处置费用1倍以上3倍以下的罚款。

第一百一十八条规定,违反本法规定,造成固体废物污染环境事故的,除依法承担赔偿责任外,由生态环境主管部门依照本条第二款的规定处以罚款,责令限期采取治理措施;造成重大或者特大固体废物污染环境事故的,还可以报经有批准权的人民政府批准,责令关闭。造成一般或者较大固体废物污染环境事故的,按照事故造成的直接经济损失的1倍以上3倍以下计算罚款;造成重大或者特大固体废物污染环境事故的,按照事故造成的直接经济损失的3倍以上5倍以下计算罚款,并对法定代表人、主要负责人、直接负责的主管人员和其他责任人员处上一年度从本单位取得的收入50%以下的罚款。

三、施工现场噪声污染防治的规定

(一)建筑施工噪声污染的防治规定

建筑施工是指工程建设实施阶段的生产活动,是各类建筑物的建造过程,包括基础工程施工、主体结构施工、屋面工程施工、装饰工程施工(已竣工交付使用的住宅楼进行室内装修活动除外)等。

《噪声污染防治法》规定,本法所称建筑施工噪声,是指在建筑施工过程中产生的干扰周围生活环境的声音。

建设单位应当按照规定将噪声污染防治费用列入工程造价,在施工合同中明确施工单位的噪声污染防治责任。施工单位应当按照规定制定噪声污染防治实施方案,采取有效措施,减少振动、降低噪声。建设单位应当监督施工单位落实噪声污染防治实施方案。

在噪声敏感建筑物集中区域施工作业,应当优先使用低噪声施工工艺和设备。国务院工业和信息化主管部门会同国务院生态环境、住房和城乡建设、市场监督管理等部门,公布低噪声施工设备指导名录并适时更新。

在噪声敏感建筑物集中区域施工作业,建设单位应当按照国家规定,设置噪声自动监测系统,与监督管理部门联网,保存原始监测记录,对监测数据的真实性和准确性负责。

在噪声敏感建筑物集中区域,禁止夜间进行产生噪声的建筑施工作业,但抢修、抢险施工作业,因生产工艺要求或者其他特殊需要必须连续施工作业的除外。因特殊需要必须连续施工作业的,应当取得地方人民政府住房和城乡建设、生态环境主管部门或者地方人民政府指定的部门的证明,并在施工现场显著位置公示或者以其他方式公告附近居民。噪声敏感建筑物，是指用于居住、科学研究、医疗卫生、文化教育、机关团体办公、社会福利等需要保持安静的建筑物。

（二）噪声污染防治的监督管理

《噪声污染防治法》规定，排放噪声、产生振动，应当符合噪声排放标准以及相关的环境振动控制标准和有关法律、法规、规章的要求。排放噪声的单位和公共场所管理者，应当建立噪声污染防治责任制度，明确负责人和相关人员的责任。

国务院生态环境主管部门负责制定噪声监测和评价规范，会同国务院有关部门组织声环境质量监测网络，规划国家声环境质量监测站（点）的设置，组织开展全国声环境质量监测，推进监测自动化，统一发布全国声环境质量状况信息。地方人民政府生态环境主管部门会同有关部门按照规定设置本行政区域声环境质量监测站（点），组织开展本行政区域声环境质量监测，定期向社会公布声环境质量状况信息。地方人民政府生态环境等部门应当加强对噪声敏感建筑物周边等重点区域噪声排放情况的调查、监测。

建设项目的噪声污染防治设施应当与主体工程同时设计、同时施工、同时投产使用。建设项目在投入生产或者使用之前，建设单位应当依照有关法律法规的规定，对配套建设的噪声污染防治设施进行验收，编制验收报告，并向社会公开。未经验收或者验收不合格的，该建设项目不得投入生产或者使用。

建设噪声敏感建筑物，应当符合民用建筑隔声设计相关标准要求，不符合标准要求的，不得通过验收、交付使用；在交通干线两侧、工业企业周边等地方建设噪声敏感建筑物，还应当按照规定间隔一定距离，并采取减少振动、降低噪声的措施。

国家鼓励、支持低噪声工艺和设备的研究开发和推广应用，实行噪声污染严重的落后工艺和设备淘汰制度。国务院发展改革部门会同国务院有关部门确定噪声污染严重的工艺和设备淘汰期限，并纳入国家综合性产业政策目录。生产者、进口者、销售者或者使用者应当在规定期限内停止生产、进口、销售或者使用列入规定目录的设备。工艺的采用者应当在规定期限内停止采用列入规定目录的工艺。

对未完成声环境质量改善规划设定目标的地区以及噪声污染问题突出、群众反映强烈的地区，省级以上人民政府生态环境主管部门会同其他负有噪声污染防治监督管理职责的部门约谈该地区人民政府及其有关部门的主要负责人，要求其采取有效措施及时整改。约谈和整改情况应当向社会公开。

生态环境主管部门和其他负有噪声污染防治监督管理职责的部门，有权对排放噪声的单位或者场所进行现场检查。被检查者应当如实反映情况，提供必要的资料，不得拒绝或者阻挠。实施检查的部门、人员对现场检查中知悉的商业秘密应当保密。检查人员进行现场检查，不得少于2人，并应当主动出示执法证件。

排放噪声造成严重污染，被责令改正拒不改正的，生态环境主管部门或者其他负有噪声污染防治监督管理职责的部门，可以查封、扣押排放噪声的场所、设施、设备、工具和物品。

任何单位和个人都有权向生态环境主管部门或者其他负有噪声污染防治监督管理职责的部门举报造成噪声污染的行为。生态环境主管部门和其他负有噪声污染防治监督管理职责的部门应当公布举报电话、电子邮箱等，方便公众举报。接到举报的部门应当及时处理并对举报人的相关信息保密。举报事项属于其他部门职责的，接到举报的部门应当及时移送相关部门并告知举报人。举报人要求答复并提供有效联系方式的，处理举报事项的部门应当反馈处理结果等情况。

（三）噪声污染防治违法行为应承担的法律责任

违法行为	应承担的法律责任
拒绝、阻挠监督检查，或者在接受监督检查时弄虚作假的	由生态环境主管部门或者其他负有噪声污染防治监督管理职责的部门责令改正，处 2 万元以上 20 万元以下的罚款
(1)超过噪声排放标准排放建筑施工噪声的。 (2)未按照规定取得证明，在噪声敏感建筑物集中区域夜间进行产生噪声的建筑施工作业的	建设单位、施工单位有该项行为之一的，由工程所在地人民政府指定的部门责令改正，处 1 万元以上 10 万元以下的罚款；拒不改正的，可以责令暂停施工
(1)建设单位未按照规定将噪声污染防治费用列入工程造价的。 (2)施工单位未按照规定制定噪声污染防治实施方案，或者未采取有效措施减少振动、降低噪声的。 (3)在噪声敏感建筑物集中区域施工作业的建设单位未按照国家规定设置噪声自动监测系统，未与监督管理部门联网，或者未保存原始监测记录的。 (4)因特殊需要必须连续施工作业，建设单位未按照规定公告附近居民的	有该项行为之一的，由工程所在地人民政府指定的部门责令改正，处 5 000 元以上 5 万元以下的罚款；拒不改正的，处 5 万元以上 20 万元以下的罚款
噪声污染防治监督管理人员滥用职权、玩忽职守、徇私舞弊的	由监察机关或者任免机关、单位依法给予处分

四、施工现场水污染防治的规定

水污染主要是指人类活动排放的污染物进入水体，引起水质下降，利用价值降低或丧失的现象。2017 年 6 月修改，2018 年 1 月 1 日起施行的《水污染防治法》第三条明确指出，水污染防治应当坚持预防为主、防治结合、综合治理的原则，优先保护饮用水水源，严格控制工业污染、城镇生活污染，防治农业面源污染，积极推进生态治理工程建设，预防、控制和减少水环境污染和生态破坏。

水污染防治中涉及湿地与地下水污染防治以及生态环境损害赔偿的规定，下面不再介绍，相关内容可扫描右侧二维码获取。

扫码获取更多内容

(一)施工现场水污染防治的相关规定

1. 水污染防治措施的一般规定

项目	内容
禁止排放有毒、放射性废液的相关规定	禁止向水体排放油类、酸液、碱液或者剧毒废液。禁止在水体清洗装贮过油类或者有毒污染物的车辆和容器
	禁止将含有汞、镉、砷、铬、铅、氰化物、黄磷等的可溶性剧毒废渣向水体排放、倾倒或者直接埋入地下。存放可溶性剧毒废渣的场所，应当采取防水、防渗漏、防流失的措施
	禁止利用无防渗漏措施的沟渠、坑塘等输送或者存贮含有毒污染物的废水、含病原体的污水和其他废弃物
	禁止向水体排放、倾倒放射性固体废物或者含有高放射性和中放射性物质的废水。向水体排放含低放射性物质的废水，应当符合国家有关放射性污染防治的规定和标准
禁止倾倒、存贮废弃物的相关规定	禁止在江河、湖泊、运河、渠道、水库最高水位线以下的滩地和岸坡堆放、存贮固体废弃物和其他污染物
	禁止向水体排放、倾倒工业废渣、城镇垃圾和其他废弃物
其他涉及水污染防治行为的相关规定	禁止利用渗井、渗坑、裂隙、溶洞，私设暗管，篡改、伪造监测数据，或者不正常运行水污染防治设施等逃避监管的方式排放水污染物
	兴建地下工程设施或者进行地下勘探、采矿等活动，应当采取防护性措施，防止地下水污染
	人工回灌补给地下水，不得恶化地下水质

2. 建设工程涉及城镇排水的规定

项目	内容
排水户不得危及城镇排水设施安全的行为	排水户不得有下列危及城镇排水设施安全的行为： (1)向城镇排水设施排放、倾倒剧毒、易燃易爆、腐蚀性废液和废渣、有害气体和烹饪油烟等； (2)堵塞城镇排水设施或者向城镇排水设施内排放、倾倒垃圾、渣土、施工泥浆、油脂、污泥等易堵塞物； (3)擅自拆卸、移动、穿凿和接入城镇排水设施； (4)擅自向城镇排水设施加压排放污水； (5)其他危及城镇排水与污水处理设施安全的活动
施工现场排水与污水处理设施的相关规定	建设工程开工前，建设单位应当查明工程建设范围内地下城镇排水与污水处理设施的相关情况。城镇排水主管部门及其他相关部门和单位应当及时提供相关资料
	建设工程施工范围内有排水管网等城镇排水与污水处理设施的，建设单位应当与施工单位、设施维护运营单位共同制定设施保护方案，并采取相应的安全保护措施
	因工程建设需要拆除、改动城镇排水与污水处理设施的，建设单位应当制定拆除、改动方案，报城镇排水主管部门审核，并承担重建、改建和采取临时措施的费用

（续表）

项目	内容
排水许可证的相关规定	未取得排水许可证，排水户不得向城镇排水设施排放污水
	各类施工作业需要排水的，由建设单位申请领取排水许可证
	因施工作业需要向城镇排水设施排水的，排水许可证的有效期，由城镇排水主管部门根据排水状况确定，但不得超过施工期限
	排水户应当按照排水许可证确定的排水类别、总量、时限、排放口位置和数量、排放的污染物项目和浓度等要求排放污水
	城镇排水主管部门实施排水许可不得收费

3. 发生事故或者其他突发性事件的处理规定

《城镇污水排入排水管网许可管理办法》规定，排水户因发生事故或者其他突发事件，排放的污水可能危及城镇排水与污水处理设施安全运行的，应当立即暂停排放，采取措施消除危害，并按规定及时向城镇排水主管部门等有关部门报告。

《水污染防治法》规定，企业事业单位发生事故或者其他突发性事件，造成或者可能造成水污染事故的，应当立即启动本单位的应急方案，采取隔离等应急措施，防止水污染物进入水体，并向事故发生地的县级以上地方人民政府或者生态环境主管部门报告。

4. 饮用水水源和其他特殊水体的保护规定

项目	相关规定
饮用水水源和其他特殊水体的保护规定	在饮用水水源保护区内，禁止设置排污口
	禁止在饮用水水源一级保护区内新建、改建、扩建与供水设施和保护水源无关的建设项目；已建成的与供水设施和保护水源无关的建设项目，由县级以上人民政府责令拆除或者关闭
	禁止在饮用水水源二级保护区内新建、改建、扩建排放污染物的建设项目；已建成的排放污染物的建设项目，由县级以上人民政府责令拆除或者关闭
	禁止在饮用水水源准保护区内新建、扩建对水体污染严重的建设项目；改建建设项目，不得增加排污量

5. 城镇排水主管部门的相关监管规定

《城镇污水排入排水管网许可管理办法》规定，城镇排水主管部门应当结合排水户分级分类情况，通过“双随机、一公开”方式，对排水户排放污水的情况实施监督检查。实施监督检查时，有权采取下列措施：

（1）进入现场开展检查、监测；

（2）要求被监督检查的排水户出示排水许可证；

(3)查阅、复制有关文件和材料；

(4)要求被监督检查的单位和个人就有关问题做出说明；

(5)依法采取禁止排水户向城镇排水设施排放污水等措施，纠正违反有关法律、法规和本办法规定的行为。

被监督检查的单位和个人应当予以配合，不得妨碍和阻挠依法进行的监督检查活动。

城镇排水主管部门可以通过政府购买服务等方式，组织或者委托排水监测机构等技术服务单位为排水许可监督检查工作提供技术服务。受委托的具有计量认证资质的排水监测机构应当对排水户排放污水的水质、水量进行监测，建立排水监测档案。

(二)施工现场水污染防治违法行为应承担的法律责任

违法行为	应承担的法律责任
(1)未按照规定对所排放的水污染物自行监测，或者未保存原始监测记录的。 (2)未按照规定安装水污染物排放自动监测设备，未按照规定与生态环境主管部门的监控设备联网，或者未保证监测设备正常运行的。 (3)未按照规定对有毒有害水污染物的排污口和周边环境进行监测，或者未公开有毒有害水污染物信息的	有该项行为之一的，由县级以上人民政府生态环境主管部门责令限期改正，处2万元以上20万元以下的罚款；逾期不改正的，责令停产整治
(1)未依法取得排污许可证排放水污染物的； (2)超过水污染物排放标准或者超过重点水污染物排放总量控制指标排放水污染物的； (3)利用渗井、渗坑、裂隙、溶洞，私设暗管，篡改、伪造监测数据，或者不正常运行水污染防治设施等逃避监管的方式排放水污染物的； (4)未按照规定进行预处理，向污水集中处理设施排放不符合处理工艺要求的工业废水的	有该项行为之一的，由县级以上人民政府生态环境主管部门责令改正或者责令限制生产、停产整治，并处10万元以上100万元以下的罚款；情节严重的，报经有批准权的人民政府批准，责令停业、关闭
在饮用水水源保护区内设置排污口的	由县级以上地方人民政府责令限期拆除，处10万元以上50万元以下的罚款；逾期不拆除的，强制拆除，所需费用由违法者承担，处50万元以上100万元以下的罚款，并可以责令停产整治
违反法律、行政法规和国务院生态环境主管部门的规定设置排污口的	由县级以上地方人民政府生态环境主管部门责令限期拆除，处2万元以上10万元以下的罚款；逾期不拆除的，强制拆除，所需费用由违法者承担，处10万元以上50万元以下的罚款；情节严重的，可以责令停产整治

（续表）

违法行为	应承担的法律责任
(1)向水体排放油类、酸液、碱液的； (2)向水体排放剧毒废液，或者将含有汞、镉、砷、铬、铅、氰化物、黄磷等的可溶性剧毒废渣向水体排放、倾倒或者直接埋入地下的； (3)在水体清洗装贮过油类、有毒污染物的车辆或者容器的； (4)向水体排放、倾倒工业废渣、城镇垃圾或者其他废弃物，或者在江河、湖泊、运河、渠道、水库最高水位线以下的滩地、岸坡堆放、存贮固体废弃物或者其他污染物的； (5)向水体排放、倾倒放射性固体废物或者含有高放射性、中放射性物质的废水的； (6)违反国家有关规定或者标准，向水体排放含低放射性物质的废水、热废水或者含病原体的污水的； (7)未采取防渗漏等措施，或者未建设地下水水质监测井进行监测的； (8)加油站等的地下油罐未使用双层罐或者采取建造防渗池等其他有效措施，或者未进行防渗漏监测的； (9)未按照规定采取防护性措施，或者利用无防渗漏措施的沟渠、坑塘等输送或者存贮含有毒污染物的废水、含病原体的污水或者其他废弃物的	有该项行为之一的，由县级以上地方人民政府生态环境主管部门责令停止违法行为，限期采取治理措施，消除污染，处以罚款；逾期不采取治理措施的，生态环境主管部门可以指定有治理能力的单位代为治理，所需费用由违法者承担。有左侧第(3)项、第(4)项、第(6)项、第(7)项、第(8)项行为之一的，处2万元以上20万元以下的罚款。有左侧第(1)项、第(2)项、第(5)项、第(9)项行为之一的，处10万元以上100万元以下的罚款；情节严重的，报经有批准权的人民政府批准，责令停业、关闭
(1)不按照规定制定水污染事故的应急方案的； (2)水污染事故发生后，未及时启动水污染事故的应急方案，采取有关应急措施的	企业事业单位有该项行为之一的，由县级以上人民政府生态环境主管部门责令改正；情节严重的，处2万元以上10万元以下的罚款

五、施工现场大气污染防治的规定

大气污染是指大气中一些物质的含量达到有害的程度以至破坏生态系统和人类正常生存和发展的条件，对人或物造成危害的现象。

（一）大气污染防治的相关规定

项目	内容
企业事业单位和其他生产经营者大气污染的防治规定	企业事业单位和其他生产经营者向大气排放污染物的，应当依照法律法规和国务院生态环境主管部门的规定设置大气污染物排放口
	禁止通过偷排、篡改或者伪造监测数据、以逃避现场检查为目的的临时停产、非紧急情况下开启应急排放通道、不正常运行大气污染防治设施等逃避监管的方式排放大气污染物

（续表）

项目	内容
企业事业单位和其他生产经营者大气污染的防治规定	企业事业单位和其他生产经营者应当按照国家有关规定和监测规范，对其排放的工业废气和排放有毒有害大气污染物名录中所列有毒有害大气污染物进行监测，并保存原始监测记录
	向大气排放持久性有机污染物的企业事业单位和其他生产经营者以及废弃物焚烧设施的运营单位，应当按照国家有关规定，采取有利于减少持久性有机污染物排放的技术方法和工艺，配备有效的净化装置，实现达标排放
	企业事业单位和其他生产经营者在生产经营活动中产生恶臭气体的，应当科学选址，设置合理的防护距离，并安装净化装置或者采取其他措施，防止排放恶臭气体
建设单位的大气污染的防治规定	建设单位应当将防治扬尘污染的费用列入工程造价，并在施工承包合同中明确施工单位扬尘污染防治责任
	暂时不能开工的建设用地，建设单位应当对裸露地面进行覆盖；超过 3 个月的，应当进行绿化、铺装或者遮盖
施工单位的大气污染的防治规定	施工单位应当制定具体的施工扬尘污染防治实施方案
	施工单位应当在施工工地设置硬质围挡，并采取覆盖、分段作业、择时施工、洒水抑尘、冲洗地面和车辆等有效防尘降尘措施。建筑土方、工程渣土、建筑垃圾应当及时清运；在场地内堆存的，应当采用密闭式防尘网遮盖。工程渣土、建筑垃圾应当进行资源化处理
	施工单位应当在施工工地公示扬尘污染防治措施、负责人、扬尘监督管理主管部门等信息
其他涉及大气污染防治行为的相关规定	运输煤炭、垃圾、渣土、砂石、土方、灰浆等散装、流体物料的车辆应当采取密闭或者其他措施防止物料遗撒造成扬尘污染，并按照规定路线行驶。装卸物料应当采取密闭或者喷淋等方式防治扬尘污染。城市人民政府应当加强道路、广场、停车场和其他公共场所的清扫保洁管理，推行清洁动力机械化清扫等低尘作业方式，防治扬尘污染
	贮存煤炭、煤矸石、煤渣、煤灰、水泥、石灰、石膏、砂土等易产生扬尘的物料应当密闭；不能密闭的，应当设置不低于堆放物高度的严密围挡，并采取有效覆盖措施防治扬尘污染
	码头、矿山、填埋场和消纳场应当实施分区作业，并采取有效措施防治扬尘污染
	禁止在人口集中地区和其他依法需要特殊保护的区域内焚烧沥青、油毡、橡胶、塑料、皮革、垃圾以及其他产生有毒有害烟尘和恶臭气体的物质

2019 年 4 月 9 日发布的《住房和城乡建设部办公厅关于进一步加强施工工地和道路扬尘管控工作的通知》规定，应积极采取施工工地防尘降尘措施，如对施工现场实行封闭管理、加强物料管理、注重降尘作业、硬化路面和清洗车辆、清运建筑垃圾、加强监测监控等。城市范围内主要路段的施工工地应设置高度不小于 2.5 m 的封闭围挡，一般路段的

施工工地应设置高度不小于 1.8 m 的封闭围挡。施工工地的封闭围挡应坚固、稳定、整洁、美观。

链接

为落实党中央、国务院关于建设全国碳排放权交易市场的决策部署，在应对气候变化和促进绿色低碳发展中充分发挥市场机制作用，推动温室气体减排，规范全国碳排放权交易及相关活动，根据国家有关温室气体排放控制的要求，生态环境部于 2020 年 12 月 31 日制定了《碳排放权交易管理办法(试行)》。《碳排放权交易管理办法(试行)》第八条规定，温室气体排放单位符合下列条件的，应当列入温室气体重点排放单位名录：属于全国碳排放权交易市场覆盖行业；年度温室气体排放量达到 2.6 万吨二氧化碳当量。

(二)相关部门对向大气排放污染物单位的监管规定

《大气污染防治法》规定，生态环境主管部门及其环境执法机构和其他负有大气环境保护监督管理职责的部门，有权通过现场检查监测、自动监测、遥感监测、远红外摄像等方式，对排放大气污染物的企业事业单位和其他生产经营者进行监督检查。被检查者应当如实反映情况，提供必要的资料。实施检查的部门、机构及其工作人员应当为被检查者保守商业秘密。

企业事业单位和其他生产经营者违反法律法规规定排放大气污染物，造成或者可能造成严重大气污染，或者有关证据可能灭失或者被隐匿的，县级以上人民政府生态环境主管部门和其他负有大气环境保护监督管理职责的部门，可以对有关设施、设备、物品采取查封、扣押等行政强制措施。

地方各级人民政府应当加强对建设施工和运输的管理，保持道路清洁，控制料堆和渣土堆放，扩大绿地、水面、湿地和地面铺装面积，防治扬尘污染。

从事房屋建筑、市政基础设施建设、河道整治以及建筑物拆除等施工单位，应当向负责监督管理扬尘污染防治的主管部门备案。

(三)施工现场大气污染防治违法行为应承担的法律责任

1. 企业事业单位和其他生产经营者应承担的法律责任

违法行为	应承担的法律责任
(1)排放有毒有害大气污染物名录中所列有毒有害大气污染物的企业事业单位，未按照规定建设环境风险预警体系或者对排放口和周边环境进行定期监测、排查环境安全隐患并采取有效措施防范环境风险的。 (2)向大气排放持久性有机污染物的企业事业单位和其他生产经营者以及废弃物焚烧设施的运营单位，未按照国家有关规定采取有利于减少持久性有机污染物排放的技术方法和工艺，配备净化装置的。 (3)企业事业单位和其他生产经营者未采取措施防止排放恶臭气体的	有该项行为之一的，由县级以上人民政府生态环境等主管部门按照职责责令改正，处 1 万元以上 10 万元以下的罚款；拒不改正的，责令停工整治或者停业整治

（续表）

违法行为	应承担的法律责任
(1)未依法取得排污许可证排放大气污染物的。 (2)超过大气污染物排放标准或者超过重点大气污染物排放总量控制指标排放大气污染物的。 (3)通过逃避监管的方式排放大气污染物的。 (4)建筑施工或者贮存易产生扬尘的物料未采取有效措施防治扬尘污染的	企业事业单位和其他生产经营者有该项行为之一，受到罚款处罚，被责令改正，拒不改正的，依法作出处罚决定的行政机关可以自责令改正之日的次日起，按照原处罚数额按日连续处罚。上述规定的罚款处罚，依照有关法律法规按照防治污染设施的运行成本、违法行为造成的直接损失或者违法所得等因素确定的规定执行

2. 建设单位应承担的法律责任

建设单位未对暂时不能开工的建设用地的裸露地面进行覆盖，或者未对超过 3 个月不能开工的建设用地的裸露地面进行绿化、铺装或者遮盖的，由县级以上人民政府住房城乡建设等主管部门按照职责责令改正，处 1 万元以上 10 万元以下的罚款；拒不改正的，责令停工整治。

3. 施工单位应承担的法律责任

违法行为	应承担的法律责任
以拒绝进入现场等方式拒不接受生态环境主管部门及其环境执法机构或者其他负有大气环境保护监督管理职责的部门的监督检查，或者在接受监督检查时弄虚作假的	由县级以上人民政府生态环境主管部门或者其他负有大气环境保护监督管理职责的部门责令改正，处 2 万元以上 20 万元以下的罚款；构成违反治安管理行为的，由公安机关依法予以处罚
(1)未依法取得排污许可证排放大气污染物的。 (2)超过大气污染物排放标准或者超过重点大气污染物排放总量控制指标排放大气污染物的。 (3)通过逃避监管的方式排放大气污染物的	有该项行为之一的，由县级以上人民政府生态环境主管部门责令改正或者限制生产、停产整治，并处 10 万元以上 100 万元以下的罚款；情节严重的，报经有批准权的人民政府批准，责令停业、关闭
(1)施工工地未设置硬质围挡，或者未采取覆盖、分段作业、择时施工、洒水抑尘、冲洗地面和车辆等有效防尘降尘措施的； (2)建筑土方、工程渣土、建筑垃圾未及时清运，或者未采用密闭式防尘网遮盖的	施工单位有该项行为之一的，由县级以上人民政府住房城乡建设等主管部门按照职责责令改正，处 1 万元以上 10 万元以下的罚款；拒不改正的，责令停工整治
运输煤炭、垃圾、渣土、砂石、土方、灰浆等散装、流体物料的车辆，未采取密闭或者其他措施防止物料遗撒的	由县级以上地方人民政府确定的监督管理部门责令改正，处 2 000 元以上 2 万元以下的罚款；拒不改正的，车辆不得上道路行驶

（续表）

违法行为	应承担的法律责任
(1)未密闭煤炭、煤矸石、煤渣、煤灰、水泥、石灰、石膏、砂土等易产生扬尘的物料的； (2)对不能密闭的易产生扬尘的物料，未设置不低于堆放物高度的严密围挡，或者未采取有效覆盖措施防治扬尘污染的； (3)装卸物料未采取密闭或者喷淋等方式控制扬尘排放的； (4)存放煤炭、煤矸石、煤渣、煤灰等物料，未采取防燃措施的； (5)码头、矿山、填埋场和消纳场未采取有效措施防治扬尘污染的	有该项行为之一的，由县级以上人民政府生态环境等主管部门按照职责责令改正，处 1 万元以上 10 万元以下的罚款；拒不改正的，责令停工整治或者停业整治
在人口集中地区和其他依法需要特殊保护的区域内，焚烧沥青、油毡、橡胶、塑料、皮革、垃圾以及其他产生有毒有害烟尘和恶臭气体的物质的	由县级人民政府确定的监督管理部门责令改正，对单位处 1 万元以上 10 万元以下的罚款，对个人处 500 元以上 2 000 元以下的罚款
拒不执行停止工地土石方作业或者建筑物拆除施工等重污染天气应急措施的	由县级以上地方人民政府确定的监督管理部门处 1 万元以上 10 万元以下的罚款

典型例题

【多选题】关于施工现场大气污染防治的说法，正确的有(　　)。

A. 小型工程的工程造价可以不列支防治扬尘污染的费用

B. 暂时不能开工的施工工地，施工企业应当对裸露地面进行覆盖

C. 施工合同应当明确施工企业扬尘污染防治责任

D. 工程渣土、建筑垃圾应当进行资源化处理

E. 施工工地应当公示扬尘污染防治相关信息

CDE。【解析】建设单位应当将防治扬尘污染的费用列入工程造价，并在施工承包合同中明确施工单位扬尘污染防治责任。故选项 A 错误。暂时不能开工的建设用地，建设单位应当对裸露地面进行覆盖；超过 3 个月的，应当进行绿化、铺装或者遮盖。故选项 B 错误。

六、土壤污染防治的规定

《土壤污染防治法》规定，任何组织和个人都有保护土壤、防止土壤污染的义务。土地使用权人从事土地开发利用活动，企业事业单位和其他生产经营者从事生产经营活动，应当采取有效措施，防止、减少土壤污染，对所造成的土壤污染依法承担责任。

企业事业单位拆除设施、设备或者建筑物、构筑物的，应当采取相应的土壤污染防治措

施。土壤污染重点监管单位拆除设施、设备或者建筑物、构筑物的，应当制定包括应急措施在内的土壤污染防治工作方案，报地方人民政府生态环境、工业和信息化主管部门备案并实施。

国家鼓励在建筑、通信、电力、交通、水利等领域的信息、网络、防雷、接地等建设工程中采用新技术、新材料，防止土壤污染。禁止在土壤中使用重金属含量超标的降阻产品。

拆除设施、设备或者建筑物、构筑物，企业事业单位未采取相应的土壤污染防治措施或者土壤污染重点监管单位未制定、实施土壤污染防治工作方案的，由地方人民政府生态环境主管部门或者其他负有土壤污染防治监督管理职责的部门责令改正，处以罚款；拒不改正的，责令停产整治；并处 2 万元以上 20 万元以下的罚款；造成严重后果的，处 20 万元以上 200 万元以下的罚款。

七、《绿色施工导则》中的环境保护技术要点

（一）扬尘控制

（1）运送土方、垃圾、设备及建筑材料等，不污损场外道路。运输容易散落、飞扬、流漏的物料的车辆，必须采取措施封闭严密，保证车辆清洁。施工现场出口应设置洗车槽。

（2）土方作业阶段，采取洒水、覆盖等措施，达到作业区目测扬尘高度小于 1.5 m，不扩散到场区外。

（3）结构施工、安装装饰装修阶段，作业区目测扬尘高度小于 0.5 m。对易产生扬尘的堆放材料应采取覆盖措施；对粉末状材料应封闭存放；场区内可能引起扬尘的材料及建筑垃圾搬运应有降尘措施，如覆盖、洒水等；浇筑混凝土前清理灰尘和垃圾时尽量使用吸尘器，避免使用吹风器等易产生扬尘的设备；机械剔凿作业时可用局部遮挡、掩盖、水淋等防护措施；高层或多层建筑清理垃圾应搭设封闭性临时专用道或采用容器吊运。

（4）施工现场非作业区达到目测无扬尘的要求。对现场易飞扬物质采取有效措施，如洒水、地面硬化、围挡、密网覆盖、封闭等，防止扬尘产生。

（5）构筑物机械拆除前，做好扬尘控制计划。可采取清理积尘、拆除体洒水、设置隔挡等措施。

（6）构筑物爆破拆除前，做好扬尘控制计划。可采用清理积尘、淋湿地面、预湿墙体、屋面敷水袋、楼面蓄水、建筑外设高压喷雾状水系统、搭设防尘排栅和直升机投水弹等综合降尘。选择风力小的天气进行爆破作业。

（7）在场界四周隔挡高度位置测得的大气总悬浮颗粒物（TSP）月平均浓度与城市背景值的差值不大于 0.08 mg/m^3。

（二）噪音与振动控制

（1）现场噪音排放不得超过国家标准《建筑施工场界环境噪声排放标准》的规定。

建筑施工场界，是指由有关主管部门批准的建筑施工场地边界或建筑施工过程中实际使用的施工场地边界。《建筑施工场界环境噪声排放标准》规定，建筑施工过程中场界环境噪声不得超过规定的排放限值。

项目	时段		限值
规定的排放限值	昼间	6:00~22:00	70 dB(A)
	夜间	22:00~次日6:00	55 dB(A)

注:夜间噪声最大声级超过限值的幅度不得高于15 dB(A)。县级以上人民政府为环境噪声污染防治的需要(如考虑时差、作息习惯差异等)而对昼间、夜间的划分另有规定的,应按其规定执行。

(2)在施工场界对噪音进行实时监测与控制。

(3)使用低噪音、低振动的机具,采取隔音与隔振措施,避免或减少施工噪音和振动。

(三)光污染控制

尽量避免或减少施工过程中的光污染。夜间室外照明灯加设灯罩,透光方向集中在施工范围。电焊作业采取遮挡措施,避免电焊弧光外泄。

(四)水污染控制

(1)施工现场污水排放应达到国家标准《污水综合排放标准》的要求。

(2)在施工现场应针对不同的污水,设置相应的处理设施,如沉淀池、隔油池、化粪池等。

(3)污水排放应委托有资质的单位进行废水水质检测,提供相应的污水检测报告。

(4)保护地下水环境。采用隔水性能好的边坡支护技术。在缺水地区或地下水位持续下降的地区,基坑降水尽可能少地抽取地下水;当基坑开挖抽水量大于50万m^3时,应进行地下水回灌,并避免地下水被污染。

(5)对于化学品等有毒材料、油料的储存地,应有严格的隔水层设计,做好渗漏液收集和处理。

(五)土壤保护

(1)保护地表环境,防止土壤侵蚀、流失。因施工造成的裸土,及时覆盖砂石或种植速生草种,以减少土壤侵蚀;因施工造成容易发生地表径流土壤流失的情况,应采取设置地表排水系统、稳定斜坡、植被覆盖等措施,减少土壤流失。

(2)沉淀池、隔油池、化粪池等不发生堵塞、渗漏、溢出等现象。及时清掏各类池内沉淀物,并委托有资质的单位清运。

(3)对于有毒有害废弃物如电池、墨盒、油漆、涂料等应回收后交有资质的单位处理,不能作为建筑垃圾外运,避免污染土壤和地下水。

(4)施工后应恢复施工活动破坏的植被(一般指临时占地内)。与当地园林、生态环境部门或当地植物研究机构进行合作,在先前开发地区种植当地或其他合适的植物,以恢复剩余空地地貌或科学绿化,补救施工活动中人为破坏植被和地貌造成的土壤侵蚀。

(六)建筑垃圾控制

(1)制定建筑垃圾减量化计划,如住宅建筑,每万平方米的建筑垃圾不宜超过400吨。

(2)加强建筑垃圾的回收再利用,力争建筑垃圾的再利用和回收率达到30%,建筑物拆除产生的废弃物的再利用和回收率大于40%。对于碎石类、土石方类建筑垃圾,可采用地基填埋、铺路等方式提高再利用率,力争再利用率大于50%。

(3)施工现场生活区设置封闭式垃圾容器，施工场地生活垃圾实行袋装化，及时清运。对建筑垃圾进行分类，并收集到现场封闭式垃圾站，集中运出。

链接

2020年5月8日发布的《住房和城乡建设部关于推进建筑垃圾减量化的指导意见》规定，应落实企业主体责任：按照“谁产生、谁负责”的原则，落实建设单位建筑垃圾减量化的首要责任。建设单位应将建筑垃圾减量化目标和措施纳入招标文件和合同文本，将建筑垃圾减量化措施费纳入工程概算，并监督设计、施工、监理单位具体落实。

应实行建筑垃圾分类管理：施工单位应建立建筑垃圾分类收集与存放管理制度，实行分类收集、分类存放、分类处置。鼓励以末端处置为导向对建筑垃圾进行细化分类。严禁将危险废物和生活垃圾混入建筑垃圾。

专家解读

《绿色施工导则》对建筑垃圾的减量化和回收再利用规定中涉及数字指标的规定，需重点掌握。

（七）地下设施、文物和资源保护

(1)施工前应调查清楚地下各种设施，做好保护计划，保证施工场地周边的各类管道、管线、建筑物、构筑物的安全运行。

(2)施工过程中一旦发现文物，立即停止施工，保护现场并通报文物部门并协助做好工作。

(3)避让、保护施工场区及周边的古树名木。

(4)逐步开展统计分析施工项目的CO_2排放量，以及各种不同植被和树种的CO_2固定量的工作。

第二节　施工节约能源制度

节约能源是当今世界的一种重要社会意识，是指尽可能地减少能源的消耗、增加能源的利用率的一系列行为。世界能源委员会1979年提出的节约能源定义是：采取技术上可行、经济上合理、环境和社会可接受的一切措施，来提高能源资源的利用效率。

《节约能源法》第四条规定，节约资源是我国的基本国策。国家实施节约与开发并举、把节约放在首位的能源发展战略。

一、节能政策与节能管理

国家实行有利于节能和环境保护的产业政策，限制发展高耗能、高污染行业，发展节能环保型产业。国务院和省、自治区、直辖市人民政府应当加强节能工作，合理调整产业结构、企业结构、产品结构和能源消费结构，推动企业降低单位产值能耗和单位产品能耗，淘汰落后的生产能力，改进能源的开发、加工、转换、输送、储存和供应，提高能源利用效率。国家鼓励、支持开发和利用新能源、可再生能源。

国家鼓励、支持节能科学技术的研究、开发、示范和推广，促进节能技术创新与进步。国家开展节能宣传和教育，将节能知识纳入国民教育和培训体系，普及节能科学知识，增强全民的节能意识，提倡节约型的消费方式。

国家实行固定资产投资项目节能评估和审查制度。不符合强制性节能标准的项目，建设单位不得开工建设；已经建成的，不得投入生产、使用。政府投资项目不符合强制性节能标准的，依法负责项目审批的机关不得批准建设。具体办法由国务院管理节能工作的部门会同国务院有关部门制定。

国家对落后的耗能过高的用能产品、设备和生产工艺实行淘汰制度。淘汰的用能产品、设备、生产工艺的目录和实施办法，由国务院管理节能工作的部门会同国务院有关部门制定并公布。生产过程中耗能高的产品的生产单位，应当执行单位产品能耗限额标准。对超过单位产品能耗限额标准用能的生产单位，由管理节能工作的部门按照国务院规定的权限责令限期治理。对高耗能的特种设备，按照国务院的规定实行节能审查和监管。

禁止生产、进口、销售国家明令淘汰或者不符合强制性能源效率标准的用能产品、设备；禁止使用国家明令淘汰的用能设备、生产工艺。

典型例题

【单选题】根据《节约能源法》，关于建筑节能的说法，正确的是(　　)。

A. 不符合强制性节能标准的项目，如确有必要，建设单位可以开工建设

B. 国家实行固定资产投资项目节能评估和审查制度

C. 不符合强制性节能标准的项目，已经建成的，可以投入使用

D. 国家在新建建筑中强制使用节能建筑材料

B。**【解析】**《节约能源法》第十五条规定，国家实行固定资产投资项目节能评估和审查制度。不符合强制性节能标准的项目，建设单位不得开工建设；已经建成的，不得投入生产、使用。政府投资项目不符合强制性节能标准的，依法负责项目审批的机关不得批准建设。具体办法由国务院管理节能工作的部门会同国务院有关部门制定。第四十条规定，国家鼓励在新建建筑和既有建筑节能改造中使用新型墙体材料等节能建筑材料和节能设备，安装和使用太阳能等可再生能源利用系统。

二、合理使用与节约能源

(一) 一般规定

用能单位应当按照合理用能的原则，加强节能管理，制定并实施节能计划和节能技术措施，降低能源消耗。用能单位应当建立节能目标责任制，对节能工作取得成绩的集体、个人

给予奖励。用能单位应当定期开展节能教育和岗位节能培训。用能单位应当加强能源计量管理，按照规定配备和使用经依法检定合格的能源计量器具。用能单位应当建立能源消费统计和能源利用状况分析制度，对各类能源的消费实行分类计量和统计，并确保能源消费统计数据真实、完整。能源生产经营单位不得向本单位职工无偿提供能源。任何单位不得对能源消费实行包费制。

（二）《节约能源法》关于建筑节能的相关规定

国务院建设主管部门负责全国建筑节能的监督管理工作。县级以上地方各级人民政府建设主管部门负责本行政区域内建筑节能的监督管理工作。县级以上地方各级人民政府建设主管部门会同同级管理节能工作的部门编制本行政区域内的建筑节能规划。建筑节能规划应当包括既有建筑节能改造计划。

建筑工程的建设、设计、施工和监理单位应当遵守建筑节能标准。不符合建筑节能标准的建筑工程，建设主管部门不得批准开工建设；已经开工建设的，应当责令停止施工、限期改正；已经建成的，不得销售或者使用。建设主管部门应当加强对在建建筑工程执行建筑节能标准情况的监督检查。

房地产开发企业在销售房屋时，应当向购买人明示所售房屋的节能措施、保温工程保修期等信息，在房屋买卖合同、质量保证书和使用说明书中载明，并对其真实性、准确性负责。

国家采取措施，对实行集中供热的建筑分步骤实行供热分户计量、按照用热量收费的制度。新建建筑或者对既有建筑进行节能改造，应当按照规定安装用热计量装置、室内温度调控装置和供热系统调控装置。具体办法由国务院建设主管部门会同国务院有关部门制定。

县级以上地方各级人民政府有关部门应当加强城市节约用电管理，严格控制公用设施和大型建筑物装饰性景观照明的能耗。

国家鼓励在新建建筑和既有建筑节能改造中使用新型墙体材料等节能建筑材料和节能设备，安装和使用太阳能等可再生能源利用系统。

（三）《民用建筑节能条例》关于建筑节能的相关规定

1. 新建建筑节能的规定

《民用建筑节能条例》规定，国家推广使用民用建筑节能的新技术、新工艺、新材料和新设备，限制使用或者禁止使用能源消耗高的技术、工艺、材料和设备。国家限制进口或者禁止进口能源消耗高的技术、材料和设备。建设单位、设计单位、施工单位不得在建筑活动中使用列入禁止使用目录的技术、工艺、材料和设备。

各单位的节能义务如下表所示。

单位	节能义务
施工图设计文件审查机构	应当按照民用建筑节能强制性标准对施工图设计文件进行审查；经审查不符合民用建筑节能强制性标准的，县级以上地方人民政府建设主管部门不得颁发施工许可证

（续表）

单位	节能义务
建设单位	不得明示或者暗示设计单位、施工单位违反民用建筑节能强制性标准进行设计、施工
	不得明示或者暗示施工单位使用不符合施工图设计文件要求的墙体材料、保温材料、门窗、采暖制冷系统和照明设备
	按照合同约定由建设单位采购墙体材料、保温材料、门窗、采暖制冷系统和照明设备的，建设单位应当保证其符合施工图设计文件要求
	建设单位组织竣工验收，应当对民用建筑是否符合民用建筑节能强制性标准进行查验；对不符合民用建筑节能强制性标准的，不得出具竣工验收合格报告
设计单位	应当按照民用建筑节能强制性标准进行设计
施工单位	应当按照民用建筑节能强制性标准进行施工
	应当对进入施工现场的墙体材料、保温材料、门窗、采暖制冷系统和照明设备进行查验；不符合施工图设计文件要求的，不得使用
工程监理单位	应当按照民用建筑节能强制性标准进行监理
	发现施工单位不按照民用建筑节能强制性标准施工的，应当要求施工单位改正；施工单位拒不改正的，工程监理单位应当及时报告建设单位，并向有关主管部门报告
	墙体、屋面的保温工程施工时，监理工程师应当按照工程监理规范的要求，采取旁站、巡视和平行检验等形式实施监理。未经监理工程师签字，墙体材料、保温材料、门窗、采暖制冷系统和照明设备不得在建筑上使用或者安装，施工单位不得进行下一道工序的施工

在正常使用条件下，保温工程的最低保修期限为5年。保温工程的保修期，自竣工验收合格之日起计算。保温工程在保修范围和保修期内发生质量问题的，施工单位应当履行保修义务，并对造成的损失依法承担赔偿责任。

2.既有建筑节能的规定

《民用建筑节能条例》规定，既有建筑节能改造应当根据当地经济、社会发展水平和地理气候条件等实际情况，有计划、分步骤地实施分类改造。本条例所称既有建筑节能改造，是指对不符合民用建筑节能强制性标准的既有建筑的围护结构、供热系统、采暖制冷系统、照明设备和热水供应设施等实施节能改造的活动。

实施既有建筑节能改造，应当符合民用建筑节能强制性标准，优先采用遮阳、改善通风等低成本改造措施。既有建筑围护结构的改造和供热系统的改造，应当同步进行。

对实行集中供热的建筑进行节能改造，应当安装供热系统调控装置和用热计量装置；对公共建筑进行节能改造，还应当安装室内温度调控装置和用电分项计量装置。

三、节能技术进步与激励措施

（一）节能技术进步

国务院管理节能工作的部门会同国务院科技主管部门发布节能技术政策大纲，指导节能技术研究、开发和推广应用。

县级以上各级人民政府应当把节能技术研究开发作为政府科技投入的重点领域，支持科研单位和企业开展节能技术应用研究，制定节能标准，开发节能共性和关键技术，促进节能技术创新与成果转化。

国务院管理节能工作的部门会同国务院有关部门制定并公布节能技术、节能产品的推广目录，引导用能单位和个人使用先进的节能技术、节能产品。国务院管理节能工作的部门会同国务院有关部门组织实施重大节能科研项目、节能示范项目、重点节能工程。

（二）激励措施

中央财政和省级地方财政安排节能专项资金，支持节能技术研究开发、节能技术和产品的示范与推广、重点节能工程的实施、节能宣传培训、信息服务和表彰奖励等。

国家对生产、使用列入规定的推广目录的需要支持的节能技术、节能产品，实行税收优惠等扶持政策。国家通过财政补贴支持节能照明器具等节能产品的推广和使用。

国家实行有利于节约能源资源的税收政策，健全能源矿产资源有偿使用制度，促进能源资源的节约及其开采利用水平的提高。

国家运用税收等政策，鼓励先进节能技术、设备的进口，控制在生产过程中耗能高、污染重的产品的出口。

政府采购监督管理部门会同有关部门制定节能产品、设备政府采购名录，应当优先列入取得节能产品认证证书的产品、设备。

国家引导金融机构增加对节能项目的信贷支持，为符合条件的节能技术研究开发、节能产品生产以及节能技术改造等项目提供优惠贷款。国家推动和引导社会有关方面加大对节能的资金投入，加快节能技术改造。

国家实行有利于节能的价格政策，引导用能单位和个人节能。国家运用财税、价格等政策，支持推广电力需求侧管理、合同能源管理、节能自愿协议等节能办法。国家实行峰谷分时电价、季节性电价、可中断负荷电价制度，鼓励电力用户合理调整用电负荷；对钢铁、有色金属、建材、化工和其他主要耗能行业的企业，分淘汰、限制、允许和鼓励类实行差别电价政策。

各级人民政府对在节能管理、节能科学技术研究和推广应用中有显著成绩以及检举严重浪费能源行为的单位和个人，给予表彰和奖励。

四、建筑行业关于循环经济的规定

《中华人民共和国循环经济促进法》规定，本法所称循环经济，是指在生产、流通和消费等过程中进行的减量化、再利用、资源化活动的总称。本法所称减量化，是指在生产、流通和消费等过程中减少资源消耗和废物产生。本法所称再利用，是指将废物直接作为产品或者经修复、翻新、再制造后继续作为产品使用，或者将废物的全部或者部分作为其他产品的部件予以使用。本法所称资源化，是指将废物直接作为原料进行利用或者对废物进行再生利用。

国家对钢铁、有色金属、煤炭、电力、石油加工、化工、建材、建筑、造纸、印染等行业年综合能源消费量、用水量超过国家规定总量的重点企业，实行能耗、水耗的重点监督管理制度。重点能源消费单位的节能监督管理，依照《节约能源法》的规定执行。

（一）减量化

国务院循环经济发展综合管理部门会同国务院生态环境等有关主管部门，定期发布鼓励、限制和淘汰的技术、工艺、设备、材料和产品名录。禁止生产、进口、销售列入淘汰名录的设备、材料和产品，禁止使用列入淘汰名录的技术、工艺、设备和材料。

新建、改建、扩建建设项目，应当配套建设节水设施。节水设施应当与主体工程同时设计、同时施工、同时投产使用。

国家鼓励和支持沿海地区进行海水淡化和海水直接利用，节约淡水资源。

建筑设计、建设、施工等单位应当按照国家有关规定和标准，对其设计、建设、施工的建筑物及构筑物采用节能、节水、节地、节材的技术工艺和小型、轻型、再生产品。有条件的地区，应当充分利用太阳能、地热能、风能等可再生能源。国家鼓励利用无毒无害的固体废物生产建筑材料，鼓励使用散装水泥，推广使用预拌混凝土和预拌砂浆。禁止损毁耕地烧砖。在国务院或者省、自治区、直辖市人民政府规定的期限和区域内，禁止生产、销售和使用黏土砖。

（二）再利用和资源化

县级以上人民政府应当统筹规划区域经济布局，合理调整产业结构，促进企业在资源综合利用等领域进行合作，实现资源的高效利用和循环使用。

建设单位应当对工程施工中产生的建筑废物进行综合利用；不具备综合利用条件的，应当委托具备条件的生产经营者进行综合利用或者无害化处置。

国家支持企业开展机动车零部件、工程机械、机床等产品的再制造和轮胎翻新。销售的再制造产品和翻新产品的质量必须符合国家规定的标准，并在显著位置标识为再制造产品或者翻新产品。

（三）激励措施

国务院和省、自治区、直辖市人民政府设立发展循环经济的有关专项资金，支持循环经济的科技研究开发、循环经济技术和产品的示范与推广、重大循环经济项目的实施、发展循环经济的信息服务等。

国务院和省、自治区、直辖市人民政府及其有关部门应当将循环经济重大科技攻关项目的自主创新研究、应用示范和产业化发展列入国家或者省级科技发展规划和高技术产业发展规划，并安排财政性资金予以支持。利用财政性资金引进循环经济重大技术、装备的，应当制定消化、吸收和创新方案，报有关主管部门审批并由其监督实施；有关主管部门应当根据实际需要建立协调机制，对重大技术、装备的引进和消化、吸收、创新实行统筹协调，并给予资金支持。

国家对促进循环经济发展的产业活动给予税收优惠，并运用税收等措施鼓励进口先进的节能、节水、节材等技术、设备和产品，限制在生产过程中耗能高、污染重的产品的出口。具体办法由国务院财政、税务主管部门制定。企业使用或者生产列入国家清洁生产、资源综合利用等鼓励名录的技术、工艺、设备或者产品的，按照国家有关规定享受税收优惠。

县级以上人民政府循环经济发展综合管理部门在制定和实施投资计划时，应当将节能、节水、节地、节材、资源综合利用等项目列为重点投资领域。对符合国家产业政策的节能、节水、节地、节材、资源综合利用等项目，金融机构应当给予优先贷款等信贷支持，并积极提供配套金融服务。对生产、进口、销售或者使用列入淘汰名录的技术、工艺、设备、材料或者产品的企业，金融机构不得提供任何形式的授信支持。

国家实行有利于资源节约和合理利用的价格政策，引导单位和个人节约和合理使用水、电、气等资源性产品。国务院和省、自治区、直辖市人民政府的价格主管部门应当按照国家产业政策，对资源高消耗行业中的限制类项目，实行限制性的价格政策。

五、绿色施工的相关规定

工程建设活动中，国家鼓励建筑设计、建设、施工等单位按照国家有关规定和标准，对其设计、建设、施工的建筑物及构筑物采用节能、节水、节地、节材的技术工艺和小型、轻型、再生产品。大力提倡施工单位在施工过程中遵循绿色施工原则。绿色施工是指工程建设中，在保证质量、安全等基本要求的前提下，通过科学管理和技术进步，最大限度地节约资源与减少对环境负面影响的施工活动，实现四节一环保（节能、节水、节材、节地和环境保护）。关于环境保护的相关规定已在本章第一节详细论述。

（一）节能与能源利用规定

为了响应国家政策，进一步规范工程建设活动中的节能措施及能源利用方式，《绿色施工导则》分别对机械设备与机具用能，生产、生活及办公临时设施用能，施工用电及照明，节能措施等涉及能源利用方面都作出了相应规定。

项目	内容
机械设备与机具用能规定	（1）建立施工机械设备管理制度，开展用电、用油计量，完善设备档案，及时做好维修保养工作，使机械设备保持低耗、高效的状态。 （2）选择功率与负载相匹配的施工机械设备，避免大功率施工机械设备低负载长时间运行。机电安装可采用节电型机械设备，如逆变式电焊机和能耗低、效率高的手持电动工具等，以利节电。机械设备宜使用节能型油料添加剂，在可能的情况下，考虑回收利用，节约油量。 （3）合理安排工序，提高各种机械的使用率和满载率，降低各种设备的单位耗能
生产、生活及办公临时设施用能规定	（1）利用场地自然条件，合理设计生产、生活及办公临时设施的体形、朝向、间距和窗墙面积比，使其获得良好的日照、通风和采光。南方地区可根据需要在其外墙窗设遮阳设施。 （2）临时设施宜采用节能材料，墙体、屋面使用隔热性能好的材料，减少夏天空调、冬天取暖设备的使用时间及耗能量。 （3）合理配置采暖、空调、风扇数量，规定使用时间，实行分段分时使用，节约用电

（续表）

项目	内容
施工用电及照明规定	(1)临时用电优先选用节能电线和节能灯具,临电线路合理设计、布置,临电设备宜采用自动控制装置。采用声控、光控等节能照明灯具。 (2)照明设计以满足最低照度为原则,照度不应超过最低照度的20%
节能措施规定	(1)制订合理施工能耗指标,提高施工能源利用率。 (2)优先使用国家、行业推荐的节能、高效、环保的施工设备和机具,如选用变频技术的节能施工设备等。 (3)施工现场分别设定生产、生活、办公和施工设备的用电控制指标,定期进行计量、核算、对比分析,并有预防与纠正措施。 (4)在施工组织设计中,合理安排施工顺序、工作面,以减少作业区域的机具数量,相邻作业区充分利用共有的机具资源。安排施工工艺时,应优先考虑耗用电能的或其他能耗较少的施工工艺。避免设备额定功率远大于使用功率或超负荷使用设备的现象。 (5)根据当地气候和自然资源条件,充分利用太阳能、地热等可再生能源

(二)节水与水资源利用规定

节水与水资源利用技术要点主要包括提高用水效率和非传统水源利用。《绿色施工导则》对建设工程施工中提高用水效率、非传统水源利用以及用水安全作出了详细的规定。

建设工程施工中可以通过以下途径提高用水效率:

(1)施工中采用先进的节水施工工艺。

(2)施工现场喷洒路面、绿化浇灌不宜使用市政自来水。现场搅拌用水、养护用水应采取有效的节水措施,严禁无措施浇水养护混凝土。

(3)施工现场供水管网应根据用水量设计布置,管径合理、管路简捷,采取有效措施减少管网和用水器具的漏损。

(4)现场机具、设备、车辆冲洗用水必须设立循环用水装置。施工现场办公区、生活区的生活用水采用节水系统和节水器具,提高节水器具配置比率。项目临时用水应使用节水型产品,安装计量装置,采取针对性的节水措施。

(5)施工现场建立可再利用水的收集处理系统,使水资源得到梯级循环利用。

(6)施工现场分别对生活用水与工程用水确定用水定额指标,并分别计量管理。

(7)大型工程的不同单项工程、不同标段、不同分包生活区,凡具备条件的应分别计量用水量。在签订不同标段分包或劳务合同时,将节水定额指标纳入合同条款,进行计量考核。

(8)对混凝土搅拌站点等用水集中的区域和工艺点进行专项计量考核。施工现场建立雨水、中水或可再利用水的搜集利用系统。

对于非传统水源的利用，主要有以下方法：

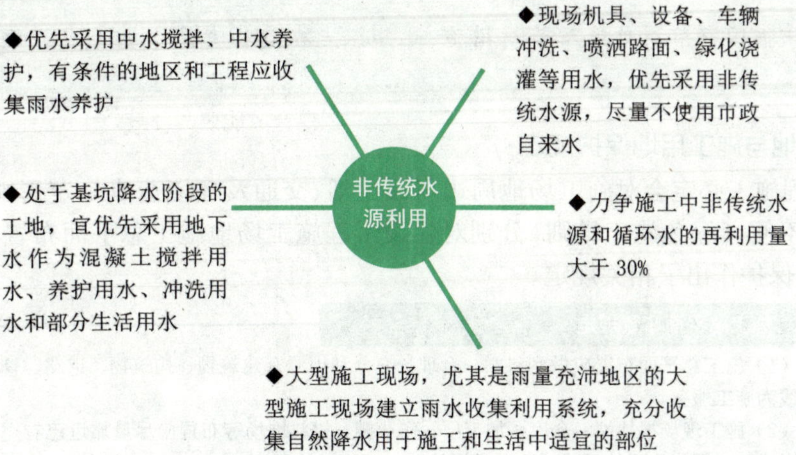

建设工程施工中，应当在用水安全的前提下，采用非传统水源和现场循环再利用水技术。在非传统水源和现场循环再利用水的使用过程中，应制定有效的水质检测与卫生保障措施，确保避免对人体健康、工程质量以及周围环境产生不良影响。

专家解读

需掌握“四节一环保”的概念、提高用水效率和非传统水源利用的途径。

（三）节材与材料资源利用规定

在建设工程施工中，材料资源利用贯穿整个过程，为了保障在确保安全施工、工程质量及不危害周围环境的前提下，施工单位可采取一定节材措施以提高材料资源利用率。对此，《绿色施工导则》也作出了相关规定。

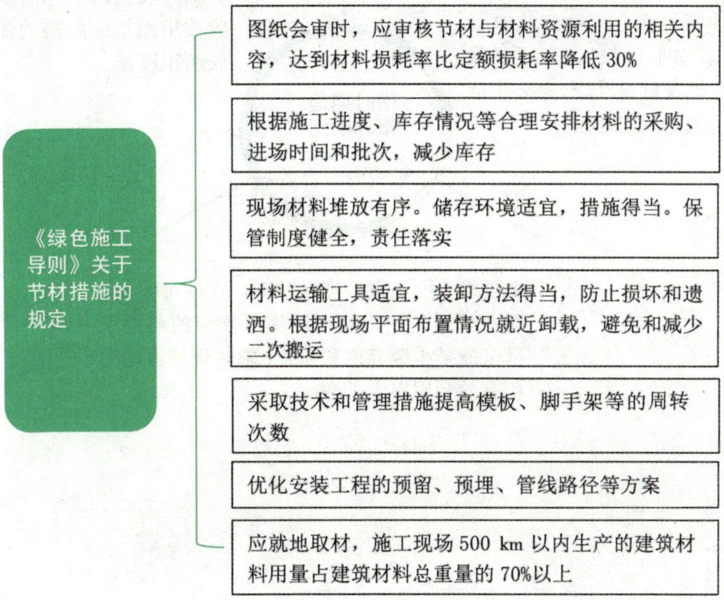

专家解读

需掌握国家节材政策及节材措施，此知识点在以往考试中也多有涉及。

（四）节地与施工用地保护规定

建设工程施工必定会对施工场地周边居民生活、交通及环境造成一定影响。为了减少施工带来的不便，《绿色施工导则》分别对建设工程施工场地施工总平面布置、临时用地指标、临时用地保护作出了相关规定。

施工总平面布置规定

（1）施工总平面布置应做到科学、合理，充分利用原有建筑物、构筑物、道路、管线为施工服务。

（2）施工现场搅拌站、仓库、加工厂、作业棚、材料堆场等布置应尽量靠近已有交通线路或即将修建的正式或临时交通线路，缩短运输距离。

（3）临时办公和生活用房应采用经济、美观、占地面积小、对周边地貌环境影响较小，且适合于施工平面布置动态调整的多层轻钢活动板房、钢骨架水泥活动板房等标准化装配式结构。生活区与生产区应分开布置，并设置标准的分隔设施。

（4）施工现场围墙可采用连续封闭的轻钢结构预制装配式活动围挡，减少建筑垃圾，保护土地。

（5）施工现场道路按照永久道路和临时道路相结合的原则布置。施工现场内形成环形通路，减少道路占用土地。

（6）临时设施布置应注意远近结合（本期工程与下期工程），努力减少和避免大量临时建筑拆迁和场地搬迁

◆根据施工规模及现场条件等因素合理确定临时设施，如临时加工厂、现场作业棚及材料堆场、办公生活设施等的占地指标

◆临时设施的占地面积应按用地指标所需的最低面积设计

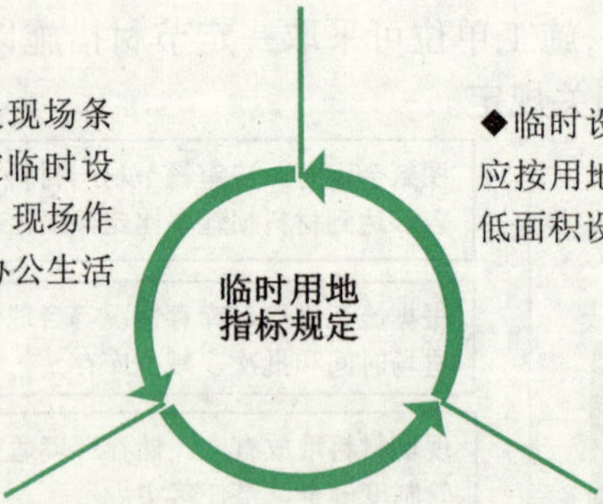

◆要求平面布置合理、紧凑，在满足环境、职业健康与安全及文明施工要求的前提下尽可能减少废弃地和死角，临时设施占地面积有效利用率大于 90%

◆应对深基坑施工方案进行优化，减少土方开挖和回填量，最大限度地减少对土地的扰动，保护周边自然生态环境

◆红线外临时占地应尽量使用荒地、废地，少占用农田和耕地。工程完工后，及时对红线外占地恢复原地形、地貌，使施工活动对周边环境的影响降至最低

◆利用和保护施工用地范围内原有绿色植被。对于施工周期较长的现场，可按建筑永久绿化的要求，安排场地新建绿化

（五）发展绿色施工的新技术、新设备、新材料与新工艺规定

施工方案应建立推广、限制、淘汰公布制度和管理办法。发展适合绿色施工的资源利用与环境保护技术，对落后的施工方案进行限制或淘汰，鼓励绿色施工技术的发展，推动绿色施工技术的创新。

大力发展现场监测技术、低噪音的施工技术、现场环境参数检测技术、自密实混凝土施工技术、清水混凝土施工技术、建筑固体废弃物再生产品在墙体材料中的应用技术、新型模板及脚手架技术的研究与应用。

加强信息技术应用，如绿色施工的虚拟现实技术、三维建筑模型的工程量自动统计、绿色施工组织设计数据库建立与应用系统、数字化工地、基于电子商务的建筑工程材料、设备与物流管理系统等。通过应用信息技术，进行精密规划、设计、精心建造和优化集成，实现与提高绿色施工的各项指标。

链接

《中华人民共和国科学技术进步法》规定，国家鼓励科学技术研究开发，推动应用科学技术改造提升传统产业、发展高新技术产业和社会事业，支撑实现碳达峰碳中和目标，催生新发展动能，实现高质量发展。国家鼓励新技术应用，按照包容审慎原则，推动开展新技术、新产品、新服务、新模式应用试验，为新技术、新产品应用创造条件。国家鼓励企业加强原始创新，开展技术合作与交流，增加研究开发和技术创新的投入，自主确立研究开发课题，开展技术创新活动。国家鼓励企业对引进技术进行消化、吸收和再创新。企业开发新技术、新产品、新工艺发生的研究开发费用可以按照国家有关规定，税前列支并加计扣除，企业科学技术研究开发仪器、设备可以加速折旧。

典型例题

【单选题】根据《绿色施工导则》，四节一环保中的“四节”是指（　　）。

A. 节工、节材、节机、节能　　B. 节能、节地、节水、节材

C. 节水、节电、节气、节材　　D. 节电、节材、节工、节水

B。【解析】根据《绿色施工导则》，绿色施工是指工程建设中，在保证质量、安全等基本要求的前提下，通过科学管理和技术进步，最大限度地节约资源与减少对环境负面影响的施工活动，实现四节一环保（节能、节水、节材、节地和环境保护）。

典型例题

【单选题】根据《绿色施工导则》,关于施工总平面布置的说法,正确的是(　　)。

A. 施工现场围墙可以采用连续封闭的轻钢结构预制装配式活动围挡

B. 生活区与生产区尽量分开布置

C. 施工现场搅拌站应当尽量靠近在建工程建筑物

D. 施工现场内的永久性道路应当形成环形道路

A。【解析】施工总平面布置时,生活区与生产区应分开布置,并设置标准的分隔设施。故选项B错误。施工现场搅拌站、仓库、加工厂、作业棚、材料堆场等布置应尽量靠近已有交通线路或即将修建的正式或临时交通线路,缩短运输距离。故选项C错误。施工现场道路按照永久道路和临时道路相结合的原则布置。施工现场内形成环形通路,减少道路占用土地。故选项D错误。

专家解读

施工总平面布置规定在以往考试中经常出现,需重点掌握。对于临时用地保护及临时用地指标规定,建议着重记忆。

六、节能违法行为应承担的法律责任

违法行为		应承担的法律责任
能源计量违法	用能单位未按照规定配备、使用能源计量器具的	由市场监督管理部门责令限期改正;逾期不改正的,处1万元以上5万元以下罚款
	瞒报、伪造、篡改能源统计资料或者编造虚假能源统计数据的	依照《中华人民共和国统计法》的规定处罚
	无偿向本单位职工提供能源或者对能源消费实行包费制的	由管理节能工作的部门责令限期改正;逾期不改正的,处5万元以上20万元以下罚款
	重点用能单位未按照规定报送能源利用状况报告或者报告内容不实的	由管理节能工作的部门责令限期改正;逾期不改正的,处1万元以上5万元以下罚款
	重点用能单位未按照规定设立能源管理岗位,聘任能源管理负责人,并报管理节能工作的部门和有关部门备案的	由管理节能工作的部门责令改正;拒不改正的,处1万元以上3万元以下罚款

（续表）

违法行为		应承担的法律责任
违反建筑节能标准	注册执业人员未执行民用建筑节能强制性标准的	由县级以上人民政府建设主管部门责令停止执业3个月以上1年以下；情节严重的，由颁发资格证书的部门吊销执业资格证书，5年内不予注册
	施工单位未按照民用建筑节能强制性标准进行施工的	由县级以上地方人民政府建设主管部门责令改正，处民用建筑项目合同价款2%以上4%以下的罚款；情节严重的，由颁发资质证书的部门责令停业整顿，降低资质等级或者吊销资质证书；造成损失的，依法承担赔偿责任
	建设单位违反建筑节能标准的	由建设主管部门责令改正，处20万元以上50万元以下罚款
	设计单位、施工单位、监理单位违反建筑节能标准的	由建设主管部门责令改正，处10万元以上50万元以下罚款；情节严重的，由颁发资质证书的部门降低资质等级或者吊销资质证书；造成损失的，依法承担赔偿责任
使用材料不合规定	（1）明示或者暗示设计单位、施工单位违反民用建筑节能强制性标准进行设计、施工的。 （2）明示或者暗示施工单位使用不符合施工图设计文件要求的墙体材料、保温材料、门窗、采暖制冷系统和照明设备的。 （3）采购不符合施工图设计文件要求的墙体材料、保温材料、门窗、采暖制冷系统和照明设备的。 （4）使用列入禁止使用目录的技术、工艺、材料和设备的	建设单位有该项行为之一的，由县级以上地方人民政府建设主管部门责令改正，处20万元以上50万元以下的罚款
	（1）未对进入施工现场的墙体材料、保温材料、门窗、采暖制冷系统和照明设备进行查验的； （2）使用不符合施工图设计文件要求的墙体材料、保温材料、门窗、采暖制冷系统和照明设备的； （3）使用列入禁止使用目录的技术、工艺、材料和设备的	施工单位有该项行为之一的，由县级以上地方人民政府建设主管部门责令改正，处10万元以上20万元以下的罚款；情节严重的，由颁发资质证书的部门责令停业整顿，降低资质等级或者吊销资质证书；造成损失的，依法承担赔偿责任
	在国务院或者省、自治区、直辖市人民政府规定禁止生产、销售、使用黏土砖的期限或者区域内生产、销售或者使用黏土砖的	由县级以上地方人民政府指定的部门责令限期改正；有违法所得的，没收违法所得；逾期继续生产、销售的，由地方人民政府市场监督管理部门依法吊销营业执照

第三节　施工文物保护制度

一、受国家保护的文物范围的相关规定

（一）文物类别及保护单位分级

<table>
<tr><th>依据</th><th>文物类别</th><th colspan="2">分级</th></tr>
<tr><td rowspan="7">根据文物的历史、艺术、科学价值</td><td rowspan="3">古文化遗址、古墓葬、古建筑、石窟寺、石刻、壁画、近代现代重要史迹和代表性建筑等不可移动文物</td><td colspan="2">全国重点文物保护单位</td></tr>
<tr><td colspan="2">省级文物保护单位</td></tr>
<tr><td colspan="2">市、县级文物保护单位</td></tr>
<tr><td rowspan="4">历史上各时代重要实物、艺术品、文献、手稿、图书资料、代表性实物等可移动文物</td><td rowspan="3">珍贵文物</td><td>一级文物</td></tr>
<tr><td>二级文物</td></tr>
<tr><td>三级文物</td></tr>
<tr><td colspan="2">一般文物</td></tr>
</table>

（二）受保护的相关文物范围

《中华人民共和国文物保护法》（以下简称为《文物保护法》）规定，中华人民共和国境内地下、内水和领海中遗存的一切文物，属于国家所有。国有文物所有权受法律保护，不容侵犯。

1. 受国家保护的文物范围

《文物保护法》明确规定，在中华人民共和国境内，下列文物受国家保护：

（1）具有历史、艺术、科学价值的古文化遗址、古墓葬、古建筑、石窟寺和石刻、壁画；

（2）与重大历史事件、革命运动或者著名人物有关的以及具有重要纪念意义、教育意义或者史料价值的近代现代重要史迹、实物、代表性建筑；

（3）历史上各时代珍贵的艺术品、工艺美术品；

（4）历史上各时代重要的文献资料以及具有历史、艺术、科学价值的手稿和图书资料等；

（5）反映历史上各时代、各民族社会制度、社会生产、社会生活的代表性实物。

具有科学价值的古脊椎动物化石和古人类化石同文物一样受国家保护。

2. 所有权属于国家的文物范围

《文物保护法》规定，下列可移动文物，属于国家所有：

（1）中国境内出土的文物，国家另有规定的除外；

（2）国有文物收藏单位以及其他国家机关、部队和国有企业、事业组织等收藏、保管的文物；

（3）国家征集、购买的文物；

(4)公民、法人和其他组织捐赠给国家的文物；

(5)法律规定属于国家所有的其他文物。属于国家所有的可移动文物的所有权不因其保管、收藏单位的终止或者变更而改变。

国家享有所有权的不可移动文物:《文物保护法》还规定,古文化遗址、古墓葬、石窟寺属于国家所有。国家指定保护的纪念建筑物、古建筑、石刻、壁画、近代现代代表性建筑等不可移动文物,除国家另有规定的以外,属于国家所有。国有不可移动文物的所有权不因其所依附的土地所有权或者使用权的改变而改变。

3.所有权属于集体或私人的文物范围

《文物保护法》规定,属于集体所有和私人所有的纪念建筑物、古建筑和祖传文物以及依法取得的其他文物,其所有权受法律保护。文物的所有者必须遵守国家有关文物保护的法律、法规的规定。

对于水下文物保护范围的规定,下面以典型例题的形式进行讲解。

典型例题

【单选题】根据《中华人民共和国水下文物保护管理条例》,下列文物中,属于国家所有的水下文物的是(　　)。

A.遗存于中国内水的起源国不明的文物

B.遗存于中国领海以外依照中国法律由中国管辖的其他海域内的起源于外国的文物

C.遗存于外国领海以外的其他管辖海域内的起源国不明的文物

D.遗存于外国领海内的起源于中国的文物

A。【解析】《中华人民共和国水下文物保护管理条例》第二条规定,水下文物,是指遗存于下列水域的具有历史、艺术和科学价值的人类文化遗产:(1)遗存于中国内水、领海内的一切起源于中国的、起源国不明的和起源于外国的文物。(2)遗存于中国领海以外依照中国法律由中国管辖的其他海域内的起源于中国的和起源国不明的文物。(3)遗存于外国领海以外的其他管辖海域以及公海区域内的起源于中国的文物。上述规定内容不包括1911年以后的与重大历史事件、革命运动以及著名人物无关的水下遗存。

二、一般工程建设中涉及的文物保护工作

(一)工程建设中涉及不可移动文物的处理

文物保护单位的保护范围内不得进行其他建设工程或者爆破、钻探、挖掘等作业。但是,因特殊情况需要在文物保护单位的保护范围内进行其他建设工程或者爆破、钻探、挖掘等作业的,必须保证文物保护单位的安全,并经核定公布该文物保护单位的人民政府批准,在批准前应当征得上一级人民政府文物行政部门同意;在全国重点文物保护单位的保护范围内进行其他建设工程或者爆破、钻探、挖掘等作业的,必须经省、自治区、直辖市人民政府批准,在批准前应当征得国务院文物行政部门同意。

根据保护文物的实际需要，经省、自治区、直辖市人民政府批准，可以在文物保护单位的周围划出一定的建设控制地带，并予以公布。在文物保护单位的建设控制地带内进行建设工程，不得破坏文物保护单位的历史风貌；工程设计方案应当根据文物保护单位的级别，经相应的文物行政部门同意后，报自然资源主管部门批准。

在文物保护单位的保护范围和建设控制地带内，不得建设污染文物保护单位及其环境的设施，不得进行可能影响文物保护单位安全及其环境的活动。对已有的污染文物保护单位及其环境的设施，应当限期治理。

建设工程选址，应当尽可能避开不可移动文物；因特殊情况不能避开的，对文物保护单位应当尽可能实施原址保护。

实施原址保护的，建设单位应当事先确定保护措施，根据文物保护单位的级别报相应的文物行政部门批准；未经批准的，不得开工建设。

无法实施原址保护，必须迁移异地保护或者拆除的，应当报省、自治区、直辖市人民政府批准；迁移或者拆除省级文物保护单位的，批准前须征得国务院文物行政部门同意。全国重点文物保护单位不得拆除；需要迁移的，须由省、自治区、直辖市人民政府报国务院批准。

依照上述规定拆除的国有不可移动文物中具有收藏价值的壁画、雕塑、建筑构件等，由文物行政部门指定的文物收藏单位收藏。上述规定的原址保护、迁移、拆除所需费用，由建设单位列入建设工程预算。

（二）工程建设中涉及考古发掘的处理

进行大型基本建设工程，建设单位应当事先报请省、自治区、直辖市人民政府文物行政部门组织从事考古发掘的单位在工程范围内有可能埋藏文物的地方进行考古调查、勘探。

需要配合建设工程进行的考古发掘工作，应当由省、自治区、直辖市文物行政部门在勘探工作的基础上提出发掘计划，报国务院文物行政部门批准。国务院文物行政部门在批准前，应当征求社会科学研究机构及其他科研机构和有关专家的意见。确因建设工期紧迫或者有自然破坏危险，对古文化遗址、古墓葬急需进行抢救发掘的，由省、自治区、直辖市人民政府文物行政部门组织发掘，并同时补办审批手续。

凡因进行基本建设和生产建设需要的考古调查、勘探、发掘，所需费用由建设单位列入建设工程预算。

在进行建设工程或者在农业生产中，任何单位或者个人发现文物，应当保护现场，立即报告当地文物行政部门，文物行政部门接到报告后，如无特殊情况，应当在 24 小时内赶赴现场，并在 7 日内提出处理意见。文物行政部门可以报请当地人民政府通知公安机关协助保护现场；发现重要文物的，应当立即上报国务院文物行政部门，国务院文物行政部门应当在接到报告后 15 日内提出处理意见。依照上述规定发现的文物属于国家所有，任何单位或者个人不得哄抢、私分、藏匿。

（三）工程建设中违反文物保护相关法规应承担的法律责任

《文物保护法》第六十六条规定，有下列行为之一，尚不构成犯罪的，由县级以上人民政府文物主管部门责令改正，造成严重后果的，处 5 万元以上 50 万元以下的罚款；情节严重的，由原发证机关吊销资质证书：

(1)擅自在文物保护单位的保护范围内进行建设工程或者爆破、钻探、挖掘等作业的;

(2)在文物保护单位的建设控制地带内进行建设工程,其工程设计方案未经文物行政部门同意、报自然资源主管部门批准,对文物保护单位的历史风貌造成破坏的;

(3)擅自迁移、拆除不可移动文物的;

(4)擅自修缮不可移动文物,明显改变文物原状的;

(5)擅自在原址重建已全部毁坏的不可移动文物,造成文物破坏的;

(6)施工单位未取得文物保护工程资质证书,擅自从事文物修缮、迁移、重建的。

刻划、涂污或者损坏文物尚不严重的,或者损毁依照规定设立的文物保护单位标志的,由公安机关或者文物所在单位给予警告,可以并处罚款。

《文物保护法》第七十四条规定,有下列行为之一,尚不构成犯罪的,由县级以上人民政府文物主管部门会同公安机关追缴文物;情节严重的,处5 000元以上5万元以下的罚款:

(1)发现文物隐匿不报或者拒不上交的;

(2)未按照规定移交拣选文物的。

《文物保护法实施条例》第五十五条规定,违反本条例规定,未取得相应等级的文物保护工程资质证书,擅自承担文物保护单位的修缮、迁移、重建工程的,由文物行政主管部门责令限期改正;逾期不改正,或者造成严重后果的,处5万元以上50万元以下的罚款;构成犯罪的,依法追究刑事责任。违反本条例规定,未取得建设行政主管部门发给的相应等级的资质证书,擅自承担含有建筑活动的文物保护单位的修缮、迁移、重建工程的,由建设行政主管部门依照有关法律、行政法规的规定予以处罚。

《文物保护法实施条例》第五十六条规定,违反本条例规定,未取得资质证书,擅自从事馆藏文物的修复、复制、拓印活动的,由文物行政主管部门责令停止违法活动;没收违法所得和从事违法活动的专用工具、设备;造成严重后果的,并处1万元以上10万元以下的罚款;构成犯罪的,依法追究刑事责任。

三、历史文化名城名镇名村工程建设中的文物保护工作

(一)申报与批准

具备下列条件的城市、镇、村庄,可以申报历史文化名城、名镇、名村:

(1)保存文物特别丰富;

(2)历史建筑集中成片;

(3)保留着传统格局和历史风貌;

(4)历史上曾经作为政治、经济、文化、交通中心或者军事要地,或者发生过重要历史事件,或者其传统产业、历史上建设的重大工程对本地区的发展产生过重要影响,或者能够集中反映本地区建筑的文化特色、民族特色。

申报历史文化名城的,在所申报的历史文化名城保护范围内还应当有2个以上的历史文化街区。

申报历史文化名城,由省、自治区、直辖市人民政府提出申请,经国务院建设主管部门会同国务院文物主管部门组织有关部门、专家进行论证,提出审查意见,报国务院批准公布。

申报历史文化名镇、名村，由所在地县级人民政府提出申请，经省、自治区、直辖市人民政府确定的保护主管部门会同同级文物主管部门组织有关部门、专家进行论证，提出审查意见，报省、自治区、直辖市人民政府批准公布。

（二）保护规划

历史文化名城批准公布后，历史文化名城人民政府应当组织编制历史文化名城保护规划。历史文化名镇、名村批准公布后，所在地县级人民政府应当组织编制历史文化名镇、名村保护规划。保护规划应当自历史文化名城、名镇、名村批准公布之日起1年内编制完成。

保护规划应当包括下列内容：

(1)保护原则、保护内容和保护范围；

(2)保护措施、开发强度和建设控制要求；

(3)传统格局和历史风貌保护要求；

(4)历史文化街区、名镇、名村的核心保护范围和建设控制地带；

(5)保护规划分期实施方案。

历史文化名城、名镇保护规划的规划期限应当与城市、镇总体规划的规划期限相一致；历史文化名村保护规划的规划期限应当与村庄规划的规划期限相一致。

（三）保护措施

历史文化名城、名镇、名村应当整体保护，保持传统格局、历史风貌和空间尺度，不得改变与其相互依存的自然景观和环境。

在历史文化名城、名镇、名村保护范围内从事建设活动，应当符合保护规划的要求，不得损害历史文化遗产的真实性和完整性，不得对其传统格局和历史风貌构成破坏性影响。

在历史文化名城、名镇、名村保护范围内禁止进行下列活动：

(1)开山、采石、开矿等破坏传统格局和历史风貌的活动；

(2)占用保护规划确定保留的园林绿地、河湖水系、道路等；

(3)修建生产、储存爆炸性、易燃性、放射性、毒害性、腐蚀性物品的工厂、仓库等；

(4)在历史建筑上刻划、涂污。

在历史文化名城、名镇、名村保护范围内进行下列活动，应当保护其传统格局、历史风貌和历史建筑；制订保护方案，并依照有关法律、法规的规定办理相关手续：

(1)改变园林绿地、河湖水系等自然状态的活动；

(2)在核心保护范围内进行影视摄制、举办大型群众性活动；

(3)其他影响传统格局、历史风貌或者历史建筑的活动。

历史文化街区、名镇、名村建设控制地带内的新建建筑物、构筑物，应当符合保护规划确定的建设控制要求。对历史文化街区、名镇、名村核心保护范围内的建筑物、构筑物，应当区分不同情况，采取相应措施，实行分类保护。历史文化街区、名镇、名村核心保护范围内的历史建筑，应当保持原有的高度、体量、外观形象及色彩等。

在历史文化街区、名镇、名村核心保护范围内，不得进行新建、扩建活动。但是，新建、扩建必要的基础设施和公共服务设施除外。在历史文化街区、名镇、名村核心保护范围内，新建、扩建必要的基础设施和公共服务设施的，城市、县人民政府自然资源主管部门核发建设工程规划许可证、乡村建设规划许可证前，应当征求同级文物主管部门的意见。在历史文化街区、名镇、名村核心保护范围内，拆除历史建筑以外的建筑物、构筑物或者其他设施的，应当经城市、县人民政府自然资源主管部门会同同级文物主管部门批准。

建设工程选址，应当尽可能避开历史建筑；因特殊情况不能避开的，应当尽可能实施原址保护。对历史建筑实施原址保护的，建设单位应当事先确定保护措施，报城市、县人民政府自然资源主管部门会同同级文物主管部门批准。因公共利益需要进行建设活动，对历史建筑无法实施原址保护、必须迁移异地保护或者拆除的，应当由城市、县人民政府自然资源主管部门会同同级文物主管部门，报省、自治区、直辖市人民政府确定的保护主管部门会同同级文物主管部门批准。上述规定的历史建筑原址保护、迁移、拆除所需费用，由建设单位列入建设工程预算。

在历史文化名城、名镇、名村保护范围内涉及文物保护的，应当执行文物保护法律、法规的规定。

典型例题

【单选题】根据《历史文化名城名镇名村保护条例》，在历史文化名城、名镇、名村保护范围内可以进行的活动是(　　)。

A. 开山、采石、开矿等破坏传统格局和历史风貌的活动

B. 占用保护规划确定保留的道路

C. 在核心保护范围内举办大型群众性活动

D. 为响应国家扶贫政策修建生产爆炸性物品的工厂

C。**【解析】**《历史文化名城名镇名村保护条例》第二十五条规定，在历史文化名城、名镇、名村保护范围内进行下列活动，应当保护其传统格局、历史风貌和历史建筑；制订保护方案，经城市、县人民政府自然资源主管部门会同同级文物主管部门批准，并依照有关法律、法规的规定办理相关手续：(1)改变园林绿地、河湖水系等自然状态的活动；(2)在核心保护范围内进行影视摄制、举办大型群众性活动；(3)其他影响传统格局、历史风貌或者历史建筑的活动。故选项C正确。

第六章　建设工程安全生产法律制度

第一节　施工安全生产许可证制度

一、安全生产许可证的适用范围

安全生产许可证是矿山企业、建筑施工企业和危险化学品、烟花爆竹、民用爆炸物品生产企业必备的一个证件，它和企业资质联系在一块，取得建筑施工资质证书的企业，必须申请安全生产许可证，方可进行招投工作来接相应工程。

《建筑施工企业安全生产许可证管理规定》规定，国家对建筑施工企业实行安全生产许可制度。建筑施工企业未取得安全生产许可证的，不得从事建筑施工活动。此处建筑施工企业，是指从事土木工程、建筑工程、线路管道和设备安装工程及装修工程的新建、扩建、改建和拆除等有关活动的企业。

二、建筑施工企业安全生产许可证的颁发和监督管理

《建筑施工企业安全生产许可证管理规定》规定，国务院住房城乡建设主管部门负责中央管理的建筑施工企业安全生产许可证的颁发和管理。省、自治区、直辖市人民政府住房城乡建设主管部门负责本行政区域内上述规定以外的建筑施工企业安全生产许可证的颁发和管理，并接受国务院住房城乡建设主管部门的指导和监督。市、县人民政府住房城乡建设主管部门负责本行政区域内建筑施工企业安全生产许可证的监督管理，并将监督检查中发现的企业违法行为及时报告安全生产许可证颁发管理机关。

县级以上人民政府住房城乡建设主管部门应当加强对建筑施工企业安全生产许可证的监督管理。建筑施工企业不得转让、冒用安全生产许可证或者使用伪造的安全生产许可证。

不得颁发	住房城乡建设主管部门在审核发放施工许可证时，应当对已经确定的建筑施工企业是否有安全生产许可证进行审查，对没有取得安全生产许可证的，不得颁发施工许可证
暂扣或吊销	建筑施工企业取得安全生产许可证后，不得降低安全生产条件，并应当加强日常安全生产管理，接受住房城乡建设主管部门的监督检查。安全生产许可证颁发管理机关发现企业不再具备安全生产条件的，应当暂扣或者吊销安全生产许可证
撤销	安全生产许可证颁发管理机关或者其上级行政机关发现有下列情形之一的，可以撤销已经颁发的安全生产许可证： （1）安全生产许可证颁发管理机关工作人员滥用职权、玩忽职守颁发安全生产许可证的； （2）超越法定职权颁发安全生产许可证的； （3）违反法定程序颁发安全生产许可证的； （4）对不具备安全生产条件的建筑施工企业颁发安全生产许可证的； （5）依法可以撤销已经颁发的安全生产许可证的其他情形

专家解读

在复习过程中要注意不得颁发施工许可证及暂扣或吊销、撤销安全生产许可证对应的情形，这些知识点在以往考试中经常出现。

三、安全生产许可证申请的相关规定

（一）取得安全生产许可证的程序

申请主体	建筑施工企业从事建筑施工活动前提交申请
向谁申请	依法向注册所在地省、自治区、直辖市人民政府住房城乡建设主管部门申请领取安全生产许可证
提交材料	（1）建筑施工企业安全生产许可证申请表。 （2）企业法人营业执照。 （3）申请安全生产许可证应当具备条件规定的相关文件、材料
核发	住房城乡建设主管部门应当自收到申请之日起 45 日内审查完毕；经审查符合规定的安全生产条件的，颁发安全生产许可证；不符合规定的安全生产条件的，不予颁发安全生产许可证，书面通知企业并说明理由

（二）建筑施工企业申请安全生产许可证应当具备的条件

应当具备的条件

（1）建立、健全安全生产责任制，制定完备的安全生产规章制度和操作规程；
（2）保证本单位安全生产条件所需资金的投入；
（3）设置安全生产管理机构，按照国家有关规定配备专职安全生产管理人员；
（4）主要负责人、项目负责人、专职安全生产管理人员经住房城乡建设主管部门或者其他有关部门考核合格；
（5）特种作业人员经有关业务主管部门考核合格，取得特种作业操作资格证书；
（6）管理人员和作业人员每年至少进行 1 次安全生产教育培训并考核合格；
（7）依法参加工伤保险，依法为施工现场从事危险作业的人员办理意外伤害保险，为从业人员交纳保险费；
（8）施工现场的办公、生活区及作业场所和安全防护用具、机械设备、施工机具及配件符合有关安全生产法律、法规、标准和规程的要求；
（9）有职业危害防治措施，并为作业人员配备符合国家标准或者行业标准的安全防护用具和安全防护服装；
（10）有对危险性较大的分部分项工程及施工现场易发生重大事故的部位、环节的预防、监控措施和应急预案；
（11）有生产安全事故应急救援预案、应急救援组织或者应急救援人员，配备必要的应急救援器材、设备；
（12）法律、法规规定的其他条件

四、安全生产许可证的有效期限

《建筑施工企业安全生产许可证管理规定》规定，安全生产许可证的有效期为 3 年。安全生产许可证有效期满需要延期的，企业应当于期满前 3 个月向原安全生产许可证颁发管理机关办理延期手续。

企业在安全生产许可证有效期内，严格遵守有关安全生产的法律法规，未发生死亡事故的，安全生产许可证有效期届满时，经原安全生产许可证颁发管理机关同意，不再审查，安全生产许可证有效期延期 3 年。

五、安全生产许可证的变更、注销与补办

变更

建筑施工企业变更名称、地址、法定代表人等，应当在变更后 10 日内，到原安全生产许可证颁发管理机关办理安全生产许可证变更手续

注销

建筑施工企业破产、倒闭、撤销的，应当将安全生产许可证交回原安全生产许可证颁发管理机关予以注销

补办

建筑施工企业遗失安全生产许可证，应当立即向原安全生产许可证颁发管理机关报告，并由申请人告知资质许可机关，由资质许可机关在官网发布信息后，方可申请补办

专家解读

需着重掌握安全生产许可证的申请程序，安全生产许可证的有效期及安全生产许可证的变更、注销与补办程序，这些知识点为常考考点。

六、罚则

违法行为	处罚规定
取得安全生产许可证的建筑施工企业，发生重大安全事故的	暂扣安全生产许可证并限期整改
建筑施工企业不再具备安全生产条件的	暂扣安全生产许可证并限期整改；情节严重的，吊销安全生产许可证
建筑施工企业未取得安全生产许可证擅自从事建筑施工活动的	责令其在建项目停止施工，没收违法所得，并处10万元以上50万元以下的罚款；造成重大安全事故或者其他严重后果，构成犯罪的，依法追究刑事责任
冒用安全生产许可证或者使用伪造的安全生产许可证的	
接受转让安全生产许可证的	
安全生产许可证有效期满未办理延期手续，继续从事建筑施工活动的	责令其在建项目停止施工，限期补办延期手续，没收违法所得，并处5万元以上10万元以下的罚款；逾期仍不办理延期手续，继续从事建筑施工活动的，责令其在建项目停止施工，没收违法所得，并处10万元以上50万元以下的罚款；造成重大安全事故或者其他严重后果，构成犯罪的，依法追究刑事责任
建筑施工企业转让安全生产许可证的	没收违法所得，处10万元以上50万元以下的罚款，并吊销安全生产许可证；构成犯罪的，依法追究刑事责任
建筑施工企业隐瞒有关情况或者提供虚假材料申请安全生产许可证的	不予受理或者不予颁发安全生产许可证，并给予警告，1年内不得申请安全生产许可证
建筑施工企业以欺骗、贿赂等不正当手段取得安全生产许可证的	撤销安全生产许可证，3年内不得再次申请安全生产许可证；构成犯罪的，依法追究刑事责任

第二节　施工安全生产责任和安全生产教育培训制度

《中华人民共和国国民经济和社会发展第十四个五年规划和2035年远景目标纲要》中指出，应提高安全生产水平：完善和落实安全生产责任制，建立公共安全隐患排查和安全预防控制体系。建立企业全员安全生产责任制度，压实企业安全生产主体责任。加强安全生产监测预警和监管监察执法，深入推进危险化学品、矿山、建筑施工、交通、消防、民爆、特种设备等重点领域安全整治，实行重大隐患治理逐级挂牌督办和整改效果评价。推进企业安全生产标准化建设，加强工业园区等重点区域安全管理。加强矿山深部开采与重大灾害防治等领域先进技术装备创新应用，推进危险岗位机器人替代。在重点领域推进安全生产责任保险全覆盖。由此可知，工程建设中重视安全生产工作已成为全社会的共识。

《安全生产法》规定，安全生产工作坚持中国共产党的领导。安全生产工作应当以人为本，坚持人民至上、生命至上，把保护人民生命安全摆在首位，树牢安全发展理念，坚持安全第一、预防为主、综合治理的方针，从源头上防范化解重大安全风险。安全生产工作实行管行业必须管安全、管业务必须管安全、管生产经营必须管安全，强化和落实生产经营单位主体责任与政府监管责任，建立生产经营单位负责、职工参与、政府监管、行业自律和社会监督的机制。

专家解读

《全国人民代表大会常务委员会关于修改〈中华人民共和国安全生产法〉的决定》已由中华人民共和国第十三届全国人民代表大会常务委员会第二十九次会议于2021年6月10日通过，现予公布，自2021年9月1日起施行。

一、安全生产管理组织与责任体系

施工企业必须建立安全生产组织体系，明确企业安全生产的决策、管理、实施的机构或岗位。施工企业安全生产组织体系应包括各管理层的主要负责人，各相关职能部门及专职安全生产管理机构，相关岗位及专兼职安全管理人员。同时施工企业应建立和健全与企业安全生产组织相对应的安全生产责任体系，并应明确各管理层、职能部门、岗位的安全生产责任。

施工企业安全生产责任体系应符合下列要求：

（1）企业主要负责人应领导企业安全管理工作，组织制订企业中长期安全管理目标和制度，审议、决策重大安全事项。

（2）各管理层主要负责人应明确并组织落实本管理层各职能部门和岗位的安全生产职责，实现本管理层的安全管理目标。

（3）各管理层的职能部门及岗位应承担职能范围内与安全生产相关的职责，互相配合，实现相关安全管理目标。

（一）施工单位主要负责人安全生产责任

根据《建筑施工企业主要负责人、项目负责人和专职安全生产管理人员安全生产管理规定实施意见》的规定，企业主要负责人包括法定代表人、总经理（总裁）、分管安全生产的副总经理（副总裁）、分管生产经营的副总经理（副总裁）、技术负责人、安全总监等。

《安全生产法》规定，生产经营单位的主要负责人对本单位安全生产工作负有下列职责：

（1）建立健全并落实本单位全员安全生产责任制，加强安全生产标准化建设。

（2）组织制定并实施本单位安全生产规章制度和操作规程。

（3）组织制定并实施本单位安全生产教育和培训计划。

（4）保证本单位安全生产投入的有效实施。

(5)组织建立并落实安全风险分级管控和隐患排查治理双重预防工作机制，督促、检查本单位的安全生产工作，及时消除生产安全事故隐患。

(6)组织制定并实施本单位的生产安全事故应急救援预案。

(7)及时、如实报告生产安全事故。

《建设工程安全生产管理条例》规定，施工单位主要负责人依法对本单位的安全生产工作全面负责。施工单位应当建立健全安全生产责任制度和安全生产教育培训制度，制定安全生产规章制度和操作规程，保证本单位安全生产条件所需资金的投入，对所承担的建设工程进行定期和专项安全检查，并做好安全检查记录。

《建筑施工企业主要负责人、项目负责人和专职安全生产管理人员安全生产管理规定》规定，主要负责人对本企业安全生产工作全面负责，应当建立健全企业安全生产管理体系，设置安全生产管理机构，配备专职安全生产管理人员，保证安全生产投入，督促检查本企业安全生产工作，及时消除安全事故隐患，落实安全生产责任。

主要负责人应当与项目负责人签订安全生产责任书，确定项目安全生产考核目标、奖惩措施，以及企业为项目提供的安全管理和技术保障措施。工程项目实行总承包的，总承包企业应当与分包企业签订安全生产协议，明确双方安全生产责任。

主要负责人应当按规定检查企业所承担的工程项目，考核项目负责人安全生产管理能力。发现项目负责人履职不到位的，应当责令其改正；必要时，调整项目负责人。检查情况应当记入企业和项目安全管理档案。

(二)施工单位项目负责人安全生产责任

《建设工程安全生产管理条例》规定，施工单位的项目负责人应当由取得相应执业资格的人员担任，对建设工程项目的安全施工负责，落实安全生产责任制度、安全生产规章制度和操作规程，确保安全生产费用的有效使用，并根据工程的特点组织制定安全施工措施，消除安全事故隐患，及时、如实报告生产安全事故。

《建筑施工企业主要负责人、项目负责人和专职安全生产管理人员安全生产管理规定》规定，项目负责人对本项目安全生产管理全面负责，应当建立项目安全生产管理体系，明确项目管理人员安全职责，落实安全生产管理制度，确保项目安全生产费用有效使用。

项目负责人应当按规定实施项目安全生产管理，监控危险性较大分部分项工程，及时排查处理施工现场安全事故隐患，隐患排查处理情况应当记入项目安全管理档案；发生事故时，应当按规定及时报告并开展现场救援。工程项目实行总承包的，总承包企业项目负责人应当定期考核分包企业安全生产管理情况。

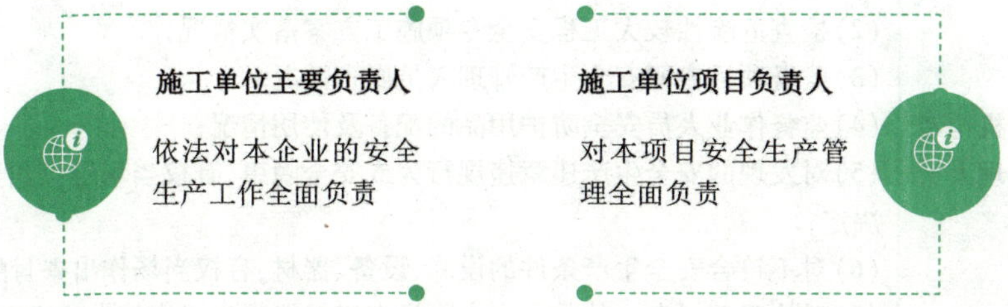

专家解读

注意区分施工单位主要负责人及施工单位项目负责人的责任。

(三)安全生产管理机构和专职安全生产管理人员的安全生产责任

《建设工程安全生产管理条例》规定,施工单位应当设立安全生产管理机构,配备专职安全生产管理人员。专职安全生产管理人员负责对安全生产进行现场监督检查。发现安全事故隐患,应当及时向项目负责人和安全生产管理机构报告;对违章指挥、违章操作的,应当立即制止。

《建筑施工企业安全生产管理机构设置及专职安全生产管理人员配备办法》规定,建筑施工企业应当依法设置安全生产管理机构,在企业主要负责人的领导下开展本企业的安全生产管理工作,其具体规定如下。

1. 安全生产管理机构和专职安全生产管理人员的安全生产责任

类别	主要职责
安全生产管理机构	(1)宣传和贯彻国家有关安全生产法律法规和标准; (2)编制并适时更新安全生产管理制度并监督实施; (3)组织或参与企业生产安全事故应急救援预案的编制及演练; (4)组织开展安全教育培训与交流; (5)协调配备项目专职安全生产管理人员; (6)制订企业安全生产检查计划并组织实施; (7)监督在建项目安全生产费用的使用; (8)参与危险性较大工程安全专项施工方案专家论证会; (9)通报在建项目违规违章查处情况; (10)组织开展安全生产评优评先表彰工作; (11)建立企业在建项目安全生产管理档案; (12)考核评价分包企业安全生产业绩及项目安全生产管理情况; (13)参加生产安全事故的调查和处理工作; (14)企业明确的其他安全生产管理职责
安全生产管理机构专职安全生产管理人员	在施工现场检查过程中具有以下职责: (1)查阅在建项目安全生产有关资料、核实有关情况; (2)检查危险性较大工程安全专项施工方案落实情况; (3)监督项目专职安全生产管理人员履责情况; (4)监督作业人员安全防护用品的配备及使用情况; (5)对发现的安全生产违章违规行为或安全隐患,有权当场予以纠正或作出处理决定; (6)对不符合安全生产条件的设施、设备、器材,有权当场作出查封的处理决定; (7)对施工现场存在的重大安全隐患有权越级报告或直接向建设主管部门报告; (8)企业明确的其他安全生产管理职责

（续表）

类别	主要职责
项目专职安全生产管理人员	(1)负责施工现场安全生产日常检查并做好检查记录； (2)现场监督危险性较大工程安全专项施工方案实施情况； (3)对作业人员违规违章行为有权予以纠正或查处； (4)对施工现场存在的安全隐患有权责令立即整改； (5)对于发现的重大安全隐患，有权向企业安全生产管理机构报告； (6)依法报告生产安全事故情况

链接

《安全生产法》规定，生产经营单位的安全生产管理机构以及安全生产管理人员履行下列职责：

(1)组织或者参与拟订本单位安全生产规章制度、操作规程和生产安全事故应急救援预案。

(2)组织或者参与本单位安全生产教育和培训，如实记录安全生产教育和培训情况。

(3)组织开展危险源辨识和评估，督促落实本单位重大危险源的安全管理措施。

(4)组织或者参与本单位应急救援演练。

(5)检查本单位的安全生产状况，及时排查生产安全事故隐患，提出改进安全生产管理的建议。

(6)制止和纠正违章指挥、强令冒险作业、违反操作规程的行为。

(7)督促落实本单位安全生产整改措施。

生产经营单位可以设置专职安全生产分管负责人，协助本单位主要负责人履行安全生产管理职责。

生产经营单位的安全生产管理机构以及安全生产管理人员应当恪尽职守，依法履行职责。生产经营单位作出涉及安全生产的经营决策，应当听取安全生产管理机构以及安全生产管理人员的意见。生产经营单位不得因安全生产管理人员依法履行职责而降低其工资、福利等待遇或者解除与其订立的劳动合同。

2. 专职安全生产管理人员的配备

类别	配备要求
不同资质序列的施工企业应配备的安全生产管理机构专职安全生产管理人员	(1)建筑施工总承包资质序列企业：特级资质不少于6人；一级资质不少于4人；二级和二级以下资质企业不少于3人。 (2)建筑施工专业承包资质序列企业：一级资质不少于3人；二级和二级以下资质企业不少于2人。 (3)建筑施工劳务分包资质序列企业：不少于2人。 (4)建筑施工企业的分公司、区域公司等较大的分支机构应依据实际生产情况配备不少于2人的专职安全生产管理人员。 以上配备人数应根据企业经营规模、设备管理和生产需要予以增加

（续表）

类别	配备要求
总承包单位应配备的项目专职安全生产管理人员	建筑工程、装修工程按照建筑面积配备： (1)1万平方米以下的工程不少于1人； (2)1万~5万平方米的工程不少于2人； (3)5万平方米及以上的工程不少于3人，且按专业配备专职安全生产管理人员
	土木工程、线路管道、设备安装工程按照工程合同价配备： (1)5 000万元以下的工程不少于1人； (2)5 000万~1亿元的工程不少于2人； (3)1亿元及以上的工程不少于3人，且按专业配备专职安全生产管理人员
分包单位应配备的项目专职安全生产管理人员	专业承包单位应当配置至少1人，并根据所承担的分部分项工程的工程量和施工危险程度增加
	劳务分包单位施工人员在50人以下的，应当配备1名专职安全生产管理人员；50~200人的，应当配备2名专职安全生产管理人员；200人及以上的，应当配备3名及以上专职安全生产管理人员，并根据所承担的分部分项工程施工危险实际情况增加，不得少于工程施工人员总人数的0.5%

采用新技术、新工艺、新材料或致害因素多、施工作业难度大的工程项目，项目专职安全生产管理人员的数量应当根据施工实际情况，在上述规定的配备标准上增加。

专家解读

需对专职安全生产管理人员的配备要求及项目专职安全生产管理人员的职责着重记忆。

3. 专职安全生产管理人员的审查

安全生产许可证颁发管理机关颁发安全生产许可证时，应当审查建筑施工企业安全生产管理机构设置及其专职安全生产管理人员的配备情况。

建设主管部门核发施工许可证或者核准开工报告时，应当审查该工程项目专职安全生产管理人员的配备情况。

建设主管部门应当监督检查建筑施工企业安全生产管理机构及其专职安全生产管理人员履责情况。

（四）施工作业人员安全生产权利与义务

1. 施工作业人员的安全生产权利

根据《安全生产法》《建筑法》及其他有关法律、法规的规定，施工作业人员主要享有以下权利：

(1)使用劳动防护用品权。《安全生产法》第四十五条规定，生产经营单位必须为从业人员提供符合国家标准或者行业标准的劳动防护用品，并监督、教育从业人员按照使用规则佩戴、使用。

(2)获得工伤保险的权利。施工作业人员有权从施工单位获得工伤保险。《安全生产法》第五十一条规定,生产经营单位必须依法参加工伤保险,为从业人员缴纳保险费。国家鼓励生产经营单位投保安全生产责任保险;属于国家规定的高危行业、领域的生产经营单位,应当投保安全生产责任保险。具体范围和实施办法由国务院应急管理部门会同国务院财政部门、国务院保险监督管理机构和相关行业主管部门制定。此外,《建筑法》也规定,建筑施工企业应当依法为职工参加工伤保险缴纳工伤保险费。鼓励企业为从事危险作业的职工办理意外伤害保险,支付保险费。

(3)依法签约权。《安全生产法》第五十二条规定,生产经营单位与从业人员订立的劳动合同,应当载明有关保障从业人员劳动安全、防止职业危害的事项,以及依法为从业人员办理工伤保险的事项。生产经营单位不得以任何形式与从业人员订立协议,免除或者减轻其对从业人员因生产安全事故伤亡依法应承担的责任。

(4)知情建议权。《安全生产法》第五十三条规定,生产经营单位的从业人员有权了解其作业场所和工作岗位存在的危险因素、防范措施及事故应急措施,有权对本单位的安全生产工作提出建议。

(5)监督拒绝权。《安全生产法》第五十四条规定,从业人员有权对本单位安全生产工作中存在的问题提出批评、检举、控告;有权拒绝违章指挥和强令冒险作业。生产经营单位不得因从业人员对本单位安全生产工作提出批评、检举、控告或者拒绝违章指挥、强令冒险作业而降低其工资、福利等待遇或者解除与其订立的劳动合同。

(6)紧急避险权。《安全生产法》第五十五条规定,从业人员发现直接危及人身安全的紧急情况时,有权停止作业或者在采取可能的应急措施后撤离作业场所。生产经营单位不得因从业人员在前款紧急情况下停止作业或者采取紧急撤离措施而降低其工资、福利等待遇或者解除与其订立的劳动合同。

(7)获得赔偿权。《安全生产法》第五十六条规定,生产经营单位发生生产安全事故后,应当及时采取措施救治有关人员。因生产安全事故受到损害的从业人员,除依法享有工伤保险外,依照有关民事法律尚有获得赔偿的权利的,有权提出赔偿要求。

2. 施工作业人员的安全生产义务

根据《安全生产法》《建筑法》及其他有关法律、法规的规定,施工作业人员主要应当履行以下义务:

(1)遵规守法,服从管理,正确佩戴和使用劳动防护用品的义务。《安全生产法》第五十七条规定,从业人员在作业过程中,应当严格落实岗位安全责任,遵守本单位的安全生产规章制度和操作规程,服从管理,正确佩戴和使用劳动防护用品。

(2)接受安全生产教育培训的义务。《安全生产法》第五十八条规定,从业人员应当接受安全生产教育和培训,掌握本职工作所需的安全生产知识,提高安全生产技能,增强事故预防和应急处理能力。

(3)事故隐患的报告义务。《安全生产法》第五十九条规定,从业人员发现事故隐患或者其他不安全因素,应当立即向现场安全生产管理人员或者本单位负责人报告;接到报告的人员应当及时予以处理。

3. 工会的相关权利

《安全生产法》第六十条规定,工会有权对建设项目的安全设施与主体工程同时设计、同时施工、同时投入生产和使用进行监督，提出意见。工会对生产经营单位违反安全生产法律、法规，侵犯从业人员合法权益的行为，有权要求纠正；发现生产经营单位违章指挥、强令冒险作业或者发现事故隐患时，有权提出解决的建议，生产经营单位应当及时研究答复；发现危及从业人员生命安全的情况时，有权向生产经营单位建议组织从业人员撤离危险场所，生产经营单位必须立即作出处理。工会有权依法参加事故调查，向有关部门提出处理意见，并要求追究有关人员的责任。

（五）施工总承包与分包单位安全生产责任

《建筑法》规定，施工现场安全由建筑施工企业负责。实行施工总承包的，由总承包单位负责。分包单位向总承包单位负责，服从总承包单位对施工现场的安全生产管理。

《建设工程安全生产管理条例》规定，建设工程实行施工总承包的，由总承包单位对施工现场的安全生产负总责。总承包单位应当自行完成建设工程主体结构的施工。总承包单位依法将建设工程分包给其他单位的，分包合同中应当明确各自的安全生产方面的权利、义务。总承包单位和分包单位对分包工程的安全生产承担连带责任。分包单位应当服从总承包单位的安全生产管理，分包单位不服从管理导致生产安全事故的，由分包单位承担主要责任。

《安全生产法》第四十八条规定，两个以上生产经营单位在同一作业区域内进行生产经营活动，可能危及对方生产安全的，应当签订安全生产管理协议，明确各自的安全生产管理职责和应当采取的安全措施，并指定专职安全生产管理人员进行安全检查与协调。第四十九条规定，生产经营单位不得将生产经营项目、场所、设备发包或者出租给不具备安全生产条件或者相应资质的单位或者个人。生产经营项目、场所发包或者出租给其他单位的，生产经营单位应当与承包单位、承租单位签订专门的安全生产管理协议，或者在承包合同、租赁合同中约定各自的安全生产管理职责；生产经营单位对承包单位、承租单位的安全生产工作统一协调、管理，定期进行安全检查，发现安全问题的，应当及时督促整改。矿山、金属冶炼建设项目和用于生产、储存、装卸危险物品的建设项目施工单位应当加强对施工项目的安全管理，不得倒卖、出租、出借、挂靠或者以其他形式非法转让施工资质，不得将其承包的全部建设工程转包给第三人或者将其承包的全部建设工程支解以后以分包的名义分别转包给第三人，不得将工程分包给不具备相应资质条件的单位。

二、安全生产教育培训

施工企业安全生产教育培训应贯穿于生产经营的全过程，教育培训应包括计划编制、组织实施和人员持证审核等工作内容。

安全生产教育培训的类型应包括各类上岗证书的初审、复审培训，三级教育（企业、项目、班组）、岗前教育、日常教育、年度继续教育。

安全生产教育培训的对象应包括企业安管人员、特殊工种以及新上岗、待岗复工、转岗、换岗的作业人员。其中，企业安管人员主要包括施工企业主要负责人、项目负责人和专职安全生产管理人员。

《建筑施工特种作业人员管理规定》规定，建筑施工特种作业人员是指在房屋建筑和市政工程施工活动中，从事可能对本人、他人及周围设备设施的安全造成重大危害作业的人员。

建筑施工特种作业包括:建筑电工;建筑架子工;建筑起重信号司索工;建筑起重机械司机;建筑起重机械安装拆卸工;高处作业吊篮安装拆卸工;经省级以上人民政府建设主管部门认定的其他特种作业。

施工单位从业人员安全生产教育培训相关规定如下表所示。

接受培训的人员/情形	培训的具体规定
安管人员	"安管人员"应当经建设行政主管部门或者其他有关部门考核,并取得安全生产考核合格证书后方可任职
	专职安全生产管理人员分为机械、土建、综合三类。机械类专职安全生产管理人员可以从事起重机械、土石方机械、桩工机械等安全生产管理工作。土建类专职安全生产管理人员可以从事除起重机械、土石方机械、桩工机械等安全生产管理工作以外的安全生产管理工作。综合类专职安全生产管理人员可以从事全部安全生产管理工作
	新申请专职安全生产管理人员安全生产考核只可以在机械、土建、综合三类中选择一类。机械类专职安全生产管理人员在参加土建类安全生产管理专业考试合格后,可以申请取得综合类专职安全生产管理人员安全生产考核合格证书。土建类专职安全生产管理人员在参加机械类安全生产管理专业考试合格后,可以申请取得综合类专职安全生产管理人员安全生产考核合格证书
	安全生产考核不得收费
	安全生产考核合格证书有效期为3年,证书在全国范围内有效
施工单位全员	建筑施工企业应当建立健全劳动安全生产教育培训制度,加强对职工安全生产的教育培训;未经安全生产教育培训的人员,不得上岗作业。教育培训应包括下列内容:安全生产法律法规和规章制度;安全操作规程;针对性的安全防范措施;违章指挥、违章作业、违反劳动纪律产生的后果;预防、减少安全风险以及紧急情况下应急救援的基本知识、方法和措施
	施工单位应当对管理人员和作业人员每年至少进行1次安全生产教育培训,其教育培训情况记入个人工作档案。安全生产教育培训考核不合格的人员,不得上岗
特种作业人员	垂直运输机械作业人员、安装拆卸工、爆破作业人员、起重信号工、登高架设作业人员等特种作业人员,必须按照国家有关规定经过专门的安全作业培训,并取得特种作业操作资格证书后,方可上岗作业
	建筑施工特种作业人员必须经建设主管部门考核合格,取得建筑施工特种作业人员操作资格证书,方可上岗从事相应作业
"六新"情形	作业人员进入新的岗位或者新的施工现场前,应当接受安全生产教育培训。未经教育培训或者教育培训考核不合格的人员,不得上岗作业
	施工单位在采用新技术、新工艺、新设备、新材料时,应当对作业人员进行相应的安全生产教育培训

（续表）

接受培训的人员/情形	培训的具体规定
安全生产继续教育	施工企业每年应按规定对所有从业人员进行安全生产继续教育，教育培训应包括下列内容：新颁布的安全生产法律法规、安全技术标准规范和规范性文件；先进的安全生产技术和管理经验；典型事故案例分析

《国务院安委会关于进一步加强安全培训工作的决定》规定，应严格落实企业职工先培训后上岗制度：矿山、危险物品等高危企业要对新职工进行至少 72 学时的安全培训，建筑企业要对新职工进行至少 32 学时的安全培训，每年进行至少 20 学时的再培训；非高危企业新职工上岗前要经过至少 24 学时的安全培训，每年进行至少 8 学时的再培训。企业调整职工岗位或者采用新工艺、新技术、新设备、新材料的，要进行专门的安全培训。矿山和危险物品生产企业逐步实现从职业院校和技工院校相关专业毕业生中录用新职工。政府有关部门要实施“中小企业安全培训援助”工程，推动大型企业和培训机构与中小企业签订培训服务协议；组织讲师团，开展培训下基层进企业活动。

应完善和落实师傅带徒弟制度：高危企业新职工安全培训合格后，要在经验丰富的工人师傅带领下，实习至少 2 个月后方可独立上岗。工人师傅一般应当具备中级工以上技能等级，3 年以上相应工作经历，成绩突出，善于“传、帮、带”，没有发生过“三违”行为等条件。要组织签订师徒协议，建立师傅带徒弟激励约束机制。

《中华人民共和国职业教育法》规定，职业培训包括就业前培训、在职培训、再就业培训及其他职业性培训，可以根据实际情况分级分类实施。职业培训可以由相应的职业培训机构、职业学校实施。其他学校或者教育机构以及企业、社会组织可以根据办学能力、社会需求，依法开展面向社会的、多种形式的职业培训。国家推行中国特色学徒制，引导企业按照岗位总量的一定比例设立学徒岗位，鼓励和支持有技术技能人才培养能力的企业特别是产教融合型企业与职业学校、职业培训机构开展合作，对新招用职工、在岗职工和转岗职工进行学徒培训，或者与职业学校联合招收学生，以工学结合的方式进行学徒培养。有关企业可以按照规定享受补贴。企业与职业学校联合招收学生，以工学结合的方式进行学徒培养的，应当签订学徒培养协议。

第三节　施工现场安全防护制度

一、安全生产费用管理

安全生产费用管理应包括资金的提取、申请、审核审批、支付、使用、统计、分析、审计检查等工作内容。施工企业应按规定提取安全生产所需的费用。安全生产费用应包括安全技术措施、安全教育培训、劳动保护、应急准备等，以及必要的安全评价、监测、检测、论证所需费用。施工企业各管理层应根据安全生产管理需要，编制安全生产费用使用计划，明确费用使用的项目、类别、额度、实施单位及责任者、完成期限等内容，并应经审核批准后执行。

（一）安全费用管理制度概述

《企业安全生产费用提取和使用管理办法》规定，安全费用是指企业按照规定标准提取在成本中列支，专门用于完善和改进企业或者项目安全生产条件的资金。安全费用按照“企业提取、政府监管、确保需要、规范使用”的原则进行管理。

《安全生产法》第二十三条规定，生产经营单位应当具备的安全生产条件所必需的资金投入，由生产经营单位的决策机构、主要负责人或者个人经营的投资人予以保证，并对由于安全生产所必需的资金投入不足导致的后果承担责任。有关生产经营单位应当按照规定提取和使用安全生产费用，专门用于改善安全生产条件。安全生产费用在成本中据实列支。安全生产费用提取、使用和监督管理的具体办法由国务院财政部门会同国务院应急管理部门征求国务院有关部门意见后制定。

《建设工程安全生产管理条例》第八条规定，建设单位在编制工程概算时，应当确定建设工程安全作业环境及安全施工措施所需费用。第二十二条规定，施工单位对列入建设工程概算的安全作业环境及安全施工措施所需费用，应当用于施工安全防护用具及设施的采购和更新、安全施工措施的落实、安全生产条件的改善，不得挪作他用。

（二）施工单位安全费用的提取制度

《企业安全生产费用提取和使用管理办法》第七条规定，建设工程施工企业以建筑安装工程造价为计提依据。各建设工程类别安全费用提取标准如下：

（1）矿山工程为2.5%；

（2）房屋建筑工程、水利水电工程、电力工程、铁路工程、城市轨道交通工程为2.0%；

（3）市政公用工程、冶炼工程、机电安装工程、化工石油工程、港口与航道工程、公路工程、通信工程为1.5%。

建设工程施工企业提取的安全费用列入工程造价，在竞标时，不得删减，列入标外管理。国家对基本建设投资概算另有规定的，从其规定。总包单位应当将安全费用按比例直接支付分包单位并监督使用，分包单位不再重复提取。

《企业安全生产费用提取和使用管理办法》第十五条规定，企业在上述标准的基础上，根据安全生产实际需要，可适当提高安全费用提取标准。本办法公布前，各省级政府已制定下发企业安全费用提取使用办法的，其提取标准如果低于本办法规定的标准，应当按照本办法进行调整；如果高于本办法规定的标准，按照原标准执行。

《建筑工程安全防护、文明施工措施费用及使用管理规定》第四条规定，建筑工程安全防护、文明施工措施费用是由《建筑安装工程费用项目组成》中措施费所含的文明施工费、环境保护费、临时设施费、安全施工费组成。

《建筑工程安全防护、文明施工措施费用及使用管理规定》第六条规定，依法进行工程招投标的项目，招标方或具有资质的中介机构编制招标文件时，应当按照有关规定并结合工程实际单独列出安全防护、文明施工措施项目清单。投标方应当根据现行标准规范，结合工程特点、工期进度和作业环境要求，在施工组织设计文件中制定相应的安全防护、文明施工措施，并按照招标文件要求结合自身的施工技术水平、管理水平对工程安全防护、文明施工措施项目单独报价。投标方安全防护、文明施工措施的报价,不得低于依据工程所在地工程造价管理机构测定费率计算所需费用总额的90%。

《建筑工程安全防护、文明施工措施费用及使用管理规定》第七条规定,建设单位与施工单位应当在施工合同中明确安全防护、文明施工措施项目总费用,以及费用预付、支付计划,使用要求、调整方式等条款。建设单位与施工单位在施工合同中对安全防护、文明施工措施费用预付、支付计划未作约定或约定不明的,合同工期在1年以内的,建设单位预付安全防护、文明施工措施项目费用不得低于该费用总额的50%;合同工期在1年以上的(含1年),预付安全防护、文明施工措施费用不得低于该费用总额的30%,其余费用应当按照施工进度支付。实行工程总承包的,总承包单位依法将建筑工程分包给其他单位的,总承包单位与分包单位应当在分包合同中明确安全防护、文明施工措施费用由总承包单位统一管理。安全防护、文明施工措施由分包单位实施的,由分包单位提出专项安全防护措施及施工方案,经总承包单位批准后及时支付所需费用。

《建筑工程安全防护、文明施工措施费用及使用管理规定》第八条规定,建设单位申请领取建筑工程施工许可证时,应当将施工合同中约定的安全防护、文明施工措施费用支付计划作为保证工程安全的具体措施提交建设行政主管部门。未提交的,建设行政主管部门不予核发施工许可证。

(三)施工单位安全费用的使用制度

《企业安全生产费用提取和使用管理办法》第十九条规定,建设工程施工企业安全费用应当按照以下范围使用:

(1)完善、改造和维护安全防护设施设备(不含"三同时"要求初期投入的安全设施)支出,包括施工现场临时用电系统、洞口、临边、机械设备、高处作业防护、交叉作业防护、防火、防爆、防尘、防毒、防雷、防台风、防地质灾害、地下工程有害气体监测、通风、临时安全防护等设施设备支出;

(2)配备、维护、保养应急救援器材、设备支出和应急演练支出;

(3)开展重大危险源和事故隐患评估、监控和整改支出;

(4)安全生产检查、咨询、评价(不包括新建、改建、扩建项目安全评价)和标准化建设支出;

(5)配备和更新现场作业人员安全防护用品支出;

(6)安全生产宣传、教育、培训支出;

(7)安全生产适用的新技术、新装备、新工艺、新标准的推广应用支出;

(8)安全设施及特种设备检测检验支出;

(9)其他与安全生产直接相关的支出。

《企业安全生产费用提取和使用管理办法》第二十六条规定,在本办法规定的使用范围内,企业应当将安全费用优先用于满足应急管理部门、煤矿安全监察机构以及行业主管部门对企业安全生产提出的整改措施或者达到安全生产标准所需的支出。第二十七条规定,企业提取的安全费用应当专户核算,按规定范围安排使用,不得挤占、挪用。年度结余资金结转下年度使用，当年计提安全费用不足的，超出部分按正常成本费用渠道列支。主要承担安全管理责任的集团公司经过履行内部决策程序，可以对所属企业提取的安全费用按照一定比例集中管理，统筹使用。

《企业安全生产费用提取和使用管理办法》还规定，企业应当建立健全内部安全费用管理制度，明确安全费用提取和使用的程序、职责及权限，按规定提取和使用安全费用。企业应当加强安全费用管理，编制年度安全费用提取和使用计划，纳入企业财务预算。企业年度安全费用使用计划和上一年安全费用的提取、使用情况按照管理权限报同级财政部门、应急管理部门、煤矿安全监察机构和行业主管部门备案。企业安全费用的会计处理，应当符合国家统一的会计制度的规定。企业提取的安全费用属于企业自提自用资金，其他单位和部门不得采取收取、代管等形式对其进行集中管理和使用，国家法律、法规另有规定的除外。各级财政部门、应急管理部门、煤矿安全监察机构和有关行业主管部门依法对企业安全费用提取、使用和管理进行监督检查。企业未按本办法提取和使用安全费用的，应急管理部门、煤矿安全监察机构和行业主管部门会同财政部门责令其限期改正，并依照相关法律法规进行处理、处罚。建设工程施工总承包单位未向分包单位支付必要的安全费用以及承包单位挪用安全费用的，由建设、交通运输、铁路、水利、应急管理、煤矿安全监察等主管部门依照相关法规、规章进行处理、处罚。

《建筑工程安全防护、文明施工措施费用及使用管理规定》规定，建设单位应当按照本规定及合同约定及时向施工单位支付安全防护、文明施工措施费，并督促施工企业落实安全防护、文明施工措施。工程监理单位应当对施工单位落实安全防护、文明施工措施情况进行现场监理。对施工单位已经落实的安全防护、文明施工措施，总监理工程师或者造价工程师应当及时审查并签认所发生的费用。监理单位发现施工单位未落实施工组织设计及专项施工方案中安全防护和文明施工措施的，有权责令其立即整改；对施工单位拒不整改或未按期限要求完成整改的，工程监理单位应当及时向建设单位和建设行政主管部门报告，必要时责令其暂停施工。施工单位应当确保安全防护、文明施工措施费专款专用，在财务管理中单独列出安全防护、文明施工措施项目费用清单备查。施工单位安全生产管理机构和专职安全生产管理人员负责对建筑工程安全防护、文明施工措施的组织实施进行现场监督检查，并有权向建设主管部门反映情况。工程总承包单位对建筑工程安全防护、文明施工措施费用的使用负总责。总承包单位应当按照本规定及合同约定及时向分包单位支付安全防护、文明施工措施费用。总承包单位不按本规定和合同约定支付费用，造成分包单位不能及时落实安全防护措施导致发生事故的，由总承包单位负主要责任。建设行政主管部门应当按照现行标准规范对施工现场安全防护、文明施工措施落实情况进行监督检查，并对建设单位支付及施工单位使用安全防护、文明施工措施费用情况进行监督。

专家解读

施工安全费用的提取及使用，在以往考试中出现频率较高，需重点掌握。

二、施工现场安全防护管理

(一)施工现场安全警示标志设置及安全防护措施制度

《建设工程安全生产管理条例》第二十八条规定,施工单位应当在施工现场入口处、施工起重机械、临时用电设施、脚手架、出入通道口、楼梯口、电梯井口、孔洞口、桥梁口、隧道口、基坑边沿、爆破物及有害危险气体和液体存放处等危险部位,设置明显的安全警示标志。安全警示标志必须符合国家标准。

施工单位应当根据不同施工阶段和周围环境及季节、气候的变化,在施工现场采取相应的安全施工措施。施工现场暂时停止施工的,施工单位应当做好现场防护,所需费用由责任方承担,或者按照合同约定执行。

(二)施工现场临时设施安全卫生制度

《建设工程安全生产管理条例》第二十九条规定,施工单位应当将施工现场的办公、生活区与作业区分开设置,并保持安全距离;办公、生活区的选址应当符合安全性要求。职工的膳食、饮水、休息场所等应当符合卫生标准。施工单位不得在尚未竣工的建筑物内设置员工集体宿舍。施工现场临时搭建的建筑物应当符合安全使用要求。施工现场使用的装配式活动房屋应当具有产品合格证。

(三)施工现场周边环境的安全防护措施制度

《建设工程安全生产管理条例》第三十条规定,施工单位对因建设工程施工可能造成损害的毗邻建筑物、构筑物和地下管线等,应当采取专项防护措施。施工单位应当遵守有关环境保护法律、法规的规定,在施工现场采取措施,防止或者减少粉尘、废气、废水、固体废物、噪声、振动和施工照明对人和环境的危害和污染。在城市市区内的建设工程,施工单位应当对施工现场实行封闭围挡。

(四)安全防护用具、机械设备等安全管理制度

《建设工程安全生产管理条例》第三十四条规定,施工单位采购、租赁的安全防护用具、机械设备、施工机具及配件,应当具有生产(制造)许可证、产品合格证,并在进入施工现场前进行查验。施工现场的安全防护用具、机械设备、施工机具及配件必须由专人管理,定期进行检查、维修和保养,建立相应的资料档案,并按照国家有关规定及时报废。

《建设工程安全生产管理条例》第三十五条规定,施工单位在使用施工起重机械和整体提升脚手架、模板等自升式架设设施前,应当组织有关单位进行验收,也可以委托具有相应资质的检验检测机构进行验收;使用承租的机械设备和施工机具及配件的,由施工总承包单位、分包单位、出租单位和安装单位共同进行验收。验收合格的方可使用。《特种设备安全监察条例》规定的施工起重机械,在验收前应当经有相应资质的检验检测机构监督检验合格。施工单位应当自施工起重机械和整体提升脚手架、模板等自升式架设设施验收合格之日起30日内,向建设行政主管部门或者其他有关部门登记。登记标志应当置于或者附着于该设备的显著位置。

此外,根据《建设工程安全生产管理条例》第三十二条的规定,施工单位应当保障作业人

员获得安全防护用具和安全防护服装的权利，作业人员行使对存在的安全问题提出批评、检举、控告的权利，拒绝违章指挥和强令冒险作业的权利，发生危及人身安全的紧急情况时的撤离权等，也是施工现场安全防护的重要措施。

（五）生物安全风险管理

《中华人民共和国生物安全法》第二十九条规定，任何单位和个人发现传染病、动植物疫病的，应当及时向医疗机构、有关专业机构或者部门报告。医疗机构、专业机构及其工作人员发现传染病、动植物疫病或者不明原因的聚集性疾病的，应当及时报告，并采取保护性措施。依法应当报告的，任何单位和个人不得瞒报、谎报、缓报、漏报，不得授意他人瞒报、谎报、缓报，不得阻碍他人报告。

根据《房屋建筑和市政基础设施工程施工现场新冠肺炎疫情常态化防控工作指南》，各参建单位（含建设、施工、监理等）应结合项目实际，制定本项目疫情常态化防控工作方案，建立健全工作体系和机构，明确疫情防控责任部门和责任人，设置专职疫情防控岗位，完善疫情防控管理制度。

施工总承包单位负责施工现场疫情常态化防控各项工作组织实施。监理单位负责审查施工现场疫情常态化防控工作方案，开展检查并提出建议。建设、施工、监理项目负责人是本单位工程项目疫情常态化防控和质量安全的第一责任人。各方应各司其职、加强配合，切实履行疫情防控和质量安全主体责任。

专家解读

根据2021年8月4日住房和城乡建设部办公厅发布的《住房和城乡建设部办公厅关于全面加强房屋市政工程施工工地新冠肺炎疫情防控工作的通知》，应全面加强施工工地疫情防控工作。相关内容为疫情防控基本要求，自行了解即可。

三、施工现场消防安全管理

施工现场消防是建筑工地安全生产工作的重要内容，涉及面广，施工条件复杂，施工单位需要严格落实消防安全主体责任和管理职责，建立健全消防安全管理制度，强化消防安全隐患排查和消除，积极预防和有效遏制建筑施工火灾事故的发生。

（一）消防设计、施工质量责任和义务

《中华人民共和国消防法》（以下简称为《消防法》）规定，建设工程的消防设计、施工必须符合国家工程建设消防技术标准。建设、设计、施工、工程监理等单位依法对建设工程的消防设计、施工质量负责。建筑构件、建筑材料和室内装修、装饰材料的防火性能必须符合国家标准；没有国家标准的，必须符合行业标准。人员密集场所室内装修、装饰，应当按照消防技术标准的要求，使用不燃、难燃材料。

《建设工程消防设计审查验收管理暂行规定》第十一条规定，施工单位应当履行下列消防设计、施工质量责任和义务：

（1）按照建设工程法律法规、国家工程建设消防技术标准，以及经消防设计审查合格或者满足工程需要的消防设计文件组织施工，不得擅自改变消防设计进行施工，降低消防施工质量；

(2)按照消防设计要求、施工技术标准和合同约定检验消防产品和具有防火性能要求的建筑材料、建筑构配件和设备的质量,使用合格产品,保证消防施工质量;

(3)参加建设单位组织的建设工程竣工验收,对建设工程消防施工质量签章确认,并对建设工程消防施工质量负责。

(二)施工单位的消防安全职责

《消防法》规定,机关、团体、企业、事业等单位应当履行下列消防安全职责:

(1)落实消防安全责任制,制定本单位的消防安全制度、消防安全操作规程,制定灭火和应急疏散预案;

(2)按照国家标准、行业标准配置消防设施、器材,设置消防安全标志,并定期组织检验、维修,确保完好有效;

(3)对建筑消防设施每年至少进行1次全面检测,确保完好有效,检测记录应当完整准确,存档备查;

(4)保障疏散通道、安全出口、消防车通道畅通,保证防火防烟分区、防火间距符合消防技术标准;

(5)组织防火检查,及时消除火灾隐患;

(6)组织进行有针对性的消防演练;

(7)法律、法规规定的其他消防安全职责。

单位的主要负责人是本单位的消防安全责任人。

《消防法》规定,县级以上地方人民政府消防救援机构应当将发生火灾可能性较大以及发生火灾可能造成重大的人身伤亡或者财产损失的单位,确定为本行政区域内的消防安全重点单位,并由应急管理部门报本级人民政府备案。消防安全重点单位除应当履行规定的职责外,还应当履行下列消防安全职责:

(1)确定消防安全管理人,组织实施本单位的消防安全管理工作;

(2)建立消防档案,确定消防安全重点部位,设置防火标志,实行严格管理;

(3)实行每日防火巡查,并建立巡查记录;

(4)对职工进行岗前消防安全培训,定期组织消防安全培训和消防演练。

《建设工程安全生产管理条例》第三十一条规定,施工单位应当在施工现场建立消防安全责任制度,确定消防安全责任人,制定用火、用电、使用易燃易爆材料等各项消防安全管理制度和操作规程,设置消防通道、消防水源,配备消防设施和灭火器材,并在施工现场入口处设置明显标志。

(三)施工现场的消防安全管理

《消防法》规定,禁止在具有火灾、爆炸危险的场所吸烟、使用明火。因施工等特殊情况需要使用明火作业的,应当按照规定事先办理审批手续,采取相应的消防安全措施;作业人员应当遵守消防安全规定。进行电焊、气焊等具有火灾危险作业的人员和自动消防系统的操作人员,必须持证上岗,并遵守消防安全操作规程。

《关于进一步加强建设工程施工现场消防安全工作的通知》要求,保障施工现场具备以下消防安全条件:

（1）施工现场要设置消防通道并确保畅通。建筑工地要满足消防车通行、停靠和作业要求。在建建筑内应设置标明楼梯间和出入口的临时醒目标志，视情安装楼梯间和出入口的临时照明，及时清理建筑垃圾和障碍物，规范材料堆放，保证发生火灾时，现场施工人员疏散和消防人员扑救快捷畅通。

（2）施工现场要按有关规定设置消防水源。应当在建设工程平地阶段按照总平面设计设置室外消火栓系统，并保持充足的管网压力和流量。根据在建工程施工进度，同步安装室内消火栓系统或设置临时消火栓，配备水枪水带，消防干管设置水泵接合器，满足施工现场火灾扑救的消防供水要求。

（3）施工现场应当配备必要的消防设施和灭火器材。施工现场的重点防火部位和在建高层建筑的各个楼层，应在明显和方便取用的地方配置适当数量的手提式灭火器、消防沙袋等消防器材。

（4）施工现场的办公、生活区与作业区应当分开设置，并保持安全距离；施工单位不得在尚未竣工的建筑物内设置员工集体宿舍。

《关于进一步加强建设工程施工现场消防安全工作的通知》还要求，施工单位应当在施工组织设计中编制消防安全技术措施和专项施工方案，并由专职安全管理人员进行现场监督。动用明火必须实行严格的消防安全管理，禁止在具有火灾、爆炸危险的场所使用明火；需要进行明火作业的，动火部门和人员应当按照用火管理制度办理审批手续，落实现场监护人，在确认无火灾、爆炸危险后方可动火施工；动火施工人员应当遵守消防安全规定，并落实相应的消防安全措施；易燃易爆危险物品和场所应有具体防火防爆措施；电焊、气焊、电工等特殊工种人员必须持证上岗；将容易发生火灾、一旦发生火灾后果严重的部位确定为重点防火部位，实行严格管理。

（四）消防安全的检查以及自评

根据《消防法》的规定，机关、团体、企业、事业等单位应当组织防火检查，及时消除火灾隐患。

《关于进一步加强建设工程施工现场消防安全工作的通知》规定，施工单位应及时纠正违章操作行为，及时发现火灾隐患并采取防范、整改措施。国家、省级等重点工程的施工现场应当进行每日防火巡查，其他施工现场也应根据需要组织防火巡查。施工单位防火检查的内容应当包括：火灾隐患的整改情况以及防范措施的落实情况，疏散通道、消防车通道、消防水源情况，灭火器材配置及有效情况，用火、用电有无违章情况，重点工种人员及其他施工人员消防知识掌握情况，消防安全重点部位管理情况，易燃易爆危险物品和场所防火防爆措施落实情况，防火巡查落实情况等。

《国务院关于加强和改进消防工作的意见》要求，机关、团体、企业事业单位法定代表人是本单位消防安全第一责任人。各单位要依法履行职责，保障必要的消防投入，切实提高检查消除火灾隐患、组织扑救初起火灾、组织人员疏散逃生和消防宣传教育培训的能力。要建立消防安全自我评估机制，消防安全重点单位每季度、其他单位每半年自行或委托有资质的机构对本单位进行 1 次消防安全检查评估，做到安全自查、隐患自除、责任自负。要建立建筑消防设施日常维护保养制度，每年至少进行 1 次全面检测，确保消防设施完好有效。要严格落实消防控制室管理和应急程序规定，消防控制室操作人员必须持证上岗。

(五)消防安全教育培训及演练

建筑施工企业应当重点从消除建筑施工火灾隐患、组织扑救初起火灾、组织人员疏散逃生等方面有针对性地开展施工消防安全知识的宣传教育培训和演练等。要切实加强对施工现场一线操作人员,特别是电工、焊工等特种作业人员的消防安全知识培训,进一步提高安全意识和自防自救的能力。

《关于进一步加强建设工程施工现场消防安全工作的通知》规定,应加强施工现场人员消防安全教育培训:施工人员上岗前的安全培训应当包括有关消防法规、消防安全制度和保障消防安全的操作规程,本岗位的火灾危险性和防火措施,有关消防设施的性能、灭火器材的使用方法,报火警、扑救初起火灾以及自救逃生的知识和技能等,保障施工现场人员具有相应的消防常识和逃生自救能力等消防内容。应加强初期火灾扑救和疏散演练:施工单位应当根据国家有关消防法规和建设工程安全生产法规的规定,建立施工现场消防组织,制定灭火和应急疏散预案,并至少每半年组织 1 次演练,提高施工人员及时报警、扑灭初期火灾和自救逃生能力。

《社会消防安全教育培训规定》第二条规定,机关、团体、企业、事业等单位,社区居民委员会、村民委员会依照本规定开展消防安全教育培训工作。第二十四条规定,在建工程的施工单位应当开展下列消防安全教育工作:

(1)建设工程施工前应当对施工人员进行消防安全教育;

(2)在建设工地醒目位置、施工人员集中住宿场所设置消防安全宣传栏,悬挂消防安全挂图和消防安全警示标识;

(3)对明火作业人员进行经常性的消防安全教育;

(4)组织灭火和应急疏散演练。

在建工程的建设单位应当配合施工单位做好上述消防安全教育工作。

典型例题

【单选题】根据《关于进一步加强建设工程施工现场消防安全工作的通知》,关于施工现场消防安全的说法,正确的是(　　)。

A. 禁止在施工现场动用明火

B. 施工企业应当在施工组织设计中编制消防安全技术措施和专项施工方案

C. 施工现场的办公、生活区与作业区在满足防火要求的前提下可以混合设置

D. 不得在尚未竣工的建筑物内设置作业区

B。【解析】根据《关于进一步加强建设工程施工现场消防安全工作的通知》,施工单位应当在施工组织设计中编制消防安全技术措施和专项施工方案,并由专职安全管理人员进行现场监督。动用明火必须实行严格的消防安全管理,禁止在具有火灾、爆炸危险的场所使用明火。施工现场的办公、生活区与作业区应当分开设置,并保持安全距离;施工单位不得在尚未竣工的建筑物内设置员工集体宿舍。

四、安全技术管理

（一）施工组织设计

施工组织设计是规划和指导施工全过程的综合性技术经济文件，是施工准备工作的重要组成部分。它要保证施工准备阶段各项工作的顺利进行，各分包单位、各工种的有序衔接，以及各类材料、构件、机具等供应时间和顺序，并对一些关键部位和需要控制的部位提出相应的安全技术措施。

《建筑法》第三十八条规定，建筑施工企业在编制施工组织设计时，应当根据建筑工程的特点制定相应的安全技术措施；对专业性较强的工程项目，应当编制专项安全施工组织设计，并采取安全技术措施。

（二）安全技术措施

施工企业安全技术管理应包括对安全生产技术措施的制订、实施、改进等管理。施工企业各管理层的技术负责人应对管理范围的安全技术管理负责。

安全技术措施可分为防止事故发生的安全技术措施和减少事故损失的安全技术措施。安全技术措施通常包括：根据基坑、地下室深度和地质资料，保证土石方边坡稳定的措施；脚手架、吊篮、安全网、各类洞口防止人员坠落的技术措施；外用电梯、井架以及塔吊等垂直运输机具的拉结要求及防倒塌的措施；安全用电和机电防短路、防触电的措施；有毒有害、易燃易爆作业的技术措施；施工现场周围通行道路及居民防护隔离等措施。

（三）施工现场临时用电方案

施工现场临时用电方案应包括下列内容：

(1)现场勘测。

(2)确定电源进线、变电所或配电室、配电装置、用电设备位置及线路走向。

(3)进行负荷计算。

(4)选择变压器。

(5)设计配电系统：设计配电线路，选择导线或电缆；设计配电装置，选择电器；设计接地装置；绘制临时用电工程图纸。

(6)设计防雷装置。

(7)确定防护措施。

(8)制定安全用电措施和电气防火措施。

（四）专项施工方案

《建设工程安全生产管理条例》第二十六条规定，施工单位应当对下列达到一定规模的危险性较大的分部分项工程编制专项施工方案，并附具安全验算结果，经施工单位技术负责人、总监理工程师签字后实施，由专职安全生产管理人员进行现场监督：

(1)基坑支护与降水工程；

(2)土方开挖工程；

(3)模板工程；

(4)起重吊装工程；

(5)脚手架工程；

(6)拆除、爆破工程;

(7)国务院建设行政主管部门或者其他有关部门规定的其他危险性较大的工程。

对前款所列工程中涉及深基坑、地下暗挖工程、高大模板工程的专项施工方案,施工单位还应当组织专家进行论证、审查。

《危险性较大的分部分项工程安全管理规定》规定,本规定所称危险性较大的分部分项工程(以下简称"危大工程"),是指房屋建筑和市政基础设施工程在施工过程中,容易导致人员群死群伤或者造成重大经济损失的分部分项工程。危大工程专项施工方案编制要求如下图所示。

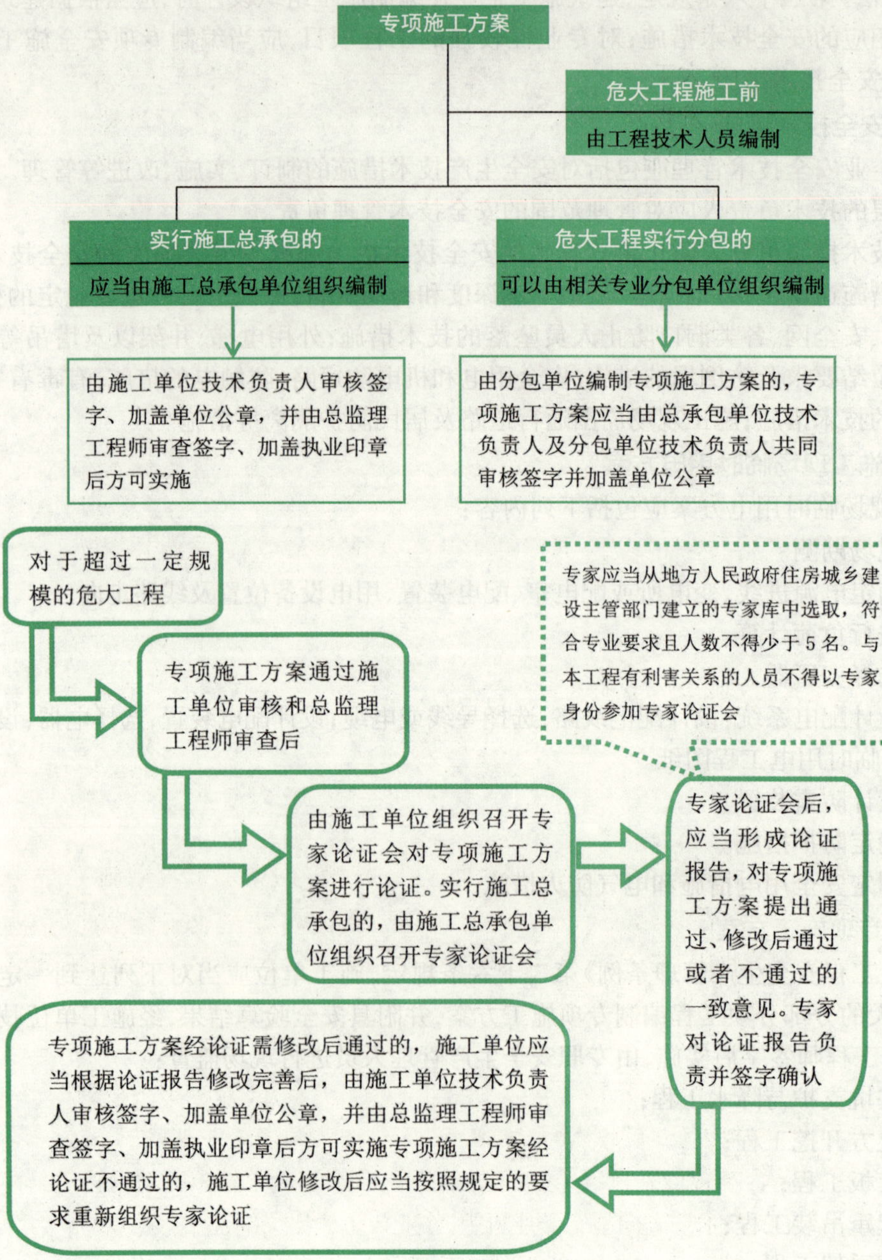

施工单位应当严格按照专项施工方案组织施工，不得擅自修改专项施工方案。因规划调整、设计变更等原因确需调整的，修改后的专项施工方案应当按照规定重新审核和论证。涉及资金或者工期调整的，建设单位应当按照约定予以调整。

施工单位应当对危大工程施工作业人员进行登记，项目负责人应当在施工现场履职。项目专职安全生产管理人员应当对专项施工方案实施情况进行现场监督，对未按照专项施工方案施工的，应当要求立即整改，并及时报告项目负责人，项目负责人应当及时组织限期整改。施工单位应当按照规定对危大工程进行施工监测和安全巡视，发现危及人身安全的紧急情况，应当立即组织作业人员撤离危险区域。

监理单位应当结合危大工程专项施工方案编制监理实施细则，并对危大工程施工实施专项巡视检查。监理单位发现施工单位未按照专项施工方案施工的，应当要求其进行整改；情节严重的，应当要求其暂停施工，并及时报告建设单位。施工单位拒不整改或者不停止施工的，监理单位应当及时报告建设单位和工程所在地住房城乡建设主管部门。

对于按照规定需要进行第三方监测的危大工程，建设单位应当委托具有相应勘察资质的单位进行监测。监测单位应当编制监测方案。监测方案由监测单位技术负责人审核签字并加盖单位公章，报送监理单位后方可实施。监测单位应当按照监测方案开展监测，及时向建设单位报送监测成果，并对监测成果负责；发现异常时，及时向建设、设计、施工、监理单位报告，建设单位应当立即组织相关单位采取处置措施。

对于按照规定需要验收的危大工程，施工单位、监理单位应当组织相关人员进行验收。验收合格的，经施工单位项目技术负责人及总监理工程师签字确认后，方可进入下一道工序。危大工程验收合格后，施工单位应当在施工现场明显位置设置验收标识牌，公示验收时间及责任人员。

专家解读

组织召开专项施工方案的专家论证会的单位及专家论证会的流程为近年考试核心考点，需重点掌握。

（五）施工组织设计、专项施工方案（措施）审批

施工企业应依据工程规模、类别、难易程度等明确施工组织设计、专项施工方案（措施）的编制、审核和审批的内容、权限、程序及时限。施工企业应根据施工组织设计、专项施工方案（措施）的审核、审批权限，组织相关职能部门审核，技术负责人审批。审核、审批应有明确意见并签名盖章。编制、审批应在施工前完成。

（六）安全技术交底

施工企业应根据施工组织设计、专项安全施工方案（措施）编制和审批权限的设置，分级进行安全技术交底，编制人员应参与安全技术交底、验收和检查。

《建设工程安全生产管理条例》规定，建设工程施工前，施工单位负责项目管理的技术人员应当对有关安全施工的技术要求向施工作业班组、作业人员作出详细说明，并由双方签字确认。

《危险性较大的分部分项工程安全管理规定》规定，专项施工方案实施前，编制人员或者

项目技术负责人应当向施工现场管理人员进行方案交底。施工现场管理人员应当向作业人员进行安全技术交底,并由双方和项目专职安全生产管理人员共同签字确认。

五、安全生产其他管理制度

(一)施工现场带班制度

《建筑施工企业负责人及项目负责人施工现场带班暂行办法》规定,本办法所称的建筑施工企业负责人,是指企业的法定代表人、总经理、主管质量安全和生产工作的副总经理、总工程师和副总工程师。本办法所称的项目负责人,是指工程项目的项目经理。本办法所称的施工现场,是指进行房屋建筑和市政工程施工作业活动的场所。建筑施工企业应当建立企业负责人及项目负责人施工现场带班制度,并严格考核。施工现场带班包括企业负责人带班检查和项目负责人带班生产。企业负责人带班检查是指由建筑施工企业负责人带队实施对工程项目质量安全生产状况及项目负责人带班生产情况的检查。项目负责人带班生产是指项目负责人在施工现场组织协调工程项目的质量安全生产活动。

建筑施工企业负责人要定期带班检查,每月检查时间不少于其工作日的25%。建筑施工企业负责人带班检查时,应认真做好检查记录,并分别在企业和工程项目存档备查。工程项目进行超过一定规模的危险性较大的分部分项工程施工时,建筑施工企业负责人应到施工现场进行带班检查。对于有分公司(非独立法人)的企业集团,集团负责人因故不能到现场的,可书面委托工程所在地的分公司负责人对施工现场进行带班检查。工程项目出现险情或发现重大隐患时,建筑施工企业负责人应到施工现场带班检查,督促工程项目进行整改,及时消除险情和隐患。

项目负责人是工程项目质量安全管理的第一责任人,应对工程项目落实带班制度负责。项目负责人在同一时期只能承担一个工程项目的管理工作。项目负责人带班生产时,要全面掌握工程项目质量安全生产状况,加强对重点部位、关键环节的控制,及时消除隐患。要认真做好带班生产记录并签字存档备查。项目负责人每月带班生产时间不得少于本月施工时间的80%。因其他事务需离开施工现场时,应向工程项目的建设单位请假,经批准后方可离开。离开期间应委托项目相关负责人负责其外出时的日常工作。

专家解读

需掌握项目负责人是工程项目质量安全管理的第一责任人。同时需对项目负责人的带班要求着重记忆。

(二)群防群治制度

群防群治制度是《建筑法》规定的、职工群众进行预防和治理安全的一种制度。这一制度要求职工群众在施工过程中,应当遵守有关的法律、法规及规章,不得违章作业;对于危及生命安全和身体健康的行为有权提出批评、检举和控告。

（三）重大事故隐患治理督办制度

重大隐患是指在房屋建筑和市政工程施工过程中，存在的危害程度较大、可能导致群死群伤或造成重大经济损失的生产安全隐患。

《房屋市政工程生产安全重大隐患排查治理挂牌督办暂行办法》规定，建筑施工企业是房屋市政工程生产安全重大隐患排查治理的责任主体，应当建立健全重大隐患排查治理工作制度，并落实到每一个工程项目。企业及工程项目的主要负责人对重大隐患排查治理工作全面负责。建筑施工企业应当定期组织安全生产管理人员、工程技术人员和其他相关人员排查每一个工程项目的重大隐患，特别是对深基坑、高支模、地铁隧道等技术难度大、风险大的重要工程应重点定期排查。对排查出的重大隐患，应及时实施治理消除，并将相关情况进行登记存档。

房屋市政工程生产安全重大隐患治理挂牌督办按照属地管理原则，由工程所在地住房城乡建设主管部门组织实施。省级住房城乡建设主管部门进行指导和监督。住房城乡建设主管部门接到工程项目重大隐患举报，应立即组织核实，属实的由工程所在地住房城乡建设主管部门及时向承建工程的建筑施工企业下达《房屋市政工程生产安全重大隐患治理挂牌督办通知书》，并公开有关信息，接受社会监督。

《房屋市政工程生产安全重大事故隐患判定标准》规定，施工安全管理有下列情形之一的，应判定为重大事故隐患：

（1）建筑施工企业未取得安全生产许可证擅自从事建筑施工活动。

（2）施工单位的主要负责人、项目负责人、专职安全生产管理人员未取得安全生产考核合格证书从事相关工作。

（3）建筑施工特种作业人员未取得特种作业人员操作资格证书上岗作业。

（4）危险性较大的分部分项工程未编制、未审核专项施工方案，或未按规定组织专家对“超过一定规模的危险性较大的分部分项工程范围”的专项施工方案进行论证。

（四）工伤保险和意外伤害保险制度

1. 工伤保险制度概述

《工伤保险条例》规定，中华人民共和国境内的企业、事业单位、社会团体、民办非企业单位、基金会、律师事务所、会计师事务所等组织和有雇工的个体工商户（以下称用人单位）应当依照本条例规定参加工伤保险，为本单位全部职工或者雇工（以下称职工）缴纳工伤保险费。

《中华人民共和国社会保险法》（以下简称为《社会保险法》）规定，职工应当参加工伤保险，由用人单位缴纳工伤保险费，职工不缴纳工伤保险费。

《建筑法》规定，建筑施工企业应当依法为职工参加工伤保险缴纳工伤保险费。

2. 工伤保险基金

《社会保险法》规定，国家根据不同行业的工伤风险程度确定行业的差别费率，并根据使用工伤保险基金、工伤发生率等情况在每个行业内确定费率档次。行业差别费率和行业内费率档次由国务院社会保险行政部门制定，报国务院批准后公布施行。社会保险经办机构根据用人单位使用工伤保险基金、工伤发生率和所属行业费率档次等情况，确定用人单位缴费费率。

《工伤保险条例》规定，工伤保险基金由用人单位缴纳的工伤保险费、工伤保险基金的利息和依法纳入工伤保险基金的其他资金构成。工伤保险费根据以支定收、收支平衡的原则，确定费率。工伤保险基金存入社会保障基金财政专户，用于本条例规定的工伤保险待遇，劳动能力鉴定，工伤预防的宣传、培训等费用，以及法律、法规规定的用于工伤保险的其他费用的支付。任何单位或者个人不得将工伤保险基金用于投资运营、兴建或者改建办公场所、发放奖金，或者挪作其他用途。

3. 工伤认定标准

职工有下列情形之一的

应当认定为工伤

（1）在工作时间和工作场所内，因工作原因受到事故伤害的；
（2）工作时间前后在工作场所内，从事与工作有关的预备性或者收尾性工作受到事故伤害的；
（3）在工作时间和工作场所内，因履行工作职责受到暴力等意外伤害的；
（4）患职业病的；
（5）因工外出期间，由于工作原因受到伤害或者发生事故下落不明的；
（6）在上下班途中，受到非本人主要责任的交通事故或者城市轨道交通、客运轮渡、火车事故伤害的；
（7）法律、行政法规规定应当认定为工伤的其他情形

职工有下列情形之一的

视同工伤

（1）在工作时间和工作岗位，突发疾病死亡或者在 48 小时之内经抢救无效死亡的；
（2）在抢险救灾等维护国家利益、公共利益活动中受到伤害的；
（3）职工原在军队服役，因战、因公负伤致残，已取得革命伤残军人证，到用人单位后旧伤复发的。职工有上述第（1）项、第（2）项情形的，按照有关规定享受工伤保险待遇；职工有上述第（3）项情形的，按照有关规定享受除一次性伤残补助金以外的工伤保险待遇

职工符合上述应当认定为工伤或者视同工伤的情形规定，但是有故意犯罪、醉酒、吸毒、自残或者自杀这些情形之一的，不得认定为工伤或者视同工伤。

4. 工伤认定申请

《工伤保险条例》规定，职工发生事故伤害或者按照职业病防治法规定被诊断、鉴定为职业病，所在单位应当自事故伤害发生之日或者被诊断、鉴定为职业病之日起 30 日内，向统筹地区社会保险行政部门提出工伤认定申请。遇有特殊情况，经报社会保险行政部门同意，申请时限可以适当延长。用人单位未按上述规定提出工伤认定申请的，工伤职工或者其近亲属、工会组织在事故伤害发生之日或者被诊断、鉴定为职业病之日起 1 年内，可以直接向用人单位所在地统筹地区社会保险行政部门提出工伤认定申请。按照上述规定应当由省级社会保险行政部门进行工伤认定的事项，根据属地原则由用人单位所在地的设区的市级社会

保险行政部门办理。用人单位未在上述规定的时限内提交工伤认定申请，在此期间发生符合本条例规定的工伤待遇等有关费用由该用人单位负担。

提出工伤认定申请应当提交下列材料：

(1)工伤认定申请表；

(2)与用人单位存在劳动关系(包括事实劳动关系)的证明材料；

(3)医疗诊断证明或者职业病诊断证明书(或者职业病诊断鉴定书)。

工伤认定申请表应当包括事故发生的时间、地点、原因以及职工伤害程度等基本情况。工伤认定申请人提供材料不完整的，社会保险行政部门应当一次性书面告知工伤认定申请人需要补正的全部材料。申请人按照书面告知要求补正材料后，社会保险行政部门应当受理。

社会保险行政部门受理工伤认定申请后，根据审核需要可以对事故伤害进行调查核实，用人单位、职工、工会组织、医疗机构以及有关部门应当予以协助。职业病诊断和诊断争议的鉴定，依照《职业病防治法》的有关规定执行。对依法取得职业病诊断证明书或者职业病诊断鉴定书的，社会保险行政部门不再进行调查核实。职工或者其近亲属认为是工伤，用人单位不认为是工伤的，由用人单位承担举证责任。

社会保险行政部门应当自受理工伤认定申请之日起60日内作出工伤认定的决定，并书面通知申请工伤认定的职工或者其近亲属和该职工所在单位。社会保险行政部门对受理的事实清楚、权利义务明确的工伤认定申请，应当在15日内作出工伤认定的决定。作出工伤认定决定需要以司法机关或者有关行政主管部门的结论为依据的，在司法机关或者有关行政主管部门尚未作出结论期间，作出工伤认定决定的时限中止。社会保险行政部门工作人员与工伤认定申请人有利害关系的，应当回避。

5. 劳动能力鉴定

《工伤保险条例》规定，职工发生工伤，经治疗伤情相对稳定后存在残疾、影响劳动能力的，应当进行劳动能力鉴定。劳动能力鉴定，即劳动功能障碍程度和生活自理障碍程度的等级鉴定。

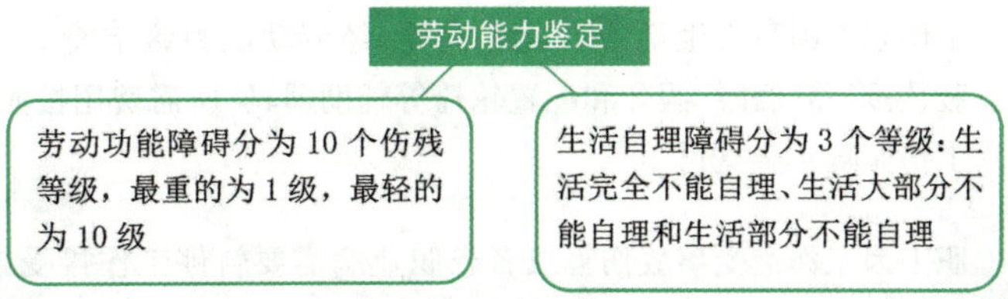

《工伤保险条例》规定，劳动能力鉴定由用人单位、工伤职工或者其近亲属向设区的市级劳动能力鉴定委员会提出申请，并提供工伤认定决定和职工工伤医疗的有关资料。

省、自治区、直辖市劳动能力鉴定委员会和设区的市级劳动能力鉴定委员会分别由省、自治区、直辖市和设区的市级社会保险行政部门、卫生行政部门、工会组织、经办机构代表以及用人单位代表组成。

设区的市级劳动能力鉴定委员会收到劳动能力鉴定申请后，应当从其建立的医疗卫生专家库中随机抽取3名或者5名相关专家组成专家组，由专家组提出鉴定意见。设区的市级劳动能力鉴定委员会根据专家组的鉴定意见作出工伤职工劳动能力鉴定结论；必要时，可以委托具备资格的医疗机构协助进行有关的诊断。设区的市级劳动能力鉴定委员会应当自收到劳动能力鉴定申请之日起60日内作出劳动能力鉴定结论，必要时，作出劳动能力鉴定结论的期限可以延长30日。劳动能力鉴定结论应当及时送达申请鉴定的单位和个人。

申请鉴定的单位或者个人对设区的市级劳动能力鉴定委员会作出的鉴定结论不服的，可以在收到该鉴定结论之日起15日内向省、自治区、直辖市劳动能力鉴定委员会提出再次鉴定申请。省、自治区、直辖市劳动能力鉴定委员会作出的劳动能力鉴定结论为最终结论。

自劳动能力鉴定结论作出之日起1年后，工伤职工或者其近亲属、所在单位或者经办机构认为伤残情况发生变化的，可以申请劳动能力复查鉴定。

6. 工伤保险待遇

项目	待遇
工伤医疗的待遇	职工因工作遭受事故伤害或者患职业病进行治疗，享受工伤医疗待遇。职工治疗工伤应当在签订服务协议的医疗机构就医，情况紧急时可以先到就近的医疗机构急救。治疗工伤所需费用符合工伤保险诊疗项目目录、工伤保险药品目录、工伤保险住院服务标准的，从工伤保险基金支付。职工住院治疗工伤的伙食补助费，以及经医疗机构出具证明，报经办机构同意，工伤职工到统筹地区以外就医所需的交通、食宿费用从工伤保险基金支付，基金支付的具体标准由统筹地区人民政府规定。工伤职工治疗非工伤引发的疾病，不享受工伤医疗待遇，按照基本医疗保险办法处理。工伤职工到签订服务协议的医疗机构进行工伤康复的费用，符合规定的，从工伤保险基金支付
	社会保险行政部门作出认定为工伤的决定后发生行政复议、行政诉讼的，行政复议和行政诉讼期间不停止支付工伤职工治疗工伤的医疗费用
	工伤职工因日常生活或者就业需要，经劳动能力鉴定委员会确认，可以安装假肢、矫形器、假眼、假牙和配置轮椅等辅助器具，所需费用按照国家规定的标准从工伤保险基金支付
	职工因工作遭受事故伤害或者患职业病需要暂停工作接受工伤医疗的，在停工留薪期内，原工资福利待遇不变，由所在单位按月支付。停工留薪期一般不超过12个月。伤情严重或者情况特殊，经设区的市级劳动能力鉴定委员会确认，可以适当延长，但延长不得超过12个月。工伤职工评定伤残等级后，停发原待遇，按照有关规定享受伤残待遇。工伤职工在停工留薪期满后仍需治疗的，继续享受工伤医疗待遇。生活不能自理的工伤职工在停工留薪期需要护理的，由所在单位负责

（续表）

项目	待遇
工伤致残的待遇	工伤职工已经评定伤残等级并经劳动能力鉴定委员会确认需要生活护理的，从工伤保险基金按月支付生活护理费。生活护理费按照生活完全不能自理、生活大部分不能自理或者生活部分不能自理3个不同等级支付，其标准分别为统筹地区上年度职工月平均工资的50%、40%或者30%
	职工因工致残被鉴定为1级至4级伤残的，保留劳动关系，退出工作岗位，享受以下待遇： (1)从工伤保险基金按伤残等级支付一次性伤残补助金，标准为：1级伤残为27个月的本人工资，2级伤残为25个月的本人工资，3级伤残为23个月的本人工资，4级伤残为21个月的本人工资。 (2)从工伤保险基金按月支付伤残津贴，标准为：1级伤残为本人工资的90%，2级伤残为本人工资的85%，3级伤残为本人工资的80%，4级伤残为本人工资的75%。伤残津贴实际金额低于当地最低工资标准的，由工伤保险基金补足差额。 (3)工伤职工达到退休年龄并办理退休手续后，停发伤残津贴，按照国家有关规定享受基本养老保险待遇。基本养老保险待遇低于伤残津贴的，由工伤保险基金补足差额。 职工因工致残被鉴定为1级至4级伤残的，由用人单位和职工个人以伤残津贴为基数，缴纳基本医疗保险费
	职工因工致残被鉴定为5级、6级伤残的，享受以下待遇： (1)从工伤保险基金按伤残等级支付一次性伤残补助金，标准为：5级伤残为18个月的本人工资，6级伤残为16个月的本人工资。 (2)保留与用人单位的劳动关系，由用人单位安排适当工作。难以安排工作的，由用人单位按月发给伤残津贴，标准为：5级伤残为本人工资的70%，6级伤残为本人工资的60%，并由用人单位按照规定为其缴纳应缴纳的各项社会保险费。伤残津贴实际金额低于当地最低工资标准的，由用人单位补足差额。 经工伤职工本人提出，该职工可以与用人单位解除或者终止劳动关系，由工伤保险基金支付一次性工伤医疗补助金，由用人单位支付一次性伤残就业补助金。一次性工伤医疗补助金和一次性伤残就业补助金的具体标准由省、自治区、直辖市人民政府规定
	职工因工致残被鉴定为7级至10级伤残的，享受以下待遇： (1)从工伤保险基金按伤残等级支付一次性伤残补助金，标准为：7级伤残为13个月的本人工资，8级伤残为11个月的本人工资，9级伤残为9个月的本人工资，10级伤残为7个月的本人工资。 (2)劳动、聘用合同期满终止，或者职工本人提出解除劳动、聘用合同的，由工伤保险基金支付一次性工伤医疗补助金，由用人单位支付一次性伤残就业补助金。一次性工伤医疗补助金和一次性伤残就业补助金的具体标准由省、自治区、直辖市人民政府规定

（续表）

项目	待遇
因工死亡的待遇	职工因工死亡，其近亲属按照下列规定从工伤保险基金领取丧葬补助金、供养亲属抚恤金和一次性工亡补助金： (1)丧葬补助金为6个月的统筹地区上年度职工月平均工资。 (2)供养亲属抚恤金按照职工本人工资的一定比例发给由因工死亡职工生前提供主要生活来源、无劳动能力的亲属。标准为：配偶每月40%，其他亲属每人每月30%，孤寡老人或者孤儿每人每月在上述标准的基础上增加10%。核定的各供养亲属的抚恤金之和不应高于因工死亡职工生前的工资。供养亲属的具体范围由国务院社会保险行政部门规定。 (3)一次性工亡补助金标准为上一年度全国城镇居民人均可支配收入的20倍。伤残职工在停工留薪期内因工伤导致死亡的，其近亲属享受上述规定的待遇。1级至4级伤残职工在停工留薪期满后死亡的，其近亲属可以享受第(1)项、第(2)项规定的待遇
其他有关的规定	职工因工外出期间发生事故或者在抢险救灾中下落不明的，从事故发生当月起3个月内照发工资，从第4个月起停发工资，由工伤保险基金向其供养亲属按月支付供养亲属抚恤金。生活有困难的，可以预支一次性工亡补助金的50%。职工被人民法院宣告死亡的，按照职工因工死亡的规定处理
	工伤职工有下列情形之一的，停止享受工伤保险待遇： (1)丧失享受待遇条件的； (2)拒不接受劳动能力鉴定的； (3)拒绝治疗的
	用人单位分立、合并、转让的，承继单位应当承担原用人单位的工伤保险责任；原用人单位已经参加工伤保险的，承继单位应当到当地经办机构办理工伤保险变更登记。用人单位实行承包经营的，工伤保险责任由职工劳动关系所在单位承担。职工被借调期间受到工伤事故伤害的，由原用人单位承担工伤保险责任，但原用人单位与借调单位可以约定补偿办法。企业破产的，在破产清算时依法拨付应当由单位支付的工伤保险待遇费用
	职工被派遣出境工作，依据前往国家或者地区的法律应当参加当地工伤保险的，参加当地工伤保险，其国内工伤保险关系中止；不能参加当地工伤保险的，其国内工伤保险关系不中止
	职工再次发生工伤，根据规定应当享受伤残津贴的，按照新认定的伤残等级享受伤残津贴待遇

（续表）

项目	待遇
其他有关的规定	社会保险行政部门认定下列单位为承担工伤保险责任单位的，人民法院应予支持： (1)职工与两个或两个以上单位建立劳动关系，工伤事故发生时，职工为之工作的单位为承担工伤保险责任的单位； (2)劳务派遣单位派遣的职工在用工单位工作期间因工伤亡的，派遣单位为承担工伤保险责任的单位； (3)单位指派到其他单位工作的职工因工伤亡的，指派单位为承担工伤保险责任的单位； (4)用工单位违反法律、法规规定将承包业务转包给不具备用工主体资格的组织或者自然人，该组织或者自然人聘用的职工从事承包业务时因工伤亡的，用工单位为承担工伤保险责任的单位； (5)个人挂靠其他单位对外经营，其聘用的人员因工伤亡的，被挂靠单位为承担工伤保险责任的单位。 上述第(4)(5)项明确的承担工伤保险责任的单位承担赔偿责任或者社会保险经办机构从工伤保险基金支付工伤保险待遇后，有权向相关组织、单位和个人追偿

7. 建筑业工伤保险政策

《关于进一步做好建筑业工伤保险工作的意见》要求，建筑施工企业应依法参加工伤保险。针对建筑行业的特点，建筑施工企业对相对固定的职工，应按用人单位参加工伤保险；对不能按用人单位参保、建筑项目使用的建筑业职工特别是农民工，按项目参加工伤保险。

按用人单位参保的建筑施工企业应以工资总额为基数依法缴纳工伤保险费。以建设项目为单位参保的，可以按照项目工程总造价的一定比例计算缴纳工伤保险费。

建设单位要在工程概算中将工伤保险费用单独列支，作为不可竞争费，不参与竞标，并在项目开工前由施工总承包单位一次性代缴本项目工伤保险费，覆盖项目使用的所有职工，包括专业承包单位、劳务分包单位使用的农民工。

建筑施工企业应依法与其职工签订劳动合同，加强施工现场劳务用工管理。施工总承包单位应当在工程项目施工期内督促专业承包单位、劳务分包单位建立职工花名册、考勤记录、工资发放表等台账，对项目施工期内全部施工人员实行动态实名制管理。施工人员发生工伤后，以劳动合同为基础确认劳动关系。对未签订劳动合同的，由人力资源社会保障部门参照工资支付凭证或记录、工作证、招工登记表、考勤记录及其他劳动者证言等证据，确认事实劳动关系。相关方面应积极提供有关证据；按规定应由用人单位负举证责任而用人单位不提供的，应当承担不利后果。

未参加工伤保险的建设项目，职工发生工伤事故，依法由职工所在用人单位支付工伤保险待遇，施工总承包单位、建设单位承担连带责任；用人单位和承担连带责任的施工总承包单位、建设单位不支付的，由工伤保险基金先行支付，用人单位和承担连带责任的施工总承包单位、建设单位应当偿还；不偿还的，由社会保险经办机构依法追偿。

建设单位、施工总承包单位或具有用工主体资格的分包单位将工程（业务）发包给不具备用工主体资格的组织或个人，该组织或个人招用的劳动者发生工伤的，发包单位与不具备用工主体资格的组织或个人承担连带赔偿责任。

专家解读

停工留薪期、工伤认定标准、认定工伤有争议时的举证责任及关于工伤保险的概述，均为近年考试核心考点，需重点掌握。

8. 意外伤害保险制度

《建筑法》规定，建筑施工企业应当依法为职工参加工伤保险缴纳工伤保险费。鼓励企业为从事危险作业的职工办理意外伤害保险，支付保险费。

《建设工程安全生产管理条例》规定，施工单位应当为施工现场从事危险作业的人员办理意外伤害保险。意外伤害保险费由施工单位支付。实行施工总承包的，由总承包单位支付意外伤害保险费。意外伤害保险期限自建设工程开工之日起至竣工验收合格止。

《关于加强建筑意外伤害保险工作的指导意见》要求，建筑施工企业应当为施工现场从事施工作业和管理的人员，在施工活动过程中发生的人身意外伤亡事故提供保障，办理建筑意外伤害保险、支付保险费。范围应当覆盖工程项目。已在企业所在地参加工伤保险的人员，从事现场施工时仍可参加建筑意外伤害保险。保险期限应涵盖工程项目开工之日到工程竣工验收合格日。提前竣工的，保险责任自行终止。因延长工期的，应当办理保险顺延手续。保险费应当列入建筑安装工程费用。保险费由施工企业支付，施工企业不得向职工摊派。施工企业应在工程项目开工前，办理完投保手续。鉴于工程建设项目施工工艺流程中各工种调动频繁、用工流动性大，投保应实行不记名和不计人数的方式。工程项目中有分包单位的由总承包施工企业统一办理，分包单位合理承担投保费用。业主直接发包的工程项目由承包企业直接办理。

六、罚则

（一）安管人员违法行为应当承担的法律责任

《建设工程安全生产管理条例》第五十八条规定，注册执业人员未执行法律、法规和工程建设强制性标准的，责令停止执业 3 个月以上 1 年以下；情节严重的，吊销执业资格证书，5 年内不予注册；造成重大安全事故的，终身不予注册；构成犯罪的，依照《刑法》有关规定追究刑事责任。

《建设工程安全生产管理条例》第六十六条规定，违反本条例的规定，施工单位的主要负责人、项目负责人未履行安全生产管理职责的，责令限期改正；逾期未改正的，责令施工单位停业整顿；造成重大安全事故、重大伤亡事故或者其他严重后果，构成犯罪的，依照《刑法》有关规定追究刑事责任。作业人员不服管理、违反规章制度和操作规程冒险作业造成重大伤亡事故或者其他严重后果，构成犯罪的，依照《刑法》有关规定追究刑事责任。施工单位的主要负责人、项目负责人有前款违法行为，尚不够刑事处罚的，处 2 万元以上 20 万元以下的罚款或者按照管理权限给予撤职处分；自刑罚执行完毕或者受处分之日起，5 年内不得担任任何施工单位的主要负责人、项目负责人。

《安全生产法》第九十四条规定，生产经营单位的主要负责人未履行本法规定的安全生产管理职责的，责令限期改正，处 2 万元以上 5 万元以下的罚款；逾期未改正的，处 5 万元以上 10 万元以下的罚款，责令生产经营单位停产停业整顿。生产经营单位的主要负责人有前款违法行为，导致发生生产安全事故的，给予撤职处分；构成犯罪的，依照《刑法》有关规定追究刑事责任。生产经营单位的主要负责人依照前款规定受刑事处罚或者撤职处分的，自刑罚执行完毕或者受处分之日起，5 年内不得担任任何生产经营单位的主要负责人；对重大、特别重大生产安全事故负有责任的，终身不得担任本行业生产经营单位的主要负责人。

《安全生产法》第九十五条规定，生产经营单位的主要负责人未履行本法规定的安全生产管理职责，导致发生生产安全事故的，由应急管理部门依照下列规定处以罚款：

（1）发生一般事故的，处上一年年收入 40% 的罚款；

（2）发生较大事故的，处上一年年收入 60% 的罚款；

（3）发生重大事故的，处上一年年收入 80% 的罚款；

（4）发生特别重大事故的，处上一年年收入 100% 的罚款。

《刑法》第一百三十四条规定，强令他人违章冒险作业，或者明知存在重大事故隐患而不排除，仍冒险组织作业，因而发生重大伤亡事故或者造成其他严重后果的，处 5 年以下有期徒刑或者拘役；情节特别恶劣的，处 5 年以上有期徒刑。

《刑法》第一百三十五条规定，安全生产设施或者安全生产条件不符合国家规定，因而发生重大伤亡事故或者造成其他严重后果的，对直接负责的主管人员和其他直接责任人员，处 3 年以下有期徒刑或者拘役；情节特别恶劣的，处 3 年以上 7 年以下有期徒刑。

（二）作业人员违法行为应当承担的法律责任

《安全生产法》第一百零七条规定，生产经营单位的从业人员不落实岗位安全责任，不服从管理，违反安全生产规章制度或者操作规程的，由生产经营单位给予批评教育，依照有关规章制度给予处分；构成犯罪的，依照《刑法》有关规定追究刑事责任。

《刑法》第一百三十四条规定，在生产、作业中违反有关安全管理的规定，因而发生重大伤亡事故或者造成其他严重后果的，处 3 年以下有期徒刑或者拘役；情节特别恶劣的，处 3 年以上 7 年以下有期徒刑。

（三）施工单位违法行为应当承担的法律责任

《安全生产法》第九十七条规定，生产经营单位有下列行为之一的，责令限期改正，处 10 万元以下的罚款；逾期未改正的，责令停产停业整顿，并处 10 万元以上 20 万元以下的罚款，对其直接负责的主管人员和其他直接责任人员处 2 万元以上 5 万元以下的罚款：

（1）未按照规定设置安全生产管理机构或者配备安全生产管理人员、注册安全工程师的；

（2）危险物品的生产、经营、储存、装卸单位以及矿山、金属冶炼、建筑施工、运输单位的主要负责人和安全生产管理人员未按照规定经考核合格的；

(3)未按照规定对从业人员、被派遣劳动者、实习学生进行安全生产教育和培训,或者未按照规定如实告知有关的安全生产事项的;

(4)未如实记录安全生产教育和培训情况的;

(5)未将事故隐患排查治理情况如实记录或者未向从业人员通报的;

(6)未按照规定制定生产安全事故应急救援预案或者未定期组织演练的;

(7)特种作业人员未按照规定经专门的安全作业培训并取得相应资格,上岗作业的。

《刑法》第一百三十七条规定,建设单位、设计单位、施工单位、工程监理单位违反国家规定,降低工程质量标准,造成重大安全事故的,对直接责任人员,处 5 年以下有期徒刑或者拘役,并处罚金;后果特别严重的,处 5 年以上 10 年以下有期徒刑,并处罚金。

(四)施工单位安全费用违法行为的法律责任

《安全生产法》规定,生产经营单位的决策机构、主要负责人或者个人经营的投资人不依照本法规定保证安全生产所必需的资金投入,致使生产经营单位不具备安全生产条件的,责令限期改正,提供必需的资金;逾期未改正的,责令生产经营单位停产停业整顿。有前款违法行为,导致发生生产安全事故的,对生产经营单位的主要负责人给予撤职处分,对个人经营的投资人处 2 万元以上 20 万元以下的罚款;构成犯罪的,依照《刑法》有关规定追究刑事责任。

《建设工程安全生产管理条例》规定,违反本条例的规定,施工单位挪用列入建设工程概算的安全生产作业环境及安全施工措施所需费用的,责令限期改正,处挪用费用 20% 以上 50% 以下的罚款;造成损失的,依法承担赔偿责任。

(五)施工现场安全防护违法行为的法律责任

违法行为	应承担的法律责任
《安全生产法》规定的生产经营单位的安全防护违法行为: (1)未在有较大危险因素的生产经营场所和有关设施、设备上设置明显的安全警示标志的; (2)安全设备的安装、使用、检测、改造和报废不符合国家标准或者行业标准的; (3)未对安全设备进行经常性维护、保养和定期检测的; (4)关闭、破坏直接关系生产安全的监控、报警、防护、救生设备、设施,或者篡改、隐瞒、销毁其相关数据、信息的; (5)未为从业人员提供符合国家标准或者行业标准的劳动防护用品的; (6)危险物品的容器、运输工具,以及涉及人身安全、危险性较大的海洋石油开采特种设备和矿山井下特种设备未经具有专业资质的机构检测、检验合格,取得安全使用证或者安全标志,投入使用的; (7)使用应当淘汰的危及生产安全的工艺、设备的; (8)餐饮等行业的生产经营单位使用燃气未安装可燃气体报警装置的	责令限期改正,处 5 万元以下的罚款;逾期未改正的,处 5 万元以上20 万元以下的罚款,对其直接负责的主管人员和其他直接责任人员处 1 万元以上 2 万元以下的罚款;情节严重的,责令停产停业整顿;构成犯罪的,依照《刑法》有关规定追究刑事责任

（续表）

违法行为	应承担的法律责任
《建设工程安全生产管理条例》规定的施工单位的安全防护违法行为： (1)未设立安全生产管理机构、配备专职安全生产管理人员或者分部分项工程施工时无专职安全生产管理人员现场监督的； (2)施工单位的主要负责人、项目负责人、专职安全生产管理人员、作业人员或者特种作业人员，未经安全教育培训或者经考核不合格即从事相关工作的； (3)未在施工现场的危险部位设置明显的安全警示标志，或者未按照国家有关规定在施工现场设置消防通道、消防水源、配备消防设施和灭火器材的； (4)未向作业人员提供安全防护用具和安全防护服装的； (5)未按照规定在施工起重机械和整体提升脚手架、模板等自升式架设设施验收合格后登记的； (6)使用国家明令淘汰、禁止使用的危及施工安全的工艺、设备、材料的	责令限期改正；逾期未改正的，责令停业整顿，依照《安全生产法》的有关规定处以罚款；造成重大安全事故，构成犯罪的，对直接责任人员，依照《刑法》有关规定追究刑事责任
《建设工程安全生产管理条例》规定的施工单位的安全防护违法行为： (1)施工前未对有关安全施工的技术要求作出详细说明的； (2)未根据不同施工阶段和周围环境及季节、气候的变化，在施工现场采取相应的安全施工措施，或者在城市市区内的建设工程的施工现场未实行封闭围挡的； (3)在尚未竣工的建筑物内设置员工集体宿舍的； (4)施工现场临时搭建的建筑物不符合安全使用要求的； (5)未对因建设工程施工可能造成损害的毗邻建筑物、构筑物和地下管线等采取专项防护措施的。 施工单位有上述规定第(4)项、第(5)项行为，造成损失的，依法承担赔偿责任	责令限期改正；逾期未改正的，责令停业整顿，并处5万元以上10万元以下的罚款；造成重大安全事故，构成犯罪的，对直接责任人员，依照《刑法》有关规定追究刑事责任
《建设工程安全生产管理条例》规定的施工单位的安全防护违法行为： (1)安全防护用具、机械设备、施工机具及配件在进入施工现场前未经查验或者查验不合格即投入使用的； (2)使用未经验收或者验收不合格的施工起重机械和整体提升脚手架、模板等自升式架设设施的； (3)委托不具有相应资质的单位承担施工现场安装、拆卸施工起重机械和整体提升脚手架、模板等自升式架设设施的； (4)在施工组织设计中未编制安全技术措施、施工现场临时用电方案或者专项施工方案的	责令限期改正；逾期未改正的，责令停业整顿，并处10万元以上30万元以下的罚款；情节严重的，降低资质等级，直至吊销资质证书；造成重大安全事故，构成犯罪的，对直接责任人员，依照《刑法》有关规定追究刑事责任；造成损失的，依法承担赔偿责任

（续表）

违法行为	应承担的法律责任
《建筑法》规定的建筑施工企业的安全防护违法行为： 对建筑安全事故隐患不采取措施予以消除的	责令改正，可以处以罚款；情节严重的，责令停业整顿，降低资质等级或者吊销资质证书；构成犯罪的，依法追究刑事责任

（六）施工现场消防安全违法行为的法律责任

违法行为	应承担的法律责任
(1)建设单位要求建筑设计单位或者建筑施工企业降低消防技术标准设计、施工的； (2)建筑设计单位不按照消防技术标准强制性要求进行消防设计的； (3)建筑施工企业不按照消防设计文件和消防技术标准施工，降低消防施工质量的； (4)工程监理单位与建设单位或者建筑施工企业串通，弄虚作假，降低消防施工质量的	有该项行为之一的，由住房和城乡建设主管部门责令改正或者停止施工，并处1万元以上10万元以下罚款
(1)消防设施、器材或者消防安全标志的配置、设置不符合国家标准、行业标准，或者未保持完好有效的； (2)损坏、挪用或者擅自拆除、停用消防设施、器材的； (3)占用、堵塞、封闭疏散通道、安全出口或者有其他妨碍安全疏散行为的； (4)埋压、圈占、遮挡消火栓或者占用防火间距的； (5)占用、堵塞、封闭消防车通道，妨碍消防车通行的； (6)人员密集场所在门窗上设置影响逃生和灭火救援的障碍物的； (7)对火灾隐患经消防救援机构通知后不及时采取措施消除的。 个人有上述第(2)项、第(3)项、第(4)项、第(5)项行为之一的，处警告或者500元以下罚款。有上述第(3)项、第(4)项、第(5)项、第(6)项行为，经责令改正拒不改正的，强制执行，所需费用由违法行为人承担	有该项行为之一的，责令改正，处5 000元以上5万元以下罚款
(1)指使或者强令他人违反消防安全规定，冒险作业的； (2)过失引起火灾的； (3)在火灾发生后阻拦报警，或者负有报告职责的人员不及时报警的； (4)扰乱火灾现场秩序，或者拒不执行火灾现场指挥员指挥，影响灭火救援的； (5)故意破坏或者伪造火灾现场的； (6)擅自拆封或者使用被消防救援机构查封的场所、部位的	有该项行为之一，尚不构成犯罪的，处10日以上15日以下拘留，可以并处500元以下罚款；情节较轻的，处警告或者500元以下罚款

（七）工伤保险违法行为的法律责任

《工伤保险条例》规定，用人单位、工伤职工或者其近亲属骗取工伤保险待遇，医疗机构、辅助器具配置机构骗取工伤保险基金支出的，由社会保险行政部门责令退还，处骗取金额2倍以上5倍以下的罚款；情节严重，构成犯罪的，依法追究刑事责任。用人单位依照本条例规定应当参加工伤保险而未参加的，由社会保险行政部门责令限期参加，补缴应当缴纳的工伤保险费，并自欠缴之日起，按日加收0.05%的滞纳金；逾期仍不缴纳的，处欠缴数额1倍以上3倍以下的罚款。依照本条例规定应当参加工伤保险而未参加工伤保险的用人单位职工发生工伤的，由该用人单位按照本条例规定的工伤保险待遇项目和标准支付费用。用人单位参加工伤保险并补缴应当缴纳的工伤保险费、滞纳金后，由工伤保险基金和用人单位依照本条例的规定支付新发生的费用。

社会保险行政部门受理工伤认定申请后，根据审核需要可以对事故伤害进行调查核实，用人单位、职工、工会组织、医疗机构以及有关部门应当予以协助。用人单位违反规定，拒不协助社会保险行政部门对事故进行调查核实的，由社会保险行政部门责令改正，处2 000元以上2万元以下的罚款。

专家解读

以往考试中，施工现场安全防护违法行为应承担的法律责任为常考点，可结合前述安全生产的要求理解记忆。

第四节　施工安全事故的应急救援与调查处理

一、生产安全事故应急救援管理

2018年12月5日召开的国务院常务会议通过了《生产安全事故应急条例》，对应急工作体制、应急事故处置、应急救援措施等方面内容提出了新的要求，明确了县级以上政府统一领导、行业监管部门分工负责、综合监管部门指导协调的应急工作体制，突出重点领域、重特大事故应急处置，规定了应急救援预案制修订和演练、应急救援队伍建设、应急值班等要求，并细化了政府和生产经营单位的应急救援措施。

凡是涉及安全生产的问题，从来都应该慎重对待。《生产安全事故应急条例》的通过，在一定程度上完善了地方政府和监管部门在处置应急事件中可能存在的不足，提高了应对应急事件的效率，加强了应急"国家队"的综合能力建设，进一步体现了我国"以人为本"的发展理念。

（一）应急预案的概述

应急预案的管理实行属地为主、分级负责、分类指导、综合协调、动态管理的原则。

《生产安全事故应急预案管理办法》规定，生产经营单位应急预案分为综合应急预案、专项应急预案和现场处置方案。

综合应急预案，是指生产经营单位为应对各种生产安全事故而制定的综合性工作方案，是本单位应对生产安全事故的总体工作程序、措施和应急预案体系的总纲。

专项应急预案，是指生产经营单位为应对某一种或者多种类型生产安全事故，或者针对重要生产设施、重大危险源、重大活动防止生产安全事故而制定的专项性工作方案。

现场处置方案，是指生产经营单位根据不同生产安全事故类型，针对具体场所、装置或者设施所制定的应急处置措施。

（二）应急预案的编制

《生产安全事故应急条例》规定，县级以上人民政府及其负有安全生产监督管理职责的部门和乡、镇人民政府以及街道办事处等地方人民政府派出机关，应当针对可能发生的生产安全事故的特点和危害，进行风险辨识和评估，制定相应的生产安全事故应急救援预案，并依法向社会公布。生产经营单位应当针对本单位可能发生的生产安全事故的特点和危害，进行风险辨识和评估，制定相应的生产安全事故应急救援预案，并向本单位从业人员公布。生产安全事故应急救援预案应当符合有关法律、法规、规章和标准的规定，具有科学性、针对性和可操作性，明确规定应急组织体系、职责分工以及应急救援程序和措施。

《建设工程安全生产管理条例》规定，施工单位应当根据建设工程施工的特点、范围，对施工现场易发生重大事故的部位、环节进行监控，制定施工现场生产安全事故应急救援预案。实行施工总承包的，由总承包单位统一组织编制建设工程生产安全事故应急救援预案，工程总承包单位和分包单位按照应急救援预案，各自建立应急救援组织或者配备应急救援人员，配备救援器材、设备，并定期组织演练。

《生产安全事故应急预案管理办法》规定，应急预案的编制应当遵循以人为本、依法依规、符合实际、注重实效的原则，以应急处置为核心，明确应急职责、规范应急程序、细化保障措施。

应急预案的编制应当符合下列基本要求：

（1）有关法律、法规、规章和标准的规定；

（2）本地区、本部门、本单位的安全生产实际情况；

（3）本地区、本部门、本单位的危险性分析情况；

（4）应急组织和人员的职责分工明确，并有具体的落实措施；

（5）有明确、具体的应急程序和处置措施，并与其应急能力相适应；

（6）有明确的应急保障措施，满足本地区、本部门、本单位的应急工作需要；

（7）应急预案基本要素齐全、完整，应急预案附件提供的信息准确；

（8）应急预案内容与相关应急预案相互衔接。

生产经营单位风险种类多、可能发生多种类型事故的，应当组织编制综合应急预案。综合应急预案应当规定应急组织机构及其职责、应急预案体系、事故风险描述、预警及信息报告、应急响应、保障措施、应急预案管理等内容。

对于某一种或者多种类型的事故风险，生产经营单位可以编制相应的专项应急预案，或将专项应急预案并入综合应急预案。专项应急预案应当规定应急指挥机构与职责、处置程序和措施等内容。

对于危险性较大的场所、装置或者设施，生产经营单位应当编制现场处置方案。现场处置方案应当规定应急工作职责、应急处置措施和注意事项等内容。事故风险单一、危险性小的生产经营单位，可以只编制现场处置方案。

（三）应急预案的评审、公布和备案

《生产安全事故应急预案管理办法》规定，矿山、金属冶炼企业和易燃易爆物品、危险化学品的生产、经营（带储存设施的，下同）、储存、运输企业，以及使用危险化学品达到国家规定数量的化工企业、烟花爆竹生产、批发经营企业和中型规模以上的其他生产经营单位，应当对本单位编制的应急预案进行评审，并形成书面评审纪要。

参加应急预案评审的人员应当包括有关安全生产及应急管理方面的专家。评审人员与所评审应急预案的生产经营单位有利害关系的，应当回避。

生产经营单位的应急预案经评审或者论证后，由本单位主要负责人签署，向本单位从业人员公布，并及时发放到本单位有关部门、岗位和相关应急救援队伍。事故风险可能影响周边其他单位、人员的，生产经营单位应当将有关事故风险的性质、影响范围和应急防范措施告知周边的其他单位和人员。

易燃易爆物品、危险化学品等危险物品的生产、经营、储存、运输单位，矿山、金属冶炼、城市轨道交通运营、建筑施工单位，以及宾馆、商场、娱乐场所、旅游景区等人员密集场所经营单位，应当在应急预案公布之日起 20 个工作日内，按照分级属地原则，向县级以上人民政府应急管理部门和其他负有安全生产监督管理职责的部门进行备案，并依法向社会公布。

生产经营单位申报应急预案备案，应当提交下列材料：

（1）应急预案备案申报表；

（2）矿山、金属冶炼企业和易燃易爆物品、危险化学品的生产、经营（带储存设施的）、储存、运输企业，以及使用危险化学品达到国家规定数量的化工企业、烟花爆竹生产、批发经营企业和中型规模以上的其他生产经营单位，应当提供应急预案评审意见；

（3）应急预案电子文档；

（4）风险评估结果和应急资源调查清单。

受理备案登记的负有安全生产监督管理职责的部门应当在 5 个工作日内对应急预案材料进行核对，材料齐全的，应当予以备案并出具应急预案备案登记表；材料不齐全的，不予备案并一次性告知需要补齐的材料。逾期不予备案又不说明理由的，视为已经备案。对于实行安全生产许可的生产经营单位，已经进行应急预案备案的，在申请安全生产许可证时，可以不提供相应的应急预案，仅提供应急预案备案登记表。

（四）应急预案的实施

《生产安全事故应急预案管理办法》规定，生产经营单位应当组织开展本单位的应急预案、应急知识、自救互救和避险逃生技能的培训活动，使有关人员了解应急预案内容，熟悉应急职责、应急处置程序和措施。应急培训的时间、地点、内容、师资、参加人员和考核结果等情况应当如实记入本单位的安全生产教育和培训档案。

生产经营单位应当制定本单位的应急预案演练计划，根据本单位的事故风险特点，每年

至少组织1次综合应急预案演练或者专项应急预案演练,每半年至少组织1次现场处置方案演练。

专家解读

《生产安全事故应急条例》第八条规定,县级以上地方人民政府以及县级以上人民政府负有安全生产监督管理职责的部门,乡、镇人民政府以及街道办事处等地方人民政府派出机关,应当至少每2年组织1次生产安全事故应急救援预案演练。易燃易爆物品、危险化学品等危险物品的生产、经营、储存、运输单位,矿山、金属冶炼、城市轨道交通运营、建筑施工单位,以及宾馆、商场、娱乐场所、旅游景区等人员密集场所经营单位,应当至少每半年组织1次生产安全事故应急救援预案演练,并将演练情况报送所在地县级以上地方人民政府负有安全生产监督管理职责的部门。县级以上地方人民政府负有安全生产监督管理职责的部门应当对本行政区域内前款规定的重点生产经营单位的生产安全事故应急救援预案演练进行抽查;发现演练不符合要求的,应当责令限期改正。

应急预案编制单位应当建立应急预案定期评估制度,对预案内容的针对性和实用性进行分析,并对应急预案是否需要修订作出结论。矿山、金属冶炼、建筑施工企业和易燃易爆物品、危险化学品等危险物品的生产、经营、储存、运输企业、使用危险化学品达到国家规定数量的化工企业、烟花爆竹生产、批发经营企业和中型规模以上的其他生产经营单位,应当每3年进行1次应急预案评估。

有下列情形之一的,应急预案应当及时修订并归档:

(1)依据的法律、法规、规章、标准及上位预案中的有关规定发生重大变化的;

(2)应急指挥机构及其职责发生调整的;

(3)安全生产面临的风险发生重大变化的;

(4)重要应急资源发生重大变化的;

(5)在应急演练和事故应急救援中发现需要修订预案的重大问题的;

(6)编制单位认为应当修订的其他情况。

应急预案修订涉及组织指挥体系与职责、应急处置程序、主要处置措施、应急响应分级等内容变更的,修订工作应当参照本办法规定的应急预案编制程序进行,并按照有关应急预案报备程序重新备案。

生产经营单位应当按照应急预案的规定,落实应急指挥体系、应急救援队伍、应急物资及装备,建立应急物资、装备配备及其使用档案,并对应急物资、装备进行定期检测和维护,使其处于适用状态。

生产经营单位发生事故时,应当第一时间启动应急响应,组织有关力量进行救援,并按照规定将事故信息及应急响应启动情况报告事故发生地县级以上人民政府应急管理部门和其他负有安全生产监督管理职责的部门。

生产安全事故应急处置和应急救援结束后,事故发生单位应当对应急预案实施情况进行总结评估。

专家解读

生产安全事故应急救援预案的编制、评审,综合应急预案演练、专项应急预案演练及现场处置方案演练的演练频率,应急预案评估频率为近年考试核心考点,需注意区别记忆。

(五)应急救援队伍的建立

危险物品的生产、经营、储存单位以及矿山、金属冶炼、城市轨道交通运营、建筑施工单位,应当建立应急救援队伍。其中,生产经营规模较小、依法可以不建立应急救援队伍的单位,应当指定兼职的应急救援人员,并可以与邻近的应急救援队伍签订应急救援协议。国家鼓励生产经营单位和其他社会力量建立提供社会化应急救援服务的应急救援队伍。

应急救援人员应当具备相应的专业知识、技能、身体素质和心理素质,经培训合格后,方可参加应急救援工作。应急救援队伍应当配备应急救援所必需的装备和物资,并定期组织训练。

危险物品的生产、经营、储存、运输单位以及矿山、金属冶炼、城市轨道交通运营、建筑施工单位以及专职应急救援队伍,应当建立应急值班制度,配备应急值班人员。

(六)应急救援的实施

发生生产安全事故后,生产经营单位应当立即启动生产安全事故应急救援预案,采取下列一项或者多项应急救援措施,并按照国家有关规定报告事故情况:

(1)迅速控制危险源,组织抢救遇险人员;

(2)根据事故危害程度,组织现场人员撤离或者采取可能的应急措施后撤离;

(3)及时通知可能受到事故影响的单位和人员;

(4)采取必要措施,防止事故危害扩大和次生、衍生灾害发生;

(5)根据需要请求邻近的应急救援队伍参加救援,并向参加救援的应急救援队伍提供相关技术资料、信息和处置方法;

(6)维护事故现场秩序,保护事故现场和相关证据;

(7)法律、法规规定的其他应急救援措施。

应急救援队伍接到有关人民政府及其部门的救援命令或者签有应急救援协议的生产经营单位的救援请求后,应当立即参加生产安全事故应急救援。应急救援队伍根据救援命令参加生产安全事故应急救援所耗费用,由事故责任单位承担;事故责任单位无力承担的,由有关人民政府协调解决。

二、生产安全事故的等级划分

《生产安全事故报告和调查处理条例》规定,生产经营活动中发生的造成人身伤亡或者直接经济损失的生产安全事故的报告和调查处理,适用本条例;环境污染事故、核设施事故、国防科研生产事故的报告和调查处理不适用本条例。

《生产安全事故报告和调查处理条例》第三条规定，根据生产安全事故(以下简称事故)造成的人员伤亡或者直接经济损失，事故一般分为以下等级：

(1)特别重大事故，是指造成30人以上死亡，或者100人以上重伤(包括急性工业中毒，下同)，或者1亿元以上直接经济损失的事故；

(2)重大事故，是指造成10人以上30人以下死亡，或者50人以上100人以下重伤，或者5 000万元以上1亿元以下直接经济损失的事故；

(3)较大事故，是指造成3人以上10人以下死亡，或者10人以上50人以下重伤，或者1 000万元以上5 000万元以下直接经济损失的事故；

(4)一般事故，是指造成3人以下死亡，或者10人以下重伤，或者1 000万元以下直接经济损失的事故。

国务院应急管理部门可以会同国务院有关部门，制定事故等级划分的补充性规定。

上述所称的"以上"包括本数，所称的"以下"不包括本数。

《生产安全事故报告和调查处理条例》第四十四条规定，没有造成人员伤亡，但是社会影响恶劣的事故，国务院或者有关地方人民政府认为需要调查处理的，依照本条例的有关规定执行。

从上述规定可以看出，生产安全事故等级划分的要素有：事故造成的死亡或重伤人数，即人身要素；事故造成的直接经济损失，即经济要素；事故造成的社会影响，即社会要素。

典型例题

【单选题】某施工现场发生了工程整体垮塌，造成7 000万元的直接经济损失，该生产安全事故属于(　　)。

A. 一般事故　　B. 较大事故

C. 重大事故　　D. 特别重大事故

C。【解析】根据《生产安全事故报告和调查处理条例》，重大事故，是指造成10人以上30人以下死亡，或者50人以上100人以下重伤，或者5 000万元以上1亿元以下直接经济损失的事故。

三、生产安全事故报告及应采取的措施

(一)事故报告的主体

《建设工程安全生产管理条例》规定，施工单位发生生产安全事故，应当按照国家有关伤亡事故报告和调查处理的规定，及时、如实地向负责安全生产监督管理的部门、建设行政主管部门或者其他有关部门报告；特种设备发生事故的，还应当同时向特种设备安全监督管理部门报告。接到报告的部门应当按照国家有关规定，如实上报。实行施工总承包的建设工程，由总承包单位负责上报事故。情况紧急的，可越级上报。

《生产安全事故报告和调查处理条例》规定，应急管理部门和负有安全生产监督管理职责的有关部门接到事故报告后，应当依照下列规定上报事故情况，并通知公安机关、劳动保障行政部门、工会和人民检察院：

(1)特别重大事故、重大事故逐级上报至国务院应急管理部门和负有安全生产监督管理职责的有关部门;

(2)较大事故逐级上报至省、自治区、直辖市人民政府应急管理部门和负有安全生产监督管理职责的有关部门;

(3)一般事故上报至设区的市级人民政府应急管理部门和负有安全生产监督管理职责的有关部门。

应急管理部门和负有安全生产监督管理职责的有关部门依照上述规定上报事故情况,应当同时报告本级人民政府。国务院应急管理部门和负有安全生产监督管理职责的有关部门以及省级人民政府接到发生特别重大事故、重大事故的报告后,应当立即报告国务院。必要时,应急管理部门和负有安全生产监督管理职责的有关部门可以越级上报事故情况。

(二)事故报告的时间

《生产安全事故报告和调查处理条例》规定,事故报告应当及时、准确、完整,任何单位和个人对事故不得迟报、漏报、谎报或者瞒报。

事故发生后,事故现场有关人员应当立即向本单位负责人报告;单位负责人接到报告后,应当于1小时内向事故发生地县级以上人民政府应急管理部门和负有安全生产监督管理职责的有关部门报告。情况紧急时,事故现场有关人员可以直接向事故发生地县级以上人民政府应急管理部门和负有安全生产监督管理职责的有关部门报告。

应急管理部门和负有安全生产监督管理职责的有关部门逐级上报事故情况,每级上报的时间不得超过2小时。

(三)事故报告的内容

《生产安全事故报告和调查处理条例》规定,报告事故应当包括下列内容:

(1)事故发生单位概况;

(2)事故发生的时间、地点以及事故现场情况;

(3)事故的简要经过;

(4)事故已经造成或者可能造成的伤亡人数(包括下落不明的人数)和初步估计的直接经济损失;

(5)已经采取的措施;

(6)其他应当报告的情况。

(四)事故的补报

《生产安全事故报告和调查处理条例》规定,事故报告后出现新情况的,应当及时补报。自事故发生之日起30日内,事故造成的伤亡人数发生变化的,应当及时补报。道路交通事故、火灾事故自发生之日起7日内,事故造成的伤亡人数发生变化的,应当及时补报。

(五)事故发生后的保护措施

《安全生产法》规定,生产经营单位发生生产安全事故后,事故现场有关人员应当立即报告本单位负责人。单位负责人接到事故报告后,应当迅速采取有效措施,组织抢救,防止事故扩大,减少人员伤亡和财产损失,并按照国家有关规定立即如实报告当地负有安全生产监督管理职责的部门,不得隐瞒不报、谎报或者迟报,不得故意破坏事故现场、毁灭有关证据。

《建设工程安全生产管理条例》规定，发生生产安全事故后，施工单位应当采取措施防止事故扩大，保护事故现场。需要移动现场物品时，应当做出标记和书面记录，妥善保管有关证物。

《生产安全事故报告和调查处理条例》规定，事故发生后，有关单位和人员应当妥善保护事故现场以及相关证据，任何单位和个人不得破坏事故现场、毁灭相关证据。因抢救人员、防止事故扩大以及疏通交通等原因，需要移动事故现场物件的，应当做出标志，绘制现场简图并做出书面记录，妥善保存现场重要痕迹、物证。

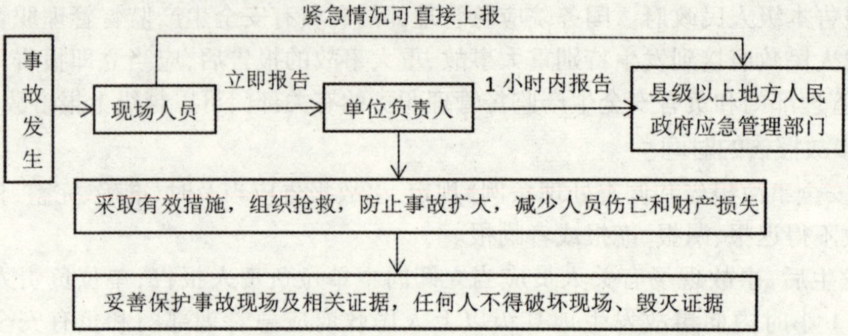

专家解读

生产安全事故的等级判定，划分生产安全事故的要素及生产事故报告的时间要求为近年核心考点，需重点掌握。

四、生产安全事故调查

（一）事故的调查管辖

<table>
<tr><th>事故级别</th><th colspan="2">管辖部门</th></tr>
<tr><td>特别重大事故</td><td colspan="2">由国务院或者国务院授权有关部门组织事故调查组进行调查</td></tr>
<tr><td>重大事故</td><td>由事故发生地省级人民政府负责调查，也可授权或委托有关部门组织事故调查组进行调查</td><td rowspan="3">事故发生地与事故发生单位不在同一个县级以上行政区域的，由事故发生地人民政府负责调查，事故发生单位所在地人民政府应当派人参加</td></tr>
<tr><td>较大事故</td><td>由事故发生地设区的市级人民政府负责调查，也可授权或委托有关部门组织事故调查组进行调查</td></tr>
<tr><td>一般事故</td><td>由事故发生地县级人民政府负责调查，也可授权或委托有关部门组织事故调查组进行调查。未造成人员伤亡的，也可委托事故发生单位进行调查</td></tr>
</table>

上级人民政府认为必要时，可以调查由下级人民政府负责调查的事故。自事故发生之日起 30 日内（道路交通事故、火灾事故自发生之日起 7 日内），因事故伤亡人数变化导致事

故等级发生变化，依照上述规定应当由上级人民政府负责调查的，上级人民政府可以另行组织事故调查组进行调查。

（二）事故调查组的组成

《生产安全事故报告和调查处理条例》规定，事故调查组的组成应当遵循精简、效能的原则。根据事故的具体情况，事故调查组由有关人民政府、应急管理部门、负有安全生产监督管理职责的有关部门、监察机关、公安机关以及工会派人组成，并应当邀请人民检察院派人参加。事故调查组可以聘请有关专家参与调查。

事故调查组成员应当具有事故调查所需要的知识和专长，并与所调查的事故没有直接利害关系。

事故调查组组长由负责事故调查的人民政府指定。事故调查组组长主持事故调查组的工作。

（三）事故调查组的职责

《生产安全事故报告和调查处理条例》规定，事故调查组履行下列职责：

（1）查明事故发生的经过、原因、人员伤亡情况及直接经济损失；

（2）认定事故的性质和事故责任；

（3）提出对事故责任者的处理建议；

（4）总结事故教训，提出防范和整改措施；

（5）提交事故调查报告。

（四）事故调查组的权利和义务

《生产安全事故报告和调查处理条例》规定，事故调查组有权向有关单位和个人了解与事故有关的情况，并要求其提供相关文件、资料，有关单位和个人不得拒绝。事故发生单位的负责人和有关人员在事故调查期间不得擅离职守，并应当随时接受事故调查组的询问，如实提供有关情况。事故调查中发现涉嫌犯罪的，事故调查组应当及时将有关材料或者其复印件移交司法机关处理。

事故调查中需要进行技术鉴定的，事故调查组应当委托具有国家规定资质的单位进行技术鉴定。必要时，事故调查组可以直接组织专家进行技术鉴定。技术鉴定所需时间不计入事故调查期限。

事故调查组成员在事故调查工作中应当诚信公正、恪尽职守，遵守事故调查组的纪律，保守事故调查的秘密。未经事故调查组组长允许，事故调查组成员不得擅自发布有关事故的信息。

（五）事故调查报告

《生产安全事故报告和调查处理条例》规定，事故调查组应当自事故发生之日起 60 日内提交事故调查报告；特殊情况下，经负责事故调查的人民政府批准，提交事故调查报告的期限可以适当延长，但延长的期限最长不超过 60 日。

事故调查报告应当包括下列内容：

（1）事故发生单位概况；

（2）事故发生经过和事故救援情况；

(3)事故造成的人员伤亡和直接经济损失；

(4)事故发生的原因和事故性质；

(5)事故责任的认定以及对事故责任者的处理建议；

(6)事故防范和整改措施。

事故调查报告应当附具有关证据材料。事故调查组成员应当在事故调查报告上签名。

事故调查报告报送负责事故调查的人民政府后，事故调查工作即告结束。事故调查的有关资料应当归档保存。

五、生产安全事故处理

《生产安全事故报告和调查处理条例》规定，重大事故、较大事故、一般事故，负责事故调查的人民政府应当自收到事故调查报告之日起15日内做出批复；特别重大事故，30日内做出批复，特殊情况下，批复时间可以适当延长，但延长的时间最长不超过30日。有关机关应当按照人民政府的批复，依照法律、行政法规规定的权限和程序，对事故发生单位和有关人员进行行政处罚，对负有事故责任的国家工作人员进行处分。事故发生单位应当按照负责事故调查的人民政府的批复，对本单位负有事故责任的人员进行处理。负有事故责任的人员涉嫌犯罪的，依法追究刑事责任。

事故发生单位应当认真吸取事故教训，落实防范和整改措施，防止事故再次发生。防范和整改措施的落实情况应当接受工会和职工的监督。应急管理部门和负有安全生产监督管理职责的有关部门应当对事故发生单位落实防范和整改措施的情况进行监督检查。

事故处理的情况由负责事故调查的人民政府或者其授权的有关部门、机构向社会公布，依法应当保密的除外。

链接

《生产安全事故防范和整改措施落实情况评估办法》规定，事故结案后10个月至1年内，负责事故调查的地方政府和国务院有关部门要组织开展评估，具体工作可以由相应安全生产委员会或安全生产委员会办公室组织实施。

组织评估工作的地方政府或国务院有关部门对发现问题的处理：

(1)发现事故防范和整改措施未落实、落实不到位或存在其他问题的，应当向相关地方政府和部门交办整改工作任务并持续跟踪、督促整改。

(2)对重大问题悬而不决、重大风险隐患久拖不改，涉嫌失职渎职的，依法依规移交地方党委政府和纪检监察机关严肃追责问责。

(3)发现对有关公职人员处理意见不落实以及追究刑事责任工作明显滞后的，向地方党委和相应纪检监察机关、人民法院和人民检察院通报情况，商请督促落实。

六、违法行为应当承担的法律责任

法律依据	违法主体	违法行为	法律责任
《安全生产法》中有关生产安全事故的规定	生产经营单位的主要负责人	不依照规定保证安全生产所必需的资金投入，致使生产经营单位不具备安全生产条件，导致发生生产安全事故的	给予撤职处分；构成犯罪的，依照《刑法》有关规定追究刑事责任
		未履行规定的安全生产管理职责，导致发生生产安全事故的	给予撤职处分；构成犯罪的，依照《刑法》有关规定追究刑事责任。并由应急管理部门依照下列规定处以罚款： (1)发生一般事故的，处上一年年收入40%的罚款。 (2)发生较大事故的，处上一年年收入60%的罚款。 (3)发生重大事故的，处上一年年收入80%的罚款。 (4)发生特别重大事故的，处上一年年收入100%的罚款。 生产经营单位的主要负责人依照上述规定受刑事处罚或者撤职处分的，自刑罚执行完毕或者受处分之日起，5年内不得担任任何生产经营单位的主要负责人；对重大、特别重大生产安全事故负有责任的，终身不得担任本行业生产经营单位的主要负责人
		(1)在本单位发生生产安全事故时，不立即组织抢救或者在事故调查处理期间擅离职守或者逃匿的； (2)对生产安全事故隐瞒不报、谎报或者迟报的	给予降级、撤职的处分，并由应急管理部门处上一年年收入60%至100%的罚款；对逃匿的处15日以下拘留；构成犯罪的，依照《刑法》有关规定追究刑事责任
	生产经营单位	发生生产安全事故	对负有责任的生产经营单位除要求其依法承担相应的赔偿等责任外，由应急管理部门依照下列规定处以罚款： (1)发生一般事故的，处30万元以上100万元以下的罚款； (2)发生较大事故的，处100万元以上200万元以下的罚款；

（续表）

法律依据	违法主体	违法行为	法律责任
《安全生产法》中有关生产安全事故的规定	生产经营单位	发生生产安全事故	(3)发生重大事故的，处200万元以上1 000万元以下的罚款； (4)发生特别重大事故的，处1 000万元以上2 000万元以下的罚款。 发生生产安全事故，情节特别严重、影响特别恶劣的，应急管理部门可以按照前款罚款数额的2倍以上5倍以下对负有责任的生产经营单位处以罚款。 发生生产安全事故造成人员伤亡、他人财产损失的，应当依法承担赔偿责任；拒不承担或者其负责人逃匿的，由人民法院依法强制执行
《生产安全事故报告和调查处理条例》中有关生产安全事故的规定	事故发生单位及其有关人员	(1)谎报或者瞒报事故的； (2)伪造或者故意破坏事故现场的； (3)转移、隐匿资金、财产，或者销毁有关证据、资料的； (4)拒绝接受调查或者拒绝提供有关情况和资料的； (5)在事故调查中作伪证或者指使他人作伪证的； (6)事故发生后逃匿的	事故发生单位及其有关人员有该项行为之一的，对事故发生单位处100万元以上500万元以下的罚款；对主要负责人、直接负责的主管人员和其他直接责任人员处上一年年收入60%至100%的罚款；属于国家工作人员的，并依法给予处分；构成违反治安管理行为的，由公安机关依法给予治安管理处罚；构成犯罪的，依法追究刑事责任
	事故发生单位	对事故发生负有责任的	由有关部门依法暂扣或者吊销其有关证照
	事故发生单位有关人员	对事故发生单位负有事故责任的	依法暂停或者撤销其与安全生产有关的执业资格、岗位证书；事故发生单位主要负责人受到刑事处罚或者撤职处分的，自刑罚执行完毕或者受处分之日起，5年内不得担任任何生产经营单位的主要负责人
《刑法》中有关安全事故报告的规定	事故发生有关人员	在安全事故发生后，负有报告职责的人员不报或者谎报事故情况，贻误事故抢救	情节严重的，处3年以下有期徒刑或者拘役；情节特别严重的，处3年以上7年以下有期徒刑

（续表）

法律依据	违法主体	违法行为	法律责任
《生产安全事故应急预案管理办法》中有关应急预案的规定	生产经营单位	(1)未按照规定编制应急预案的； (2)未按照规定定期组织应急预案演练的	生产经营单位有该项情形之一的，由县级以上人民政府应急管理部门责令限期改正，可以处5万元以下罚款；逾期未改正的，责令停产停业整顿，并处5万元以上10万元以下的罚款，对直接负责的主管人员和其他直接责任人员处1万元以上2万元以下的罚款
		(1)在应急预案编制前未按照规定开展风险辨识、评估和应急资源调查的； (2)未按照规定开展应急预案评审的； (3)事故风险可能影响周边单位、人员的，未将事故风险的性质、影响范围和应急防范措施告知周边单位和人员的； (4)未按照规定开展应急预案评估的； (5)未按照规定进行应急预案修订的； (6)未落实应急预案规定的应急物资及装备的	生产经营单位有该项情形之一的，由县级以上人民政府应急管理部门责令限期改正，可以处1万元以上3万元以下的罚款
《生产安全事故应急条例》中有关应急救援管理的规定	生产经营单位	(1)未将生产安全事故应急救援预案报送备案的； (2)未建立应急值班制度的； (3)未配备应急值班人员的	生产经营单位有该项情形之一的，由县级以上人民政府负有安全生产监督管理职责的部门责令限期改正；逾期未改正的，处3万元以上5万元以下的罚款，对直接负责的主管人员和其他直接责任人员处1万元以上2万元以下的罚款

注：《生产安全事故报告和调查处理条例》中有关生产安全事故的部分规定与《安全生产法》有所出入，依据新法优于旧法的原则，建议考生依据《安全生产法》相关知识进行备考。

第五节　建设单位和相关单位的建设工程安全责任制度

一、建设单位的安全责任

（一）确保所提供资料的真实度、准确度和完整度

《建设工程安全生产管理条例》第六条规定，建设单位应当向施工单位提供施工现场及毗邻区域内供水、排水、供电、供气、供热、通信、广播电视等地下管线资料，气象和水文观测资料，相邻建筑物和构筑物、地下工程的有关资料，并保证资料的真实、准确、完整。建设单位因建设工程需要，向有关部门或者单位查询前款规定的资料时，有关部门或者单位应当及时提供。

（二）不得对有关单位提出违法要求，不得压缩合同工期

《建设工程安全生产管理条例》第七条规定，建设单位不得对勘察、设计、施工、工程监理等单位提出不符合建设工程安全生产法律、法规和强制性标准规定的要求，不得压缩合同约定的工期。

（三）编制工程概算时应当确定安全作业环境及安全施工措施所需的费用

《建设工程安全生产管理条例》第八条规定，建设单位在编制工程概算时，应当确定建设工程安全作业环境及安全施工措施所需费用。

（四）不得示意施工单位购买、租赁、使用不符合安全施工要求的安全防护用具、机械设备、施工机具及配件、消防设施和器材

《建设工程安全生产管理条例》第九条规定，建设单位不得明示或者暗示施工单位购买、租赁、使用不符合安全施工要求的安全防护用具、机械设备、施工机具及配件、消防设施和器材。

（五）在申请施工许可证或者开工报告批准时应当提供有关安全施工措施的资料

《建设工程安全生产管理条例》第十条规定，建设单位在申请领取施工许可证时，应当提供建设工程有关安全施工措施的资料。依法批准开工报告的建设工程，建设单位应当自开工报告批准之日起 15 日内，将保证安全施工的措施报送建设工程所在地的县级以上地方人民政府建设行政主管部门或者其他有关部门备案。

（六）应当将拆除工程发包给具有相应资质等级的施工单位，并将拆除工程施工的有关资料报送有关部门备案

《建设工程安全生产管理条例》第十一条规定，建设单位应当将拆除工程发包给具有相应资质等级的施工单位。建设单位应当在拆除工程施工 15 日前，将下列资料报送建设工程所在地的县级以上地方人民政府建设行政主管部门或者其他有关部门备案：

(1)施工单位资质等级证明;

(2)拟拆除建筑物、构筑物及可能危及毗邻建筑的说明;

(3)拆除施工组织方案;

(4)堆放、清除废弃物的措施。

实施爆破作业的,应当遵守国家有关民用爆炸物品管理的规定。

(七)依法办理特殊作业的申请批准手续

《建筑法》第四十二条规定,有下列情形之一的,建设单位应当按照国家有关规定办理申请批准手续:

(1)需要临时占用规划批准范围以外场地的;

(2)可能损坏道路、管线、电力、邮电通信等公共设施的;

(3)需要临时停水、停电、中断道路交通的;

(4)需要进行爆破作业的;

(5)法律、法规规定需要办理报批手续的其他情形。

二、建设单位违法行为应当承担的法律责任

违法单位/人员	违法行为	处罚规定
建设单位	未提供建设工程安全生产作业环境及安全施工措施所需费用的	责令限期改正;逾期未改正的,责令该建设工程停止施工
	未将保证安全施工的措施或者拆除工程的有关资料报送有关部门备案的	责令限期改正,给予警告
	(1)对勘察、设计、施工、工程监理等单位提出不符合安全生产法律、法规和强制性标准规定的要求的; (2)要求施工单位压缩合同约定的工期的; (3)将拆除工程发包给不具有相应资质等级的施工单位的	建设单位有该项行为之一的,责令限期改正,处20万元以上50万元以下的罚款;造成重大安全事故,构成犯罪的,对直接责任人员,依照《刑法》有关规定追究刑事责任;造成损失的,依法承担赔偿责任
注册执业人员	未执行法律、法规和工程建设强制性标准的	责令停止执业3个月以上1年以下;情节严重的,吊销执业资格证书,5年内不予注册;造成重大安全事故的,终身不予注册;构成犯罪的,依照《刑法》有关规定追究刑事责任

专家解读

建设单位的安全责任及违法行为应承担的法律责任为近年考试的核心考点，需重点掌握。

三、工程勘察、设计、监理单位的安全责任

（一）勘察单位的安全责任

《建设工程安全生产管理条例》第十二条规定，勘察单位应当按照法律、法规和工程建设强制性标准进行勘察，提供的勘察文件应当真实、准确，满足建设工程安全生产的需要。

勘察单位在勘察作业时，应当严格执行操作规程，采取措施保证各类管线、设施和周边建筑物、构筑物的安全。

（二）设计单位的安全责任

《建设工程安全生产管理条例》第十三条规定，设计单位应当按照法律、法规和工程建设强制性标准进行设计，防止因设计不合理导致生产安全事故的发生。

设计单位应当考虑施工安全操作和防护的需要，对涉及施工安全的重点部位和环节在设计文件中注明，并对防范生产安全事故提出指导意见。

采用新结构、新材料、新工艺的建设工程和特殊结构的建设工程，设计单位应当在设计中提出保障施工作业人员安全和预防生产安全事故的措施建议。

设计单位和注册建筑师等注册执业人员应当对其设计负责。

（三）工程监理单位的安全责任

《建设工程安全生产管理条例》第十四条规定，工程监理单位应当审查施工组织设计中的安全技术措施或者专项施工方案是否符合工程建设强制性标准。

工程监理单位在实施监理过程中，发现存在安全事故隐患的，应当要求施工单位整改；情况严重的，应当要求施工单位暂时停止施工，并及时报告建设单位。施工单位拒不整改或者不停止施工的，工程监理单位应当及时向有关主管部门报告。

工程监理单位和监理工程师应当按照法律、法规和工程建设强制性标准实施监理，并对建设工程安全生产承担监理责任。

典型例题

【多选题】关于工程监理单位安全责任的说法，正确的有（　　）。

A. 对安全事故隐患进行整改
B. 对安全技术措施或者专项施工方案进行审查
C. 依法对施工安全事故隐患进行处理
D. 依法办理临时中断道路交通批准手续
E. 承担建设工程安全生产的监理责任

BCE。【解析】工程监理单位在实施监理过程中，发现存在安全事故隐患的，应当要求施工单位整改；情况严重的，应当要求施工单位暂时停止施工，并及时报告建设单位。故选项 A 错误。依法办理临时中断道路交通批准手续属于建设单位的安全责任。故选项 D 错误。

四、工程勘察、设计、监理单位违法行为应当承担的法律责任

《建设工程安全生产管理条例》第五十六条规定，违反本条例的规定，勘察单位、设计单位有下列行为之一的，责令限期改正，处10万元以上30万元以下的罚款；情节严重的，责令停业整顿，降低资质等级，直至吊销资质证书；造成重大安全事故，构成犯罪的，对直接责任人员，依照《刑法》有关规定追究刑事责任；造成损失的，依法承担赔偿责任：

（1）未按照法律、法规和工程建设强制性标准进行勘察、设计的。

（2）采用新结构、新材料、新工艺的建设工程和特殊结构的建设工程，设计单位未在设计中提出保障施工作业人员安全和预防生产安全事故的措施建议的。

《建设工程安全生产管理条例》第五十七条规定，违反本条例的规定，工程监理单位有下列行为之一的，责令限期改正；逾期未改正的，责令停业整顿，并处10万元以上30万元以下的罚款；情节严重的，降低资质等级，直至吊销资质证书；造成重大安全事故，构成犯罪的，对直接责任人员，依照《刑法》有关规定追究刑事责任；造成损失的，依法承担赔偿责任：

（1）未对施工组织设计中的安全技术措施或者专项施工方案进行审查的；

（2）发现安全事故隐患未及时要求施工单位整改或者暂时停止施工的；

（3）施工单位拒不整改或者不停止施工，未及时向有关主管部门报告的；

（4）未依照法律、法规和工程建设强制性标准实施监理的。

五、其他有关单位的安全责任

《建设工程安全生产管理条例》第十五条规定，为建设工程提供机械设备和配件的单位，应当按照安全施工的要求配备齐全有效的保险、限位等安全设施和装置。

《建设工程安全生产管理条例》第十六条规定，出租的机械设备和施工机具及配件，应当具有生产（制造）许可证、产品合格证。出租单位应当对出租的机械设备和施工机具及配件的安全性能进行检测，在签订租赁协议时，应当出具检测合格证明。禁止出租检测不合格的机械设备和施工机具及配件。

《建设工程安全生产管理条例》第十七条规定，在施工现场安装、拆卸施工起重机械和整体提升脚手架、模板等自升式架设设施，必须由具有相应资质的单位承担。安装、拆卸施工起重机械和整体提升脚手架、模板等自升式架设设施，应当编制拆装方案、制定安全施工措施，并由专业技术人员现场监督。施工起重机械和整体提升脚手架、模板等自升式架设设施安装完毕后，安装单位应当自检，出具自检合格证明，并向施工单位进行安全使用说明，办理验收手续并签字。

《建设工程安全生产管理条例》第十八条规定，施工起重机械和整体提升脚手架、模板等自升式架设设施的使用达到国家规定的检验检测期限的，必须经具有专业资质的检验检测机构检测。经检测不合格的，不得继续使用。

《建设工程安全生产管理条例》第十九条规定，检验检测机构对检测合格的施工起重机械和整体提升脚手架、模板等自升式架设设施，应当出具安全合格证明文件，并对检测结果负责。

链接

《建筑起重机械安全监督管理规定》规定，有下列情形之一的建筑起重机械，不得出租、使用：

(1)属国家明令淘汰或者禁止使用的；

(2)超过安全技术标准或者制造厂家规定的使用年限的；

(3)经检验达不到安全技术标准规定的；

(4)没有完整安全技术档案的；

(5)没有齐全有效的安全保护装置的。

建筑起重机械有上述第(1)(2)(3)项情形之一的，出租单位或者自购建筑起重机械的使用单位应当予以报废，并向原备案机关办理注销手续。

六、其他有关单位违法行为应当承担的法律责任

《建设工程安全生产管理条例》第五十九条规定，违反本条例的规定，为建设工程提供机械设备和配件的单位，未按照安全施工的要求配备齐全有效的保险、限位等安全设施和装置的，责令限期改正，处合同价款 1 倍以上 3 倍以下的罚款；造成损失的，依法承担赔偿责任。

《建设工程安全生产管理条例》第六十条规定，违反本条例的规定，出租单位出租未经安全性能检测或者经检测不合格的机械设备和施工机具及配件的，责令停业整顿，并处 5 万元以上 10 万元以下的罚款；造成损失的，依法承担赔偿责任。

《建设工程安全生产管理条例》第六十一条规定，违反本条例的规定，施工起重机械和整体提升脚手架、模板等自升式架设设施安装、拆卸单位有下列行为之一的，责令限期改正，处 5 万元以上 10 万元以下的罚款；情节严重的，责令停业整顿，降低资质等级，直至吊销资质证书；造成损失的，依法承担赔偿责任：

(1)未编制拆装方案、制定安全施工措施的。

(2)未由专业技术人员现场监督的。

(3)未出具自检合格证明或者出具虚假证明的。

(4)未向施工单位进行安全使用说明，办理移交手续的。

施工起重机械和整体提升脚手架、模板等自升式架设设施安装、拆卸单位有上述规定的第(1)项、第(3)项行为，经有关部门或者单位职工提出后，对事故隐患仍不采取措施，因而发生重大伤亡事故或者造成其他严重后果，构成犯罪的，对直接责任人员，依照《刑法》有关规定追究刑事责任。

七、建设工程安全生产的监督管理

(一)建设工程安全生产的监管体制

《建设工程安全生产管理条例》规定，国务院负责安全生产监督管理的部门依照《安全生产法》的规定，对全国建设工程安全生产工作实施综合监督管理。县级以上地方人民政府

负责安全生产监督管理的部门依照《安全生产法》的规定，对本行政区域内建设工程安全生产工作实施综合监督管理。

国务院建设行政主管部门对全国的建设工程安全生产实施监督管理。国务院铁路、交通、水利等有关部门按照国务院规定的职责分工，负责有关专业建设工程安全生产的监督管理。县级以上地方人民政府建设行政主管部门对本行政区域内的建设工程安全生产实施监督管理。县级以上地方人民政府交通、水利等有关部门在各自的职责范围内，负责本行政区域内的专业建设工程安全生产的监督管理。

建设行政主管部门或者其他有关部门可以将施工现场的监督检查委托给建设工程安全监督机构具体实施。

（二）安全生产监管部门的职责

《安全生产法》规定，负有安全生产监督管理职责的部门依照有关法律、法规的规定，对涉及安全生产的事项需要审查批准（包括批准、核准、许可、注册、认证、颁发证照等，下同）或者验收的，必须严格依照有关法律、法规和国家标准或者行业标准规定的安全生产条件和程序进行审查；不符合有关法律、法规和国家标准或者行业标准规定的安全生产条件的，不得批准或者验收通过。对未依法取得批准或者验收合格的单位擅自从事有关活动的，负责行政审批的部门发现或者接到举报后应当立即予以取缔，并依法予以处理。对已经依法取得批准的单位，负责行政审批的部门发现其不再具备安全生产条件的，应当撤销原批准。

（三）安全生产监管中的禁止事项

《安全生产法》规定，负有安全生产监督管理职责的部门对涉及安全生产的事项进行审查、验收，不得收取费用；不得要求接受审查、验收的单位购买其指定品牌或者指定生产、销售单位的安全设备、器材或者其他产品。

根据《安全生产法》第六十五条的规定，应急管理部门和其他负有安全生产监督管理职责的部门依法开展安全生产行政执法工作，对生产经营单位执行有关安全生产的法律、法规和国家标准或者行业标准的情况进行监督检查时，监督检查不得影响被检查单位的正常生产经营活动。

《建设工程安全生产管理条例》规定，建设行政主管部门在审核发放施工许可证时，应当对建设工程是否有安全施工措施进行审查，对没有安全施工措施的，不得颁发施工许可证。建设行政主管部门或者其他有关部门对建设工程是否有安全施工措施进行审查时，不得收取费用。国家对严重危及施工安全的工艺、设备、材料实行淘汰制度。具体目录由国务院建设行政主管部门会同国务院其他有关部门制定并公布。

（四）安全生产监管部门的职权

《安全生产法》规定，应急管理部门和其他负有安全生产监督管理职责的部门依法开展安全生产行政执法工作，对生产经营单位执行有关安全生产的法律、法规和国家标准或者行业标准的情况进行监督检查，行使以下职权：

（1）进入生产经营单位进行检查，调阅有关资料，向有关单位和人员了解情况。

（2）对检查中发现的安全生产违法行为，当场予以纠正或者要求限期改正；对依法应当给予行政处罚的行为，依照本法和其他有关法律、行政法规的规定作出行政处罚决定。

(3)对检查中发现的事故隐患，应当责令立即排除；重大事故隐患排除前或者排除过程中无法保证安全的，应当责令从危险区域内撤出作业人员，责令暂时停产停业或者停止使用相关设施、设备；重大事故隐患排除后，经审查同意，方可恢复生产经营和使用。

(4)对有根据认为不符合保障安全生产的国家标准或者行业标准的设施、设备、器材以及违法生产、储存、使用、经营、运输的危险物品予以查封或者扣押，对违法生产、储存、使用、经营危险物品的作业场所予以查封，并依法作出处理决定。

(五)安全生产监管部门及人员的执法规则

《安全生产法》规定，安全生产监督检查人员应当忠于职守，坚持原则，秉公执法。安全生产监督检查人员执行监督检查任务时，必须出示有效的行政执法证件；对涉及被检查单位的技术秘密和业务秘密，应当为其保密。

安全生产监督检查人员应当将检查的时间、地点、内容、发现的问题及其处理情况，作出书面记录，并由检查人员和被检查单位的负责人签字；被检查单位的负责人拒绝签字的，检查人员应当将情况记录在案，并向负有安全生产监督管理职责的部门报告。

负有安全生产监督管理职责的部门在监督检查中，应当互相配合，实行联合检查；确需分别进行检查的，应当互通情况，发现存在的安全问题应当由其他有关部门进行处理的，应当及时移送其他有关部门并形成记录备查，接受移送的部门应当及时进行处理。

(六)生产经营单位对安全生产监管的配合义务

《安全生产法》规定，生产经营单位对负有安全生产监督管理职责的部门的监督检查人员(以下统称安全生产监督检查人员)依法履行监督检查职责，应当予以配合，不得拒绝、阻挠。

负有安全生产监督管理职责的部门依法对存在重大事故隐患的生产经营单位作出停产停业、停止施工、停止使用相关设施或者设备的决定，生产经营单位应当依法执行，及时消除事故隐患。生产经营单位拒不执行，有发生生产安全事故的现实危险的，在保证安全的前提下，经本部门主要负责人批准，负有安全生产监督管理职责的部门可以采取通知有关单位停止供电、停止供应民用爆炸物品等措施，强制生产经营单位履行决定。通知应当采用书面形式，有关单位应当予以配合。负有安全生产监督管理职责的部门依照上述规定采取停止供电措施，除有危及生产安全的紧急情形外，应当提前24小时通知生产经营单位。生产经营单位依法履行行政决定、采取相应措施消除事故隐患的，负有安全生产监督管理职责的部门应当及时解除上述规定的措施。

(七)安全生产社会监督制度

《安全生产法》规定，负有安全生产监督管理职责的部门应当建立举报制度，公开举报电话、信箱或者电子邮件地址等网络举报平台，受理有关安全生产的举报；受理的举报事项经调查核实后，应当形成书面材料；需要落实整改措施的，报经有关负责人签字并督促落实。对不属于本部门职责，需要由其他有关部门进行调查处理的，转交其他有关部门处理。涉及人员死亡的举报事项，应当由县级以上人民政府组织核查处理。

任何单位或者个人对事故隐患或者安全生产违法行为，均有权向负有安全生产监督管理职责的部门报告或者举报。因安全生产违法行为造成重大事故隐患或者导致重大事故，致使国家利益或者社会公共利益受到侵害的，人民检察院可以根据《民事诉讼法》《行政诉讼法》的相关规定提起公益诉讼。居民委员会、村民委员会发现其所在区域内的生产经营单位存在事故隐患或者安全生产违法行为时，应当向当地人民政府或者有关部门报告。

县级以上各级人民政府及其有关部门对报告重大事故隐患或者举报安全生产违法行为的有功人员，给予奖励。具体奖励办法由国务院应急管理部门会同国务院财政部门制定。

新闻、出版、广播、电影、电视等单位有进行安全生产公益宣传教育的义务，有对违反安全生产法律、法规的行为进行舆论监督的权利。

（八）违法行为应当承担的法律责任

《建设工程安全生产管理条例》规定，违反本条例的规定，县级以上人民政府建设行政主管部门或者其他有关行政管理部门的工作人员，有下列行为之一的，给予降级或者撤职的行政处分；构成犯罪的，依照《刑法》有关规定追究刑事责任：

（1）对不具备安全生产条件的施工单位颁发资质证书的；

（2）对没有安全施工措施的建设工程颁发施工许可证的；

（3）发现违法行为不予查处的；

（4）不依法履行监督管理职责的其他行为。

典型例题

【单选题】关于安全生产监督检查人员执行监督检查任务时的要求的说法，正确的是（　　）。

A. 对涉及被检查单位的技术秘密和业务秘密，应当为其保密

B. 可以视情况选择是否出示行政执法证件

C. 负有安全生产监督管理职责的多部门在监督检查中，应当分别进行检查

D. 负有安全生产监督管理职责的部门在进行检查时，发现存在安全问题应当由其他部门进行处理的，应当要求被检查单位向其他部门进行报告

A。**【解析】**《安全生产法》第六十七条规定，安全生产监督检查人员应当忠于职守，坚持原则，秉公执法。安全生产监督检查人员执行监督检查任务时，必须出示有效的行政执法证件；对涉及被检查单位的技术秘密和业务秘密，应当为其保密。第六十九条规定，负有安全生产监督管理职责的部门在监督检查中，应当互相配合，实行联合检查；确需分别进行检查的，应当互通情况，发现存在的安全问题应当由其他有关部门进行处理的，应当及时移送其他有关部门并形成记录备查，接受移送的部门应当及时进行处理。

第七章　建设工程质量法律制度

第一节　工程建设标准

一、标准概述

《中华人民共和国标准化法》(以下简称为《标准化法》)已由第七届全国人民代表大会常务委员会第五次会议于1988年12月29日通过,自1989年4月1日起施行。2017年11月4日,由第十二届全国人民代表大会常务委员会第三十次会议修订通过,自2018年1月1日起施行。《标准化法》共有6章、45个条款。

《标准化法》规定,本法所称标准(含标准样品),是指农业、工业、服务业以及社会事业等领域需要统一的技术要求。标准包括国家标准、行业标准、地方标准和团体标准、企业标准。国家标准分为强制性标准、推荐性标准,行业标准、地方标准是推荐性标准。强制性标准必须执行。国家鼓励采用推荐性标准。

强制性标准文本应当免费向社会公开。国家推动免费向社会公开推荐性标准文本。

推荐性国家标准、行业标准、地方标准、团体标准、企业标准的技术要求不得低于强制性国家标准的相关技术要求。国家鼓励社会团体、企业制定高于推荐性标准相关技术要求的团体标准、企业标准。

二、工程建设标准的分类

(一)工程建设国家标准

1. 工程建设国家标准的范围

《工程建设国家标准管理办法》规定,对需要在全国范围内统一的下列技术要求,应当制定国家标准:

(1)工程建设勘察、规划、设计、施工(包括安装)及验收等通用的质量要求;

(2)工程建设通用的有关安全、卫生和环境保护的技术要求;

(3)工程建设通用的术语、符号、代号、量与单位、建筑模数和制图方法;

(4)工程建设通用的试验、检验和评定等方法;

(5)工程建设通用的信息技术要求;

(6)国家需要控制的其他工程建设通用的技术要求。

2. 工程建设国家标准的类型

《工程建设国家标准管理办法》规定，工程建设国家标准分为强制性标准和推荐性标准。下列标准属于强制性标准：

（1）工程建设勘察、规划、设计、施工（包括安装）及验收等通用的综合标准和重要的通用的质量标准；

（2）工程建设通用的有关安全、卫生和环境保护的标准；

（3）工程建设重要的通用的术语、符号、代号、量与单位、建筑模数和制图方法标准；

（4）工程建设重要的通用的试验、检验和评定方法等标准；

（5）工程建设重要的通用的信息技术标准；

（6）国家需要控制的其他工程建设通用的标准。

强制性标准以外的标准是推荐性标准。

《标准化法》规定，对保障人身健康和生命财产安全、国家安全、生态环境安全以及满足经济社会管理基本需要的技术要求，应当制定强制性国家标准。国务院有关行政主管部门依据职责负责强制性国家标准的项目提出、组织起草、征求意见和技术审查。国务院标准化行政主管部门负责强制性国家标准的立项、编号和对外通报。国务院标准化行政主管部门应当对拟制定的强制性国家标准是否符合上述规定进行立项审查，对符合上述规定的予以立项。省、自治区、直辖市人民政府标准化行政主管部门可以向国务院标准化行政主管部门提出强制性国家标准的立项建议，由国务院标准化行政主管部门会同国务院有关行政主管部门决定。社会团体、企业事业组织以及公民可以向国务院标准化行政主管部门提出强制性国家标准的立项建议，国务院标准化行政主管部门认为需要立项的，会同国务院有关行政主管部门决定。强制性国家标准由国务院批准发布或者授权批准发布。法律、行政法规和国务院决定对强制性标准的制定另有规定的，从其规定。

对满足基础通用、与强制性国家标准配套、对各有关行业起引领作用等需要的技术要求，可以制定推荐性国家标准。推荐性国家标准由国务院标准化行政主管部门制定。

3. 工程建设国家标准的制订原则

根据《工程建设国家标准管理办法》的规定，制订国家标准应当遵循以下原则：

（1）制订国家标准必须贯彻执行国家的有关法律、法规和方针、政策，密切结合自然条件，合理利用资源，充分考虑使用和维修的要求，做到安全适用、技术先进、经济合理。

（2）制订国家标准，对需要进行科学试验或测试验证的项目，应当纳入各级主管部门的科研计划，认真组织实施，写出成果报告。凡经过行政主管部门或受委托单位鉴定，技术上成熟，经济上合理的项目应当纳入标准。

（3）制订国家标准应当积极采用新技术、新工艺、新设备、新材料。纳入标准的新技术、新工艺、新设备、新材料，应当经有关主管部门或受委托单位鉴定，有完整的技术文件，且经实践检验行之有效。

（4）制订国家标准要积极采用国际标准和国外先进标准，凡经过认真分析论证或测试验证，并且符合我国国情的，应当纳入国家标准。

（5）制订国家标准，其条文规定应当严谨明确，文句简练，不得模棱两可；其内容深度、术语、符号、计量单位等应当前后一致，不得矛盾。

(6)制订国家标准必须做好与现行相关标准之间的协调工作。对需要与现行工程建设国家标准协调的,应当遵守现行工程建设国家标准的规定;确有充分依据对其内容进行更改的,必须经过国务院工程建设行政主管部门审批,方可另行规定。凡属于产品标准方面的内容,不得在工程建设国家标准中加以规定。

(7)制订国家标准必须充分发扬民主。对国家标准中有关政策性问题,应当认真研究、充分讨论、统一认识;对有争论的技术性问题,应当在调查研究、试验验证或专题讨论的基础上,经过充分协商,恰如其分地做出结论。

4. 工程建设国家标准的制订程序

《工程建设国家标准管理办法》规定,制订国家标准的工作程序按准备、征求意见、送审和报批四个阶段进行。

准备阶段的工作:根据年度计划的要求进行编制筹备工作;召开编制组第一次会议。

征求意见阶段的工作:开展调查研究;测试验证;召开专题会议;编写标准征求意见稿及其条文说明;主编部门审核;印发征求意见稿及其条文说明并向各单位征求意见(期限一般为两个月)。

送审阶段的工作:形成国家标准送审稿及其条文说明;组织试设计或施工试用;形成和印发国家标准送审文件;召开审查会议,形成会议纪要印发至各部门。

报批阶段的工作:根据审查意见修改标准送审稿及其条文说明,形成标明报批稿及其条文说明、标准的报批文件;主编部门对标准报批文件进行全面审查,并会同国务院工程建设行政主管部门共同对标准报批稿进行审核。

5. 工程建设国家标准的审批、发布

《工程建设国家标准管理办法》规定,国家标准由国务院工程建设行政主管部门审查批准,由国务院标准化行政主管部门统一编号,由国务院标准化行政主管部门和国务院工程建设行政主管部门联合发布。

工程建设国家标准的编号由国家标准代号、发布标准的顺序号和发布标准的年号组成。强制性国家标准的编号为"GB 50×××—××",推荐性国家标准的编号为"GB/T 50×××—××"。例如,《建设工程项目管理规范》编号为 GB/T 50326—2017,GB/T 是推荐性国家标准的代号,50326 是发布标准的顺序号,2017 是发布标准的年号。

6. 工程建设国家标准的复审与修订

《工程建设国家标准管理办法》规定,国家标准实施后,应当根据科学技术的发展和工程建设的需要,由该国家标准的管理部门适时组织有关单位进行复审。复审一般在国家标准实施后 5 年进行一次。

国家标准复审的具体工作由国家标准管理单位负责。复审可以采取函审或会议审查,一般由参加过该标准编制或审查的单位或个人参加。

国家标准复审后,标准管理单位应当提出其继续有效或者予以修订、废止的意见,经该国家标准的主管部门确认后报国务院工程建设行政主管部门批准。

对确认继续有效的国家标准,当再版或汇编时,应在其封面或扉页上的标准编号下方增加"××××年××月确认继续有效"。对确认继续有效或予以废止的国家标准,由国务院工程建设行政主管部门在指定的报刊上公布。

对需要全面修订的国家标准,由其管理单位做好前期工作。国家标准修订的准备阶段工作应在管理阶段进行,其他有关的要求应当符合制订国家标准的有关规定。

凡属下列情况之一的国家标准,应当进行局部修订:

(1)国家标准的部分规定已制约了科学技术新成果的推广应用;

(2)国家标准的部分规定经修订后可取得明显的经济效益、社会效益、环境效益;

(3)国家标准的部分规定有明显缺陷或与相关的国家标准相抵触;

(4)需要对现行的国家标准做局部补充规定。

(二)工程建设行业标准

《标准化法》规定,对没有推荐性国家标准、需要在全国某个行业范围内统一的技术要求,可以制定行业标准。行业标准由国务院有关行政主管部门制定,报国务院标准化行政主管部门备案。

《工程建设行业标准管理办法》规定,对没有国家标准而需要在全国某个行业范围内统一的下列技术要求,可以制定行业标准:

(1)工程建设勘察、规划、设计、施工(包括安装)及验收等行业专用的质量要求;

(2)工程建设行业专用的有关安全、卫生和环境保护的技术要求;

(3)工程建设行业专用的术语、符号、代号、量与单位和制图方法;

(4)工程建设行业专用的试验、检验和评定等方法;

(5)工程建设行业专用的信息技术要求;

(6)其他工程建设行业专用的技术要求。

行业标准不得与国家标准相抵触。有关行业标准之间应当协调、统一、避免重复。

制订、修订行业标准的工作程序,可以按准备、征求意见、送审和报批四个阶段进行。

行业标准的编写应当符合工程建设标准编写的统一规定。

行业标准由国务院有关行政主管部门审批、编号和发布。其中,两个以上部门共同制订的行业标准,由有关的行政主管部门联合审批、发布,并由其主编部门负责编号。

行业标准的某些规定与国家标准不一致时,必须有充分的科学依据和理由,并经国家标准的审批部门批准。行业标准在相应的国家标准实施后,应当及时修订或废止。

行业标准实施后,该标准的批准部门应当根据科学技术的发展和工程建设的实际需要适时进行复审,确认其继续有效或予以修订、废止。一般5年复审一次,复审结果报国务院工程建设行政主管部门备案。

(三)工程建设地方标准

《标准化法》规定,为满足地方自然条件、风俗习惯等特殊技术要求,可以制定地方标准。地方标准由省、自治区、直辖市人民政府标准化行政主管部门制定;设区的市级人民政府标准化行政主管部门根据本行政区域的特殊需要,经所在地省、自治区、直辖市人民政府标准化行政主管部门批准,可以制定本行政区域的地方标准。地方标准由省、自治区、直辖市人民政府标准化行政主管部门报国务院标准化行政主管部门备案,由国务院标准化行政主管部门通报国务院有关行政主管部门。

(四)工程建设团体标准

《标准化法》规定,国家鼓励学会、协会、商会、联合会、产业技术联盟等社会团体协调相关市场主体共同制定满足市场和创新需要的团体标准，由本团体成员约定采用或者按照本团体的规定供社会自愿采用。制定团体标准，应当遵循开放、透明、公平的原则，保证各参与主体获取相关信息，反映各参与主体的共同需求，并应当组织对标准相关事项进行调查分析、实验、论证。国务院标准化行政主管部门会同国务院有关行政主管部门对团体标准的制定进行规范、引导和监督。

专家解读

团体标准是根据新修订的《标准化法》新增的一个标准类别，对于因新法规变更和增加的知识点，需格外注意。

（五）工程建设企业标准

《标准化法》规定，企业可以根据需要自行制定企业标准，或者与其他企业联合制定企业标准。国家支持在重要行业、战略性新兴产业、关键共性技术等领域利用自主创新技术制定团体标准、企业标准。

三、工程建设强制性标准的实施

（一）概述

《标准化法》规定，强制性标准必须执行。不符合强制性标准的产品、服务，不得生产、销售、进口或者提供。出口产品、服务的技术要求，按照合同的约定执行。国家实行团体标准、企业标准自我声明公开和监督制度。企业应当公开其执行的强制性标准、推荐性标准、团体标准或者企业标准的编号和名称。

国家建立强制性标准实施情况统计分析报告制度。国务院标准化行政主管部门和国务院有关行政主管部门、设区的市级以上地方人民政府标准化行政主管部门应当建立标准实施信息反馈和评估机制，根据反馈和评估情况对其制定的标准进行复审。标准的复审周期一般不超过5年。经过复审，对不适应经济社会发展需要和技术进步的应当及时修订或者废止。

《强制性国家标准管理办法》规定，强制性国家标准发布后实施前，企业可以选择执行原强制性国家标准或者新强制性国家标准。新强制性国家标准实施后，原强制性国家标准同时废止。

强制性国家标准发布后，起草单位和起草人信息可以通过全国标准信息公共服务平台予以查询。

强制性国家标准解释草案由组织起草部门研究提出并报国务院标准化行政主管部门。强制性国家标准的解释与标准具有同等效力。解释发布后，国务院标准化行政主管部门应当自发布之日起20日内在全国标准信息公共服务平台上免费公开解释文本。属于强制性国家标准实施过程中有关具体问题的咨询，由组织起草部门研究答复。

在工程建设方面，《工程建设标准强制性条文》是现行工程建设国家和行业标准中直接涉及人民生命财产安全、人身健康、环境保护和公众利益的条文，同时考虑了提高经济和社会效益等方面的要求。该条文由原建设部针对房屋建筑、工业建筑、城乡规划、城市建设、水利工程、电力工程、信息工程、水运工程、公路工程、铁道工程、石油和化工建设工程、矿业工程、人防工程、广播电影电视工程和民航机场工程等15个部分，会同中国工程建设标准化协会及有关部门针对不同部分编制。该条文是参与建设活动各方执行工程建设强制性标准和政府对执行情况实施监督的依据。

（二）监管主体

为加强工程建设强制性标准实施的监督工作，保证建设工程质量，保障人民的生命、财产安全，维护社会公共利益，根据《标准化法》《建设工程质量管理条例》等法律法规，住房和城乡建设部制定了《实施工程建设强制性标准监督规定》。

《实施工程建设强制性标准监督规定》规定，在中华人民共和国境内从事新建、扩建、改建等工程建设活动，必须执行工程建设强制性标准。本规定所称工程建设强制性标准是指直接涉及工程质量、安全、卫生及环境保护等方面的工程建设标准强制性条文。国家工程建设标准强制性条文由国务院住房城乡建设主管部门会同国务院有关主管部门确定。

监督管理部门	监督管理职责
国务院住房城乡建设主管部门	负责全国实施工程建设强制性标准的监督管理工作
国务院有关主管部门	按照国务院的职能分工负责实施工程建设强制性标准的监督管理工作
县级以上地方人民政府住房城乡建设主管部门	负责本行政区域内实施工程建设强制性标准的监督管理工作
建设项目规划审查机关	对工程建设规划阶段执行强制性标准的情况实施监督
施工图设计文件审查单位	对工程建设勘察、设计阶段执行强制性标准的情况实施监督
建筑安全监督管理机构	对工程建设施工阶段执行施工安全强制性标准的情况实施监督
工程质量监督机构	对工程建设施工、监理、验收等阶段执行强制性标准的情况实施监督

建设工程勘察、设计文件中规定采用的新技术、新材料，可能影响建设工程质量和安全，又没有国家技术标准的，应当由国家认可的检测机构进行试验、论证，出具检测报告，并经国务院有关主管部门或省、自治区、直辖市人民政府有关主管部门组织的建设工程技术专家委员会审定后，方可使用。

建设项目规划审查机关、施工设计图设计文件审查单位、建筑安全监督管理机构、工程质量监督机构的技术人员必须熟悉、掌握工程建设强制性标准。

工程建设标准批准部门应当定期对建设项目规划审查机关、施工图设计文件审查单位、建筑安全监督管理机构、工程质量监督机构实施强制性标准的监督进行检查，对监督不力的单位和个人，给予通报批评，建议有关部门处理。

（三）监督检查的方式与内容

工程建设标准批准部门应当对工程项目执行强制性标准情况进行监督检查。监督检查可以采取重点检查、抽查和专项检查的方式。

强制性标准监督检查的内容包括：

(1)有关工程技术人员是否熟悉、掌握强制性标准；

(2)工程项目的规划、勘察、设计、施工、验收等是否符合强制性标准的规定；

(3)工程项目采用的材料、设备是否符合强制性标准的规定；

(4)工程项目的安全、质量是否符合强制性标准的规定；

(5)工程中采用的导则、指南、手册、计算机软件的内容是否符合强制性标准的规定。

工程建设标准批准部门应当将强制性标准监督检查结果在一定范围内公告。

工程建设强制性标准的解释由工程建设标准批准部门负责。

四、违反工程建设强制性标准行为应当承担的法律责任

建设单位有下列行为之一的，责令改正，并处以20万元以上50万元以下的罚款：

(1)明示或者暗示施工单位使用不合格的建筑材料、建筑构配件和设备的；

(2)明示或者暗示设计单位或者施工单位违反工程建设强制性标准，降低工程质量的。

勘察、设计单位违反工程建设强制性标准进行勘察、设计的，责令改正，并处以10万元以上30万元以下的罚款。有上述行为，造成工程质量事故的，责令停业整顿，降低资质等级；情节严重的，吊销资质证书；造成损失的，依法承担赔偿责任。

施工单位违反工程建设强制性标准的，责令改正，处工程合同价款2%以上4%以下的罚款；造成建设工程质量不符合规定的质量标准的，负责返工、修理，并赔偿因此造成的损失；情节严重的，责令停业整顿，降低资质等级或者吊销资质证书。

工程监理单位违反强制性标准规定，将不合格的建设工程以及建筑材料、建筑构配件和设备按照合格签字的，责令改正，处50万元以上100万元以下的罚款，降低资质等级或者吊销资质证书；有违法所得的，予以没收；造成损失的，承担连带赔偿责任。

第二节　施工单位的质量责任和义务

一、遵守资质等级制度的责任和义务

《建设工程质量管理条例》规定，施工单位应当依法取得相应等级的资质证书，并在其资质等级许可的范围内承揽工程。禁止施工单位超越本单位资质等级许可的业务范围或者以其他施工单位的名义承揽工程。禁止施工单位允许其他单位或者个人以本单位的名义承揽工程。施工单位不得转包或者违法分包工程。

二、对施工质量负责的责任和义务

《建设工程质量管理条例》规定，施工单位对建设工程的施工质量负责。施工单位应当建立质量责任制，确定工程项目的项目经理、技术负责人和施工管理负责人。建设工程实行总承包的，总承包单位应当对全部建设工程质量负责；建设工程勘察、设计、施工、设备采购的一项或者多项实行总承包的，总承包单位应当对其承包的建设工程或者采购的设备的质量负责。总承包单位依法将建设工程分包给其他单位的，分包单位应当按照分包合同的约

定对其分包工程的质量向总承包单位负责，总承包单位与分包单位对分包工程的质量承担连带责任。

三、按照设计图纸和施工技术标准施工的责任和义务

《建设工程质量管理条例》规定，施工单位必须按照工程设计图纸和施工技术标准施工，不得擅自修改工程设计，不得偷工减料。施工单位在施工过程中发现设计文件和图纸有差错的，应当及时提出意见和建议。

四、对建筑材料、设备等进行检验的责任和义务

《建设工程质量管理条例》规定，施工单位必须按照工程设计要求、施工技术标准和合同约定，对建筑材料、建筑构配件、设备和商品混凝土进行检验，检验应当有书面记录和专人签字；未经检验或者检验不合格的，不得使用。

五、施工质量检验、工序管理、隐蔽工程检查的责任和义务

（一）概述

《建设工程质量管理条例》规定，施工单位必须建立、健全施工质量的检验制度，严格工序管理，作好隐蔽工程的质量检查和记录。隐蔽工程在隐蔽前，施工单位应当通知建设单位和建设工程质量监督机构。

《建设工程施工合同（示范文本）》规定，承包人应按照法律规定和发包人的要求，对材料、工程设备以及工程的所有部位及其施工工艺进行全过程的质量检查和检验，并作详细记录，编制工程质量报表，报送监理人审查。

（二）隐蔽工程检查

《建设工程施工合同（示范文本）》关于隐蔽工程检查规定如下。

1. 承包人自检

承包人应当对工程隐蔽部位进行自检，并经自检确认是否具备覆盖条件。

2. 检查程序

除专用合同条款另有约定外，工程隐蔽部位经承包人自检确认具备覆盖条件的，承包人应在共同检查前48小时书面通知监理人检查，通知中应载明隐蔽检查的内容、时间和地点，并应附有自检记录和必要的检查资料。

监理人应按时到场并对隐蔽工程及其施工工艺、材料和工程设备进行检查。经监理人检查确认质量符合隐蔽要求，并在验收记录上签字后，承包人才能进行覆盖。经监理人检查质量不合格的，承包人应在监理人指示的时间内完成修复，并由监理人重新检查，由此增加的费用和（或）延误的工期由承包人承担。

除专用合同条款另有约定外，监理人不能按时进行检查的，应在检查前24小时向承包人提交书面延期要求，但延期不能超过48小时，由此导致工期延误的，工期应予以顺延。监理人未按时进行检查，也未提出延期要求的，视为隐蔽工程检查合格，承包人可自行完成覆

盖工作，并作相应记录报送监理人，监理人应签字确认。监理人事后对检查记录有疑问的，可按下文“重新检查”的约定重新检查。

3.重新检查

承包人覆盖工程隐蔽部位后，发包人或监理人对质量有疑问的，可要求承包人对已覆盖的部位进行钻孔探测或揭开重新检查，承包人应遵照执行，并在检查后重新覆盖恢复原状。经检查证明工程质量符合合同要求的，由发包人承担由此增加的费用和(或)延误的工期，并支付承包人合理的利润；经检查证明工程质量不符合合同要求的，由此增加的费用和(或)延误的工期由承包人承担。

4.承包人私自覆盖

承包人未通知监理人到场检查，私自将工程隐蔽部位覆盖的，监理人有权指示承包人钻孔探测或揭开检查，无论工程隐蔽部位质量是否合格，由此增加的费用和(或)延误的工期均由承包人承担。

六、对涉及结构安全的试块、试件以及有关材料进行见证取样和送检的责任和义务

《建设工程质量管理条例》规定，施工人员对涉及结构安全的试块、试件以及有关材料，应当在建设单位或者工程监理单位监督下现场取样，并送具有相应资质等级的质量检测单位进行检测。

《建设工程质量检测管理办法》规定，检测机构是具有独立法人资格的中介机构。本办法规定的质量检测业务，由工程项目建设单位委托具有相应资质的检测机构进行检测。委托方与被委托方应当签订书面合同。检测结果利害关系人对检测结果发生争议的，由双方共同认可的检测机构复检，复检结果由提出复检方报当地建设主管部门备案。

检测机构完成检测业务后，应当及时出具检测报告。检测报告经检测人员签字、检测机构法定代表人或者其授权的签字人签署，并加盖检测机构公章或者检测专用章后方可生效。检测报告经建设单位或者工程监理单位确认后，由施工单位归档。见证取样检测的检测报告中应当注明见证人单位及姓名。

检测人员不得同时受聘于两个或者两个以上的检测机构。检测机构和检测人员不得推荐或者监制建筑材料、构配件和设备。检测机构不得与行政机关，法律、法规授权的具有管理公共事务职能的组织以及所检测工程项目相关的设计单位、施工单位、监理单位有隶属关系或者其他利害关系。

检测机构应当对其检测数据和检测报告的真实性和准确性负责。检测机构违反法律、法规和工程建设强制性标准，给他人造成损失的，应当依法承担相应的赔偿责任。

检测机构应当将检测过程中发现的建设单位、监理单位、施工单位违反有关法律、法规和工程建设强制性标准的情况，以及涉及结构安全检测结果的不合格情况，及时报告工程所在地建设主管部门。

检测机构应当建立档案管理制度。检测合同、委托单、原始记录、检测报告应当按年度统一编号，编号应当连续，不得随意抽撤、涂改。检测机构应当单独建立检测结果不合格项目台账。

以房屋建筑工程和市政基础设施工程为例,《房屋建筑工程和市政基础设施工程实行见证取样和送检的规定》规定,见证取样和送检是指在建设单位或工程监理单位人员的见证下,由施工单位的现场试验人员对工程中涉及结构安全的试块、试件和材料在现场取样,并送至经过省级以上建设行政主管部门对其资质认可和质量技术监督部门对其计量认证的质量检测单位(以下简称"检测单位")进行检测。

国务院建设行政主管部门对全国房屋建筑工程和市政基础设施工程的见证取样和送检工作实施统一监督管理。县级以上地方人民政府建设行政主管部门对本行政区域内的房屋建筑工程和市政基础设施工程的见证取样和送检工作实施监督管理。

涉及结构安全的试块、试件和材料见证取样和送检的比例不得低于有关技术标准中规定应取样数量的30%。

下列试块、试件和材料必须实施见证取样和送检:

(1)用于承重结构的混凝土试块;

(2)用于承重墙体的砌筑砂浆试块;

(3)用于承重结构的钢筋及连接接头试件;

(4)用于承重墙的砖和混凝土小型砌块;

(5)用于拌制混凝土和砌筑砂浆的水泥;

(6)用于承重结构的混凝土中使用的掺加剂;

(7)地下、屋面、厕浴间使用的防水材料;

(8)国家规定必须实行见证取样和送检的其他试块、试件和材料。

《房屋建筑工程和市政基础设施工程实行见证取样和送检的规定》规定,见证人员应由建设单位或该工程的监理单位具备建筑施工试验知识的专业技术人员担任,并应由建设单位或该工程的监理单位书面通知施工单位、检测单位和负责该项工程的质量监督机构。在施工过程中,见证人员应按照见证取样和送检计划,对施工现场的取样和送检进行见证,取样人员应在试样或其包装上作出标识、封志。标识和封志应标明工程名称、取样部位、取样日期、样品名称和样品数量,并由见证人员和取样人员签字。见证人员应制作见证记录,并将见证记录归入施工技术档案。见证人员和取样人员应对试样的代表性和真实性负责。

见证取样的试块、试件和材料送检时,应由送检单位填写委托单,委托单应有见证人员和送检人员签字。检测单位应检查委托单及试样上的标识和封志,确认无误后方可进行检测。检测单位应严格按照有关管理规定和技术标准进行检测,出具公正、真实、准确的检测报告。见证取样和送检的检测报告必须加盖见证取样检测的专用章。

典型例题

【单选题】施工人员对涉及结构安全的试块,应当现场采样并提交检测,负责见证监督的单位是(　　)。

A. 设计单位或者监理单位　　B. 建设工程质量监督机构或者监理单位

C. 施工图审查机构或者建设单位　　D. 监理单位或者建设单位

D。【解析】《建设工程质量管理条例》第三十一条规定,施工人员对涉及结构安全的试块、试件以及有关材料,应当在建设单位或者工程监理单位监督下现场取样,并送具有相应资质等级的质量检测单位进行检测。

专家解读

见证取样和送检制度是以往考试中的常考点，需重点掌握。

七、建设工程缺陷的返修责任和义务

《建设工程质量管理条例》规定，施工单位对施工中出现质量问题的建设工程或者竣工验收不合格的建设工程，应当负责返修。

《建筑法》规定，建筑物在合理使用寿命内，必须确保地基基础工程和主体结构的质量。建筑工程竣工时，屋顶、墙面不得留有渗漏、开裂等质量缺陷；对已发现的质量缺陷，建筑施工企业应当修复。

根据有关保修义务及维修经济责任承担的处理原则要求，施工单位对于非自身原因造成的质量问题，也应当负责返修，但是造成质量问题的责任方应负责由此造成的损失及返修费用。

专家解读

施工单位的返修责任可以和工程质量保修的知识点结合起来理解记忆。

八、建立健全职工教育培训制度的责任和义务

《建设工程质量管理条例》规定，施工单位应当建立、健全教育培训制度，加强对职工的教育培训；未经教育培训或者考核不合格的人员，不得上岗作业。

九、施工单位项目负责人质量终身责任追究

《建筑工程五方责任主体项目负责人质量终身责任追究暂行办法》规定，建筑工程五方责任主体项目负责人是指承担建筑工程项目建设的建设单位项目负责人、勘察单位项目负责人、设计单位项目负责人、施工单位项目经理、监理单位总监理工程师。建筑工程开工建设前，建设、勘察、设计、施工、监理单位法定代表人应当签署授权书，明确本单位项目负责人。

建筑工程五方责任主体项目负责人质量终身责任，是指参与新建、扩建、改建的建筑工程项目负责人按照国家法律法规和有关规定，在工程设计使用年限内对工程质量承担相应责任。

施工单位项目经理应当按照经审查合格的施工图设计文件和施工技术标准进行施工，对因施工导致的工程质量事故或质量问题承担责任。

符合下列情形之一的，县级以上地方人民政府住房城乡建设主管部门应当依法追究项目负责人的质量终身责任：

(1)发生工程质量事故；

(2)发生投诉、举报、群体性事件、媒体报道并造成恶劣社会影响的严重工程质量问题；

(3)由于勘察、设计或施工原因造成尚在设计使用年限内的建筑工程不能正常使用；

(4)存在其他需追究责任的违法违规行为。

发生上述所列情形之一的，对施工单位项目经理按以下方式进行责任追究：

(1)项目经理为相关注册执业人员的，责令停止执业1年；造成重大质量事故的，吊销执业资格证书，5年以内不予注册；情节特别恶劣的，终身不予注册。

(2)构成犯罪的，移送司法机关依法追究刑事责任。

(3)处单位罚款数额5%以上10%以下的罚款。

(4)向社会公布曝光。

十、施工单位的质量违法行为应当承担的法律责任

(一)行政法律责任

《建设工程质量管理条例》规定，违反本条例规定，施工单位在施工中偷工减料的，使用不合格的建筑材料、建筑构配件和设备的，或者有不按照工程设计图纸或者施工技术标准施工的其他行为的，责令改正，处工程合同价款2%以上4%以下的罚款；造成建设工程质量不符合规定的质量标准的，负责返工、修理，并赔偿因此造成的损失；情节严重的，责令停业整顿，降低资质等级或者吊销资质证书。违反本条例规定，施工单位未对建筑材料、建筑构配件、设备和商品混凝土进行检验，或者未对涉及结构安全的试块、试件以及有关材料取样检测的，责令改正，处10万元以上20万元以下的罚款；情节严重的，责令停业整顿，降低资质等级或者吊销资质证书；造成损失的，依法承担赔偿责任。违反本条例规定，施工单位不履行保修义务或者拖延履行保修义务的，责令改正，处10万元以上20万元以下的罚款，并对在保修期内因质量缺陷造成的损失承担赔偿责任。

《建筑法》规定，建筑施工企业在施工中偷工减料的，使用不合格的建筑材料、建筑构配件和设备的，或者有其他不按照工程设计图纸或者施工技术标准施工的行为的，责令改正，处以罚款；情节严重的，责令停业整顿，降低资质等级或者吊销资质证书；造成建筑工程质量不符合规定的质量标准的，负责返工、修理，并赔偿因此造成的损失；构成犯罪的，依法追究刑事责任。建筑施工企业违反规定，不履行保修义务或者拖延履行保修义务的，责令改正，可以处以罚款，并对在保修期内因屋顶、墙面渗漏、开裂等质量缺陷造成的损失，承担赔偿责任。

(二)刑事法律责任

施工单位违反国家规定，降低工程质量标准，造成重大安全事故的行为构成工程重大安全事故罪，《刑法》规定，建设单位、设计单位、施工单位、工程监理单位违反国家规定，降低工程质量标准，造成重大安全事故的，对直接责任人员处5年以下有期徒刑或者拘役，并处罚金；后果特别严重的，处5年以上10年以下有期徒刑，并处罚金。

第三节 建设单位及相关单位的质量责任和义务

一、建设单位的质量责任和义务

根据《建筑工程五方责任主体项目负责人质量终身责任追究暂行办法》，建筑工程项目建设的建设单位项目负责人为建筑工程五方责任主体项目负责人之一。建设单位的质量责任是使项目按照预期的质量标准，满足整个项目的使用功能和达到必要安全要求，使项目能够正常的投入使用并发挥效益。质量义务是确保建设项目满足国家的强制性标准和相关规范、规定要求。

《建设工程质量管理条例》第二章明确了建设单位的质量责任和义务。

（1）建设单位应当依法将工程发包给具有相应资质等级的单位，不得将工程肢解发包。

（2）建设单位应当依法对工程建设项目的勘察、设计、施工、监理以及与工程建设有关的重要设备、材料等的采购进行招标。

（3）建设单位必须向有关的勘察、设计、施工、工程监理等单位提供与建设工程有关的原始资料。原始资料必须真实、准确、齐全。

（4）建设单位不得对承包单位的建设活动进行不合理干预。建设工程发包单位不得迫使承包方以低于成本的价格竞标，不得任意压缩合理工期。建设单位不得明示或者暗示设计单位或者施工单位违反工程建设强制性标准，降低建设工程质量。

（5）施工图设计文件审查的具体办法，由国务院建设行政主管部门、国务院其他有关部门制定。施工图设计文件未经审查批准的，不得使用。

（6）实行监理的建设工程，建设单位应当委托具有相应资质等级的工程监理单位进行监理，也可以委托具有工程监理相应资质等级并与被监理工程的施工承包单位没有隶属关系或者其他利害关系的该工程的设计单位进行监理。

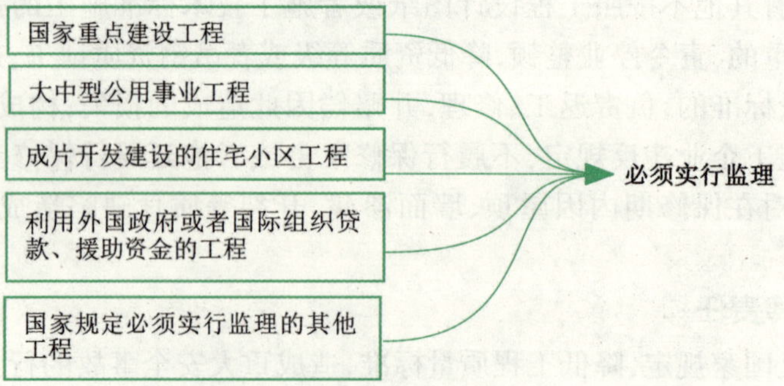

（7）建设单位在开工前，应当按照国家有关规定办理工程质量监督手续，工程质量监督手续可以与施工许可证或者开工报告合并办理。

（8）按照合同约定，由建设单位采购建筑材料、建筑构配件和设备的，建设单位应当保证建筑材料、建筑构配件和设备符合设计文件和合同要求。建设单位不得明示或者暗示施工单位使用不合格的建筑材料、建筑构配件和设备。

(9)涉及建筑主体和承重结构变动的装修工程,建设单位应当在施工前委托原设计单位或者具有相应资质等级的设计单位提出设计方案;没有设计方案的,不得施工。房屋建筑使用者在装修过程中,不得擅自变动房屋建筑主体和承重结构。

(10)建设单位收到建设工程竣工报告后,应当组织设计、施工、工程监理等有关单位进行竣工验收。建设工程经验收合格的,方可交付使用。

(11)建设单位应当严格按照国家有关档案管理的规定,及时收集、整理建设项目各环节的文件资料,建立、健全建设项目档案,并在建设工程竣工验收后,及时向建设行政主管部门或者其他有关部门移交建设项目档案。

链接

《国家发展改革委关于加强基础设施建设项目管理 确保工程安全质量的通知》规定,初步设计要严格执行工程建设强制性标准,提出安全质量防护措施,并对施工方案提出相应要求。落实项目法人责任制,项目单位和法定代表人对项目建设的安全质量负总责。

专家解读

必须实行监理的工程范围、建设工程竣工验收的组织单位及建设工程竣工验收应当具备的条件为近年核心考点,需重点掌握。对于建设单位的质量责任与义务,需加强记忆。

二、工程勘察、设计、监理单位的质量责任和义务

(一)勘察、设计单位的质量责任和义务

《建设工程质量管理条例》第三章明确了勘察、设计单位的质量责任和义务。

(1)从事建设工程勘察、设计的单位应当依法取得相应等级的资质证书,并在其资质等级许可的范围内承揽工程。禁止勘察、设计单位超越其资质等级许可的范围或者以其他勘察、设计单位的名义承揽工程。禁止勘察、设计单位允许其他单位或者个人以本单位的名义承揽工程。勘察、设计单位不得转包或者违法分包所承揽的工程。

(2)勘察、设计单位必须按照工程建设强制性标准进行勘察、设计,并对其勘察、设计的质量负责。注册建筑师、注册结构工程师等注册执业人员应当在设计文件上签字,对设计文件负责。为了进一步明确相关责任人的责任,《建筑工程五方责任主体项目负责人质量终身责任追究暂行办法》第五条规定,勘察、设计单位项目负责人应当保证勘察设计文件符合法律法规和工程建设强制性标准的要求,对因勘察、设计导致的工程质量事故或质量问题承担责任。

(3)勘察单位提供的地质、测量、水文等勘察成果必须真实、准确。

(4)设计单位应当根据勘察成果文件进行建设工程设计。设计文件应当符合国家规定的设计深度要求,注明工程合理使用年限。

(5)设计单位在设计文件中选用的建筑材料、建筑构配件和设备,应当注明规格、型号、性能等技术指标,其质量要求必须符合国家规定的标准。除有特殊要求的建筑材料、专用设

备、工艺生产线等外，设计单位不得指定生产厂、供应商。

(6)设计单位应当就审查合格的施工图设计文件向施工单位作出详细说明。

(7)设计单位应当参与建设工程质量事故分析，并对因设计造成的质量事故，提出相应的技术处理方案。

(二)工程监理单位的质量责任和义务

《建设工程质量管理条例》第五章明确了工程监理单位的质量责任和义务。

(1)工程监理单位应当依法取得相应等级的资质证书，并在其资质等级许可的范围内承担工程监理业务。禁止工程监理单位超越本单位资质等级许可的范围或者以其他工程监理单位的名义承担工程监理业务。禁止工程监理单位允许其他单位或者个人以本单位的名义承担工程监理业务。工程监理单位不得转让工程监理业务。

(2)工程监理单位与被监理工程的施工承包单位以及建筑材料、建筑构配件和设备供应单位有隶属关系或者其他利害关系的，不得承担该项建设工程的监理业务。

(3)工程监理单位应当依照法律、法规以及有关技术标准、设计文件和建设工程承包合同，代表建设单位对施工质量实施监理，并对施工质量承担监理责任。

(4)工程监理单位应当选派具备相应资格的总监理工程师和监理工程师进驻施工现场。未经监理工程师签字，建筑材料、建筑构配件和设备不得在工程上使用或者安装，施工单位不得进行下一道工序的施工。未经总监理工程师签字，建设单位不拨付工程款，不进行竣工验收。

(5)监理工程师应当按照工程监理规范的要求，采取旁站、巡视和平行检验等形式，对建设工程实施监理。

三、政府主管部门工程质量监督管理制度

《建设工程质量管理条例》第七章明确了政府部门工程质量监督管理责任和义务。

(一)建设工程质量监督管理体制

国家实行建设工程质量监督管理制度。

国务院建设行政主管部门对全国的建设工程质量实施统一监督管理。国务院铁路、交通、水利等有关部门按照国务院规定的职责分工，负责对全国的有关专业建设工程质量的监督管理。

县级以上地方人民政府建设行政主管部门对本行政区域内的建设工程质量实施监督管理。县级以上地方人民政府交通、水利等有关部门在各自的职责范围内，负责对本行政区域内的专业建设工程质量的监督管理。

(二)政府对建设工程质量监督检查的内容

国务院建设行政主管部门和国务院铁路、交通、水利等有关部门应当加强对有关建设工程质量的法律、法规和强制性标准执行情况的监督检查。

国务院发展计划部门按照国务院规定的职责，组织稽查特派员，对国家出资的重大建设项目实施监督检查。国务院经济贸易主管部门按照国务院规定的职责，对国家重大技术改造项目实施监督检查。

县级以上地方人民政府建设行政主管部门和其他有关部门应当加强对有关建设工程质量的法律、法规和强制性标准执行情况的监督检查。

（三）建设工程质量监督机构资质要求

建设工程质量监督管理，可以由建设行政主管部门或者其他有关部门委托的建设工程质量监督机构具体实施。

从事房屋建筑工程和市政基础设施工程质量监督的机构，必须按照国家有关规定经国务院建设行政主管部门或者省、自治区、直辖市人民政府建设行政主管部门考核；从事专业建设工程质量监督的机构，必须按照国家有关规定经国务院有关部门或者省、自治区、直辖市人民政府有关部门考核。经考核合格后，方可实施质量监督。

（四）相关部门进行建设工程质量监督检查时有权采取的措施

县级以上人民政府建设行政主管部门和其他有关部门履行监督检查职责时，有权采取下列措施：

（1）要求被检查的单位提供有关工程质量的文件和资料；

（2）进入被检查单位的施工现场进行检查；

（3）发现有影响工程质量的问题时，责令改正。

（五）禁止政府部门权力滥用

供水、供电、供气、公安消防等部门或者单位不得明示或者暗示建设单位、施工单位购买其指定的生产供应单位的建筑材料、建筑构配件和设备。

（六）建设工程质量事故报告规定

建设工程发生质量事故，有关单位应当在24小时内向当地建设行政主管部门和其他有关部门报告。对重大质量事故，事故发生地的建设行政主管部门和其他有关部门应当按照事故类别和等级向当地人民政府和上级建设行政主管部门和其他有关部门报告。特别重大质量事故的调查程序按照国务院有关规定办理。

四、违法行为应当承担的法律责任

（一）建设单位质量违法行为应承担的法律责任

责任方	违法行为	处罚规定
建设单位	建设单位将建设工程发包给不具有相应资质等级的勘察、设计、施工单位或者委托给不具有相应资质等级的工程监理单位的	责令改正，处50万元以上100万元以下的罚款
	建设单位将建设工程肢解发包的	责令改正，处工程合同价款0.5%以上1%以下的罚款；对全部或者部分使用国有资金的项目，并可以暂停项目执行或者暂停资金拨付

（续表）

责任方	违法行为	处罚规定
建设单位	(1)迫使承包方以低于成本的价格竞标的； (2)任意压缩合理工期的； (3)明示或者暗示设计单位或者施工单位违反工程建设强制性标准，降低工程质量的； (4)施工图设计文件未经审查或者审查不合格，擅自施工的； (5)建设项目必须实行工程监理而未实行工程监理的； (6)未按照国家规定办理工程质量监督手续的； (7)明示或者暗示施工单位使用不合格的建筑材料、建筑构配件和设备的； (8)未按照国家规定将竣工验收报告、有关认可文件或者准许使用文件报送备案的	建设单位有该项行为之一的，责令改正，处20万元以上50万元以下的罚款
	建设单位未取得施工许可证或者开工报告未经批准，擅自施工的	责令停止施工，限期改正，处工程合同价款1%以上2%以下的罚款
	(1)未组织竣工验收，擅自交付使用的； (2)验收不合格，擅自交付使用的； (3)对不合格的建设工程按照合格工程验收的	建设单位有该项行为之一的，责令改正，处工程合同价款2%以上4%以下的罚款；造成损失的，依法承担赔偿责任
	建设工程竣工验收后，建设单位未向建设行政主管部门或者其他有关部门移交建设项目档案的	责令改正，处1万元以上10万元以下的罚款
建设单位项目负责人	(1)发生工程质量事故； (2)发生投诉、举报、群体性事件、媒体报道并造成恶劣社会影响的严重工程质量问题； (3)由于勘察、设计或施工原因造成尚在设计使用年限内的建筑工程不能正常使用； (4)存在其他需追究责任的违法违规行为	发生该项情形之一的，对建设单位项目负责人按以下方式进行责任追究： (1)项目负责人为国家公职人员的，将其违法违规行为告知其上级主管部门及纪检监察部门，并建议对项目负责人给予相应的行政、纪律处分； (2)构成犯罪的，移送司法机关依法追究刑事责任； (3)处单位罚款数额5%以上10%以下的罚款； (4)向社会公布曝光

专家解读

各单位及单位项目负责人的违法行为应承担的法律责任，在以往考试中考查也较为频繁，需重点掌握。

（二）勘察、设计、监理单位及其项目负责人质量违法行为应承担的法律责任

责任方	违法行为	处罚规定
勘察、设计单位	超越本单位资质等级承揽工程的	责令停止违法行为，对勘察、设计单位处合同约定的勘察费、设计费1倍以上2倍以下的罚款；情节严重的，吊销资质证书；有违法所得的，予以没收
	未取得资质证书承揽工程的	予以取缔，依照上述规定处以罚款；有违法所得的，予以没收
	以欺骗手段取得资质证书承揽工程的	吊销资质证书，依照上述规定处以罚款；有违法所得的，予以没收
	（1）勘察单位未按照工程建设强制性标准进行勘察的； （2）设计单位未根据勘察成果文件进行工程设计的； （3）设计单位指定建筑材料、建筑构配件的生产厂、供应商的； （4）设计单位未按照工程建设强制性标准进行设计的	有该项行为之一的，责令改正，处10万元以上30万元以下的罚款；造成工程质量事故的，责令停业整顿，降低资质等级；情节严重的，吊销资质证书；造成损失的，依法承担赔偿责任
勘察、设计单位项目负责人	（1）发生工程质量事故； （2）发生投诉、举报、群体性事件、媒体报道并造成恶劣社会影响的严重工程质量问题； （3）由于勘察、设计或施工原因造成尚在设计使用年限内的建筑工程不能正常使用； （4）存在其他需追究责任的违法违规行为	发生该项情形之一的，对勘察单位项目负责人、设计单位项目负责人按以下方式进行责任追究。 （1）项目负责人为注册建筑师、勘察设计注册工程师的，责令停止执业1年；造成重大质量事故的，吊销执业资格证书，5年以内不予注册；情节特别恶劣的，终身不予注册。 （2）构成犯罪的，移送司法机关依法追究刑事责任。 （3）处单位罚款数额5%以上10%以下的罚款。 （4）向社会公布曝光

（续表）

责任方	违法行为	处罚规定
工程监理单位	超越本单位资质等级承揽工程的	责令停止违法行为，对工程监理单位处合同约定的监理酬金1倍以上2倍以下的罚款；情节严重的，吊销资质证书；有违法所得的，予以没收
	未取得资质证书承揽工程的	予以取缔，依照上述规定处以罚款；有违法所得的，予以没收
	以欺骗手段取得资质证书承揽工程的	吊销资质证书，依照上述规定处以罚款；有违法所得的，予以没收
	(1)与建设单位或者施工单位串通，弄虚作假、降低工程质量的； (2)将不合格的建设工程、建筑材料、建筑构配件和设备按照合格签字的	工程监理单位有该项行为之一的，责令改正，处50万元以上100万元以下的罚款，降低资质等级或者吊销资质证书；有违法所得的，予以没收；造成损失的，承担连带赔偿责任
	工程监理单位与被监理工程的施工承包单位以及建筑材料、建筑构配件和设备供应单位有隶属关系或者其他利害关系承担该项建设工程的监理业务的	责令改正，处5万元以上10万元以下的罚款，降低资质等级或者吊销资质证书；有违法所得的，予以没收
工程监理单位项目负责人	(1)发生工程质量事故； (2)发生投诉、举报、群体性事件、媒体报道并造成恶劣社会影响的严重工程质量问题； (3)由于勘察、设计或施工原因造成尚在设计使用年限内的建筑工程不能正常使用； (4)存在其他需追究责任的违法违规行为	发生该项情形之一的，对监理单位总监理工程师按以下方式进行责任追究。 (1)责令停止注册监理工程师执业1年；造成重大质量事故的，吊销执业资格证书，5年以内不予注册；情节特别恶劣的，终身不予注册。 (2)构成犯罪的，移送司法机关依法追究刑事责任。 (3)处单位罚款数额5%以上10%以下的罚款。 (4)向社会公布曝光

专家解读

2019年9月23日，住房和城乡建设部发布《规范住房和城乡建设部工程建设行政处罚裁量权实施办法》和《住房和城乡建设部工程建设行政处罚裁量基准》，对勘察企业、设计企业、建筑业企业、监理企业和注册执业人员相关的违法行为、处罚依据、违法情节和后果及处罚标准作了详细说明。

（三）政府主管部门及国家机关工作人员质量违法行为应当承担的法律责任

《建设工程质量管理条例》规定，发生重大工程质量事故隐瞒不报、谎报或者拖延报告期限的，对直接负责的主管人员和其他责任人员依法给予行政处分。供水、供电、供气、公安消防等部门或者单位明示或者暗示建设单位或者施工单位购买其指定的生产供应单位的建筑材料、建筑构配件和设备的，责令改正。国家机关工作人员在建设工程质量监督管理工作中玩忽职守、滥用职权、徇私舞弊，构成犯罪的，依法追究刑事责任；尚不构成犯罪的，依法给予行政处分。

第四节　建设工程竣工验收制度

一、建设工程竣工验收的程序

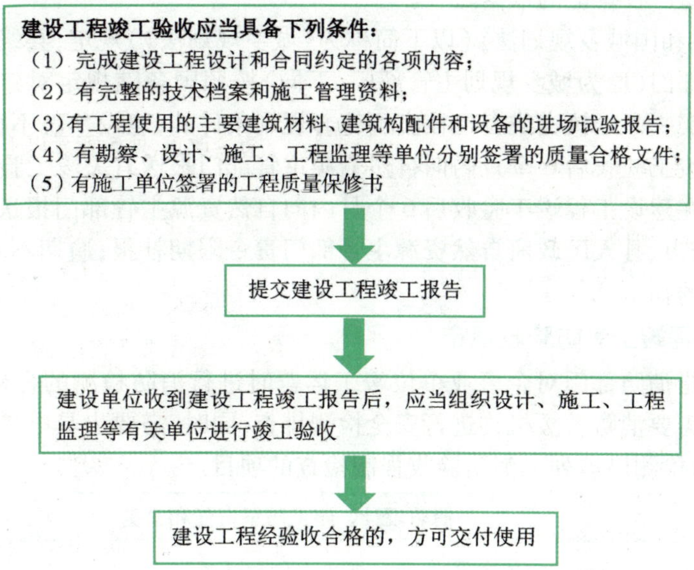

专家解读

建设工程竣工验收应当具备的条件需要考生重点掌握；在工程竣工验收活动中，由建设单位组织各相关单位进行竣工验收，此知识点需要考生熟记。

二、建设工程项目档案资料管理制度

《建设工程质量管理条例》规定，建设单位应当严格按照国家有关档案管理的规定，及时收集、整理建设项目各环节的文件资料，建立、健全建设项目档案，并在建设工程竣工验收后，及时向建设行政主管部门或者其他有关部门移交建设项目档案。

《城市建设档案管理规定》规定，建设单位应当在工程竣工验收后3个月内，向城建档案

馆报送一套符合规定的建设工程档案。凡建设工程档案不齐全的,应当限期补充。停建、缓建工程的档案,暂由建设单位保管。撤销单位的建设工程档案,应当向上级主管机关或者城建档案馆移交。

对改建、扩建和重要部位维修的工程,建设单位应当组织设计、施工单位据实修改、补充和完善原建设工程档案。凡结构和平面布置等改变的,应当重新编制建设工程档案,并在工程竣工后3个月内向城建档案馆报送。

列入城建档案馆档案接收范围的工程,城建档案管理机构按照建设工程竣工联合验收的规定对工程档案进行验收。

三、规划、消防、环保、节能等验收的制度

(一)建设工程竣工规划验收规定

依法取得建设工程规划许可证的建设工程竣工并完成竣工测量的,需要申请规划验收。经规划验收合格的,核发建设工程竣工规划验收合格证。建设工程竣工规划验收合格证是建筑工程办理房屋产权登记的依据之一。

《中华人民共和国城乡规划法》(以下简称为《城乡规划法》)规定,县级以上地方人民政府自然资源主管部门(原为城乡规划主管部门,下同)按照国务院规定对建设工程是否符合规划条件予以核实。未经核实或者经核实不符合规划条件的,建设单位不得组织竣工验收。建设单位应当在竣工验收后6个月内向自然资源主管部门报送有关竣工验收资料。

建设单位未在建设工程竣工验收后6个月内向自然资源主管部门报送有关竣工验收资料的,由所在地城市、县人民政府自然资源主管部门责令限期补报;逾期不补报的,处1万元以上5万元以下的罚款。

(二)建设工程竣工消防验收规定

消防验收是指消防部门对企事业单位竣工运营时进行消防检测的合格调查,施工单位进行消防验收时需要消防救援机构进行安全检测排查,同时,需要出具电气防火检查合格证明文件,电气消防检测已被列入消防验收强制检查的项目。

单位	消防设计、施工质量责任和义务
建设单位	建设单位应当履行下列消防设计、施工质量责任和义务: (1)不得明示或者暗示设计、施工、工程监理、技术服务等单位及其从业人员违反建设工程法律法规和国家工程建设消防技术标准,降低建设工程消防设计、施工质量; (2)依法申请建设工程消防设计审查、消防验收,办理备案并接受抽查; (3)实行工程监理的建设工程,依法将消防施工质量委托监理; (4)委托具有相应资质的设计、施工、工程监理单位; (5)按照工程消防设计要求和合同约定,选用合格的消防产品和满足防火性能要求的建筑材料、建筑构配件和设备; (6)组织有关单位进行建设工程竣工验收时,对建设工程是否符合消防要求进行查验; (7)依法及时向档案管理机构移交建设工程消防有关档案

（续表）

单位	消防设计、施工质量责任和义务
施工单位	施工单位应当履行下列消防设计、施工质量责任和义务： (1)按照建设工程法律法规、国家工程建设消防技术标准，以及经消防设计审查合格或者满足工程需要的消防设计文件组织施工，不得擅自改变消防设计进行施工，降低消防施工质量； (2)按照消防设计要求、施工技术标准和合同约定检验消防产品和具有防火性能要求的建筑材料、建筑构配件和设备的质量，使用合格产品，保证消防施工质量； (3)参加建设单位组织的建设工程竣工验收，对建设工程消防施工质量签章确认，并对建设工程消防施工质量负责
工程监理单位	工程监理单位应当履行下列消防设计、施工质量责任和义务： (1)按照建设工程法律法规、国家工程建设消防技术标准，以及经消防设计审查合格或者满足工程需要的消防设计文件实施工程监理； (2)在消防产品和具有防火性能要求的建筑材料、建筑构配件和设备使用、安装前，核查产品质量证明文件，不得同意使用或者安装不合格的消防产品和防火性能不符合要求的建筑材料、建筑构配件和设备； (3)参加建设单位组织的建设工程竣工验收，对建设工程消防施工质量签章确认，并对建设工程消防施工质量承担监理责任

国务院住房和城乡建设主管部门规定应当申请消防验收的建设工程竣工，建设单位应当向住房和城乡建设主管部门申请消防验收。前款规定以外的其他建设工程，建设单位在验收后应当报住房和城乡建设主管部门备案，住房和城乡建设主管部门应当进行抽查。依法应当进行消防验收的建设工程，未经消防验收或者消防验收不合格的，禁止投入使用；其他建设工程经依法抽查不合格的，应当停止使用。

《建设工程消防设计审查验收管理暂行规定》规定，建设单位申请消防验收，应当提交下列材料：

(1)消防验收申请表；

(2)工程竣工验收报告；

(3)涉及消防的建设工程竣工图纸。

县级以上地方人民政府住房和城乡建设主管部门收到建设单位提交的消防验收申请后，对申请材料齐全的，应当出具受理凭证；申请材料不齐全的，应当一次性告知需要补正的全部内容。

县级以上地方人民政府住房和城乡建设主管部门应当自受理消防验收申请之日起 15 日内出具消防验收意见。对不符合规定条件的，县级以上地方人民政府住房和城乡建设主管部门应当出具消防验收不合格意见，并说明理由。

建设单位依法应当进行消防验收的建设工程，未经消防验收或者消防验收不合格，擅自投入使用的，由住房和城乡建设主管部门、消防救援机构按照各自职权责令停止施工、停止使用或者停产停业，并处 3 万元以上 30 万元以下罚款。建设单位未依照规定在验收后报住房和城乡建设主管部门备案的，由住房和城乡建设主管部门责令改正，处 5 000 元以下罚款。

（三）建设工程竣工环保验收规定

《建设项目环境保护管理条例》规定，编制环境影响报告书、环境影响报告表的建设项目竣工后，建设单位应当按照国务院生态环境主管部门规定的标准和程序，对配套建设的环境保护设施进行验收，编制验收报告。建设单位在环境保护设施验收过程中，应当如实查验、监测、记载建设项目环境保护设施的建设和调试情况，不得弄虚作假。除按照国家规定需要保密的情形外，建设单位应当依法向社会公开验收报告。

分期建设、分期投入生产或者使用的建设项目，其相应的环境保护设施应当分期验收。

编制环境影响报告书、环境影响报告表的建设项目，其配套建设的环境保护设施经验收合格，方可投入生产或者使用；未经验收或者验收不合格的，不得投入生产或者使用。上述规定的建设项目投入生产或者使用后，应当按照国务院生态环境主管部门的规定开展环境影响后评价。

需要配套建设的环境保护设施未建成、未经验收或者验收不合格，建设项目即投入生产或者使用，或者在环境保护设施验收中弄虚作假的，由县级以上生态环境主管部门责令限期改正，处20万元以上100万元以下的罚款；逾期不改正的，处100万元以上200万元以下的罚款；对直接负责的主管人员和其他责任人员，处5万元以上20万元以下的罚款；造成重大环境污染或者生态破坏的，责令停止生产或者使用，或者报经有批准权的人民政府批准，责令关闭。建设单位未依法向社会公开环境保护设施验收报告的，由县级以上生态环境主管部门责令公开，处5万元以上20万元以下的罚款，并予以公告。

（四）建筑工程节能验收规定

《节约能源法》规定，国务院建设主管部门负责全国建筑节能的监督管理工作。县级以上地方各级人民政府建设主管部门负责本行政区域内建筑节能的监督管理工作。县级以上地方各级人民政府建设主管部门会同同级管理节能工作的部门编制本行政区域内的建筑节能规划。建筑节能规划应当包括既有建筑节能改造计划。

建筑工程的建设、设计、施工和监理单位应当遵守建筑节能标准。不符合建筑节能标准的建筑工程，建设主管部门不得批准开工建设；已经开工建设的，应当责令停止施工、限期改正；已经建成的，不得销售或者使用。建设主管部门应当加强对在建建筑工程执行建筑节能标准情况的监督检查。

《建筑节能工程施工质量验收标准》规定，建筑节能工程施工质量验收除应符合本标准外，尚应符合国家现行有关标准的规定。

《民用建筑节能条例》规定，建设单位组织竣工验收，应当对民用建筑是否符合民用建筑节能强制性标准进行查验；对不符合民用建筑节能强制性标准的，不得出具竣工验收合格报告。

1. 建筑节能分部工程进行质量验收应具备的条件

《建筑节能工程施工质量验收标准》规定，建筑节能分部工程的质量验收，应在施工单位自检合格，且检验批、分项工程全部验收合格的基础上，进行外墙节能构造、外窗气密性能现场实体检验和设备系统节能性能检测，确认建筑节能工程质量达到验收条件后方可进行。

2. 建筑节能工程验收的程序和组织规定

《建筑节能工程施工质量验收标准》规定，参加建筑节能工程验收的各方人员应具备相应的资格，其程序和组织应符合下列规定：

(1)节能工程检验批验收和隐蔽工程验收应由专业监理工程师组织并主持，施工单位相关专业的质量检查员与施工员参加验收。

(2)节能分项工程验收应由专业监理工程师组织并主持，施工单位项目技术负责人和相关专业的质量检查员、施工员参加验收；必要时可邀请主要设备、材料供应商及分包单位、设计单位相关专业的人员参加验收。

(3)节能分部工程验收应由总监理工程师组织并主持，施工单位项目负责人、项目技术负责人和相关专业的负责人、质量检查员、施工员参加验收；施工单位的质量、技术负责人应参加验收；设计单位项目负责人及相关专业负责人应参加验收；主要设备、材料供应商及分包单位负责人应参加验收。

链接

应当重新组织建筑节能工程验收的情形有：参加验收人员不具备相应资格；参加验收的各方主体验收意见不统一；验收的组织机构不符合法规、规范要求；提出的问题未整改完毕；验收程序和执行标准不符合要求。

3. 建筑节能工程验收合格应具备的条件

项目	应具备条件
检验批质量验收合格	(1)检验批应按主控项目和一般项目验收； (2)主控项目均应合格； (3)一般项目应合格，当采用计数抽样检验时，至少应有80%以上的检查点合格，且其余检查点不得有严重缺陷，正常检验一次、二次抽样按《建筑节能工程施工质量验收标准》规定判定的结果为合格； (4)应具有完整的施工操作依据和质量检查验收记录，检验批现场验收检查原始记录
分项工程质量验收合格	(1)分项工程所含的检验批均应合格； (2)分项工程所含检验批的质量验收记录应完整
建筑节能工程质量验收合格	(1)建筑节能各分项工程应全部合格； (2)质量控制资料应完整； (3)外墙节能构造现场实体检验结果应对照图纸进行核查，并符合要求； (4)建筑外窗气密性能现场实体检验结果应对照图纸进行核查，并符合要求； (5)建筑设备系统节能性能检测结果应合格； (6)太阳能系统性能检测结果应合格

4. 建筑节能工程验收违法行为应承担的法律责任

《民用建筑节能条例》规定，违反本条例规定，建设单位对不符合民用建筑节能强制性标准的民用建筑项目出具竣工验收合格报告的，由县级以上地方人民政府建设主管部门责令改正，处民用建筑项目合同价款2%以上4%以下的罚款，造成损失的，依法承担赔偿责任。

四、竣工结算及质量纠纷的规定

竣工结算是建筑企业与建设单位之间办理工程价款结算的一种方法，是指工程项目竣工以后甲乙双方对该工程发生的应付、应收款项作最后清理结算。《行政事业性国有资产管理条例》第三十一条规定，各部门及其所属单位采用建设方式配置资产的，应当在建设项目竣工验收合格后及时办理资产交付手续，并在规定期限内办理竣工财务决算，期限最长不得超过1年。各部门及其所属单位对已交付但未办理竣工财务决算的建设项目，应当按照国家统一的会计制度确认资产价值。第三十二条规定，各部门及其所属单位对无法进行会计确认入账的资产，可以根据需要组织专家参照资产评估方法进行估价，并作为反映资产状况的依据。

（一）工程竣工结算

工程竣工结算是指施工企业按照合同规定的内容全部完成所承包的工程，经验收质量合格，并符合合同要求之后，向发包单位进行的最终工程款结算。

《建设工程价款结算暂行办法》第十四条对竣工结算作出了明确规定，工程完工后，双方应按照约定的合同价款及合同价款调整内容以及索赔事项，进行工程竣工结算。

1. 工程竣工结算方式

工程竣工结算分为单位工程竣工结算、单项工程竣工结算和建设项目竣工总结算。

2. 工程竣工结算编审

（1）单位工程竣工结算由承包人编制，发包人审查；实行总承包的工程，由具体承包人编制，在总包人审查的基础上，发包人审查。

（2）单项工程竣工结算或建设项目竣工总结算由总（承）包人编制，发包人可直接进行审查，也可以委托具有相应资质的工程造价咨询机构进行审查。政府投资项目，由同级财政部门审查。单项工程竣工结算或建设项目竣工总结算经发、承包人签字盖章后有效。

（3）承包人应在合同约定期限内完成项目竣工结算编制工作，未在规定期限内完成的并且提不出正当理由延期的，责任自负。

3. 工程竣工结算审查期限

单项工程竣工后，承包人应在提交竣工验收报告的同时，向发包人递交竣工结算报告及完整的结算资料，发包人应按以下规定时限进行核对（审查）并提出审查意见。

序号	工程竣工结算报告金额	审查时间
1	500万元以下	从接到竣工结算报告和完整的竣工结算资料之日起20天
2	500万元~2 000万元	从接到竣工结算报告和完整的竣工结算资料之日起30天
3	2 000万元~5 000万元	从接到竣工结算报告和完整的竣工结算资料之日起45天
4	5 000万元以上	从接到竣工结算报告和完整的竣工结算资料之日起60天

建设项目竣工总结算在最后一个单项工程竣工结算审查确认后15天内汇总，送发包人后30天内审查完成。

4. 工程竣工价款结算

发包人收到承包人递交的竣工结算报告及完整的结算资料后，应按上述规定的期限（合同约定有期限的，从其约定）进行核实，给予确认或者提出修改意见。发包人根据确认的竣工结算报告向承包人支付工程竣工结算价款，保留不超过3%的质量保证（保修）金，待工程交付使用1年质保期到期后清算（合同另有约定的，从其约定）。质保期内如有返修，发生费用应在质量保证（保修）金内扣除。

工程竣工结算以合同工期为准，实际施工工期比合同工期提前或延后，发、承包双方应按合同约定的奖惩办法执行。

5. 索赔价款结算

发承包人未能按合同约定履行自己的各项义务或发生错误，给另一方造成经济损失的，由受损方按合同约定提出索赔，索赔金额按合同约定支付。

发包人和承包人要加强施工现场的造价控制，及时对工程合同外的事项如实纪录并履行书面手续。凡由发、承包双方授权的现场代表签字的现场签证以及发、承包双方协商确定的索赔等费用，应在工程竣工结算中如实办理，不得因发、承包双方现场代表的中途变更改变其有效性。

6. 合同以外零星项目工程价款结算

发包人要求承包人完成合同以外零星项目，承包人应在接受发包人要求的7天内就用工数量和单价、机械台班数量和单价、使用材料和金额等向发包人提出施工签证，发包人签证后施工，如发包人未签证，承包人施工后发生争议的，责任由承包人自负。

7. 竣工结算报告的相关规定

发包人收到竣工结算报告及完整的结算资料后，在规定或合同约定期限内，对结算报告及资料没有提出意见，则视同认可。

承包人如未在规定时间内提供完整的工程竣工结算资料，经发包人催促后14天内仍未提供或没有明确答复，发包人有权根据已有资料进行审查，责任由承包人自负。

根据确认的竣工结算报告，承包人向发包人申请支付工程竣工结算款。发包人应在收到申请后15天内支付结算款，到期没有支付的应承担违约责任。承包人可以催告发包人支付结算价款，如达成延期支付协议，发包人应按同期银行贷款利率支付拖欠工程价款的利息。如未达成延期支付协议，承包人可以与发包人协商将该工程折价，或申请人民法院将该工程依法拍卖，承包人就该工程折价或者拍卖的价款优先受偿。

8. 异议的处理

工程造价咨询机构接受发包人或承包人委托，编审工程竣工结算，应按合同约定和实际履约事项认真办理，出具的竣工结算报告经发、承包双方签字后生效。当事人一方对报告有异议的，可对工程结算中有异议部分，向有关部门申请咨询后协商处理，若不能达成一致，双方可按合同约定的争议或纠纷解决程序办理。

9. 竣工结算的相关规定

《建筑工程施工发包与承包计价管理办法》第十八条规定，工程完工后，应当按照下列规定进行竣工结算：

(1)承包方应当在工程完工后的约定期限内提交竣工结算文件。

(2)国有资金投资建筑工程的发包方,应当委托具有相应资质的工程造价咨询企业对竣工结算文件进行审核,并在收到竣工结算文件后的约定期限内向承包方提出由工程造价咨询企业出具的竣工结算文件审核意见;逾期未答复的,按照合同约定处理,合同没有约定的,竣工结算文件视为已被认可。非国有资金投资的建筑工程发包方,应当在收到竣工结算文件后的约定期限内予以答复,逾期未答复的,按照合同约定处理,合同没有约定的,竣工结算文件视为已被认可;发包方对竣工结算文件有异议的,应当在答复期内向承包方提出,并可以在提出异议之日起的约定期限内与承包方协商;发包方在协商期内未与承包方协商或者经协商未能与承包方达成协议的,应当委托工程造价咨询企业进行竣工结算审核,并在协商期满后的约定期限内向承包方提出由工程造价咨询企业出具的竣工结算文件审核意见。

(3)承包方对发包方提出的工程造价咨询企业竣工结算审核意见有异议的,在接到该审核意见后1个月内,可以向有关工程造价管理机构或者有关行业组织申请调解,调解不成的,可以依法申请仲裁或者向人民法院提起诉讼。

发承包双方在合同中对上述第(1)项、第(2)项的期限没有明确约定的,应当按照国家有关规定执行;国家没有规定的,可认为其约定期限均为28日。

工程竣工结算文件经发承包双方签字确认的,应当作为工程决算的依据,未经对方同意,另一方不得就已生效的竣工结算文件委托工程造价咨询企业重复审核。发包方应当按照竣工结算文件及时支付竣工结算款。竣工结算文件应当由发包方报工程所在地县级以上地方人民政府住房城乡建设主管部门备案。

根据2022年6月14日财政部、住房城乡建设部发布的《关于完善建设工程价款结算有关办法的通知》,应提高建设工程进度款支付比例:政府机关、事业单位、国有企业建设工程进度款支付应不低于已完成工程价款的80%;同时,在确保不超出工程总概(预)算以及工程决(结)算工作顺利开展的前提下,除按合同约定保留不超过工程价款总额3%的质量保证金外,进度款支付比例可由发承包双方根据项目实际情况自行确定。在结算过程中,若发生进度款支付超出实际已完成工程价款的情况,承包单位应按规定在结算后30日内向发包单位返还多收到的工程进度款。

当年开工、当年不能竣工的新开工项目可以推行过程结算:发承包双方通过合同约定,将施工过程按时间或进度节点划分施工周期,对周期内已完成且无争议的工程量(含变更、签证、索赔等)进行价款计算、确认和支付,支付金额不得超出已完工部分对应的批复概(预)算。经双方确认的过程结算文件作为竣工结算文件的组成部分,竣工后原则上不再重复审核。

专家解读

工程竣工结算方式、工程竣工结算编审单位、工程竣工结算审查期限、工程竣工价款结算及工程折价或者拍卖的价款优先受偿人为近年考试核心考点,需重点掌握。

（二）竣工工程质量争议的处理规定

《建设工程价款结算暂行办法》规定，发包人对工程质量有异议，已竣工验收或已竣工未验收但实际投入使用的工程，其质量争议按该工程保修合同执行；已竣工未验收且未实际投入使用的工程以及停工、停建工程的质量争议，应当就有争议部分的竣工结算暂缓办理，双方可就有争议的工程委托有资质的检测鉴定机构进行检测，根据检测结果确定解决方案，或按工程质量监督机构的处理决定执行，其余部分的竣工结算依照约定办理。

1. 发包方责任的处理

《最高人民法院关于审理建设工程施工合同纠纷案件适用法律问题的解释（一）》规定，发包人具有下列情形之一，造成建设工程质量缺陷的，应当承担过错责任：

（1）提供的设计有缺陷；

（2）提供或者指定购买的建筑材料、建筑构配件、设备不符合强制性标准；

（3）直接指定分包人分包专业工程。

2. 承包方责任的处理

《民法典》规定，因施工人的原因致使建设工程质量不符合约定的，发包人有权要求施工人在合理期限内无偿修理或者返工、改建。经过修理或者返工、改建后，造成逾期交付的，施工人应当承担违约责任。

《最高人民法院关于审理建设工程施工合同纠纷案件适用法律问题的解释（一）》规定，因承包人的原因造成建设工程质量不符合约定，承包人拒绝修理、返工或者改建，发包人请求减少支付工程价款的，人民法院应予支持。

3. 未经竣工验收擅自使用的争议处理

《最高人民法院关于审理建设工程施工合同纠纷案件适用法律问题的解释（一）》规定，建设工程未经竣工验收，发包人擅自使用后，又以使用部分质量不符合约定为由主张权利的，人民法院不予支持；但是承包人应当在建设工程的合理使用寿命内对地基基础工程和主体结构质量承担民事责任。

4. 因设计变更导致的争议处理

《最高人民法院关于审理建设工程施工合同纠纷案件适用法律问题的解释（一）》规定，当事人对建设工程的计价标准或者计价方法有约定的，按照约定结算工程价款。因设计变更导致建设工程的工程量或者质量标准发生变化，当事人对该部分工程价款不能协商一致的，可以参照签订建设工程施工合同时当地建设行政主管部门发布的计价方法或者计价标准结算工程价款。

专家解读

竣工工程质量问题的责任归属在以往考试中，出现频率较高，需重点掌握。

五、竣工验收报告备案的规定

建设工程竣工验收备案是指建设单位在建设工程竣工验收后，将建设工程竣工验收报告和自然资源、住房和城乡建设、生态环境（原为规划、公安消防、环保，下同）等部门出具的认可文件或者准许使用文件报建设行政主管部门审核的行为。

（一）竣工验收备案的时间

《建设工程质量管理条例》规定，建设单位应当自建设工程竣工验收合格之日起15日内，将建设工程竣工验收报告和自然资源、住房和城乡建设、生态环境等部门出具的认可文件或者准许使用文件报建设行政主管部门或者其他有关部门备案。建设行政主管部门或者其他有关部门发现建设单位在竣工验收过程中有违反国家有关建设工程质量管理规定行为的，责令停止使用，重新组织竣工验收。

（二）竣工验收备案的文件提交

《房屋建筑和市政基础设施工程竣工验收备案管理办法》规定，建设单位办理工程竣工验收备案应当提交下列文件：

（1）工程竣工验收备案表。

（2）工程竣工验收报告。竣工验收报告应当包括工程报建日期，施工许可证号，施工图设计文件审查意见，勘察、设计、施工、工程监理等单位分别签署的质量合格文件及验收人员签署的竣工验收原始文件，市政基础设施的有关质量检测和功能性试验资料以及备案机关认为需要提供的有关资料。

（3）法律、行政法规规定应当由自然资源、生态环境等部门出具的认可文件或者准许使用文件。

（4）法律规定应当由住房和城乡建设部门出具的对大型的人员密集场所和其他特殊建设工程验收合格的证明文件。

（5）施工单位签署的工程质量保修书。

（6）法规、规章规定必须提供的其他文件。

住宅工程还应当提交《住宅质量保证书》和《住宅使用说明书》。

备案机关收到建设单位报送的竣工验收备案文件，验证文件齐全后，应当在工程竣工验收备案表上签署文件收讫。工程竣工验收备案表一式两份，一份由建设单位保存，一份留备案机关存档。

工程质量监督机构应当在工程竣工验收之日起5日内，向备案机关提交工程质量监督报告。

对于城市地下管线工程的备案，《城市地下管线工程档案管理办法》另有规定，建设单位在地下管线工程竣工验收备案前，应当向城建档案管理机构移交下列档案资料：

（1）地下管线工程项目准备阶段文件、监理文件、施工文件、竣工验收文件和竣工图；

（2）地下管线竣工测量成果；

（3）其他应当归档的文件资料（电子文件、工程照片、录像等）。

城市供水、排水、燃气、热力、电力、电信等地下管线专业管理单位应当及时向城建档案管理机构移交地下专业管线图。

《城市地下管线工程档案管理办法》还规定，建设单位向城建档案管理机构移交的档案资料应当符合《建设工程文件归档规范》的要求。

（三）竣工验收备案违法行为的处理规定

《房屋建筑和市政基础设施工程竣工验收备案管理办法》规定，备案机关发现建设单位在竣工验收过程中有违反国家有关建设工程质量管理规定行为的，应当在收讫竣工验收备案文件15日内，责令停止使用，重新组织竣工验收。

建设单位在工程竣工验收合格之日起15日内未办理工程竣工验收备案的，备案机关责令限期改正，处20万元以上50万元以下罚款。

建设单位将备案机关决定重新组织竣工验收的工程，在重新组织竣工验收前，擅自使用的，备案机关责令停止使用，处工程合同价款2%以上4%以下罚款。

建设单位采用虚假证明文件办理工程竣工验收备案的，工程竣工验收无效，备案机关责令停止使用，重新组织竣工验收，处20万元以上50万元以下罚款；构成犯罪的，依法追究刑事责任。

备案机关决定重新组织竣工验收并责令停止使用的工程，建设单位在备案之前已投入使用或者建设单位擅自继续使用造成使用人损失的，由建设单位依法承担赔偿责任。

《城市地下管线工程档案管理办法》规定，建设单位违反本办法规定，未移交地下管线工程档案的，由建设主管部门责令改正，处1万元以上10万元以下的罚款；对单位直接负责的主管人员和其他直接责任人员，处单位罚款数额5%以上10%以下的罚款；因建设单位未移交地下管线工程档案，造成施工单位在施工中损坏地下管线的，建设单位依法承担相应的责任。

专家解读

竣工验收备案的时间及竣工验收备案的提交及须提交的文件为以往考试常考考点，需重点掌握。

第五节　建设工程质量保修制度

一、建设工程质量保修制度的规定

有施工单位签署的工程保修书是建设工程竣工验收应当具备的条件之一。

《建设工程质量管理条例》规定，建设工程实行质量保修制度。建设工程承包单位在向建设单位提交工程竣工验收报告时，应当向建设单位出具质量保修书。质量保修书中应当明确建设工程的保修范围、保修期限和保修责任等。

在正常使用条件下，建设工程的最低保修期限为：

（1）基础设施工程、房屋建筑的地基基础工程和主体结构工程，为设计文件规定的该工程的合理使用年限；

（2）屋面防水工程、有防水要求的卫生间、房间和外墙面的防渗漏，为5年；

(3)供热与供冷系统,为2个采暖期、供冷期;

(4)电气管线、给排水管道、设备安装和装修工程,为2年。

其他项目的保修期限由发包方与承包方约定。建设工程的保修期,自竣工验收合格之日起计算。

《建设工程施工合同(示范文本)》规定,工程保修期从工程竣工验收合格之日起算,具体分部分项工程的保修期由合同当事人在专用合同条款中约定,但不得低于法定最低保修年限。在工程保修期内,承包人应当根据有关法律规定以及合同约定承担保修责任。发包人未经竣工验收擅自使用工程的,保修期自转移占有之日起算。

《建设工程质量管理条例》规定,建设工程在保修范围和保修期限内发生质量问题的,施工单位应当履行保修义务,并对造成的损失承担赔偿责任。

建设工程在超过合理使用年限后需要继续使用的,产权所有人应当委托具有相应资质等级的勘察、设计单位鉴定,并根据鉴定结果采取加固、维修等措施,重新界定使用期。

施工单位不履行保修义务或者拖延履行保修义务的,责令改正,处10万元以上20万元以下的罚款,并对在保修期内因质量缺陷造成的损失承担赔偿责任。

根据《建筑业企业资质管理规定》,建筑业企业在申请资质升级、资质增项之日起前1年至资质许可决定作出前,未依法履行工程质量保修义务或拖延履行保修义务的,资质许可机关不予批准其建筑业企业资质升级申请和增项申请。

二、工程保修期内的修复及费用承担

建设工程在规定的保修范围和保修期限内,无论何种原因造成的质量缺陷或者损坏,应当由施工单位履行保修义务。责任方应在维修开始时,向施工单位付款,维修结束时付清款。保修和赔偿所需要的费用由造成质量问题的责任方按以下规定承担:

(1)施工单位未按国家有关规范、标准和设计要求施工,造成质量缺陷,由施工单位负责返修并承担经济责任。

(2)由于设计方面的原因造成质量缺陷,先由施工单位负责维修,其经济责任按有关规定通过建设单位向设计单位索赔。

(3)因建筑材料、建筑构配件和设备质量不合格引起的质量缺陷,先由施工单位负责维修,其经济责任属于施工单位采购的或者经其验收同意的,由施工单位承担经济责任;属于建设单位采购的,由建设单位承担经济责任。

(4)因建设单位(含监理单位)错误管理造成的质量缺陷,先由施工单位负责维修,其经济责任由建设单位承担,如属监理单位责任,则由建设单位向监理单位索赔。

(5)因使用单位使用不当造成的损坏问题,先由施工单位负责维修,其经济责任由使用单位自行负责。

(6)责任单位发生解体的,由质量监督机构组织维修,所需费用从原责任单位预交的工程质量保修抵押金中支付。

(7)因地震、洪水、台风等不可抗拒原因造成的损坏问题,先由施工单位负责维修,建设参与各方根据国家具体政策分担经济责任。

三、建设工程质量保证金

2017 年 6 月 20 日，住房城乡建设部、财政部发布了新的《建设工程质量保证金管理办法》(建质〔2017〕138 号)，自 2017 年 7 月 1 日起施行，原《建设工程质量保证金管理办法》(建质〔2016〕295 号)同时废止。

现行的《建设工程质量保证金管理办法》规定，本办法所称建设工程质量保证金(以下简称保证金)是指发包人与承包人在建设工程承包合同中约定，从应付的工程款中预留，用以保证承包人在缺陷责任期内对建设工程出现的缺陷进行维修的资金。缺陷是指建设工程质量不符合工程建设强制性标准、设计文件，以及承包合同的约定。缺陷责任期一般为 1 年，最长不超过 2 年，由发、承包双方在合同中约定。

推行银行保函制度，承包人可以银行保函替代预留保证金。在工程项目竣工前，已经缴纳履约保证金的，发包人不得同时预留工程质量保证金。采用工程质量保证担保、工程质量保险等其他保证方式的，发包人不得再预留保证金。发包人应按照合同约定方式预留保证金，保证金总预留比例不得高于工程价款结算总额的 3%。合同约定由承包人以银行保函替代预留保证金的，保函金额不得高于工程价款结算总额的 3%。

缺陷责任期从工程通过竣工验收之日起计。由于承包人原因导致工程无法按规定期限进行竣工验收的，缺陷责任期从实际通过竣工验收之日起计。由于发包人原因导致工程无法按规定期限进行竣工验收的，在承包人提交竣工验收报告 90 天后，工程自动进入缺陷责任期。

缺陷责任期内，由承包人原因造成的缺陷，承包人应负责维修，并承担鉴定及维修费用。如承包人不维修也不承担费用，发包人可按合同约定从保证金或银行保函中扣除，费用超出保证金额的，发包人可按合同约定向承包人进行索赔。承包人维修并承担相应费用后，不免除对工程的损失赔偿责任。由他人原因造成的缺陷，发包人负责组织维修，承包人不承担费用，且发包人不得从保证金中扣除费用。缺陷责任期内，承包人认真履行合同约定的责任，到期后，承包人向发包人申请返还保证金。

发包人在接到承包人返还保证金申请后，应于 14 天内会同承包人按照合同约定的内容进行核实。如无异议，发包人应当按照约定将保证金返还给承包人。对返还期限没有约定或者约定不明确的，发包人应当在核实后 14 天内将保证金返还承包人，逾期未返还的，依法承担违约责任。发包人在接到承包人返还保证金申请后 14 天内不予答复，经催告后 14 天内仍不予答复，视同认可承包人的返还保证金申请。

发包人和承包人对保证金预留、返还以及工程维修质量、费用有争议的，按承包合同约定的争议和纠纷解决程序处理。

《最高人民法院关于审理建设工程施工合同纠纷案件适用法律问题的解释(一)》第十七条规定，有下列情形之一，承包人请求发包人返还工程质量保证金的，人民法院应予支持：

(1)当事人约定的工程质量保证金返还期限届满。

(2)当事人未约定工程质量保证金返还期限的，自建设工程通过竣工验收之日起满 2 年。

(3)因发包人原因建设工程未按约定期限进行竣工验收的，自承包人提交工程竣工验收报告 90 日后当事人约定的工程质量保证金返还期限届满；当事人未约定工程质量保证金返还期限的，自承包人提交工程竣工验收报告 90 日后起满 2 年。

发包人返还工程质量保证金后，不影响承包人根据合同约定或者法律规定履行工程保修义务。

第八章 解决建设工程纠纷法律制度

第一节 建设工程纠纷主要种类和法律解决途径

一、民事纠纷的种类和解决

（一）民事纠纷的概述

1. 概念

民事纠纷，又称民事冲突、民事争议，是指平等主体之间发生的以民事权利义务或民事责任为内容的法律纠纷。民事纠纷具有可处分性。

2. 分类

根据纠纷所涉及的民事法律关系，即纠纷的性质分类，民事纠纷可分为侵权纠纷、合同纠纷等。民事纠纷也是建设工程领域常常涉及的纠纷。

链接

侵权纠纷是指因侵害他人的合法民事权益所产生的纠纷，如侵害物权、人身权、知识产权、继承权乃至债权等。

根据民事纠纷的内容，可将其分为有关财产关系的民事纠纷和有关人身关系的民事纠纷。事实上，这两种纠纷往往是交相并存的，二者的发生往往互为前提，有些民事权利如继承权、股东权等兼有财产和人身的性质，由此而发生的民事纠纷则兼有财产和人身的性质。

（二）民事纠纷的解决机制

民事纠纷的解决机制，是指缓解和消除民事纠纷的方法和制度。其合理性基础在于缓解和消除民事纠纷，保护民事合法权益并维护社会的有序状态。

我国学者将民事纠纷解决机制的具体种类划分为三类：

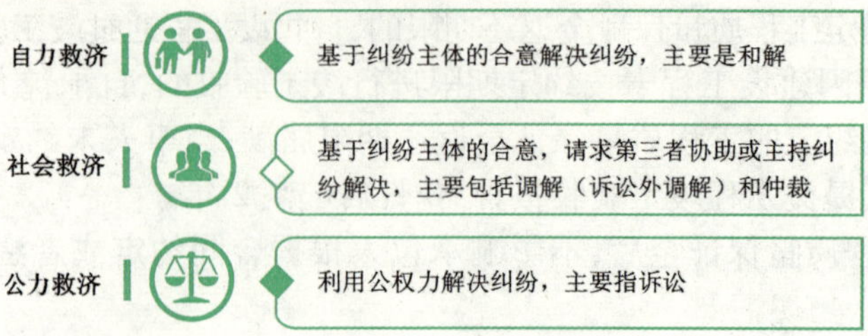

1. 自力救济

自力救济，是指纠纷主体依靠自己力量解决纠纷，维护自己的权益。它是一种私力救济。其典型方式是和解。

和解是当事人双方在自愿互谅基础上协商妥协并达成协议，无第三方参与，当事人双方自行解决争议的一种方式。该方式适用于纠纷的任何阶段（只要终审裁判未生效或仲裁裁决未作出），其达成的协议不具有强制执行力。由于和解是纠纷主体自行解决纠纷，所以因和解而达成的解决纠纷的协议，其性质相当于契约，对于纠纷双方具有契约上的约束力。与调解、仲裁和诉讼相比，和解具有最高的自治性和非严格的规范性（并非严格依据程序法和实体法进行）。

2. 社会救济

社会救济是以社会力量来解决纠纷的机制。社会救济主要包括调解（诉讼外调解）和仲裁等，是基于纠纷主体的合意，并依靠社会力量来解决民事纠纷的机制。

调解和仲裁的共同特点是民事纠纷的解决过程和结果，都蕴含着纠纷主体的合意，并且第三者的沟通、说服、协调是达成最终合意所必不可少的因素。

调解，是指第三者依据一定的社会规范（包括习惯、道德、法律等规范），在纠纷主体之间沟通信息，摆事实讲道理，促成纠纷主体相互谅解、妥协，从而达成最终解决纠纷的合意。调解的特性：第三者的中立性；纠纷主体的合意性；非严格的规范性。调解的形式多样，有人民调解、其他社会团体组织的调解和行政调解等。调解的灵活性和调解员对引起纠纷的环境的熟悉，使得纠纷得以迅速和彻底解决，节省了法院的时间和精力。

仲裁，是指由双方当事人协议将争议提交（具有公认地位的）第三者，由该第三者对争议的是非曲直进行评判并作出裁决的一种解决争议的方法。仲裁需要双方自愿，这是仲裁与诉讼最大的区别。

仲裁的特点如下：

（1）自愿性。仲裁以双方当事人的自愿为前提，即当事人之间的纠纷是否提交仲裁，交与谁仲裁，仲裁庭如何组成，由谁组成，以及仲裁的审理方式、开庭形式等都是在当事人自愿的基础上，由双方当事人协商确定的。因此，仲裁是最能充分体现当事人意思自治原则的争议解决方式。

（2）专业性。民商事纠纷往往涉及特殊的知识领域，会遇到许多复杂的技术性问题，故专家裁判更能体现专业权威性。因此，由具有一定专业水平和能力的专家担任仲裁员，是仲裁公正性的重要保障。根据我国《仲裁法》的规定，仲裁委员会按照不同专业设仲裁员名册。

（3）灵活性与快捷性。由于仲裁充分体现了当事人的意思自治，仲裁中的诸多具体程序都是由当事人协商确定与选择的，因此，与诉讼相比，仲裁程序更加灵活，更具有弹性。快捷性体现在，仲裁实行一裁终局制，仲裁裁决一经仲裁庭作出即发生法律效力，这使得当事人之间的纠纷能够迅速得以解决。

（4）保密性。仲裁以不公开审理为原则。有关的仲裁法律和仲裁规则也同时规定了仲裁员及仲裁秘书人员的保密义务。因此当事人的商业秘密和贸易活动不会因仲裁活动而泄露。仲裁表现出极强的保密性。

(5)经济性。仲裁的经济性主要表现在:时间上的快捷性使得仲裁所需费用相对减少;仲裁无需多审级收费,使得仲裁费往往低于诉讼费;仲裁的自愿性、保密性使当事人之间通常没有激烈的对抗,对自身的不利影响也较小。

(6)独立性。仲裁机构独立于行政机构,仲裁机构之间也无隶属关系。在仲裁过程中,仲裁庭独立进行仲裁,不受任何机关、社会团体和个人的干涉,亦不受仲裁机构的干涉,显示出最大的独立性。

(7)仲裁裁决的强制性。对于作出的仲裁裁决,当事人应当履行裁决。一方当事人不履行的,另一方当事人可以依照《民事诉讼法》的有关规定向人民法院申请执行。受申请的人民法院应当执行。

(8)国际性(广泛性)。随着现代经济的国际化,当事人进行跨国仲裁已屡见不鲜。仲裁案件的国际性因素也越来越多。此外,根据我国参加的《纽约公约》的规定,我国仲裁机构作出的仲裁裁决,也可以在其他缔约国得到承认和执行,如果被执行人或者其财产不在中国境内的,当事人可以直接向有管辖权的外国法院申请承认和执行。

3. 公力救济——民事诉讼

民事诉讼,是指人民法院在各方当事人和其他诉讼参与人的参加下,依法审理和解决民事案件所进行的各种诉讼活动,以及由此产生的各种诉讼关系的总和。

民事诉讼具有以下特征:

(1)公权性(法院主导)。民事诉讼是以司法方式解决平等主体之间的纠纷,是由法院代表国家行使审判权解决民事争议,故其具有公权性。它既不同于群众自治组织性质的人民调解委员会以调解方式解决纠纷,也不同于由民间性质的仲裁委员会以仲裁方式解决纠纷。

(2)强制性。由于民事诉讼的公权性,故其必然也具有强制性。与调解和仲裁的自愿性不同,民事诉讼的强制性体现为:民事诉讼的发生只需原告的起诉符合规定的起诉条件,不需经过被告的同意;经过诉讼程序,法院作出的发生法律效力的民事判决、裁定,当事人必须履行,一方拒绝履行的,对方当事人可以向人民法院申请执行,也可以由审判员移送执行员执行。

(3)程序法定性(程序性)。我国《民事诉讼法》中将民事诉讼审判程序分为第一审普通程序、简易程序、第二审程序、特别程序、审判监督程序、督促程序、公示催告程序,法院主持审判活动、当事人和其他诉讼参与人参与诉讼,都需要按照《民事诉讼法》设定程序实施诉讼行为,违反民事诉讼程序的行为需承担相应的法律责任。

(4)诉讼对象的特定性。民事诉讼的对象具有特定性。它解决的争议是有关民事权利义务的争议,不是民事主体之间民事权益发生争议,不能纳入民事诉讼程序处理,如伦理上的冲突、政治上的争议、宗教上的争议或者科学上的争议等不能成为民事诉讼调整的对象。

(5)诉讼主体处分权利的相对自由性。民事主体有依法处分其权利的自由。民事诉讼中的原告有权依法处分其诉讼权利和实体权利,被告也有权处分其诉讼权利和实体权利。民事诉讼中的和解制度和调解制度,当事人可以选择申请执行与否,都是这种自由性的体现。

二、行政纠纷及其解决方式

(一)行政纠纷的概念

行政纠纷,是指国家行政机关之间或国家行政机关同企事业单位、社会团体以及公民之间由于行政管理行为而引起的纠纷。这种纠纷一般包括行政争议和行政案件两种形式。就是民与官的纠纷。建设工程领域易引发行政纠纷的具体行政行为包括行政处罚、行政强制、行政许可、行政裁决等。

行政行为的特征如下：

(1)从属法律性。行政行为是执行法律的行为，作出行政行为必须有法律依据。

(2)裁量性。行政行为具有自由裁量的余地。

(3)单方意志性。行政主体可以自行决定和直接实施行政行为，而无需与行政相对方协商或征得其同意。

(4)无偿性。行政行为原则上都是无偿行为，以有偿行为为例外。行政主体所追求的是社会公共利益，其对公共利益的集合、维护和分配，应当是无偿的。当特定行政相对人承担了特别公共负担，或者分享了特殊公共利益时，则应该有偿的，这就是公平负担和利益负担的问题。

(5)强制性。行政行为以国家强制力作为实施的保障，同时，行政相对方必须服从并配合行政行为。这种强制性与单方意志性是紧密联系在一起的，没有行政行为的强制性，就无法实现行政行为的单方意志性。

(二)行政纠纷的解决方式

行政纠纷的解决方式主要是行政复议和行政诉讼。

行政复议是与行政行为具有法律上利害关系的人认为行政机关所作出的行政行为侵犯其合法权益，依法向具有法定权限的行政机关申请复议，由复议机关依法对被申请行政行为的合法性和合理性进行审查并作出决定的活动和制度。

行政诉讼是指公民、法人或者其他组织认为行使国家行政权的机关和组织及其工作人员所实施的具体行政行为，侵犯了其合法权利，依法向人民法院起诉，人民法院依法进行审查并做出裁判，从而解决行政争议的制度。

专家解读

本节内容了解即可，近年考试中涉及较少，但是本节知识是理解下文调解、仲裁、民事和刑事诉讼、行政复议等知识点的理论基础，需结合起来加深理解。

第二节　民事诉讼制度

一、民事诉讼的基本原则与制度

(一)民事诉讼的基本原则

(1)当事人平等原则。当事人在民事诉讼中享有平等的诉讼权利，人民法院审理民事案件应平等地保护当事人行使诉讼权利。

(2)辩论原则。民事诉讼的当事人就有争议的事实问题和法律问题，在法院的主持下陈述各自的主张和意见，互相进行反驳和答辩，以维护自己合法权益。

(3)诚信原则。法院、当事人以及其他诉讼参与人在审理民事案件和进行民事诉讼时必须公正、诚实和善意。

(4)处分原则。民事诉讼当事人有权在法律规定的范围内，自由支配和处置自己依法享有的民事权利和诉讼权利。

(5)监督检查原则。是指人民检察院有权对民事诉讼进行监督。

(二)民事诉讼法的基本制度

(1)合议制度。合议庭的组成人员人数必须是单数，组成人员的选定规则如下表所示。

诉讼程序	组成合议庭的规定
一审程序	人民法院审理第一审民事案件，由审判员、陪审员共同组成合议庭或者由审判员组成合议庭
二审程序	人民法院审理第二审民事案件，由审判员组成合议庭
重审程序	发回重审的案件，原审人民法院应当按照第一审程序另行组成合议庭
再审程序	原来是一审的案件按照一审程序组成合议庭；原来是二审的案件或者经过提审的案件按照二审程序组成合议庭

(2)回避制度。

项目	内容
回避适用对象	审判员，陪审员，书记员，执行员，鉴定人，勘验人，翻译人员
法定回避情形	审判人员有下列情形之一的，应当自行回避，当事人有权用口头或者书面方式申请他们回避： (1)是本案当事人或者当事人、诉讼代理人近亲属的。 (2)与本案有利害关系的。 (3)与本案当事人、诉讼代理人有其他关系，可能影响对案件公正审理的。 审判人员接受当事人、诉讼代理人请客送礼，或者违反规定会见当事人、诉讼代理人的，当事人有权要求他们回避
回避的方式	自行回避；申请回避；指令回避

(3)公开审判制度。公开审判，是指人民法院对民事案件的审理和宣判应当依法公开进行。公开审判的例外情形有：涉及国家秘密、个人隐私或者法律另有规定的案件。离婚案件，涉及商业秘密的案件，当事人申请不公开审理的，可以不公开审理。

(4)两审终审制度。两审终审，指一个民事案件经过两级法院的审判就宣告终结。

但以下几种案件实行一审终审制：最高人民法院一审的案件；适用特别程序、督促程序、公示催告程序审理的案件；依照《民事诉讼法》规定所审理的小额诉讼案件；确认婚姻效力的案件。

二、民事诉讼时效

(一)《民法典》关于民事诉讼时效的期间的规定

向人民法院请求保护民事权利的诉讼时效期间为3年。法律另有规定的，依照其规定。

诉讼时效期间自权利人知道或者应当知道权利受到损害以及义务人之日起计算。法律另有规定的，依照其规定。但是自权利受到损害之日起超过20年的，人民法院不予保护；有特殊情况的，人民法院可以根据权利人的申请决定延长。

当事人约定同一债务分期履行的，诉讼时效期间自最后一期履行期限届满之日起计算。

无民事行为能力人或者限制民事行为能力人对其法定代理人的请求权的诉讼时效期间，自该法定代理终止之日起计算。

未成年人遭受性侵害的损害赔偿请求权的诉讼时效期间，自受害人年满18周岁之日起计算。

诉讼时效期间届满的，义务人可以提出不履行义务的抗辩。诉讼时效期间届满后，义务人同意履行的，不得以诉讼时效期间届满为由抗辩；义务人已经自愿履行的，不得请求返还。

人民法院不得主动适用诉讼时效的规定。

链接

超过诉讼时效期间后权利人起诉的，如果符合规定的起诉条件，人民法院应予受理。

（二）民事诉讼时效的中止和中断

在诉讼时效期间的最后6个月内，因下列障碍，不能行使请求权的，诉讼时效中止：

（1）不可抗力；

（2）无民事行为能力人或者限制民事行为能力人没有法定代理人，或者法定代理人死亡、丧失民事行为能力、丧失代理权；

（3）继承开始后未确定继承人或者遗产管理人；

（4）权利人被义务人或者其他人控制；

（5）其他导致权利人不能行使请求权的障碍。

自中止时效的原因消除之日起满6个月，诉讼时效期间届满。

有下列情形之一的，诉讼时效中断，从中断、有关程序终结时起，诉讼时效期间重新计算：

（1）权利人向义务人提出履行请求；

（2）义务人同意履行义务；

（3）权利人提起诉讼或者申请仲裁；

（4）与提起诉讼或者申请仲裁具有同等效力的其他情形。

（三）不适用民事诉讼时效的情形

《民法典》规定，下列请求权不适用诉讼时效的规定：

（1）请求停止侵害、排除妨碍、消除危险；

（2）不动产物权和登记的动产物权的权利人请求返还财产；

（3）请求支付抚养费、赡养费或者扶养费；

（4）依法不适用诉讼时效的其他请求权。

诉讼时效的期间、计算方法以及中止、中断的事由由法律规定，当事人约定无效。当事人对诉讼时效利益的预先放弃无效。

法律对仲裁时效有规定的，依照其规定；没有规定的，适用诉讼时效的规定。

法律规定或者当事人约定的撤销权、解除权等权利的存续期间，除法律另有规定外，自权利人知道或者应当知道权利产生之日起计算，不适用有关诉讼时效中止、中断和延长的规定。存续期间届满，撤销权、解除权等权利消灭。

《最高人民法院关于审理民事案件适用诉讼时效制度若干问题的规定》规定，当事人可以对债权请求权提出诉讼时效抗辩，但对下列债权请求权提出诉讼时效抗辩的，人民法院不予支持：

（1）支付存款本金及利息请求权。

（2）兑付国债、金融债券以及向不特定对象发行的企业债券本息请求权。

（3）基于投资关系产生的缴付出资请求权。

（4）其他依法不适用诉讼时效规定的债权请求权。

当事人未提出诉讼时效抗辩，人民法院不应对诉讼时效问题进行释明。

典型例题

【单选题】关于诉讼时效的说法，正确的是（　　）。

A. 人民法院应当主动适用诉讼时效的规定

B. 当事人对诉讼时效利益的预先放弃无效

C. 超过诉讼时效期间后权利人起诉的，人民法院不予受理

D. 诉讼时效期届满后，义务人已经自愿履行的，可以请求返还

B。【**解析**】《民法典》第一百九十二条规定，诉讼时效期间届满的，义务人可以提出不履行义务的抗辩。诉讼时效期间届满后，义务人同意履行的，不得以诉讼时效期间届满为由抗辩；义务人已经自愿履行的，不得请求返还。第一百九十三条规定，人民法院不得主动适用诉讼时效的规定。第一百九十七条规定，诉讼时效的期间、计算方法以及中止、中断的事由由法律规定，当事人约定无效。当事人对诉讼时效利益的预先放弃无效。当事人超过诉讼时效期间起诉的，如果符合规定的起诉条件，人民法院应予受理。

三、民事诉讼参加人

（一）当事人

狭义当事人包括原告、被告。广义的当事人包括原告、被告、第三人、共同诉讼人。

原告是指以自己的名义提起诉讼，请求法院保护其权益，因而使诉讼成立的人。

被告是指与原告相对的一方，被控侵犯原告权益，需要追究民事责任，并经法院通知其应诉的人。

第三人是指对他人之间的诉讼标的有独立的请求权，或虽然没有独立的请求权，但案件处理结果同他有法律上的利害关系的，而参加他人之间正在进行的诉讼的人。

共同诉讼人是指当事人一方（或双方）人数在二人以上（含二人），诉讼标的是共同（或者同一种类）的，人民法院认为可以合并审理，并且经过当事人的同意，一同在人民法院进行诉讼的人。

（二）《民事诉讼法》关于第三人的特殊规定

对当事人双方的诉讼标的，第三人认为有独立请求权的，有权提起诉讼。

对当事人双方的诉讼标的，第三人虽然没有独立请求权，但案件处理结果同他有法律上的利害关系的，可以申请参加诉讼，或者由人民法院通知他参加诉讼。人民法院判决承担民事责任的第三人，有当事人的诉讼权利义务。

前两款规定的第三人，因不能归责于本人的事由未参加诉讼，但有证据证明发生法律效力的判决、裁定、调解书的部分或者全部内容错误，损害其民事权益的，可以自知道或者应当知道其民事权益受到损害之日起6个月内，向作出该判决、裁定、调解书的人民法院提起诉讼。人民法院经审理，诉讼请求成立的，应当改变或者撤销原判决、裁定、调解书；诉讼请求不成立的，驳回诉讼请求。

（三）《民事诉讼法》关于诉讼代理人及代理权限的规定

《民事诉讼法》规定，无诉讼行为能力人由他的监护人作为法定代理人代为诉讼。法定代理人之间互相推诿代理责任的，由人民法院指定其中一人代为诉讼。

当事人、法定代理人可以委托1~2人作为诉讼代理人。

下列人员可以被委托为诉讼代理人：

（1）律师、基层法律服务工作者；

（2）当事人的近亲属或者工作人员；

（3）当事人所在社区、单位以及有关社会团体推荐的公民。

委托他人代为诉讼，必须向人民法院提交由委托人签名或者盖章的授权委托书。授权委托书必须记明委托事项和权限。诉讼代理人代为承认、放弃、变更诉讼请求，进行和解，提起反诉或者上诉，必须有委托人的特别授权。

专家解读

无独立请求权的第三人和有独立请求权的第三人是本考点的重点，也是本考点的难点，应重点理解和掌握。

四、民事诉讼证据

（一）民事诉讼证据的种类

（1）当事人的陈述。当事人的陈述是指在诉讼或者仲裁中，当事人对于案件有关的事实向法院或者仲裁机构所作的陈述。只有本人陈述而不能提出其他相关证据的，主张不予支持，但对方当事人认可的除外。

（2）书证。书证是指用文字、符号进行记录或者表示的，用来证明待证事实的文书。书证应提供原件，如提供复印件，但无法与原件核对，不能单独作为认定案件的依据。

（3）物证。物证是指以其存在的形状、质量、规格、特征等来证明案件事实的物品。

（4）视听资料。视听资料是指利用录音、录像、电子计算机储存的资料和数据等证明案件事实的一种证据。它包括录像带、录音片、传真资料、电影胶卷、微型胶卷、电话录音、雷达扫描资料和电脑贮存数据和资料等。

(5)电子数据。电子数据是基于计算机应用、通信和现代管理技术等电子化技术手段形成包括文字、图形符号、数字、字母等的客观资料。

(6)证人证言。证人证言是指证人通过口头或者书面形式就案件事实向法院所做的陈述。

证人有出庭作证的义务。证人因下列情形不能出庭作证时,可以不出庭,经人民法院许可,可以通过提交书面证言、视听传输技术或者视听资料等方式作证:健康原因;路途遥远、交通不便;自然灾害等不可抗力;其他正当理由。

(7)鉴定意见。鉴定意见是指具有资格的鉴定人对民事案件中的专门性问题所出具的专业意见。

(8)勘验笔录。勘验笔录是指人民法院审判人员,在诉讼过程中,为了查明一定的事实,对与案件争议有关的现场、物品或物体亲自进行或指定有关人员进行查验、拍照、测量的行为,对于查验的情况与结果制成的笔录。

(二)民事诉讼证据的保全

《民事诉讼法》规定,在证据可能灭失或者以后难以取得的情况下,当事人可以在诉讼过程中向人民法院申请保全证据,人民法院也可以主动采取保全措施。因情况紧急,在证据可能灭失或者以后难以取得的情况下,利害关系人可以在提起诉讼或者申请仲裁前向证据所在地、被申请人住所地或者对案件有管辖权的人民法院申请保全证据。

人民法院对于可能因当事人一方的行为或者其他原因,使判决难以执行或者造成当事人其他损害的案件,根据对方当事人的申请,可以裁定对其财产进行保全、责令其作出一定行为或者禁止其作出一定行为;当事人没有提出申请的,人民法院在必要时也可以裁定采取保全措施。人民法院采取保全措施,可以责令申请人提供担保,申请人不提供担保的,裁定驳回申请。人民法院接受申请后,对情况紧急的,必须在48小时内作出裁定;裁定采取保全措施的,应当立即开始执行。

利害关系人因情况紧急,不立即申请保全将会使其合法权益受到难以弥补的损害的,可以在提起诉讼或者申请仲裁前向被保全财产所在地、被申请人住所地或者对案件有管辖权的人民法院申请采取保全措施。申请人应当提供担保,不提供担保的,裁定驳回申请。人民法院接受申请后,必须在48小时内作出裁定;裁定采取保全措施的,应当立即开始执行。申请人在人民法院采取保全措施后30日内不依法提起诉讼或者申请仲裁的,人民法院应当解除保全。

(三)举证时限

《最高人民法院关于民事诉讼证据的若干规定》规定,人民法院应当在审理前的准备阶段向当事人送达举证通知书。举证通知书应当载明举证责任的分配原则和要求、可以向人民法院申请调查收集证据的情形、人民法院根据案件情况指定的举证期限以及逾期提供证据的法律后果等内容。

举证期限可以由当事人协商,并经人民法院准许。人民法院指定举证期限的,适用第一审普通程序审理的案件不得少于15日,当事人提供新的证据的第二审案件不得少于10日。适用简易程序审理的案件不得超过15日,小额诉讼案件的举证期限一般不得超过7日。举证期限届满后,当事人提供反驳证据或者对已经提供的证据的来源、形式等方面的瑕疵进行补正的,人民法院可以酌情再次确定举证期限,该期限不受上述规定的期间限制。

当事人在举证期限内提供证据存在客观障碍，属于《民事诉讼法》规定的“当事人在该期限内提供证据确有困难”的情形。上述情形，人民法院应当根据当事人的举证能力、不能在举证期限内提供证据的原因等因素综合判断。必要时，可以听取对方当事人的意见。

诉讼过程中，当事人主张的法律关系性质或者民事行为效力与人民法院根据案件事实作出的认定不一致的，人民法院应当将法律关系性质或者民事行为效力作为焦点问题进行审理。但法律关系性质对裁判理由及结果没有影响，或者有关问题已经当事人充分辩论的除外。存在上述情形，当事人根据法庭审理情况变更诉讼请求的，人民法院应当准许并可以根据案件的具体情况重新指定举证期限。

当事人申请延长举证期限的，应当在举证期限届满前向人民法院提出书面申请。申请理由成立的，人民法院应当准许，适当延长举证期限，并通知其他当事人。延长的举证期限适用于其他当事人。申请理由不成立的，人民法院不予准许，并通知申请人。

存在下列情形的，举证期限按照如下方式确定：

(1)当事人依照规定提出管辖权异议的，举证期限中止，自驳回管辖权异议的裁定生效之日起恢复计算。

(2)追加当事人、有独立请求权的第三人参加诉讼或者无独立请求权的第三人经人民法院通知参加诉讼的，人民法院应当依照规定为新参加诉讼的当事人确定举证期限，该举证期限适用于其他当事人。

(3)发回重审的案件，第一审人民法院可以结合案件具体情况和发回重审的原因，酌情确定举证期限。

(4)当事人增加、变更诉讼请求或者提出反诉的，人民法院应当根据案件具体情况重新确定举证期限。

(5)公告送达的，举证期限自公告期届满之次日起计算。

(四)证据交换

《最高人民法院关于民事诉讼证据的若干规定》规定，人民法院依照规定，通过组织证据交换进行审理前准备的，证据交换之日举证期限届满。证据交换的时间可以由当事人协商一致并经人民法院认可，也可以由人民法院指定。当事人申请延期举证经人民法院准许的，证据交换日相应顺延。

证据交换应当在审判人员的主持下进行。在证据交换的过程中，审判人员对当事人无异议的事实、证据应当记录在卷；对有异议的证据，按照需要证明的事实分类记录在卷，并记载异议的理由。通过证据交换，确定双方当事人争议的主要问题。

当事人收到对方的证据后有反驳证据需要提交的，人民法院应当再次组织证据交换。

(五)质证

《最高人民法院关于民事诉讼证据的若干规定》规定，当事人在审理前的准备阶段或者人民法院调查、询问过程中发表过质证意见的证据，视为质证过的证据。当事人要求以书面方式发表质证意见，人民法院在听取对方当事人意见后认为有必要的，可以准许。人民法院应当及时将书面质证意见送交对方当事人。

对书证、物证、视听资料进行质证时，当事人应当出示证据的原件或者原物。但有下列情形之一的除外：

(1)出示原件或者原物确有困难并经人民法院准许出示复制件或者复制品的。

(2)原件或者原物已不存在,但有证据证明复制件、复制品与原件或者原物一致的。

链接

《最高人民法院关于民事诉讼证据的若干规定》第四十七条规定,下列情形,控制书证的当事人应当提交书证:

(1)控制书证的当事人在诉讼中曾经引用过的书证。

(2)为对方当事人的利益制作的书证。

(3)对方当事人依照法律规定有权查阅、获取的书证。

(4)账簿、记账原始凭证。

(5)人民法院认为应当提交书证的其他情形。

上述所列书证,涉及国家秘密、商业秘密、当事人或第三人的隐私,或者存在法律规定应当保密的情形的,提交后不得公开质证。

《民事诉讼法》第七十一条规定,证据应当在法庭上出示,并由当事人互相质证。对涉及国家秘密、商业秘密和个人隐私的证据应当保密,需要在法庭出示的,不得在公开开庭时出示。

质证一般按下列顺序进行:

(1)原告出示证据,被告、第三人与原告进行质证。

(2)被告出示证据,原告、第三人与被告进行质证。

(3)第三人出示证据,原告、被告与第三人进行质证。

人民法院根据当事人申请调查收集的证据,审判人员对调查收集证据的情况进行说明后,由提出申请的当事人与对方当事人、第三人进行质证。人民法院依职权调查收集的证据,由审判人员对调查收集证据的情况进行说明后,听取当事人的意见。

(六)当事人无须举证证明情形

《最高人民法院关于民事诉讼证据的若干规定》规定,下列事实,当事人无须举证证明:

(1)自然规律以及定理、定律。

(2)众所周知的事实。

(3)根据法律规定推定的事实。

(4)根据已知的事实和日常生活经验法则推定出的另一事实。

(5)已为仲裁机构的生效裁决所确认的事实。

(6)已为人民法院发生法律效力的裁判所确认的基本事实。

(7)已为有效公证文书所证明的事实。

上述第(2)项至第(5)项事实,当事人有相反证据足以反驳的除外;第(6)项、第(7)项事实,当事人有相反证据足以推翻的除外。

(七)证据的审核认定

《最高人民法院关于民事诉讼证据的若干规定》规定,人民法院应当以证据能够证明的案件事实为根据依法作出裁判。审判人员应当依照法定程序,全面、客观地审核证据,依据法律的规定,遵循法官职业道德,运用逻辑推理和日常生活经验,对证据有无证明力和证明力大小独立进行判断,并公开判断的理由和结果。

当事人对于欺诈、胁迫、恶意串通事实的证明，以及对于口头遗嘱或赠与事实的证明，人民法院确信该待证事实存在的可能性能够排除合理怀疑的，应当认定该事实存在。与诉讼保全、回避等程序事项有关的事实，人民法院结合当事人的说明及相关证据，认为有关事实存在的可能性较大的，可以认定该事实存在。

审判人员对单一证据可以从下列方面进行审核认定：

(1)证据是否为原件、原物，复制件、复制品与原件、原物是否相符。

(2)证据与本案事实是否相关。

(3)证据的形式、来源是否符合法律规定。

(4)证据的内容是否真实。

(5)证人或者提供证据的人与当事人有无利害关系。

审判人员对案件的全部证据，应当从各证据与案件事实的关联程度、各证据之间的联系等方面进行综合审查判断。

当事人在诉讼过程中认可的证据，人民法院应当予以确认。但法律、司法解释另有规定的除外。

下列证据不能单独作为认定案件事实的根据：

(1)当事人的陈述。

(2)无民事行为能力人或者限制民事行为能力人所作的与其年龄、智力状况或者精神健康状况不相当的证言。

(3)与一方当事人或者其代理人有利害关系的证人陈述的证言。

(4)存有疑点的视听资料、电子数据。

(5)无法与原件、原物核对的复制件、复制品。

公文书证的制作者根据文书原件制作的载有部分或者全部内容的副本，与正本具有相同的证明力。在国家机关存档的文件，其复制件、副本、节录本经档案部门或者制作原本的机关证明其内容与原本一致的，该复制件、副本、节录本具有与原本相同的证明力。

私文书证的真实性，由主张以私文书证证明案件事实的当事人承担举证责任。私文书证由制作者或者其代理人签名、盖章或捺印的，推定为真实。私文书证上有删除、涂改、增添或者其他形式瑕疵的，人民法院应当综合案件的具体情况判断其证明力。

人民法院对于电子数据的真实性，应当结合下列因素综合判断：

(1)电子数据的生成、存储、传输所依赖的计算机系统的硬件、软件环境是否完整、可靠。

(2)电子数据的生成、存储、传输所依赖的计算机系统的硬件、软件环境是否处于正常运行状态，或者不处于正常运行状态时对电子数据的生成、存储、传输是否有影响。

(3)电子数据的生成、存储、传输所依赖的计算机系统的硬件、软件环境是否具备有效的防止出错的监测、核查手段。

(4)电子数据是否被完整地保存、传输、提取，保存、传输、提取的方法是否可靠。

(5)电子数据是否在正常的往来活动中形成和存储。

(6)保存、传输、提取电子数据的主体是否适当。

(7)影响电子数据完整性和可靠性的其他因素。

人民法院认为有必要的，可以通过鉴定或者勘验等方法，审查判断电子数据的真实性。

电子数据存在下列情形的，人民法院可以确认其真实性，但有足以反驳的相反证据的除外：

(1)由当事人提交或者保管的于己不利的电子数据。

(2)由记录和保存电子数据的中立第三方平台提供或者确认的。

(3)在正常业务活动中形成的。

(4)以档案管理方式保管的。

(5)以当事人约定的方式保存、传输、提取的。

电子数据的内容经公证机关公证的,人民法院应当确认其真实性,但有相反证据足以推翻的除外。

一方当事人控制证据无正当理由拒不提交,对待证事实负有举证责任的当事人主张该证据的内容不利于控制人的,人民法院可以认定该主张成立。

人民法院认定证人证言,可以通过对证人的智力状况、品德、知识、经验、法律意识和专业技能等的综合分析作出判断。

人民法院应当在裁判文书中阐明证据是否采纳的理由。对当事人无争议的证据,是否采纳的理由可以不在裁判文书中表述。

专家解读

证据的类型以及证据证明力的判定是本考点的重点,在复习的时候应当重点理解和掌握。

五、民事诉讼管辖

(一)级别管辖和地域管辖

(1)级别管辖。级别管辖是划分上、下级法院之间受理一审民事案件的权限,主要根据案件的性质、影响和诉讼标的金额等确定。我国有基层人民法院、中级人民法院、高级人民法院和最高人民法院四级法院,都可以受理一审民事案件,但受理案件的范围不同。各地人民法院确定的级别管辖争议标的数额标准往往是不相同的。

管辖权的转移可视为对级别管辖的补充,分为管辖权的上移和下移。《民事诉讼法》规定,上级人民法院有权审理下级人民法院管辖的第一审民事案件;确有必要将本院管辖的第一审民事案件交下级人民法院审理的,应当报请其上级人民法院批准。下级人民法院对它所管辖的第一审民事案件,认为需要由上级人民法院审理的,可以报请上级人民法院审理。

(2)地域管辖。一般地域管辖以诉讼当事人住所所在地(通常是被告所在地)为标准来确定管辖。通常实行原告就被告原则。

特殊地域管辖一般以诉讼标的物所在地、法律事实发生地为标准确定管辖法院。比较典型的是对于合同纠纷案件的管辖。合同纠纷管辖包括协议管辖和法定管辖,协议管辖是以书面形式约定管辖法院(应是与争议有实际联系的地点),法定管辖一般是在被告住所地或合同履行地二选一。《民事诉讼法》规定,合同或者其他财产权益纠纷的当事人可以书面协议选择被告住所地、合同履行地、合同签订地、原告住所地、标的物所在地等与争议有实际联系的地点的人民法院管辖,但不得违反本法对级别管辖和专属管辖的规定。两个以上人民法院都有管辖权的诉讼,原告可以向其中一个人民法院起诉;原告向两个以上有管辖权的人民法院起诉的,由最先立案的人民法院管辖。

专属管辖,是指法律强制规定某类案件只能由特定法院管辖,其他法院无权管辖,也不允许当事人协议变更管辖。比较典型的是对于不动产纠纷案件的管辖。

链接

根据《最高人民法院关于调整中级人民法院管辖第一审民事案件标准的通知》等文件，级别管辖的相关规定如下：

（1）高级人民法院管辖诉讼标的额50亿元（人民币）以上（包含本数）或者其他在本辖区有重大影响的第一审民事案件。

（2）当事人住所地均在或者均不在受理法院所处省级行政辖区的，中级人民法院管辖诉讼标的额5亿元以上的第一审民事案件。

（3）当事人一方住所地不在受理法院所处省级行政辖区的，中级人民法院管辖诉讼标的额1亿元以上的第一审民事案件。

（4）战区军事法院、总直属军事法院管辖诉讼标的额1亿元以上的第一审民事案件。

（5）对新类型、疑难复杂或者具有普遍法律适用指导意义的案件，可以依照民事诉讼法第三十八条的规定，由上级人民法院决定由其审理，或者根据下级人民法院报请决定由其审理。

（6）上述级别管辖标准不适用于知识产权案件、海事海商案件和涉外涉港澳台民商事案件。

（7）婚姻、继承、家庭、物业服务、人身损害赔偿、名誉权、交通事故、劳动争议等案件，以及群体性纠纷案件，一般由基层人民法院管辖。

（二）移送管辖、指定管辖

《民事诉讼法》规定，人民法院发现受理的案件不属于本院管辖的，应当移送有管辖权的人民法院，受移送的人民法院应当受理。受移送的人民法院认为受移送的案件依照规定不属于本院管辖的，应当报请上级人民法院指定管辖，不得再自行移送。

有管辖权的人民法院由于特殊原因，不能行使管辖权的，由上级人民法院指定管辖。人民法院之间因管辖权发生争议，由争议双方协商解决；协商解决不了的，报请它们的共同上级人民法院指定管辖。

移送管辖、指定管辖和管辖权转移的区别如下表所示。

项目	移送管辖	指定管辖	管辖权转移
概念	地方人民法院受理某一案件后，发现对该案件无管辖权，依照法律相关规定，将该案件移送给有管辖权的人民法院	上级人民法院以裁定方式，指定下级人民法院对某一案件进行管辖	经上级人民法院决定或者同意，将某个案件的管辖权由上级人民法院转交给下级人民法院，或者由下级人民法院转交给上级人民法院
实质	对案件进行移送，而不是对案件管辖权进行移送。它是对管辖发生错误所采用的一种纠正措施	法律赋予上级人民法院在特殊情况下有权变更和确定某一案件管辖法院	对级别管辖的一种变通和补充；转移的是管辖权
适用情形	移送管辖通常发生在同级人民法院之间，但也不排除在上、下级人民法院之间移送	（1）有管辖权，因特殊原因不能行使，由上级法院指定管辖； （2）法院间发生管辖争议，报请上级法院指定管辖	发生在上、下级法院之间；需有上级人民法院的决定或者同意；从有管辖权的人民法院到无管辖权的人民法院

专家解读

移送管辖和管辖权转移是比较容易混淆的知识点，需加以区别记忆。

（三）管辖异议和管辖恒定

民事诉讼的管辖异议，《民事诉讼法》规定，人民法院受理案件后，当事人对管辖权有异议的，应当在提交答辩状期间提出。人民法院对当事人提出的异议，应当审查。异议成立的，裁定将案件移送有管辖权的人民法院；异议不成立的，裁定驳回。当事人未提出管辖异议，并应诉答辩的，视为受诉人民法院有管辖权，但违反级别管辖和专属管辖规定的除外。

管辖恒定，是指管辖权的确定，以原告起诉时为准，此后无论案件情况有何变化，始终由受诉法院管辖。

典型例题

【多选题】合同双方当事人可以在书面合同中协议选择（　　）人民法院，以解决争议纠纷。

A. 被告住所地　　B. 合同备案地

C. 合同签订地　　D. 合同履行地

E. 原告住所地

ACDE。【解析】《民事诉讼法》第三十五条规定，合同或者其他财产权益纠纷的当事人可以书面协议选择被告住所地、合同履行地、合同签订地、原告住所地、标的物所在地等与争议有实际联系的地点的人民法院管辖，但不得违反本法对级别管辖和专属管辖的规定。

六、民事诉讼程序

（一）概述

名称	概述	对象	备注
一审程序	第一审民事诉讼案件中的通用程序	起诉诉求	分为普通程序和简易程序
二审程序	不服地方各级人民法院尚未发生效力的第一审判决或裁决，在法定期间内向上级人民法院提出上诉的程序	尚未发生效力的一审判决	又称上诉程序、终审程序
审判监督程序	人民法院、人民检察院对已经发生法律效力的判决和裁定，发现在认定事实或适用法律上确有错误，依法提起并对案件进行重新审判的程序	已发生效力且发现有错误的判决、裁定、调解书	又称再审程序
执行程序	由法定组织和人员运用国家的强制力量，根据生效法律文书的规定，强制民事义务人履行所负义务的程序	发生效力的判决、裁定中的财产部分	包括强制执行

(二)一审程序

1.普通程序

(1)起诉和受理。

起诉必须符合的条件	
	◆原告是与本案有直接利害关系的公民、法人和其他组织;
	◆有明确的被告;
	◆有具体的诉讼请求和事实、理由;
	◆属于人民法院受理民事诉讼的范围和受诉人民法院管辖

起诉应当向人民法院递交起诉状,并按照被告人数提出副本。书写起诉状确有困难的,可以口头起诉,由人民法院记入笔录,并告知对方当事人。起诉状应当记明下列事项:原告的姓名、性别、年龄、民族、职业、工作单位、住所、联系方式,法人或者其他组织的名称、住所和法定代表人或者主要负责人的姓名、职务、联系方式;被告的姓名、性别、工作单位、住所等信息,法人或者其他组织的名称、住所等信息;诉讼请求和所根据的事实与理由;证据和证据来源,证人姓名和住所。当事人起诉到人民法院的民事纠纷,适宜调解的,先行调解,但当事人拒绝调解的除外。

受理,是指人民法院对起诉进行审查,将符合起诉条件的案件予以立案的审判行为。《民事诉讼法》规定,人民法院应当保障当事人依照法律规定享有的起诉权利。对符合起诉条件的起诉,必须受理。符合起诉条件的,应当在 7 日内立案,并通知当事人;不符合起诉条件的,应当在 7 日内作出裁定书,不予受理;原告对裁定不服的,可以提起上诉。

(2)审理前的准备。人民法院应当在立案之日起 5 日内将起诉状副本发送被告,被告应当在收到之日起 15 日内提出答辩状。答辩状应当记明被告的姓名、性别、年龄、民族、职业、工作单位、住所、联系方式;法人或者其他组织的名称、住所和法定代表人或者主要负责人的姓名、职务、联系方式。人民法院应当在收到答辩状之日起 5 日内将答辩状副本发送原告。被告不提出答辩状的,不影响人民法院审理。

人民法院对决定受理的案件,应当在受理案件通知书和应诉通知书中向当事人告知有关的诉讼权利义务,或者口头告知。

人民法院对受理的案件,分别情形,予以处理:

◆当事人没有争议,符合督促程序规定条件的,可以转入督促程序;

◆开庭前可以调解的,采取调解方式及时解决纠纷;

◆根据案件情况,确定适用简易程序或者普通程序;

◆需要开庭审理的,通过要求当事人交换证据等方式,明确争议焦点

(3)开庭审理。开庭审理的程序包括法庭调查→法庭辩论→法庭调解→宣判。

法庭调查按照下列顺序进行:当事人陈述;告知证人的权利义务,证人作证,宣读未到庭的证人证言;出示书证、物证、视听资料和电子数据;宣读鉴定意见;宣读勘验笔录。

原告增加诉讼请求，被告提出反诉，第三人提出与本案有关的诉讼请求，可以合并审理。

法庭辩论按照下列顺序进行：原告及其诉讼代理人发言；被告及其诉讼代理人答辩；第三人及其诉讼代理人发言或者答辩；互相辩论。

法庭辩论终结，由审判长或者独任审判员按照原告、被告、第三人的先后顺序征询各方最后意见。法庭辩论终结，应当依法作出判决。判决前能够调解的，还可以进行调解，调解不成的，应当及时判决。

按撤诉处理和缺席判决的情形：

①原告经传票传唤，无正当理由拒不到庭的，或者未经法庭许可中途退庭的，可以按撤诉处理；被告反诉的，可以缺席判决。

②被告经传票传唤，无正当理由拒不到庭的，或者未经法庭许可中途退庭的，可以缺席判决。

③宣判前，原告申请撤诉的，是否准许，由人民法院裁定。人民法院裁定不准许撤诉的，原告经传票传唤，无正当理由拒不到庭的，可以缺席判决。

人民法院对公开审理或者不公开审理的案件，一律公开宣告判决。当庭宣判的，应当在10日内发送判决书；定期宣判的，宣判后立即发给判决书。宣告判决时，必须告知当事人上诉权利、上诉期限和上诉的法院。宣告离婚判决，必须告知当事人在判决发生法律效力前不得另行结婚。

人民法院适用普通程序审理的案件，应当在立案之日起6个月内审结。有特殊情况需要延长的，由本院院长批准，可以延长6个月；还需要延长的，报请上级人民法院批准。

2. 简易程序

人民法院适用简易程序审理案件，应当在立案之日起3个月内审结。有特殊情况需要延长的，经本院院长批准，可以延长1个月。

基层人民法院和它派出的法庭审理事实清楚、权利义务关系明确、争议不大的简单金钱给付民事案件，标的额为各省、自治区、直辖市上年度就业人员年平均工资50%以下的，适用小额诉讼的程序审理，实行一审终审。基层人民法院和它派出的法庭审理前款规定的民事案件，标的额超过各省、自治区、直辖市上年度就业人员年平均工资50%但在2倍以下的，当事人双方也可以约定适用小额诉讼的程序。

人民法院审理下列民事案件，不适用小额诉讼的程序：人身关系、财产确权案件；涉外案件；需要评估、鉴定或者对诉前评估、鉴定结果有异议的案件；一方当事人下落不明的案件；当事人提出反诉的案件；其他不宜适用小额诉讼的程序审理的案件。

人民法院适用小额诉讼的程序审理案件，可以一次开庭审结并且当庭宣判，并且应当在立案之日起2个月内审结。有特殊情况需要延长的，经本院院长批准，可以延长1个月。

人民法院在审理过程中，发现案件不宜适用小额诉讼的程序的，应当适用简易程序的其他规定审理或者裁定转为普通程序。当事人认为案件适用小额诉讼的程序审理违反法律规定的，可以向人民法院提出异议。人民法院对当事人提出的异议应当审查，异议成立的，应当适用简易程序的其他规定审理或者裁定转为普通程序；异议不成立的，裁定驳回。人民法院在审理过程中，发现案件不宜适用简易程序的，裁定转为普通程序。

链接

《最高人民法院关于适用〈中华人民共和国民事诉讼法〉的解释》规定,适用简易程序审理的案件,审理期限到期后,有特殊情况需要延长的,经本院院长批准,可以延长审理期限。延长后的审理期限累计不得超过4个月。人民法院发现案件不宜适用简易程序,需要转为普通程序审理的,应当在审理期限届满前作出裁定并将审判人员及相关事项书面通知双方当事人。案件转为普通程序审理的,审理期限自人民法院立案之日计算。

适用简易程序审理案件,人民法院可以依照《民事诉讼法》相关规定采取捎口信、电话、短信、传真、电子邮件等简便方式传唤双方当事人、通知证人和送达诉讼文书。以简便方式送达的开庭通知,未经当事人确认或者没有其他证据证明当事人已经收到的,人民法院不得缺席判决。适用简易程序审理案件,由审判员独任审判,书记员担任记录。

当事人对按照小额诉讼案件审理有异议的,应当在开庭前提出。人民法院经审查,异议成立的,适用简易程序的其他规定审理或者裁定转为普通程序;异议不成立的,裁定驳回。裁定以口头方式作出的,应当记入笔录。

(三)二审程序(上诉程序)

(1)提起上诉的期限。不服一审判决的,自判决书送达之日起15日内;不服一审裁定的,自裁定书送达之日起10日内。

链接

送达诉讼文书必须有送达回证,由受送达人在送达回证上记明收到日期,签名或者盖章。受送达人在送达回证上的签收日期为送达日期。直接送达诉讼文书有困难的,可以委托其他人民法院代为送达,或者邮寄送达。邮寄送达的,以回执上注明的收件日期为送达日期。受送达人被监禁的,通过其所在监所转交。

(2)上诉状的提出。上诉应当递交上诉状。上诉状的内容,应当包括:当事人的姓名,法人的名称及其法定代表人的姓名或者其他组织的名称及其主要负责人的姓名;原审人民法院名称、案件的编号和案由;上诉的请求和理由。

上诉状应当通过原审人民法院提出,并按照对方当事人或者代表人的人数提出副本。当事人直接向第二审人民法院上诉的,第二审人民法院应当在5日内将上诉状移交原审人民法院。

原审人民法院收到上诉状,应当在5日内将上诉状副本送达对方当事人,对方当事人在收到之日起15日内提出答辩状。人民法院应当在收到答辩状之日起5日内将副本送达上诉人。对方当事人不提出答辩状的,不影响人民法院审理。原审人民法院收到上诉状、答辩状,应当在5日内连同全部案卷和证据,报送第二审人民法院。第二审人民法院应当对上诉请求的有关事实和适用法律进行审查。

(3)审理。第二审人民法院对上诉案件应当开庭审理。经过阅卷、调查和询问当事人,对没有提出新的事实、证据或者理由,人民法院认为不需要开庭审理的,可以不开庭审理。

第二审人民法院审理上诉案件，可以在本院进行，也可以到案件发生地或者原审人民法院所在地进行。

第二审人民法院对上诉案件，经过审理，按照下列情形，分别处理：

①原判决、裁定认定事实清楚，适用法律正确的，以判决、裁定方式驳回上诉，维持原判决、裁定；

②原判决、裁定认定事实错误或者适用法律错误的，以判决、裁定方式依法改判、撤销或者变更；

③原判决认定基本事实不清的，裁定撤销原判决，发回原审人民法院重审，或者查清事实后改判；

④原判决遗漏当事人或者违法缺席判决等严重违反法定程序的，裁定撤销原判决，发回原审人民法院重审。

原审人民法院对发回重审的案件作出判决后，当事人提起上诉的，第二审人民法院不得再次发回重审。

(4)二审的判决和裁定。第二审人民法院对不服第一审人民法院裁定的上诉案件的处理，一律使用裁定。

第二审人民法院审理上诉案件，可以进行调解。调解达成协议，应当制作调解书，由审判人员、书记员署名，加盖人民法院印章。调解书送达后，原审人民法院的判决即视为撤销。

第二审人民法院判决宣告前，上诉人申请撤回上诉的，是否准许，由第二审人民法院裁定。

第二审人民法院的判决、裁定，是终审的判决、裁定。人民法院审理对判决的上诉案件，应当在第二审立案之日起3个月内审结。有特殊情况需要延长的，由本院院长批准。

人民法院审理对裁定的上诉案件，应当在第二审立案之日起30日内作出终审裁定。

(四)再审程序(审判监督程序)

再审程序，是为了纠正已经生效裁判的错误而对案件再次进行审理的程序。

再审程序与第二审程序的比较如下表所示。

项目	再审	二审
审理对象	已生效的判决、裁定、调解书	尚未生效的第一审判决、裁定
提起主体	各级人民法院院长； 最高人民法院和上级人民法院； 各级人民检察院； 符合申请再审条件的案外人、当事人	原一审程序中的双方当事人； 有独立请求权的第三人； 一审裁判中被确定负有实体义务的无独立请求权的第三人
提起期限	当事人申请再审的，需在判决或裁定生效后6个月内提出；其余主体不受时间限制	需在一审判决尚未生效期内
审理法院	上级、原审法院和其他同级法院	只能是一审的上级法院

(1)人民法院提起再审的情形。各级人民法院院长对本院已经发生法律效力的判决、裁定、调解书,发现确有错误,认为需要再审的,应当提交审判委员会讨论决定。最高人民法院对地方各级人民法院已经发生法律效力的判决、裁定、调解书,上级人民法院对下级人民法院已经发生法律效力的判决、裁定、调解书,发现确有错误的,有权提审或者指令下级人民法院再审。

(2)当事人提起再审的情形。当事人对已经发生法律效力的判决、裁定,认为有错误的,可以向上一级人民法院申请再审;当事人一方人数众多或者当事人双方为公民的案件,也可以向原审人民法院申请再审。当事人申请再审的,不停止判决、裁定的执行。

当事人的申请符合下列情形之一的,人民法院应当再审:

①有新的证据,足以推翻原判决、裁定的;

②原判决、裁定认定的基本事实缺乏证据证明的;

③原判决、裁定认定事实的主要证据是伪造的;

④原判决、裁定认定事实的主要证据未经质证的;

⑤对审理案件需要的主要证据,当事人因客观原因不能自行收集,书面申请人民法院调查收集,人民法院未调查收集的;

⑥原判决、裁定适用法律确有错误的;

⑦审判组织的组成不合法或者依法应当回避的审判人员没有回避的;

⑧无诉讼行为能力人未经法定代理人代为诉讼或者应当参加诉讼的当事人,因不能归责于本人或者其诉讼代理人的事由,未参加诉讼的;

⑨违反法律规定,剥夺当事人辩论权利的;

⑩未经传票传唤,缺席判决的;

⑪原判决、裁定遗漏或者超出诉讼请求的;

⑫据以作出原判决、裁定的法律文书被撤销或者变更的;

⑬审判人员审理该案件时有贪污受贿,徇私舞弊,枉法裁判行为的。

当事人对已经发生法律效力的调解书,提出证据证明调解违反自愿原则或者调解协议的内容违反法律的,可以申请再审。经人民法院审查属实的,应当再审。

人民法院应当自收到再审申请书之日起3个月内审查,符合《民事诉讼法》规定的,裁定再审;不符合《民事诉讼法》规定的,裁定驳回申请。有特殊情况需要延长的,由本院院长批准。

(3)检察院抗诉的情形。最高人民检察院对各级人民法院已经发生法律效力的判决、裁定,上级人民检察院对下级人民法院已经发生法律效力的判决、裁定,发现有人民法院应当再审情形之一的,或者发现调解书损害国家利益、社会公共利益的,应当提出抗诉。

地方各级人民检察院对同级人民法院已经发生法律效力的判决、裁定,发现有人民法院应当再审的情形之一的,或者发现调解书损害国家利益、社会公共利益的,可以向同级人民法院提出检察建议,并报上级人民检察院备案;也可以提请上级人民检察院向同级人民法院提出抗诉。

各级人民检察院对审判监督程序以外的其他审判程序中审判人员的违法行为,有权向同级人民法院提出检察建议。

(五)执行程序

民事执行,是指人民法院依照法定的程序,采取法定的执行措施,强制负有相应履行义务的人履行已经发生法律效力的人民法院的民事判决、裁定或其他法律文书所确定的义务的活动。

(1)申请执行。发生法律效力的民事判决、裁定,以及刑事判决、裁定中的财产部分,由第一审人民法院或者与第一审人民法院同级的被执行的财产所在地人民法院执行。法律规定由人民法院执行的其他法律文书,由被执行人住所地或者被执行的财产所在地人民法院执行。

申请的期间起算:从法律文书规定履行期间的最后一日起计算;法律文书规定分期履行的,从最后一期履行期限届满之日起计算;法律文书未规定履行期间的,从法律文书生效之日起计算。申请执行的期间为2年。申请执行时效的中止、中断,适用法律有关诉讼时效中止、中断的规定。

当事人、利害关系人认为执行行为违反法律规定的,可以向负责执行的人民法院提出书面异议。当事人、利害关系人提出书面异议的,人民法院应当自收到书面异议之日起15日内审查,理由成立的,裁定撤销或者改正;理由不成立的,裁定驳回。当事人、利害关系人对裁定不服的,可以自裁定送达之日起10日内向上一级人民法院申请复议。

人民法院自收到申请执行书之日起超过6个月未执行的,申请执行人可以向上一级人民法院申请执行。上一级人民法院经审查,可以责令原人民法院在一定期限内执行,也可以决定由本院执行或者指令其他人民法院执行。

(2)执行异议。执行过程中,案外人对执行标的提出书面异议的,人民法院应当自收到书面异议之日起15日内审查,理由成立的,裁定中止对该标的的执行;理由不成立的,裁定驳回。案外人、当事人对裁定不服,认为原判决、裁定错误的,依照审判监督程序办理;与原判决、裁定无关的,可以自裁定送达之日起15日内向人民法院提起诉讼。

(3)委托执行。被执行人或者被执行的财产在外地的,可以委托当地人民法院代为执行。受委托人民法院收到委托函件后,必须在15日内开始执行,不得拒绝。执行完毕后,应当将执行结果及时函复委托人民法院;在30日内如果还未执行完毕,也应当将执行情况函告委托人民法院。受委托人民法院自收到委托函件之日起15日内不执行的,委托人民法院可以请求受委托人民法院的上级人民法院指令受委托人民法院执行。

(4)执行和解与担保。在执行中,双方当事人自行和解达成协议的,执行员应当将协议内容记入笔录,由双方当事人签名或者盖章。申请执行人因受欺诈、胁迫与被执行人达成和解协议,或者当事人不履行和解协议的,人民法院可以根据当事人的申请,恢复对原生效法律文书的执行。

在执行中,被执行人向人民法院提供担保,并经申请执行人同意的,人民法院可以决定暂缓执行及暂缓执行的期限。被执行人逾期仍不履行的,人民法院有权执行被执行人的担保财产或者担保人的财产。

(5)执行措施。被执行人未按执行通知履行法律文书确定的义务,应当报告当前以及收到执行通知之日前1年的财产情况。被执行人拒绝报告或者虚假报告的,人民法院可以根据情节轻重对被执行人或者其法定代理人、有关单位的主要负责人或者直接责任人员予以罚款、拘留。

被执行人未按执行通知履行法律文书确定的义务，人民法院有权向有关单位查询被执行人的存款、债券、股票、基金份额等财产情况。人民法院有权根据不同情形扣押、冻结、划拨、变价被执行人的财产。人民法院查询、扣押、冻结、划拨、变价的财产不得超出被执行人应当履行义务的范围。人民法院决定扣押、冻结、划拨、变价财产，应当作出裁定，并发出协助执行通知书，有关单位必须办理。

（六）执行中止与执行终结

（1）有下列情形之一的，人民法院应当裁定中止执行：

①申请人表示可以延期执行的；

②案外人对执行标的提出确有理由的异议的；

③作为一方当事人的公民死亡，需要等待继承人继承权利或者承担义务的；

④作为一方当事人的法人或者其他组织终止，尚未确定权利义务承受人的；

⑤人民法院认为应当中止执行的其他情形。

中止的情形消失后，恢复执行。

（2）有下列情形之一的，人民法院裁定终结执行：

①申请人撤销申请的；

②据以执行的法律文书被撤销的；

③作为被执行人的公民死亡，无遗产可供执行，又无义务承担人的；

④追索赡养费、扶养费、抚养费案件的权利人死亡的；

⑤作为被执行人的公民因生活困难无力偿还借款，无收入来源，又丧失劳动能力的；

⑥人民法院认为应当终结执行的其他情形。

中止和终结执行的裁定，送达当事人后立即生效。

专家解读

本考点的知识点较为较碎，按照往年的考试规律，本考点的每个知识点都有可能考查，所以对于本考点的复习要做到面面俱到。

第三节　仲裁制度

一、仲裁的概述

（一）仲裁的调整范围

《仲裁法》规定，平等主体的公民、法人和其他组织之间发生的合同纠纷和其他财产权益纠纷，可以仲裁。

下列纠纷不适用仲裁：

(1)婚姻、收养、监护、扶养、继承纠纷；

(2)依法应当由行政机关处理的行政争议。

劳动争议和农业集体经济组织内部的农业承包合同纠纷的仲裁，不适用于《仲裁法》的规定，因为此种仲裁形式比较特殊，不同于一般的仲裁规定。

(二)仲裁的一般规定

《仲裁法》规定，当事人采用仲裁方式解决纠纷，应当双方自愿，达成仲裁协议。没有仲裁协议，一方申请仲裁的，仲裁委员会不予受理。当事人达成仲裁协议，一方向人民法院起诉的，人民法院不予受理，但仲裁协议无效的除外。

仲裁委员会应当由当事人协议选定。仲裁不实行级别管辖和地域管辖。

仲裁应当根据事实，符合法律规定，公平合理地解决纠纷。

仲裁依法独立进行，不受行政机关、社会团体和个人的干涉。

(三)一裁终局

《仲裁法》规定，仲裁实行一裁终局的制度。裁决作出后，当事人就同一纠纷再申请仲裁或者向人民法院起诉的，仲裁委员会或者人民法院不予受理。裁决被人民法院依法裁定撤销或者不予执行的，当事人就该纠纷可以根据双方重新达成的仲裁协议申请仲裁，也可以向人民法院起诉。

二、仲裁协议

(一)订立仲裁协议的方式与内容

仲裁协议包括合同中订立的仲裁条款和以其他书面方式(包括合同、信件和电报、传真、电子数据交换和电子邮件等形式)在纠纷发生前或者纠纷发生后达成的请求仲裁的协议。

仲裁协议应当具有下列内容：

(1)请求仲裁的意思表示。请求仲裁的意思表示必须是明确的，约定或审或裁(既可以提起诉讼也可以申请仲裁)的仲裁协议是无效的。

(2)仲裁事项。仲裁事项由当事人在协议中约定，但是不能预定法律规定不适用仲裁的事项。

(3)选定的仲裁委员会。仲裁不再实行级别管辖和地域管辖，当事人可以约定将其争议提交国内任何一个当事人信任的或处理争议比较便利的仲裁委员会。但对于仲裁委员会的选定，原则上应当明确、具体。

实践中在选择仲裁委员会时要注意以下几种情形：

①仲裁委员会名称不准确时的推定。

仲裁协议约定的仲裁委员会名称不准确，但能够确定具体的仲裁委员会的，应当认定选定了仲裁委员会。比如，当事人约定“由北京市仲裁委员会仲裁”，尽管“北京市仲裁委员会”不存在，但却从中可以判断出双方当事人的意愿是由北京仲裁委员会仲裁。因此应当认为仲裁协议中有选定的仲裁委员会。

②只约定纠纷适用的仲裁规则时仲裁委员会的推定。

仲裁协议中仅约定有纠纷适用的仲裁规则，没有约定具体的仲裁委员会的，根据司法解释的规定，应当视为未约定仲裁委员会，但当事人达成补充仲裁协议或者按照约定的仲裁规则能够确定仲裁委员会的除外。

③仲裁协议中约定两个以上仲裁委员会的情形。

如果当事人在仲裁协议中同时约定了两个以上的仲裁委员会，当事人可以协议选择其中的一个仲裁委员会申请仲裁；当事人不能就仲裁委员会的选择达成一致的，仲裁协议无效。

仲裁协议约定由某地的仲裁委员会仲裁且该地仅有一个仲裁委员会的，该仲裁委员会视为约定的仲裁机构。该地有两个以上仲裁委员会的，当事人可以协议选择其中的一个仲裁委员会申请仲裁；当事人不能就仲裁委员会选择达成一致的，仲裁协议无效。

请求仲裁的意思表示、仲裁事项和选定的仲裁委员会这三项内容必须同时具备，仲裁协议在内容上才能符合《仲裁法》的规定而成为有效的仲裁协议。

（二）仲裁协议的效力

纠纷发生后，当事人只能按照仲裁协议约定向指定的仲裁机构提出仲裁申请。

仲裁委员会进行仲裁的事项只能是当事人在仲裁协议中约定的争议事项。

仲裁协议独立存在，合同的变更、解除、终止或者无效，不影响仲裁协议的效力。仲裁庭有权确认合同的效力。

《最高人民法院关于适用〈中华人民共和国仲裁法〉若干问题的解释》规定，当事人向人民法院申请确认仲裁协议效力的案件，由仲裁协议约定的仲裁机构所在地的中级人民法院管辖；仲裁协议约定的仲裁机构不明确的，由仲裁协议签订地或者被申请人住所地的中级人民法院管辖。

申请确认涉外仲裁协议效力的案件，由仲裁协议约定的仲裁机构所在地、仲裁协议签订地、申请人或者被申请人住所地的中级人民法院管辖。涉及海事海商纠纷仲裁协议效力的案件，由仲裁协议约定的仲裁机构所在地、仲裁协议签订地、申请人或者被申请人住所地的海事法院管辖；上述地点没有海事法院的，由就近的海事法院管辖。

当事人申请执行仲裁裁决案件，由被执行人住所地或者被执行的财产所在地的中级人民法院管辖。

（三）仲裁协议无效的情形

有下列情形之一的，仲裁协议无效：

（1）约定的仲裁事项超出法律规定的仲裁范围的；

（2）无民事行为能力人或者限制民事行为能力人订立的仲裁协议；

（3）一方采取胁迫手段，迫使对方订立仲裁协议的。

仲裁协议对仲裁事项或者仲裁委员会没有约定或者约定不明确的，当事人可以补充协议；达不成补充协议的，仲裁协议无效。

（四）仲裁协议的异议

当事人对仲裁协议的效力有异议的，可以请求仲裁委员会作出决定或者请求人民法院作出裁定。一方请求仲裁委员会作出决定，另一方请求人民法院作出裁定的，由人民法院裁定。当事人对仲裁协议的效力有异议，应当在仲裁庭首次开庭前提出。

链接

《最高人民法院关于适用〈中华人民共和国仲裁法〉若干问题的解释》规定，当事人在仲裁庭首次开庭前没有对仲裁协议的效力提出异议，而后向人民法院申请确认仲裁协议无效的，人民法院不予受理。仲裁机构对仲裁协议的效力作出决定后，当事人向人民法院申请确认仲裁协议效力或者申请撤销仲裁机构的决定的，人民法院不予受理。

三、仲裁程序

（一）仲裁的申请和受理

当事人申请仲裁应当符合下列条件：

(1)有仲裁协议；

(2)有具体的仲裁请求和事实、理由；

(3)属于仲裁委员会的受理范围。

仲裁委员会收到仲裁申请书之日起5日内，认为符合受理条件的，应当受理，并通知当事人；认为不符合受理条件的，应当书面通知当事人不予受理，并说明理由。

仲裁委员会受理仲裁申请后，应当在仲裁规则规定的期限内将仲裁规则和仲裁员名册送达申请人，并将仲裁申请书副本和仲裁规则、仲裁员名册送达被申请人。被申请人收到仲裁申请书副本后，应当在仲裁规则规定的期限内向仲裁委员会提交答辩书。仲裁委员会收到答辩书后，应当在仲裁规则规定的期限内将答辩书副本送达申请人。被申请人未提交答辩书的，不影响仲裁程序的进行。

当事人达成仲裁协议，一方向人民法院起诉未声明有仲裁协议，人民法院受理后，另一方在首次开庭前提交仲裁协议的，人民法院应当驳回起诉，但仲裁协议无效的除外；另一方在首次开庭前未对人民法院受理该案提出异议的，视为放弃仲裁协议，人民法院应当继续审理。申请人可以放弃或者变更仲裁请求。被申请人可以承认或者反驳仲裁请求，有权提出反请求。

一方当事人因另一方当事人的行为或者其他原因，可能使裁决不能执行或者难以执行的，可以申请财产保全。当事人申请财产保全的，仲裁委员会应当将当事人的申请依照《民事诉讼法》的有关规定提交人民法院。申请有错误的，申请人应当赔偿被申请人因财产保全所遭受的损失。

当事人、法定代理人可以委托律师和其他代理人进行仲裁活动。委托律师和其他代理人进行仲裁活动的，应当向仲裁委员会提交授权委托书。

（二）仲裁庭的组成

仲裁庭可以由3名仲裁员或者1名仲裁员组成。由3名仲裁员组成的，设首席仲裁员。

当事人约定由3名仲裁员组成仲裁庭的，应当各自选定或者各自委托仲裁委员会主任指定1名仲裁员，第3名仲裁员由当事人共同选定或者共同委托仲裁委员会主任指定。第3名仲裁员是首席仲裁员。当事人约定由1名仲裁员成立仲裁庭的，应当由当事人共同选定或者共同委托仲裁委员会主任指定仲裁员。

当事人没有在仲裁规则规定的期限内约定仲裁庭的组成方式或者选定仲裁员的，由仲裁委员会主任指定。

仲裁庭组成后，仲裁委员会应当将仲裁庭的组成情况书面通知当事人。

仲裁员有下列情形之一的，必须回避，当事人也有权提出回避申请：

(1)是本案当事人或者当事人、代理人的近亲属；

(2)与本案有利害关系；

(3)与本案当事人、代理人有其他关系，可能影响公正仲裁的；

(4)私自会见当事人、代理人，或者接受当事人、代理人的请客送礼的。

当事人提出回避申请，应当说明理由，在首次开庭前提出。回避事由在首次开庭后知道的，可以在最后一次开庭终结前提出。

仲裁员是否回避，由仲裁委员会主任决定；仲裁委员会主任担任仲裁员时，由仲裁委员会集体决定。

(三)开庭和裁决

1.开庭方式

仲裁应当开庭进行。当事人协议不开庭的，仲裁庭可以根据仲裁申请书、答辩书以及其他材料作出裁决。

仲裁不公开进行。当事人协议公开的，可以公开进行，但涉及国家秘密的除外。仲裁委员会应当在仲裁规则规定的期限内将开庭日期通知双方当事人。当事人有正当理由的，可以在仲裁规则规定的期限内请求延期开庭。是否延期，由仲裁庭决定。

申请人经书面通知，无正当理由不到庭或者未经仲裁庭许可中途退庭的，可以视为撤回仲裁申请。被申请人经书面通知，无正当理由不到庭或者未经仲裁庭许可中途退庭的，可以缺席裁决。

2.证据的收集与应用

当事人应当对自己的主张提供证据。仲裁庭认为有必要收集的证据，可以自行收集。

仲裁庭对专门性问题认为需要鉴定的，可以交由当事人约定的鉴定部门鉴定，也可以由仲裁庭指定的鉴定部门鉴定。根据当事人的请求或者仲裁庭的要求，鉴定部门应当派鉴定人参加开庭。当事人经仲裁庭许可，可以向鉴定人提问。

证据应当在开庭时出示，当事人可以质证。

在证据可能灭失或者以后难以取得的情况下，当事人可以申请证据保全。当事人申请证据保全的，仲裁委员会应当将当事人的申请提交证据所在地的基层人民法院。

当事人在仲裁过程中有权进行辩论。辩论终结时，首席仲裁员或者独任仲裁员应当征询当事人的最后意见。

3.作出裁决的规定

裁决应当按照多数仲裁员的意见作出，少数仲裁员的不同意见可以记入笔录。仲裁庭不能形成多数意见时，裁决应当按照首席仲裁员的意见作出。

裁决书应当写明仲裁请求、争议事实、裁决理由、裁决结果、仲裁费用的负担和裁决日期。当事人协议不愿写明争议事实和裁决理由的，可以不写。裁决书由仲裁员签名，加盖仲裁委员会印章。对裁决持不同意见的仲裁员，可以签名，也可以不签名。

仲裁庭仲裁纠纷时，其中一部分事实已经清楚，可以就该部分先行裁决。

对裁决书中的文字、计算错误或者仲裁庭已经裁决但在裁决书中遗漏的事项，仲裁庭应当补正；当事人自收到裁决书之日起30日内，可以请求仲裁庭补正。

裁决书自作出之日起发生法律效力。

此外，仲裁的调解与和解在下文调解与和解制度的内容中有相应介绍，可参考学习。

（四）裁决的执行

《仲裁法》规定，当事人应当履行裁决。一方当事人不履行的，另一方当事人可以依照《民事诉讼法》的有关规定向人民法院申请执行。受申请的人民法院应当执行。一方当事人申请执行裁决，另一方当事人申请撤销裁决的，人民法院应当裁定中止执行。人民法院裁定撤销裁决的，应当裁定终结执行。撤销裁决的申请被裁定驳回的，人民法院应当裁定恢复执行。

《民事诉讼法》规定，对依法设立的仲裁机构的裁决，一方当事人不履行的，对方当事人可以向有管辖权的人民法院申请执行。受申请的人民法院应当执行。被申请人提出证据证明仲裁裁决有下列情形之一的，经人民法院组成合议庭审查核实，裁定不予执行：

（1）当事人在合同中没有订有仲裁条款或者事后没有达成书面仲裁协议的；

（2）裁决的事项不属于仲裁协议的范围或者仲裁机构无权仲裁的；

（3）仲裁庭的组成或者仲裁的程序违反法定程序的；

（4）裁决所根据的证据是伪造的；

（5）对方当事人向仲裁机构隐瞒了足以影响公正裁决的证据的；

（6）仲裁员在仲裁该案时有贪污受贿，徇私舞弊，枉法裁决行为的。

人民法院认定执行该裁决违背社会公共利益的，裁定不予执行。

裁定书应当送达双方当事人和仲裁机构。

仲裁裁决被人民法院裁定不予执行的，当事人可以根据双方达成的书面仲裁协议重新申请仲裁，也可以向人民法院起诉。

（五）裁决的撤销

《仲裁法》规定，当事人提出证据证明裁决有“仲裁裁决不予执行的情形”之一的，可以向仲裁委员会所在地的中级人民法院申请撤销裁决。

当事人申请撤销裁决的，应当自收到裁决书之日起6个月内提出。

人民法院应当在受理撤销裁决申请之日起2个月内作出撤销裁决或者驳回申请的裁定。

人民法院受理撤销裁决的申请后，认为可以由仲裁庭重新仲裁的，通知仲裁庭在一定期限内重新仲裁，并裁定中止撤销程序。仲裁庭拒绝重新仲裁的，人民法院应当裁定恢复撤销程序。

专家解读

仲裁裁决的执行和撤销是考试的重点，在往年的考试中频繁出现，应对该内容进行重点复习。

第四节 调解与和解制度

一、调解

作为民事纠纷的基本手段，调解有狭义与广义之分，狭义上的调解，即诉讼调解（法院调解），是与审判相并行的一种民事审判机制。广义上的调解，除了狭义诉讼调解外，还包括所有诉讼外纠纷调解手段，如人民调解、行政调解、仲裁调解等。作为解决社会矛盾、纠纷的基本手段，调解以消除当事人之间的对立与对抗为目的，能及时、彻底地治疗和补救被纠纷破坏的社会关系，是重要的社会管理手段与工具。

（一）诉讼调解

诉讼调解（法院调解）又称诉讼内调解，是当事人用于协商解决纠纷、结束诉讼、维护自己的合法权益，审结民事案件、经济纠纷案件的制度。诉讼中的调解是人民法院和当事人进行的诉讼行为，其调解协议经法院确认，即具有法律上的效力。

人民法院审理民事案件，根据当事人自愿的原则，在事实清楚的基础上，分清是非，进行调解。人民法院进行调解，可以由审判员一人主持，也可以由合议庭主持，并尽可能就地进行。人民法院进行调解，可以用简便方式通知当事人、证人到庭。人民法院进行调解，可以邀请有关单位和个人协助。被邀请的单位和个人，应当协助人民法院进行调解。

调解达成协议，必须双方自愿，不得强迫。调解协议的内容不得违反法律规定。调解达成协议，人民法院应当制作调解书。调解书应当写明诉讼请求、案件的事实和调解结果。

调解书由审判人员、书记员署名，加盖人民法院印章，送达双方当事人。调解书经双方当事人签收后，即具有法律效力。调解书与判决书效力相同。

下列案件调解达成协议，人民法院可以不制作调解书：

（1）调解和好的离婚案件；

（2）调解维持收养关系的案件；

（3）能够即时履行的案件；

（4）其他不需要制作调解书的案件。

对不需要制作调解书的协议，应当记入笔录，由双方当事人、审判人员、书记员签名或者盖章后，即具有法律效力。

调解未达成协议或者调解书送达前一方反悔的，人民法院应当及时判决。

法院调解在一审和二审程序中都可以适用，《民事诉讼法》规定，在第一审程序中，当事人起诉到人民法院的民事纠纷，适宜调解的，先行调解，但当事人拒绝调解的除外。第二审人民法院审理上诉案件，可以进行调解。

（二）诉讼外调解

1. 人民调解

（1）人民调解的概念与原则。人民调解又称诉讼外调解，通过人民调解委员会的说服、疏导，从而使双方当事人基于平等的协商自愿达成调解协议，使民事纠纷得以解决的一种方式。

人民调解委员会调解民间纠纷，应当遵循下列原则：

①在当事人自愿、平等的基础上进行调解；

②不违背法律、法规和国家政策；

③尊重当事人的权利，不得因调解而阻止当事人依法通过仲裁、行政、司法等途径维护自己的权利。

（2）人民调解委员会简介。人民调解委员会是依法设立的调解民间纠纷的群众性组织。

村民委员会、居民委员会设立人民调解委员会。企业事业单位根据需要设立人民调解委员会。人民调解委员会由委员 3～9 人组成，设主任 1 人，必要时，可以设副主任若干人。人民调解委员会应当有妇女成员，多民族居住的地区应当有人数较少民族的成员。

（3）人民调解员简介。人民调解员由人民调解委员会委员和人民调解委员会聘任的人员担任。人民调解员应当由公道正派、热心人民调解工作，并具有一定文化水平、政策水平和法律知识的成年公民担任。县级人民政府司法行政部门应当定期对人民调解员进行业务培训。

（4）调解程序。当事人可以向人民调解委员会申请调解；人民调解委员会也可以主动调解。当事人一方明确拒绝调解的，不得调解。基层人民法院、公安机关对适宜通过人民调解方式解决的纠纷，可以在受理前告知当事人向人民调解委员会申请调解。

人民调解委员会根据调解纠纷的需要，可以指定 1 名或者数名人民调解员进行调解，也可以由当事人选择 1 名或者数名人民调解员进行调解。

人民调解员调解纠纷，调解不成的，应当终止调解，并依据有关法律、法规的规定，告知当事人可以依法通过仲裁、行政、司法等途径维护自己的权利。

（5）调解协议。经人民调解委员会调解达成调解协议的，可以制作调解协议书。当事人认为无需制作调解协议书的，可以采取口头协议方式，人民调解员应当记录协议内容。

调解协议书可以载明下列事项：当事人的基本情况；纠纷的主要事实、争议事项以及各方当事人的责任；当事人达成调解协议的内容，履行的方式、期限。

调解协议书自各方当事人签名、盖章或者按指印，人民调解员签名并加盖人民调解委员会印章之日起生效。调解协议书由当事人各执一份，人民调解委员会留存一份。口头调解协议自各方当事人达成协议之日起生效。

经人民调解委员会调解达成的调解协议，具有法律约束力，当事人应当按照约定履行。人民调解委员会应当对调解协议的履行情况进行监督，督促当事人履行约定的义务。经人民调解委员会调解达成调解协议后，当事人之间就调解协议的履行或者调解协议的内容发生争议的，一方当事人可以向人民法院提起诉讼。经人民调解委员会调解达成调解协议后，双方当事人认为有必要的，可以自调解协议生效之日起 30 日内共同向人民法院申请司法确认，人民法院应当及时对调解协议进行审查，依法确认调解协议的效力。人民法院依法确认调解协议有效，一方当事人拒绝履行或者未全部履行的，对方当事人可以向人民法院申请强制执行。人民法院依法确认调解协议无效的，当事人可以通过人民调解方式变更原调解协议或者达成新的调解协议，也可以向人民法院提起诉讼。

《民事诉讼法》规定，经依法设立的调解组织调解达成调解协议，申请司法确认的，由双方当事人自调解协议生效之日起30日内，共同向下列人民法院提出：

①人民法院邀请调解组织开展先行调解的，向作出邀请的人民法院提出。

②调解组织自行开展调解的，向当事人住所地、标的物所在地、调解组织所在地的基层人民法院提出；调解协议所涉纠纷应当由中级人民法院管辖的，向相应的中级人民法院提出。

2. 仲裁调解

仲裁调解是指由仲裁机构对受理仲裁案件的双方当事人进行的调解。

《仲裁法》规定，仲裁庭在作出裁决前，可以先行调解。当事人自愿调解的，仲裁庭应当调解。调解不成的，应当及时作出裁决。调解达成协议的，仲裁庭应当制作调解书或者根据协议的结果制作裁决书。调解书与裁决书具有同等法律效力。调解书应当写明仲裁请求和当事人协议的结果。调解书由仲裁员签名，加盖仲裁委员会印章，送达双方当事人。调解书经双方当事人签收后，即发生法律效力。在调解书签收前当事人反悔的，仲裁庭应当及时作出裁决。

3. 行政调解

行政调解是指由我国行政机关主持，通过说服教育的方式，民事纠纷当事人自愿达成协议，解决纠纷的一种调解制度。

经过行政调解达成的行政调解协议虽然不具有强制执行的法律效力，但它是受法律保护的，其性质是合同，应当按照法律对合同的规定来处理相关问题，并按照法律对合同的有关规定对签订协议方进行进一步的保护。

中国行政机关依法可以调解的种类很多。可以说，行政机关在行使行政管理职能过程中遇到的纠纷，基本上都可以进行调解。但主要的行政调解有这样几类：

(1)基层人民政府的调解；

(2)国家合同管理机关的调解；

(3)公安机关的调解；

(4)婚姻登记机关的调解。

4. 专业机构调解

专业机构调解是指具有独立调解规则的机构对纠纷当事人按照其调解规则进行的调解。

典型例题

【单选题】关于仲裁调解的说法，正确的是(　　)。

A. 仲裁调解书经双方当事人签收后，即发生法律效力

B. 仲裁裁决书的法律效力高于仲裁调解书

C. 仲裁调解达成协议的，仲裁庭应当根据协议的内容制作裁决书

D. 仲裁调解书签收前当事人反悔的，当事人应当重新申请仲裁

A。【解析】仲裁调解达成协议的，仲裁庭应当制作调解书或者根据协议的结果制作裁决书。仲裁调解书与仲裁裁决书具有同等法律效力。调解书经双方当事人签收后，即发生法律效力。在调解书签收前当事人反悔的，仲裁庭应当及时作出裁决。

二、和解

（一）和解概述

和解是当事人双方在平等的基础上相互协商、互谅互让，进而对纠纷的解决达成协议的活动。和解具有及时解决纠纷、节约成本、保护合作关系等优点，当事人双方应首先选择。

（二）和解协议的法律效力

和解达成的和解协议，可以书面或者口头形式作出，只具有合同的效力，不具有强制执行力。但是达成和解协议后，一方不履行和解协议时，另一方可以向法院提起诉讼，也可以根据约定申请仲裁。法院对意思表示真实而又不违反法律规定的和解协议应予以支持，否则应不予支持。

（三）和解的分类

仲裁和解，是指当事人申请仲裁后的自行和解。《仲裁法》规定，当事人申请仲裁后，可以自行和解。达成和解协议的，可以请求仲裁庭根据和解协议作出裁决书，也可以撤回仲裁申请。当事人达成和解协议，撤回仲裁申请后反悔的，可以根据仲裁协议申请仲裁。

诉讼前的和解，是指诉讼发生前，双方当事人协商达成协议，解决双方的争执。

诉讼中的和解，是指在诉讼进行中，当事人协商达成协议，解决双方的争执。《民事诉讼法》规定，双方当事人可以自行和解。

执行和解，是指在发生法律效力的民事裁判、裁定后，法院在执行中，当事人协商达成协议，解决双方的争执。《民事诉讼法》规定，在执行中，双方当事人自行和解达成协议的，执行员应当将协议内容记入笔录，由双方当事人签名或者盖章。申请执行人因受欺诈、胁迫与被执行人达成和解协议，或者当事人不履行和解协议的，人民法院可以根据当事人的申请，恢复对原生效法律文书的执行。

第五节 行政强制、行政复议和行政诉讼制度

一、行政强制

（一）概述与分类

《行政强制法》第二条规定，本法所称行政强制，包括行政强制措施和行政强制执行。行政强制措施，是指行政机关在行政管理过程中，为制止违法行为、防止证据损毁、避免危害发生、控制危险扩大等情形，依法对公民的人身自由实施暂时性限制，或者对公民、法人或者其他组织的财物实施暂时性控制的行为。行政强制执行，是指行政机关或者行政机关申请人民法院，对不履行行政决定的公民、法人或者其他组织，依法强制履行义务的行为。

（二）行政强制措施

1. 行政强制措施的种类和设定

行政强制措施的种类：

(1)限制公民人身自由；

(2)查封场所、设施或者财物；

(3)扣押财物；

(4)冻结存款、汇款；

(5)其他行政强制措施。

行政强制措施由法律设定。尚未制定法律，且属于国务院行政管理职权事项的，行政法规可以设定除上述第(1)项、第(4)项和应当由法律规定的行政强制措施以外的其他行政强制措施。尚未制定法律、行政法规，且属于地方性事务的，地方性法规可以设定上述第(2)项、第(3)项的行政强制措施。法律、法规以外的其他规范性文件不得设定行政强制措施。

法律对行政强制措施的对象、条件、种类作了规定的，行政法规、地方性法规不得作出扩大规定。法律中未设定行政强制措施的，行政法规、地方性法规不得设定行政强制措施。但是，法律规定特定事项由行政法规规定具体管理措施的，行政法规可以设定除上述第(1)项、第(4)项和应当由法律规定的行政强制措施以外的其他行政强制措施。

2. 行政强制措施的实施

行政机关履行行政管理职责，依照法律、法规的规定，实施行政强制措施。违法行为情节显著轻微或者没有明显社会危害的，可以不采取行政强制措施。

行政强制措施由法律、法规规定的行政机关在法定职权范围内实施。行政强制措施权不得委托。依据《行政处罚法》的规定行使相对集中行政处罚权的行政机关，可以实施法律、法规规定的与行政处罚权有关的行政强制措施。行政强制措施应当由行政机关具备资格的行政执法人员实施，其他人员不得实施。

行政机关实施行政强制措施应当遵守下列规定：

(1)实施前须向行政机关负责人报告并经批准；

(2)由 2 名以上行政执法人员实施；

(3)出示执法身份证件；

(4)通知当事人到场；

(5)当场告知当事人采取行政强制措施的理由、依据以及当事人依法享有的权利、救济途径；

(6)听取当事人的陈述和申辩；

(7)制作现场笔录；

(8)现场笔录由当事人和行政执法人员签名或者盖章，当事人拒绝的，在笔录中予以注明；

(9)当事人不到场的，邀请见证人到场，由见证人和行政执法人员在现场笔录上签名或者盖章；

(10)法律、法规规定的其他程序。

情况紧急,需要当场实施行政强制措施的,行政执法人员应当在24小时内向行政机关负责人报告,并补办批准手续。行政机关负责人认为不应当采取行政强制措施的,应当立即解除。

(三)行政强制执行

1.行政强制执行的方式

(1)加处罚款或者滞纳金;

(2)划拨存款、汇款;

(3)拍卖或者依法处理查封、扣押的场所、设施或者财物;

(4)排除妨碍、恢复原状;

(5)代履行;

(6)其他强制执行方式。

2.行政强制执行的设定

行政强制执行由法律设定。法律没有规定行政机关强制执行的,作出行政决定的行政机关应当申请人民法院强制执行。

起草法律草案、法规草案,拟设定行政强制的,起草单位应当采取听证会、论证会等形式听取意见,并向制定机关说明设定该行政强制的必要性、可能产生的影响以及听取和采纳意见的情况。行政强制的设定机关应当定期对其设定的行政强制进行评价,并对不适当的行政强制及时予以修改或者废止。

3.行政强制执行的履行

行政机关依法作出行政决定后,当事人在行政机关决定的期限内不履行义务的,具有行政强制执行权的行政机关依照规定强制执行。

行政机关作出强制执行决定前,应当事先催告当事人履行义务。催告应当以书面形式作出,并载明下列事项:

(1)履行义务的期限;

(2)履行义务的方式;

(3)涉及金钱给付的,应当有明确的金额和给付方式;

(4)当事人依法享有的陈述权和申辩权。

当事人收到催告书后有权进行陈述和申辩。行政机关应当充分听取当事人的意见,对当事人提出的事实、理由和证据,应当进行记录、复核。当事人提出的事实、理由或者证据成立的,行政机关应当采纳。

经催告,当事人逾期仍不履行行政决定,且无正当理由的,行政机关可以作出强制执行决定。

行政机关依法作出金钱给付义务的行政决定,当事人逾期不履行的,行政机关可以依法加处罚款或者滞纳金。加处罚款或者滞纳金的标准应当告知当事人。加处罚款或者滞纳金的数额不得超出金钱给付义务的数额。

行政机关依法作出要求当事人履行排除妨碍、恢复原状等义务的行政决定,当事人逾期不履行,经催告仍不履行,其后果已经或者将危害交通安全、造成环境污染或者破坏自然资源的,行政机关可以代履行,或者委托没有利害关系的第三人代履行。

代履行应当遵守下列规定:

(1)代履行前送达决定书,代履行决定书应当载明当事人的姓名或者名称、地址,代履行的理由和依据、方式和时间、标的、费用预算以及代履行人;

(2)代履行3日前,催告当事人履行,当事人履行的,停止代履行;

(3)代履行时,作出决定的行政机关应当派员到场监督;

(4)代履行完毕,行政机关到场监督的工作人员、代履行人和当事人或者见证人应当在执行文书上签名或者盖章。

代履行的费用按照成本合理确定,由当事人承担。但是,法律另有规定的除外。代履行不得采用暴力、胁迫以及其他非法方式。

二、行政复议

依法履行行政复议职责的行政机关是行政复议机关。行政复议机关负责法制工作的机构具体办理行政复议事项,履行下列职责:受理行政复议申请;向有关组织和人员调查取证,查阅文件和资料;审查申请行政复议的具体行政行为是否合法与适当,拟订行政复议决定;处理或者转送对有关规定的审查申请;对行政机关违反规定的行为依照规定的权限和程序提出处理建议;办理因不服行政复议决定提起行政诉讼的应诉事项;法律、法规规定的其他职责。公民、法人或者其他组织对行政复议决定不服的,可以依照《行政诉讼法》的规定向人民法院提起行政诉讼,但是法律规定行政复议决定为最终裁决的除外。

(一)行政复议范围

《行政复议法》规定,有下列情形之一的,公民、法人或者其他组织可以依照本法申请行政复议:

(1)对行政机关作出的警告、罚款、没收违法所得、没收非法财物、责令停产停业、暂扣或者吊销许可证、暂扣或者吊销执照、行政拘留等行政处罚决定不服的;

(2)对行政机关作出的限制人身自由或者查封、扣押、冻结财产等行政强制措施决定不服的;

(3)对行政机关作出的有关许可证、执照、资质证、资格证等证书变更、中止、撤销的决定不服的;

(4)对行政机关作出的关于确认土地、矿藏、水流、森林、山岭、草原、荒地、滩涂、海域等自然资源的所有权或者使用权的决定不服的;

(5)认为行政机关侵犯合法的经营自主权的;

(6)认为行政机关变更或者废止农业承包合同,侵犯其合法权益的;

(7)认为行政机关违法集资、征收财物、摊派费用或者违法要求履行其他义务的;

(8)认为符合法定条件,申请行政机关颁发许可证、执照、资质证、资格证等证书,或者申请行政机关审批、登记有关事项,行政机关没有依法办理的;

(9)申请行政机关履行保护人身权利、财产权利、受教育权利的法定职责,行政机关没有依法履行的;

(10)申请行政机关依法发放抚恤金、社会保险金或者最低生活保障费,行政机关没有依法发放的;

(11)认为行政机关的其他具体行政行为侵犯其合法权益的。

公民、法人或者其他组织认为行政机关的具体行政行为所依据的下列规定不合法,在对具体行政行为申请行政复议时,可以一并向行政复议机关提出对该规定的审查申请:

(1)国务院部门的规定;

(2)县级以上地方各级人民政府及其工作部门的规定;

(3)乡、镇人民政府的规定。

上述所列规定不含国务院部、委员会规章和地方人民政府规章。规章的审查依照法律、行政法规办理。

不服行政机关作出的行政处分或者其他人事处理决定的,依照有关法律、行政法规的规定提出申诉。不服行政机关对民事纠纷作出的调解或者其他处理,依法申请仲裁或者向人民法院提起诉讼。

链接

《国务院办公厅转发司法部关于审理政府信息公开行政复议案件若干问题指导意见的通知》规定,公民、法人或者其他组织认为政府信息公开行为侵犯其合法权益,有下列情形之一的,可以依法向行政复议机关提出行政复议申请:

(1)向行政机关申请获取政府信息,行政机关答复不予公开(含部分不予公开,下同)、无法提供、不予处理或者逾期未作出处理的。

(2)认为行政机关提供的政府信息不属于其申请公开的内容的。

(3)认为行政机关告知获取政府信息的方式、途径或者时间错误的。

(4)认为行政机关主动公开或者依申请公开的政府信息侵犯其商业秘密、个人隐私的。

(5)认为行政机关的其他政府信息公开行为侵犯其合法权益的。

专家解读

行政复议范围是考试常考点,需重点掌握。

(二)行政复议程序

1. 行政复议申请

公民、法人或者其他组织认为具体行政行为侵犯其合法权益的,可以自知道该具体行政行为之日起60日内提出行政复议申请;但是法律规定的申请期限超过60日的除外。因不可抗力或者其他正当理由耽误法定申请期限的,申请期限自障碍消除之日起继续计算。

申请人申请行政复议,可以书面申请,也可以口头申请;口头申请的,行政复议机关应当当场记录申请人的基本情况、行政复议请求、申请行政复议的主要事实、理由和时间。

对县级以上地方各级人民政府工作部门的具体行政行为不服的,由申请人选择,可以向该部门的本级人民政府申请行政复议,也可以向上一级主管部门申请行政复议。

对地方各级人民政府的具体行政行为不服的,向上一级地方人民政府申请行政复议。对省、自治区人民政府依法设立的派出机关所属的县级地方人民政府的具体行政行为不服的,向该派出机关申请行政复议。

2. 行政复议受理

行政复议机关收到行政复议申请后,应当在5日内进行审查,对不符合《行政复议法》规定的行政复议申请,决定不予受理,并书面告知申请人;对符合《行政复议法》规定,但是不属于本机关受理的行政复议申请,应当告知申请人向有关行政复议机关提出。除上述规定外,行政复议申请自行政复议机关负责法制工作的机构收到之日起即为受理。

公民、法人或者其他组织依法提出行政复议申请,行政复议机关无正当理由不予受理的,上级行政机关应当责令其受理;必要时,上级行政机关也可以直接受理。

行政复议期间具体行政行为不停止执行;但是,有下列情形之一的,可以停止执行:

(1)被申请人认为需要停止执行的;

(2)行政复议机关认为需要停止执行的;

(3)申请人申请停止执行,行政复议机关认为其要求合理,决定停止执行的;

(4)法律规定停止执行的。

3. 行政复议决定

行政复议原则上采取书面审查的办法,但是申请人提出要求或者行政复议机关负责法制工作的机构认为有必要时,可以向有关组织和人员调查情况,听取申请人、被申请人和第三人的意见。

行政复议机关负责法制工作的机构应当自行政复议申请受理之日起7日内,将行政复议申请书副本或者行政复议申请笔录复印件发送被申请人。被申请人应当自收到申请书副本或者申请笔录复印件之日起10日内,提出书面答复,并提交当初作出具体行政行为的证据、依据和其他有关材料。申请人、第三人可以查阅被申请人提出的书面答复、作出具体行政行为的证据、依据和其他有关材料,除涉及国家秘密、商业秘密或者个人隐私外,行政复议机关不得拒绝。

行政复议决定作出前,申请人要求撤回行政复议申请的,经说明理由,可以撤回;撤回行政复议申请的,行政复议终止。

行政复议机关负责法制工作的机构应当对被申请人作出的具体行政行为进行审查,提出意见,经行政复议机关的负责人同意或者集体讨论通过后,按照下列规定作出行政复议决定:

(1)具体行政行为认定事实清楚,证据确凿,适用依据正确,程序合法,内容适当的,决定维持。

(2)被申请人不履行法定职责的,决定其在一定期限内履行。

(3)具体行政行为有下列情形之一的,决定撤销、变更或者确认该具体行政行为违法;决定撤销或者确认该具体行政行为违法的,可以责令被申请人在一定期限内重新作出具体行政行为:

①主要事实不清、证据不足的;

②适用依据错误的;

③违反法定程序的;

④超越或者滥用职权的;

⑤具体行政行为明显不当的。

(4)被申请人不按照《行政复议法》的规定提出书面答复、提交当初作出具体行政行为的证据、依据和其他有关材料的,视为该具体行政行为没有证据、依据,决定撤销该具体行政行为。

行政复议机关责令被申请人重新作出具体行政行为的,被申请人不得以同一的事实和理由作出与原具体行政行为相同或者基本相同的具体行政行为。

申请人在申请行政复议时可以一并提出行政赔偿请求,行政复议机关对符合《中华人民共和国国家赔偿法》的有关规定应当给予赔偿的,在决定撤销、变更具体行政行为或者确认具体行政行为违法时,应当同时决定被申请人依法给予赔偿。申请人在申请行政复议时没有提出行政赔偿请求的,行政复议机关在依法决定撤销或者变更罚款,撤销违法集资、没收财物、征收财物、摊派费用以及对财产的查封、扣押、冻结等具体行政行为时,应当同时责令被申请人返还财产,解除对财产的查封、扣押、冻结措施,或者赔偿相应的价款。

三、行政诉讼

(一)行政诉讼的受案范围

《行政诉讼法》规定,人民法院受理公民、法人或者其他组织提起的下列诉讼:

(1)对行政拘留、暂扣或者吊销许可证件、责令停产停业、没收违法所得、没收非法财物、罚款、警告等行政处罚不服的;

(2)对限制人身自由或者对财产的查封、扣押、冻结等行政强制措施和行政强制执行不服的;

(3)申请行政许可,行政机关拒绝或者在法定期限内不予答复,或者对行政机关作出的有关行政许可的其他决定不服的;

(4)对行政机关作出的关于确认土地、矿藏、水流、森林、山岭、草原、荒地、滩涂、海域等自然资源的所有权或者使用权的决定不服的;

(5)对征收、征用决定及其补偿决定不服的;

(6)申请行政机关履行保护人身权、财产权等合法权益的法定职责,行政机关拒绝履行或者不予答复的;

(7)认为行政机关侵犯其经营自主权或者农村土地承包经营权、农村土地经营权的;

(8)认为行政机关滥用行政权力排除或者限制竞争的;

(9)认为行政机关违法集资、摊派费用或者违法要求履行其他义务的;

(10)认为行政机关没有依法支付抚恤金、最低生活保障待遇或者社会保险待遇的;

(11)认为行政机关不依法履行、未按照约定履行或者违法变更、解除政府特许经营协议、土地房屋征收补偿协议等协议的;

(12)认为行政机关侵犯其他人身权、财产权等合法权益的。

除前款规定外,人民法院受理法律、法规规定可以提起诉讼的其他行政案件。

人民法院不受理公民、法人或者其他组织对下列事项提起的诉讼:

(1)国防、外交等国家行为;

(2)行政法规、规章或者行政机关制定、发布的具有普遍约束力的决定、命令;

(3)行政机关对行政机关工作人员的奖惩、任免等决定;

(4)法律规定由行政机关最终裁决的行政行为。

专家解读

行政诉讼受案范围属于考试的常考点,应作重点复习。

（二）行政诉讼的管辖

行政诉讼的管辖一般由基层人民法院管辖第一审行政案件。行政案件一般由最初作出行政行为的行政机关所在地人民法院管辖（除外情形，例如涉及不动产案件，由不动产所在地人民法院管辖）。

（三）行政诉讼的起诉和受理

对属于人民法院受案范围的行政案件，公民、法人或者其他组织可以先向行政机关申请复议，对复议决定不服的，再向人民法院提起诉讼；也可以直接向人民法院提起诉讼。法律、法规规定应当先向行政机关申请复议，对复议决定不服再向人民法院提起诉讼的，依照法律、法规的规定。

公民、法人或者其他组织不服复议决定的，可以在收到复议决定书之日起15日内向人民法院提起诉讼。复议机关逾期不作决定的，申请人可以在复议期满之日起15日内向人民法院提起诉讼。法律另有规定的除外。

公民、法人或者其他组织直接向人民法院提起诉讼的，应当自知道或者应当知道作出行政行为之日起6个月内提出。法律另有规定的除外。因不动产提起诉讼的案件自行政行为作出之日起超过20年，其他案件自行政行为作出之日起超过5年提起诉讼的，人民法院不予受理。

《行政诉讼法》规定，提起诉讼应当符合下列条件：

（1）原告是符合本法第二十五条规定的公民、法人或者其他组织。《行政诉讼法》第二十五条规定，行政行为的相对人以及其他与行政行为有利害关系的公民、法人或者其他组织，有权提起诉讼。有权提起诉讼的公民死亡，其近亲属可以提起诉讼。有权提起诉讼的法人或者其他组织终止，承受其权利的法人或者其他组织可以提起诉讼。

（2）有明确的被告。

（3）有具体的诉讼请求和事实根据。

（4）属于人民法院受案范围和受诉人民法院管辖。

人民法院在接到起诉状时对符合上述规定的起诉条件的，应当登记立案。对当场不能判定是否符合起诉条件的，应当接收起诉状，出具注明收到日期的书面凭证，并在7日内决定是否立案。不符合起诉条件的，作出不予立案的裁定。裁定书应当载明不予立案的理由。原告对裁定不服的，可以提起上诉。

人民法院既不立案，又不作出不予立案裁定的，当事人可以向上一级人民法院起诉。上一级人民法院认为符合起诉条件的，应当立案、审理，也可以指定其他下级人民法院立案、审理。

公民、法人或者其他组织认为行政行为所依据的国务院部门和地方人民政府及其部门制定的规范性文件（不含规章）不合法，在对行政行为提起诉讼时，可以一并请求对该规范性文件（不含规章）进行审查。

（四）行政诉讼的审理和判决

人民法院公开审理行政案件，但涉及国家秘密、个人隐私和法律另有规定的除外。涉及商业秘密的案件，当事人申请不公开审理的，可以不公开审理。当事人认为审判人员与本案有利害关系或者有其他关系可能影响公正审判，有权申请审判人员回避。

人民法院审理行政案件，不适用调解。但是，行政赔偿、补偿以及行政机关行使法律、法规规定的自由裁量权的案件可以调解。调解应当遵循自愿、合法原则，不得损害国家利益、社会公共利益和他人合法权益。

人民法院对行政案件宣告判决或者裁定前,原告申请撤诉的,或者被告改变其所作的行政行为,原告同意并申请撤诉的,是否准许,由人民法院裁定。

人民法院审理行政案件,以法律和行政法规、地方性法规为依据。地方性法规适用于本行政区域内发生的行政案件。人民法院审理民族自治地方的行政案件,并以该民族自治地方的自治条例和单行条例为依据。人民法院审理行政案件,参照规章。

行政行为证据确凿,适用法律、法规正确,符合法定程序的,或者原告申请被告履行法定职责或者给付义务理由不成立的,人民法院判决驳回原告的诉讼请求。

行政行为有下列情形之一的,人民法院判决撤销或者部分撤销,并可以判决被告重新作出行政行为:

(1)主要证据不足的;

(2)适用法律、法规错误的;

(3)违反法定程序的;

(4)超越职权的;

(5)滥用职权的;

(6)明显不当的。

人民法院判决被告重新作出行政行为的,被告不得以同一的事实和理由作出与原行政行为基本相同的行政行为。

人民法院经过审理,查明被告不履行法定职责的,判决被告在一定期限内履行。

人民法院经过审理,查明被告依法负有给付义务的,判决被告履行给付义务。

行政行为有下列情形之一的,人民法院判决确认违法,但不撤销行政行为:

(1)行政行为依法应当撤销,但撤销会给国家利益、社会公共利益造成重大损害的;

(2)行政行为程序轻微违法,但对原告权利不产生实际影响的。

行政行为有下列情形之一,不需要撤销或者判决履行的,人民法院判决确认违法:

(1)行政行为违法,但不具有可撤销内容的;

(2)被告改变原违法行政行为,原告仍要求确认原行政行为违法的;

(3)被告不履行或者拖延履行法定职责,判决履行没有意义的。

行政行为有实施主体不具有行政主体资格或者没有依据等重大且明显违法情形,原告申请确认行政行为无效的,人民法院判决确认无效。

人民法院判决确认违法或者无效的,可以同时判决责令被告采取补救措施;给原告造成损失的,依法判决被告承担赔偿责任。

行政处罚明显不当,或者其他行政行为涉及对款额的确定、认定确有错误的,人民法院可以判决变更。人民法院判决变更,不得加重原告的义务或者减损原告的权益。但利害关系人同为原告,且诉讼请求相反的除外。

人民法院应当在立案之日起6个月内作出第一审判决。有特殊情况需要延长的,由高级人民法院批准,高级人民法院审理第一审案件需要延长的,由最高人民法院批准。

(五)行政诉讼的执行

当事人必须履行人民法院发生法律效力的判决、裁定、调解书。

公民、法人或者其他组织拒绝履行判决、裁定、调解书的,行政机关或者第三人可以向第一审人民法院申请强制执行或者由行政机关依法强制执行。